U0603139

上教人文
医学人文

生死有时

美国医院如何形塑死亡

... AND A TIME TO DIE

HOW AMERICAN HOSPITALS SHAPE THE END OF LIFE

［美］莎伦·考夫曼 著

初丽岩 王清伟 译

“这就是现代死亡的特征。”默里说，“它有独立于我们的生存方式。它的名声和规模在增长。它具有从未有过的气势。我们客观地研究它。我们可以预见它的形状，追踪它在体内的活动路径。我们拍摄它的剖面图，录制它的震动和波的频率。我们离它从未像现在这样近，从未这样熟悉它的习性和姿态。我们了解它的内部状况。但是它不断发育，获得宽度和规模、新的出口、新的途径和手段。我们知道得越来越多，它也越来越发育成长。这不是物理学的某种法则？知识和技术的每一个进步，都会有死亡的一个新种类、新系统与之相匹配。死亡就像病毒那样会适应……”

唐·德里罗 《白噪音》

中文版序言

20 世纪 90 年代末，我在医院开始了我的研究，旨在回应美国当时关于“死亡问题”的广泛讨论。这场讨论是近 10 年来在美国家庭中、媒体上，健康保健讨论中经久不衰的话题。无论是过去还是现在，很多美国人的亲人在医院里死去时遭受痛苦，并且身上仍插满管子，连在仪器上，人们对此深感不安。广泛的社会抱怨使人们开始关注医院 ICU 中被大量使用的，看似延续生命实为推迟死亡的治疗手段。患者和患者亲属宣称，他们希望少一些推迟死亡进程的高科技介入，多一些生命终结时对人生的控制。

大约一半的美国人死于医院。医院本身的体系结构形塑了医疗护理上的职业行为，决定了技术手段，以及那些貌似许诺患者重获生命却常常只是延长死亡过程的各种重症治疗路径的使用方法。这些因素合在一起，变成抱怨的焦点。在美国的医院体系中，对许多临终患者而言，“采取一切手段”，包括插管和心肺复苏来延续生命，是普通而又预先设置好的程序。要想越过这个预设程序，就必须要有人，或者是患者，或者是亲属，或者是医生去干涉才能避开或停止。如果不干涉，即便是医护人员、患者，或者家属不想，这些预设程序也会如期进行。那些现在变成了日常惯例而又似乎不可避免的程序，成为医院复杂的文化建构。这种文化建构的形成，缘于长时间的生物科技被重视和利用，缘于医疗专家角色的不断演变，也缘于法律在美国医学界的参与。我的研究正是聚焦于这些现象。

在生命即将结束时，通过拥有更多个人选择来控制自己的生命这一社会文化需求，本身就构成了一种自相矛盾的悖论。医学既提供也限制这种选择。医学提供大量的治疗手段，但它同时也宣称，人们应该知道什么是重要的，以及当生命遇到危险时应该做什么。医院使某些死亡方式变得可能或者不可避免。尽管很多人宣称他们不想因为技术手段而使死亡复杂化，但他们也希望自己的亲人不要死去。他们的希望导致了医院里死亡被延迟的现象。

我想利用人类学的工具来探讨这种矛盾。我想去描述这个复杂的医院世界，以及它是如何形塑那么多美国人的死亡的。我想讲一些故事，故事中患者和亲属陷入到他们不能理解的程序，还必须做出决定这种进退维谷的境地；我想揭示医护人员每天都面对的束缚和两难处境。

自 2005 年本书首次出版，15 年的时间过去了。这期间，尽管人们和健康专家们的抱怨铺天盖地，但是医院的日常并没有什么改变。虽然很多从业者、患者和家属在试图改变持续使用延迟死亡的重症医学，但类似于我在书中描述的那些故事，在美国医院里面仍有发生。

医院某些常规操作也确实有所改变。在 1998—2002 年我的研究期间以及此后的岁月，越来越多的美国医生接受了姑息疗法方面的培训。姑息疗法强调患者的舒适度，而不是单纯为了延续生命而采用的专业治疗。它涉及有内科医生、护士、药剂师、牧师以及社工的团队合作。姑息疗法受人欢迎，是对社会抱怨的一种回应，也是在所谓高科技死亡之外的一种替代路径。事实上，现在美国所有医院都有接受过姑息疗法培训的医护人员，也有姑息疗法的专用床位。很多年轻的医疗专业的学生，在观察到大量因高科技死亡病例之后，也热心地选择进行这一方面的培训。

由英国人西塞莉·桑德斯发起的临终关怀护理，在 20 世纪 70 年代被引进美国。在 80 年代，它已经被制度化，并且年龄在 65 岁以上的成年人因为临终关怀护理产生的费用也由美国联邦政府保险计划支付。随着时间的推移，临终关怀越来越受欢迎，这也回应了患者和家属希望能更多地控制死亡，宁愿在家里而不是在医院里离世的愿望。目前，每年大约有 150 万人在美国临终关怀的服务机构登记入册。

虽然技术需求在医学发展始终是一个强有力的驱动力，但是美国医疗环境以其他的方式持续朝着好的方面发展。在许多地方已经采取措施，解决过度治疗和患者疼痛问题。医院、拥护患者权利的团体和地方性健康保健系统正一起努力，来改变过多使用干预手段的预设程序，从而关注年龄、舒适度、意义和死亡的必然性。姑息疗法现在已基本常规化了。患者和医生关于提前规划护理的讨论，即在将来生命受到威胁的紧急情况下，患者想要采取的干预种类，由医疗保险支付。更重要的是，有关这些话题的公众讨论，尤其在过去几年中，急剧增加。

然而，在美国，我们还有一段路要走。我们一方面相信生物科技在恢复健康方面具有强大能力，另一方面又强烈谴责这些治疗手段的过度使用，以及这些手段在生命终结时给患者造成的痛苦。这是美国医疗保健体系中持续存在的一种紧张状况。它会激发美国人对死亡时间和死亡控制的密切关注。

我希望中国的学者能从我的书中受到启发，从而开始他们自己对医院护理和生命终结时医院的实践操作的比较研究。正如读者们会意识到的那样，理解这些话题，需要去探索老龄化社会中医学的目标、对死亡的医学管理和医院的日常工作。这些话题，反过来也会引导研究者和普通读者去思考我们对医学的社会期盼，去思考“技术需求”对普通人的影响，以及在医院内外的健康护理服务模式。

对于普通读者来讲，我希望《生死有时：美国医院如何形塑死亡》一书能够鼓励他们同家人讨论生命的终结，鼓励他们从书中所描述的故事中学到有用的东西。

莎伦·考夫曼

旧金山，加利福尼亚

2020 年 5 月

目录

引言

民族志的工作，或者起码是工作之一，其实是像艺术和历史那样提供叙事和剧本，来重新调整我们注意力的中心；不过这些叙述和剧本，不是把他人表现成蜂聚在我们不想也达不到的世界中，由此使我们能够接受自己，而是把我们和其他所有人表现成被抛进一个世界中间，那里充满了我们避之无方的抹不去的陌生性，由此使我们看得见我们自己。

克利福德·格尔茨 《烛幽之光》

这是一本关于时间和死亡的书籍。由官僚制度、言辞技巧、机械设备及程序步骤定义了的美国医院，组织安排了医院围墙里的时间和死亡，创造出一种新的现实——被带进生命的死亡。这也是一本关于医院文化的书籍。这种文化在医院关于死亡的深刻内在矛盾中占居主导地位。这种矛盾随着三种要素共同出现而产生：医学的功能与目的、美国文化中的个人主义思想以及以市场为导向的医疗保健服务体系。它迫使患者、家庭、医护人员不得不做出似乎不可能的选择。这些要素共同促成了一场全美上下轰轰烈烈的关于“死亡问题”的讨论，这一问题在那些进入生死之间，我称之为灰色地带的患者中表现得尤为清晰、显著。本书描绘了这类患者走进和穿越这一灰色地带的旅程，以及围绕着这一旅程的文化现象。在我为期 2 年的实地调研 1
中，我努力了解医生、护士、患者及家属是如何体验医院生活以及医院中所发生的死亡的。我想了解为什么那么多人把医院中的死亡事件当作“一个问题”，也想探索死亡问题难以处理的本质所在。本书通过还原医护人员、入住医院的重症患者以及必须决定治疗方案的患者家属的亲身经历，探索美国医院如何形塑其围墙里所发生的死亡，也探索这种格局得以建立的社会根源。

从 20 世纪 80 年代开始，“死亡问题”作为一个全新的话题开始出现，成为美国公众广泛讨论的一部分。在报纸头版新闻和专栏、通俗杂志、广播电视上，人们都在谈论它。普通百姓因至爱之人在医院中离世的方式而感到不安——他们浑身插满管子，连在各种机器上，经历着无休无止的程序步骤，神志不清、痛苦不已。总而言之，他们在去世前经历了太多的技术干预，而自己对此几乎没有发言权。医生们也对失去自主决定如何照料危重患者的权威公开表示不满。医疗保健管理者、政策制定者以及医院的管理者都在抱怨死亡的代价太高，持续的时间太长。20 世纪八九十年代，医疗保健制度的评论家和分析员越来越清楚地认识到，很多人都对医保体系管理危重患者的方式、人们去世前经历的程序及死亡发生的制度环境持批判态度。

美国人对医疗护理与死亡过渡期之间关系的理解在很大程度上取决于医疗保健服务体系结构，这一结构对医疗专业人员，对患者及患者家属都有影响。我们思考、谈论“死亡过程”和救治濒危患者的方式，我们准备和规避死亡和对濒危患者接受的那些治疗方案的反应，也都取决于社会公共机构和官僚行为。[1] 这使我不由地思考是哪些情况使得美国医疗保健制度允许我们将人归为***濒危患者***的类别，以及医院里发生的死亡事件是如何被理解为一种问题的。现在，距离美国公众开始讨论医院里“死亡之难”的话题已经有 20 多年了，然而这一讨论仍然很热烈，这一“问题”也影响着比以往更多的患者、家属以

及专业医护人员。 2

现如今，死亡从医学上和政治上都是可塑造的，可以进行无休无止的讨价还价。这意味着死亡可以定时，而时机的选择已然成了问题的关键所在。尽管医学的终极任务是拒绝死亡，所有人都明白，死亡最终是无法拒绝的。但是医学可以控制死亡何时发生。心肺复苏、机械呼吸机、饲管以及作用强大的药物都是有效的工具，如果善加利用就可以推迟死亡的到来，如果弃之不用就会加速死亡。由于这些设备在医院里无处不在，并且是一种很自然的存在，当死亡来临时，最急迫又无法逃避的问题就成了是否该开始使用并持续使用它们，何时停止使用，以及在何种情况下采取这些措施。人们的注意力集中在事件的发生及启动程序的时机选择上，这一选择决定了行将结束的生命可以向生还是向死而行。

然而，医疗工具和程序并不是导致医院内发生死亡的唯一因素，也不是让人们心中普遍感到忧虑不安的唯一因素。美国社会非常重视个人权利，在这样的社会中，一个垂危者应有的决策权被认为是非常必要并起着支配作用的。倾听患者意见的重要性、当患者因病无法为自己发声时其他人凭直觉了解患者意见的必要性、对重病患者的生命应该靠医疗维持多久的判断，都成为选择他死亡时间的关键因素。一套诸如“痛苦”“尊严”“生活质量”等特定辞令形塑着那些判断，并且医院常常利用它来讨论该如何对待那些危重患者。这套辞令也成了死亡何时发生的决定性因素。

现如今的人们想从死亡那里得到一些什么，他们的种种欲望既互相矛盾又前所未有。许多人希望死亡是一种可以被描述为“美好”的体验，然而濒临死亡的人及照料他们的人又常常把死亡看作是困难的或者痛苦的，折磨人的或者不光彩的。人们希望各种医学技术可以让死亡变得舒适，他们期望这样既可以消除那些令人不安、清晰可见的身体衰竭崩溃的迹象，也可以消除患者的痛苦感受。然而，他们通常模糊地认为死亡或多或少是“自然的”——也就是说，它可以是平和、轻松的，就像孩子的睡眠——不必过多地使用药物和医疗器械。
3 人们希望医学界提供给他们的是期望和有同情心的干预，但是，对于死亡来临之前接受“过多的”侵袭性医学技术的干预，他们又忐忑不安、心慌意乱。许多人想要通过提前规划，控制自己及他们至爱之人的离世方式，然而，当死亡临近时，几乎没有人能够真正做好必须做决定的准备，以及突然出现的种种问题。

医院内死亡在美国被当成了一个问题，因为，尽管许多人声称自己或所爱之人想要得到那种难以捉摸的“美好的”死亡，但他们也同样甚至更强烈地希望他们深爱之人不要死去。这些自相矛盾的情感源自对医学进步的苛求——现代医学能够治愈越来越多的病症，使衰老的进程停滞（至少短时间停滞）；或者修复人到晚年时衰弱的人体系统，甚至无限期地推迟死亡。因此，作为患者、家属、朋友，或者临床医生，很多人一方面希望通过使用各种医疗器械可以也应该延续生命，另一方面又认为应该让死亡“有尊严”地到来，不通过“人工”技术延续生命。在医院里，我们对这些矛盾情感的反应方式，及对那些引发这些矛盾情感的危重患者的身体状况的反应，都取决于医院体系如何组织治疗和患者及家属的体验。我们的反应也源于医患关系的历史发展、“患者自主权”（patient autonomy）的制度化，以及我们作为个人所汲取的文化传统，这些文化传统赋予了“适当的”死亡时刻以意义。

在拼命寻找规避死亡或者安排“美好死亡”的方法时，医院员工，加上作为医院组成部分的强大的医疗技术，还能够带来另一种可能性——让人在生与死之间的门槛上长时间地流连徘徊。患者不会死亡，医院开启一段无定限的等待期，在这期间患者不会跨过那道门槛，直到确定了他们***是时候***该离开了。患者滞留在门槛上，该做什么、何时去做的两难情景很常见。

我在加利福尼亚州的两所社区医院开展了为期 2 年（1997 年，1999—2000 年）的调研。[2] 我仔细观察了 100 多位后来离世（以及更多的没有死亡）的危重患者的治疗过程。我跟随他们经历一个又一个治疗程序，日复一日，有时候，周复一周，并跟他们中三分之一的人 4
交谈过，当然大多数只是简短的交谈。我与很多住院患者家属交谈，通常是多次交谈。我和家属一起站在患者的床边简短交谈；和他们一起坐在等候室里，目睹他们哭泣、踱步、打电话，痛苦地绞扭着双手；和他们一起在医院餐厅里喝咖啡，听他们详细讲述患者的病史和现状，讲述他们所处的照料住院亲人和打理自己生活的两难境地，又要考虑日后长期护理患者的问题。他们想象着患者或康复或衰退的场景，这些想象又随着患者状况的改善或恶化不断变化着，有时候每天都在变化。他们考虑着自己可能很快就不得不做出的选择，考虑着他们是否应该和其他亲友讨论那些选择，其他亲友是否能听懂，是否能够和他们讨论患者的情况。有些人坚定地说他们会不惜代价让他们的亲人活着；有些人说他们不知道该怎么对待患者，也不知道患者现在想要什么。我观察他们对医生带来的信息做出反应（这些信息意味着他们不得不做出某种决定）。比如，对生了坏疽的肢体进行截肢处理来延续患者的生命，或者将一位亲属从重症监护室转移到收治那些长期靠呼吸机维系生命的患者的医院，或者等所有亲友到齐就安排患者离世，或者需要马上终止患者的痛苦。我常常看到患者家属们随着患者的状况慢慢改变主意，看着他们日复一日、周复一周，与医护人员无数次谈话后逐渐意识到，他们亲人的生命力事实上很快就会消失。

在每一家医院，我还跟随医生、护士、社工、呼吸治疗师、理疗师、职业治疗师、语言治疗师等专业人员问询、观察、走访、倾听、讨论过许多患者的情况。几乎所有人都表现出同情之心。几乎所有人都在高效地工作。我也曾接触过一些患者的医疗档案，在不同的科室病房巡视查房，参加过一些医院的员工会议，也参加过一些医护人员与患者家属的会谈。曾有一年时间，我每周定期参加一些科室的小组会议。在一家医院的重症监护室，我一周数次跟随医护人员查房，这样持续了 18 个月。

我倾听护士们与患者家属交谈、回应家属的问题，却从来没有人直白地说某个患者很快就会死亡。我观察护士们努力与几乎不能说话的危重患者交流。在重症监护室里，护士们监控各种机器，给患者
5 做静脉注射，眼睛一刻也不离开患者（甚至在填写病历表时也是如此），对患者和他们的家属也总是说安慰和鼓励的话。护士是向医生输送信息的管道，他们告诉我，作为患者的代言人，他们是如何日复一日地让患者感到舒适，让患者活着的。在门诊大厅，护士们负责发放药物，引导患者一步步走程序及办理出院手续，向患者家属解释各项程序的进展情况。他们嘲讽工作中那些荒唐可笑的事情——比如，他们得知一些需要全面医学随访的患者，因身无分文、无家可归，被“赶”到了街头；或者显然处于死亡边缘的高龄患者却被实施了维系生命的治疗。他们常常抱怨患者太多，想给每个人好的照料真的是心有余而力不足。

我听到医生向护士、呼吸治疗师及其他工作人员询问患者的生理机能情况，向护士和社工打听患者家属的情况。我观察他们在重症监护室给患者动手术；聆听他们通常在所有选择都希望渺茫时商议下一

步怎么办，何时开始；我站在他们身边，听他们告诉患者家属他们接下来打算如何医治患者，以及为什么这样做；当家属提出关于生命支持和预后问题时，我听着医生解释，比如，为什么一个靠呼吸机维持生命的昏迷患者不会康复了，或者医学界也无法确切知道某种症状是不是不可逆的，但是他们又强烈地感到是不可逆转的；我看着他们告诉危重患者，他们已经没有康复的可能，医护人员可以通过药物让他们感到舒适，帮他们离世；然后听他们向家属解释患者生理机能如何走向死亡，患者会呈现什么状态。

我跟随呼吸治疗师察看呼吸机，调整氧气流量。我在病床边看他们和医生一起将氧气管仔细、准确又飞快地插进患者的气管。我陪同他们安慰患者，设法让氧气面罩舒适一些，测试患者的肺活量，将所有数据记录在病历表上。

我坐在社工办公室里，看他们和患者家属通电话，预约和医生的会面时间，讨论患者转到护理院的安排，接患者回家安排后事，以及填写必需的医疗补助表格。我和他们一起行走在医院的走廊里，看他们去寻找安排患者出院的人员和医生。我旁听他们与患者的交谈。有 6
时候，他们的作用就像是患者的顾问和理疗师，谈论此时生命中有意义的事情是什么，或者只是在那里倾听患者的心声。有些时候，他们又常常像政府官员，尽力评估患者可以搬到哪个花费低些的病房，与患者及家属讨论搬到护理院或者临终关怀医院的最佳时机。

我和牧师一起站在病床边，为将去世的患者做祷告。我听着他们询问家属其信仰的重要性，患者最看重的是什么，家属想要做什么来铭记他们亲人的离世。

我坐在安排患者出院的工作人员身边，听他们抱怨医疗补助体系不再为某个患者的治疗报销费用，只能自己承担。我听着他们谈论他们工作中固有的矛盾性——由于压力所迫，他们不得不以经济的方式让患者出院，甚至有时医生不同意让重病患者出院时也不得不这样做。

深入考察 2 年之后，我了解到，医护人员是透过时间流逝的眼镜来看待每个患者的住院期限的，这副眼镜就是医院要求顾及的患者住院期在经济上和临床上的效益。对医院里的医生和护士来说，治疗方案的决定和治疗过程的时机选择（即这些决定和过程出现的快慢早晚），适时地完成特定事情的能力，实现这种适时性的障碍，以及死亡的时机选择都是医院关心的首要问题。时间是一种标识，标识着医保专业人员认为应该发生的事情，也标识着必须要做的事情，它是医院里所有工作人员心头沉重的负担。

我亲眼看到的场景有时候让人内心非常不安，然而重要的是，我想强调这一切都不是什么罕见的或者不同寻常的情景。美国各地的医护人员都熟悉这些场景：对呼吸机的依赖，看着某个患者长时间徘徊在死亡门口，无休无止、可能“毫无效果”的治疗程序，插入饲管或者撤走生命支持设备的决定以及形形色色的死亡方式。许多医生和护士在他们的书或文章中把这些都描绘成稀松平常的事情，是医院日常事务的一部分。它们都被当作“正常的”事件，因为随着时间的流逝，它们已经被***正常化***了。在我还原再现的 27 名患者的故事里，你可以清楚地看到，这些死亡场景——或者叫它们虽生犹死的场景——
7 都是医院体系引导治疗进程和个人选择的必然结果。我之所以特别选择这些故事，是因为它们放在一起，代表了一系列医院现象和患者及家属的体验，而这些现象和体验在公众讨论中被认为是存在问题的。无论是单个故事还是作为一类故事，我无意让它们被当作美国医院里成人死亡和医疗行为的“代表性”事件。在我做调研的数年时间里，

我也见证了同样多的并没有被认为是存在问题的医院内死亡事件。当然，我在本书中描述的事件也是很常见的。这一点让人忧心忡忡。

我在这些医院中的经历使我识别并思考了在不断升级的公众讨论中缺失的 4 个主题，本书的目的就是对这些主题进行描述。首先，医院体系决定着医疗行为、医疗从业者和患者的体验，然而，现有关于死亡问题的外行讨论并没有提及这一体系。（然而，医疗保健政策分析家、医疗经济学家以及少数开诚布公的医生评论家，长期以来一直对医疗保健制度运行方式如何决定人们的死亡方式这一问题深表关切。）医院体系决定了如何使用拯救生命的生物医学技术以及日常医疗行为的执行方式。政府机构、医疗技术、常规的医疗行为共同创造了生与死之间的那道门槛，以及那道门槛上的*徘徊等待*，也因此引发了公众的抱怨。在生死之间的门槛处，医院扮演着实验室的角色，它是一个实验场所，在这里，新的人、新的生命形式得以产生，并且关于活着和作为一个人究竟意味着什么的疑问也随之产生。

其次，当一个个体生命在生死之间的灰色地带徘徊时，医护人员、患者家属及患者本人表达意愿所使用的言语辞令在公众讨论中是得不到普遍承认的，因为它在决定死亡何时发生时起着举足轻重的作用。这种辞令在美国社会被广泛使用，因此在医院背景下就更显得“自然而然”了。尽管如此，人们还是通常只在生命垂危的患者床前才会使用它们来控制生死之间的过渡。

接下来一个被忽略的主题涉及医生、护士及其他医保专业人员共有的，那些心知肚明又深藏不露的内幕知识。这些内幕知识与医院诊疗程序、医院日常操作，以及如何处理生死之间这道门槛相关。他们所拥有的信息与患者及家属走进医院对抗重病时所经历和了解的情况截然不同。抛开对过度治疗的批判以及对改变的渴望不谈，关于死亡 8

临近时，医院里发生的情况及其原因的专业知识，以及医护人员对患者及家属应负责任的期望，这些一直处于秘而不宣的状态。

最后一点，对生死之间那道门槛的操纵及医院内死亡发生的方式都不是不可避免的。这两者都是复杂的文化产物。我们对医院内死亡的发生和延迟方式以及对其“正确”与“错误”的理解都取决于政治、医学及社会生活的历史动向。这些动向又包括：科学、宗教及法律制度之间不断变化的权利关系，生物医学技术被使用和受重视的方式，医疗保健及其他联邦制度政策的发展，20 世纪关于人体、人及老年生活观点的改变，以及在这些改变中医疗专家、伦理学家、法律专家、医院经营者、患者及家属所扮演的不断发展变化的角色。

就像引发众多抱怨、投诉的常规医疗行为一样，医学关于该“如何做事”的固执和坚持也有着复杂的社会根源。今天的医学是一张网，连接着复杂的社会制度、各种各样的知识、碎片化的医疗体系及广泛的临床实践。就这样，医学已经变成了美国一个最强大的框架体系，它决定我们如何理解重病，如何理解死亡的到来。公众普遍要求临终时享有更大的选择权来掌控自己的生命。这是一种自相矛盾，因为医学既提供这种选择权，又限制这种选择权。它提供大量的治疗方法。但是它也同时——或许在医院里表现得最显著——安排人们如何了解自己的身体，了解什么使人活着、什么使人死去；家属应该扮演什么角色；以及患者、家属与专业医护人员之间的关系。它宣告什么是重要且必须了解的，什么是需要依靠想象力的。然后，它会忽略其他可能同样重要的事情。因此，它制造了一批独特的死亡方式。

利用人类学工具，通过深入医院隐秘然而又被理所当然化的世界，借着对既熟悉又陌生的领域各种现象的密切观察，我希望打破已有的简单观点，即人们普遍认为美国的医院内死亡存在技术过载和缺

少个人支配权的问题，使之得以扩展开来，从而包括体制结构及文化 9
力量对医院内死亡的形塑作用。我希望了解生死之间都发生了什么，也希望看到我是否能够识别是哪些行为使滞留在医院里的患者变成了一种常见又不受欢迎的现象。医院和其他任何一种复杂的社会机构一样，是一个令人沮丧、苛求他人的地方，充满了各种矛盾冲突，似乎只服务于官僚政治本身，所以我也希望能调查医院给工作人员和经历医治的患者及其家属造成的一些自相矛盾的困境。最后，我还想探索一下医院文化的历史根源，正是这些因素塑造了人们看待时间压力、患者状况、该做什么及不该做些什么的方式，也迫使那么多人做出看似不可能的选择。

在医院里，我看到有数种现象：医学工作、医院的运转、引发关于控制和“更好的死亡”大讨论以个人主义为主导的道德规范，以及大多数人对危重疾病和医院本身所作出的反应——我希望弄懂，在患者处于生死之间，这些现象是如何共同影响我们评估和商讨如何处理患者的方式的。但是我也意识到，对美国社会的每个人来说，一种更广泛的关怀又成了问题，因为在生命的终点，与不断变化的生命观念以及医疗保健的有限性和承诺纠缠在一起的，是对我们中间那些最脆弱的人们所负有的互相矛盾的社会责任。

死亡领地里的本地人和陌生人

作为一名人类学者，我希望努力理解，从而描述美国医院如何安排死亡，如何使某些死亡形式变得可能和无法避免。为此，我进入了患者和家属的生活以及医护人员的工作场所。但是，每当走进那个由治疗、规则、技术、专业知识、同情和悲剧混合而成的奇特世界，我就会感到陷入了一个概念难题，这个难题被人类学家克利福德·格尔茨（广为人知地）描述为一种“对不够疏离的科学担忧”，同时又是“对不够融入的人文焦虑”。[3] 人类学工作有两个特征：融入与疏离之间的张力，全身心参与事件之中与客观冷静的报告事件进程之间的
10 紧张关系。这些紧张关系通常被人们用“局内人 / 局外人”这一类字眼加以描述，一方面是“局内人”的清醒认识和本能反应，另一方面是“局外人”能够进行比较的分析发现。这些紧张关系被认为是具有生成能力的，通过逶迤行走在局内人和局外人、本地人和陌生人之间不同的理解范围所产生的“双重意识”，最终产生的洞察性见解。[4] 当我进入医院医学这个世界，我开始思考，谁是局内人，谁是局外人？我，一个人类学者的位置又在哪里？这些问题的答案对所有我见到的情况，以及我如何解读医院实践和围绕着它们的戏剧性场面又意味着什么呢？

这些问题一直困扰着我，因为我对自己与自己想要了解的东西之间的关系感到不安。我感到自己既是一个局内人，又是一个局外人。在我与医院，与所见到的人及所观察到的行为的关系中，我的位置缺乏一个恰当的标签，这使我每次走进医院大门时都会感到些许尴尬和拘谨。然而，我的尴尬拘谨，我所缺少的明确的身份反而帮助了我，使我能够全面彻底地思考我遇到的种种矛盾、对立，思考医生和护士、专业医疗人员和家属间的（事实上，是所有相关人员之间的）情感和对事情的理解上的不同。我变化不定的身份使我能够听到他们的不同声音形成的不和谐音——他们所有人口中不同的事实真相——也使我能够探索那些事实真相得以确立的标准。

我所研究的是在我自己的社会中被描述为疑难杂症的种种现象，我所观察的是被认为既麻烦又普通，既令人期待又令人恐惧的行为活动。由于我的所见所闻对我来说似乎已经司空见惯（毕竟医院存在

于“我的个人文化”），也由于决定那些围绕死亡而进行医疗行为的言语辞令也是我自己的日常词汇的一部分（我也喜欢用“有尊严的”死亡方式和很高的“生活质量”这类说法），我最初不知道自己如何能够在评价周围发生的事情时达到局外人那种“客观、无偏见的”距离感。和大多数美国人一样，我大致了解任何一所医院的运转模式。我曾经是医院里的患者，尽管患的不是危及生命的重病，也曾去医院探望过朋友和亲人。在此项目之前，我也曾做过对医院的研究。最重要的是，我是关于“死亡问题”大讨论的参与者。不管怎样，也不管那意味着什么，我和许多人一样渴望一种***自然的死亡***（在遥远的将来），而不要陷入一种意识和***生命力***已经消失却要维持肉体存续的两难境地。我参与制造了“死亡问题”最核心的那种紧张关系，因为我也想 11
让生病的朋友和家人得到被认可的“最好”的治疗（或许是高技术疗法，当然要被科学地告知）。更广泛地说，我崇尚个人主义的文化，我有说出自己的观点并得到倾听的迫切需要，拥有了解疾病、治疗方法和做出选择的权利。毫无疑问，在生物医学剖析的领域里，我是一个根深蒂固的局内人 / 本地人，在它的逻辑范围内我也是一个偶尔的批评家。

另一方面，至少在我的研究之初，对于医院医疗行为的组织原则来说，我是一个局外人；对于专业医疗人员在死亡临近时所思考的事情来说，我也是一个陌生人。我没有医生和护士所具有的对于疾病、生理机能衰竭和治疗程序的知识。我不知道存在多少挽救生命的医疗步骤，也不知道哪些规则和制度引导着医院的活动。对于医保财政领域的频繁变化和混乱，以及这些变化对医院的运转和患者的经历有多大影响，我都一无所知。对于在多大程度上医院里的选择无可避免地受制于官僚制度，我也毫无概念。像任何患者家属一样，通过坐在患者旁边，和遇见的护士、医生及社工交谈，我逐渐了解了行政机构的规则、采取一些特定步骤程序的原因、技术的强大和局限性，还有生理系统和疾病的发展情况。但是，不同于患者家属的是，坐在数以百计的患者床边，我开始了解医护人员如何看待他们所做的事情，以及他们如何决定哪些是重要的事情。因此，在某种程度上，我变成了一个能从两个角度（医护人员的角度和患者家属的角度）了解医院世界的双料局内人。

最后，我想知道，在医院这个非凡的世界里做一个十足的局内人，是否有人会感到特别舒适。从一个角度来看，所有医院工作人员都是局内人。他们日复一日、周复一周地进行着理所当然的日常工作。他们有特殊的语言。他们知晓医院的规则、仪式、捷径、医疗器械和符号，以及各种与人周旋的方法。在疾病的发展过程中，在药物反应方面，在同事的行为里，在体制程序上，他们知道什么是正常的和普遍的现象。他们了解影响他们特定工作的政策制度，尽管对某些制度他们并不愿意遵从、妥协。尽管有太多的东西需要学习——从生
12 病的身体到医疗设备的使用，从医生—护士间的礼仪、员工—患者间的互动到支配患者的安置和移动——这些最终都被医院工作人员当作医院里固有的事情，成为医院体制的一部分了。

但是，即使是看上去“固有的”事情也会经历变化，医院在发生着不间断的社会变化和重组。在我的观察调研过程中，我所工作的大都市里一些医院合并了或者关闭了，然后在医院集团之间为患者治疗做出了全新安排。某些专科科室在一些医院里被关停，另一些科室得以建立或扩建。护士们周期性地举行罢工。在一所医院里，医生更改了重症监护室的管理和交流流程，结果组织工作的分级系统和护士的职责变换了两次。在另一所医院里，伦理委员会成员们为“放弃心肺

复苏规则”提出了新的指导纲领，结果导致了医院内部长达数月的大讨论。还有一所医院，“姑息疗法”成了对临终患者实行的一种特殊的治疗行为。所有这些改变都变成了专业医护人员所拥有的“局内人”知识的一部分。

然而医院是高度复杂的小社会，任何个人都无法真正了解它们。因此，打个比方，当参照标准发生改变，将医疗财政改革带来的行政官员与医护人员之间权力关系的改变也包括在内时，医生和护士也会感到自己成了局外人。他们感到被疏远和孤立于一种合作经营的商业环境里，无权按照他们被教导的理想方式医治患者。在很长的时间里，当然包括我做研究期间，医生和护士都感到被围困在医院集团成本节约的命令中。在美国各地，各医院降低成本的首选措施似乎都是减少他们所雇用的护士人数。因此，护士是医院系统里最脆弱的“本地人”，因为他们的工作频频处于岌岌可危的状态。[5] 医生经历的是另一种不同的脆弱和异化。他们感觉自己就像官僚政治任意摆布的消耗品，被推进了与医院行政部门和医保管理公司所进行的各种讨厌的谈判之中，就如何快速让患者出院及如何开出治疗步骤更少的处方而讨价还价。他们的工作频频受到药物利用审查委员会、风险管理部门和那些监控盈亏结算底线的人员监督检查。医护人员都在抱怨自己工作在不会首先回应他们职业诉求的体制里，一个不再被那些以治疗和护 13
理患者为业的人看作适合停留的体制。我曾与一位年轻的医生聊过，她把自己在内科住院实习的第一年描述为学习如何被官僚体制训练成医疗系统中一个无足轻重却又不可缺少的角色。她说，患者只是一个偶发现象，是为确保医院系统顺利运转而被利用的对象。

那么，来往于医院，或者来一次，或者一次又一次在医院循环往复的患者和家属又如何呢？在多大程度上他们算是局内人，还是局外人呢？一方面，他们毫无疑问是局外人。关于人体生理和疾病、医疗程序，或那些决定患者经历的医院组织特征，他们大多数人最多只有一点模糊不清的认识。医院对大多数患者和家属来说是一个既陌生有时候又可怕的地方，他们都努力想弄明白这个地方内部的日常工作、情景、声音、语言和工作人员。他们是访客，是行走在自己生命之外的旅行者，因为医疗的必要而同自己的人生轨迹割裂了开来。然而，另一方面，不管患者及家属是出生在美国还是新近的移民，不管他们是否受过高等教育，大多数人都希望在自己处于危险情况时可以动用医院的治疗器械。医学，是我们理解人体组织及其功能失常和疾病的一种主要体系，它可以延迟死亡的到来，而不考虑患者的情况、年龄或者虚弱程度。***几乎所有人都了解这一点***，当人们处在医院这一环境时，这种了解一直存在于人们的意识背景里。在这种意义上，患者和家属又确实算是局内人。在另外一种意义上，他们也是真正的局内人：他们是死亡的参与者。尽管他们并不像“本地人”那样熟悉医院复杂的运转方式，但他们是真正意义上的利益相关者（在死亡如何被制造及医院如何制造死亡方面），而医院员工和我这个人类学者都不是。[6]

在做这项研究时，由于各种各样的原因，我感觉自己更像是专业医护人员，而不是患者和他们的家属。我没有生病，也没有接受治疗。和患者家属不同，我的观察和问题没有笼罩着担心、焦虑、悲伤或者情感的剧烈波动。对于医院员工来说，医院是一个固定的、永久性的地方，患者只是一些必须向前移动的临时性对象；对于他们，和对我一样，医院是他们按照时间表前往，并在那里做着熟悉工作的地方；但对于患者及其家属来说，医院是个过渡——一种紧张的过渡状
14 态——在这里的停留，使他们更强烈地感知自己生理和情感的脆弱，

以及支配权的缺失。

每次回想起我自己的亲人住院时的情景，我都非常同情患者和家属的感受。但是我对他们只是同情而已，因为我生活在他们的经历和痛苦之外，对我来说，没有什么事情处在危急关头。我清楚地认识到，我随时都能够体谅他们的感受，但是，除非事情发生在自己身上，否则我无法产生和他们一样强烈的感受，也无法认同他们从自己对医院环境及其中发生的事情的片面理解中得到的观点。对他们来说，发生在医院里的任何事情都是不受欢迎的，将他们与日常生活割裂开来。相反，和医院工作人员一样，我很快就了解到，一切都是日常流程，许多事情都是可预测的，我能够把患者和家属面临的危机与混乱解读为常规事件。我认识到，我和医院员工一起，卷入了对医院日常活动正常化的行为，仅仅因为经过几个月的观察，我也开始把医院的日常工作和事件以及官僚政治的逻辑看作是医院里正常的和“固有的”情况了。

情感和人类学者

当我告诉人们，我正在研究死亡在医院里是如何发生的，得到的最多的反馈是：“你是如何做到的？是不是令人感到非常压抑？”我回答说：我对那些我结识的危重患者和他们震惊而悲痛的家人深表同情，也能与那些担负巨大责任的医生和护士产生共鸣。面对可怕的疾病和有时候同样可怕的治疗，我也会感到恐惧和害怕。但是对我来说，这些恐惧和害怕又会被分析每一个病例带来的挑战冲淡。为什么这一场景会以这种方式展开？医院是如何制造这一死亡的？矛盾和冲突——关于治疗、死亡和生命本身——都来自哪里？最重要的是，我所观察的都是陌生人。我和任何一个患者及家属都没有特殊的关系，在做研究之前也不认识医院里的任何工作人员。由于我在情感上是疏离的，所以观察医院里的活动并没有使我感到压抑。

然而，一次次那么近距离地观摩死亡，看着人们徘徊在生死之间，的确给我造成了一种难以言表的情感上的冲击，因为观察那些场
15 景是一件既困难又不难的事情。我保持情感上的疏离，部分原因在于我私下里知道，在这样一个关键的时刻不参与做决定，也就不会体验随之而来的痛苦和内疚。为了完成研究任务，我努力通过比较一个支离破碎的体系中不同的观点去理解我所见到的情况。你可以用两种方法去观察语言，尤其是观察情感语言。一种方法是把语言看作是***经验的代表***，从那个角度看，我用来描述给我带来冲击的所见所闻的词汇会显得异常贫乏。我为表达情感所做的努力表明我的“感受”和我的“思想”是不能轻易割裂开来的。目睹年轻人和年老者的死亡，预料到的和始料不及的死亡；看着医护人员战胜死亡和宣告无能为力，准备迎接死亡；看见家属们的震惊、茫然不解和混乱；面对着死者的身体，这些都要如何来描述？我感到悲伤，同时又很好奇，替家属感到焦虑，为诊断结果感到紧张，对患者所经历的痛苦感到震惊，有时候又为自己打扰他人的工作和生活而感到很不自在（有时候仅仅是待在事发现场，有时候需要向他们提问题）。我对患者和家属痛苦的情感，和作为一个细心研究者的情感，这二者是不可分割的。我时刻小心翼翼，以免我的参与对医护人员的日常工作，对患者及家属的隐私造成影响。

很多时候，情感并不是从我的“内部”产生，而是被特定的情景所引发。比如，一次紧张的会议，医疗小组要求家属做决定，而家属无法抉择；不安地等在病床前，筋疲力尽的家属；让医护人员陷入伦理困境，给家属以希望的技术性的、目的性极强又极度紧张的抢救；

医护人员之间分享的戏谑和令人恐怖的笑话；当事情进展不顺时每个人感受到的挫败感；当患者意外死亡时医生和护士感受到的无限悲伤；当亲人似乎毫无征兆地死亡时，他们家人的震惊和悲痛。在这些场合下，我能够理解现场的感受，尽管并不能感同身受。

看待语言的第二种方法是：它实际上***创造了体验和情感***，事实上，我们所使用的词汇塑造并给我们提供那些我们所感受、所知道的东西。医学用语、医院常规工作及死亡中使用的语言，根深蒂固地存在于医院的运转方式中，它引导着人们，尤其是患者家属，应该有什么样的感受。它是理性的、工具性的。它强迫人们保持客观和果断。 16
挫败感、悲痛、犹豫、恐惧和震惊也被赋予了发言权（除了患者和家属，医护人员偶尔也有这种发言权），但是必须使用实用主义的词汇，强调问题的解决和做决定的果断性。这种语言忽略或改变那些无条理、焦虑、崩溃、扩散痛苦及其他任何缺乏理性的表达方式。同样，当死亡临近时，医护人员、患者及家属对于“支配权”和“尊严”以及“美好死亡”常有的讨论也只能通过医院这一公共机构的活动而得以了解，这一活动决定着这些辞令在医院这个世界里如何形成。对悲痛和“摆脱悲痛”的讨论以类似的方式进行着。各种功能恢复疗法、支援团队及自助性书籍唾手可得，来帮助控制和安排悲痛的各个阶段，从而定义悲痛。“准备好离世”“知道离世的时间到了”以及“接受了死亡”这类辞令引导和决定着人们在情感上对死亡和悲痛的理解，这些辞令将情感界定为工具性的和组织有序的，而不是些不成熟却又极其强烈的体验。那种语言使医院内死亡变成了一种正常现象。此外，用于描述患者状况的具有存在主义特征的特殊语言，尤其是他的“生活质量”以及“痛苦”程度影响甚至决定了他的死亡时间。我就是通过这些词汇来体验生死之间的过渡，也通过这些词汇记录了这一过渡期。

描述我对这一切的感受还存在另一种困难。对于我所观察到的现象，我的观点，事实上还有我的道德立场和我的价值观都不是坚定不移的。尽管刚开始做研究时，我对“被连接在各种机器上”这种现象持一种普遍的、负面的观点，我反对“人为地延长生命”；然而我很快就了解到，要明确那些常用辞令的具体所指以及围绕着它们的那些假设臆断并不简单。打个比方，“生命支持”不是一个具体的行动或者步骤，因此，它的存在和作用并不总是显而易见的。“人为地延长生命”尽管在抽象概念里是不受欢迎的，但是病床边的家属很少把它理解为它原本的意思。只要还有生命迹象存在，对“恢复正常”的希冀就会一直存在。然而，***生命***本身就是一个可以探讨的事情。对医疗手段的信心是坚定的、强大的，而对生命延续的渴求通常会更能激发终止痛苦的愿望。家属对患者的感情有时候会通过要求医生不计一切进行抢救的方式来表达。对他们来说，医生常常使用模棱两可的语言
17 同家属讨论患者“有意义的”生存几率。因此，情感、观点和“事实”就变得无法区分了。

如果情感可以像人类学者凯瑟琳·路兹建议的那样被概念化，成为一种对价值、忧虑的表达方式，[7]那么，鉴于我的所见所闻，我的情感，必然是一种复杂和无法解析的状态。在目睹许多“生离死别”的场景后，我终于明白我根本不可能正确评判别人的决定。如果那个躺在病床上，浑身插满管子，神志不清，处在死亡边缘的人是我的父母或者孩子，我又会如何抉择呢？对这种场景进行了长达 2 年的观察后，我认为，我知道我想要什么，我会怎么做，我会要求这种维持生命的程序持续多久，以及我的希望会维持多久。但是，我也明白了我对这一切都没有把握。我了解得足够多，因此我知道，如果这种情况

发生在我自己或我所爱之人身上，我也会像本书中详细描述的那样，不知所措，在过道里犹豫纠结，不安地等待，跟那些模棱两可的辞令纠缠。在某种程度上，我明白了，你所能做的就是当时能做出的最好的选择，如果你爱那个躺在医院病床上垂死挣扎的人，你就会想让那个人的生命延续下去。

包括医生、护士和社工在内的医院工作人员都欢迎我进入他们工作的地方，慷慨又深思熟虑地回答我的询问，没有一个人要求我停止观察他们。他们都敏锐地意识到医院是如何把死亡变成了难题，因此他们希望一位人类学者，一个具有批判眼光的局外人，能够提出一些解决方法。他们并不反对批评医院的常规工作。“我们怎样才能让死亡变得美好一些？”这是他们向我提出的问题。和工作人员一样，患者和家属也都欢迎我和我的研究工作。只有少数几个能够说话的患者不太欢迎我，只有三个家庭不希望我待在患者的床边或者参加他们与治疗团队的会谈。和治疗团队交谈后，或者对一次私人谈话录音后，家属们有时候会问我：“你得到所需的信息了吗？”甚至在悲痛万分、筋疲力尽时，他们还会像医护人员一样，希望我能够了解情况，从而减轻患者在住院这段危险莫测的旅程中所遭受的痛苦；希望我能提供一些指导原则，从而“使死亡变得美好一些”。

我曾经冒犯过患者的隐私，打扰过医护人员的日常工作，我对他
们所有人都心存感激——我应该从他们的经历中总结出一种解除家属 18
痛苦和医护人员负担的行之有效的方法。我也想成为一个投入的活动家，努力实现“改善”医院内死亡这一高尚的目标。但是，那样做可能意味着要执行一种密切跟随政治和社会变化的工作日程，并放弃我的目标——作为一个独立工作的人尽可能广泛地“发现”那些导致医

院内死亡的文化结构、行政限制及权力产物的丝丝缕缕。为了达到我能够达到的广度，我需要站在医院这个小世界的逻辑之外，包括医院体系改变现状的愿望。我想，如果我既能关注所遇到的社会运动，同时又能与它保持距离；既能支持社会运动者的目标，并对他们工作的各种情况进行评判，同时又能集中精力观察文化形态如何产生、如何被组织安排，那么我的研究有可能在分析美国人的死亡方式时更具有实用价值。[8]

我的研究表明，我不能为医院内死亡这一“问题”提供直接的解决办法。这一问题深深地，或许是不可避免地植根于美国医疗保健制度的政治、经济组织结构中，植根于医院日常工作的逻辑中，植根于关乎个人主义思想的价值观和语言中，植根于一种复杂的历史中——即是医生理解疾病和患者的方式的历史，医疗行为如何决定疾病、疾病处理，老龄化及生命终结之间关系的本质的历史。在这种复杂的背景下，我为读者绘制了美国医院里各种通往死亡的路径。我向读者展示通往那一目的地的不同路径都是什么样子的，它们对行走在上面的人的影响，以及这些路径得以建立的一些文化基础。我向读者展示，行走在这些路径时的大多数决定（走哪条路径，何时停步，何时加速）都根本不是“决定”，而是由现有的模板所决定的——这一模板就是医院体系的结构模型。这一体系以宣称我们有选择权并借此强迫我们做决定的方式运转；支持这一体系的意识形态和价值观已深深扎根于美国社会，即使我对这一体系运行方式的讨论不会也无法改变这一点。然而，我的讨论确实揭示了我们是如何陷入了现在的困境及
19 这一困境的特征。各种日常惯例、规章制度和财政机制形成一张庞大的网，协调和割裂着包括医院在内的医疗保健服务体系，这张大网不可能轻易地被打破和抛弃。个人主义的价值观和个人权利，以及支撑

那些价值观和引导我们决定生死攸关时该如何做的那些强大的修辞手段也不可能轻易地被忽略不计。但是我们可以描述它们。我的目的就是要揭示那种人们向往的“没有问题的”死亡方式为什么那么难以企及。我的希望是，对所有将来需要面对医院那段旅程的人们来说，我所揭示的内容能够成为一个有用的向导。 20

注释

引语 Clifford Geertz, *Available Light*, Princeton：Princeton University Press, 2000, p.84.

1. 人们思考死亡和对“死亡过程”做出反应的方式也取决于个人经历，包括种族、民族、阶级和宗教信仰如何成为个人体验的核心。参见附录 B《关于多样性的说明》。
2. 为了保护医疗机构、医院工作人员、患者及其家属的匿名性，我没有对各所医院进行描述，所有姓名都做了更改，识别性细节也都做了更改或删除。更多细节请参看附录 A《关于本研究的说明》。
3. Clifford Geertz, *Works and lives: The Anthropologist as Author*, Stanford: Stanford University Press, 1988, p.15.
4. 关于针对人类学事业“双重意识”的各种讨论，参见 Edward M. Bruner, “Experience and Its Expressions”，出自 Victor W. Turner, Edward M. Bruner, *The Anthropology of Experience*, Urbana and Chicago: University of Illinois Press, 1986, pp.3–32；Geertz, *Works and Lives*, pp.14–15；Bruce M. Knauft, *Genealogies for the Present in Cultual Anthropology*, New York: Routledge, 1996, pp.57–61；Renato Rosaldo, *Culture and Truth*：*The Remaking of Social Analysis*, Boston: Beacon Press, 1989, pp.127–143。
5. 护士们的脆弱性对患者护理的影响是巨大的。参见 Linda H. Aiken et, al., “Hospital Nurse Staffing and Patient Mortality, Nurse Burnout, and Job Dissatisfaction”, *Journal of the American Medical Assosiation 288*, no.16（October 23/30, 2002）, pp.1987–1993；Edward O’neil, Jean Ann Seago, “Meeting the Challenge of Nursing and the Nation’s Health”, *Journal of the American Medical Assosiation* 288, no.16（October 23/30, 2002）, pp.2040–

2041；Abigail Zuger, “Prescription, Quite Simply, Was a Nurse” , *New York Times*, November19, 2002, D5。

6. 我非常感谢 Beverly Davenport 向我清楚地指出这一点。
7. Catherine A. Lutz, *Unnatural Emotions*, Chicago: University of Chicago Press, 1988, p.76.
8. 参见 Paul Rabinow, *French DNA*, Chicago: University of Chicago Press, 1999, pp.170–171，了解关于描述人类学者在今天的研究中的主体地位和复杂角色时所说的“公正性”“概念激进主义”和“参与性促进”的讨论。George Marcus 描述了实地调研中的各种谈判行为主义，以及它们在 20 世纪如何在人类学者与信息提供者接触和参与多地点研究的过程中从“融洽的关系”变成了“串通关系”。参看“The Uses of Complicity in the Changing Mise-en-Scene of Anthropological Fieldwork”, *Representations*, 59, 1997, pp.85–108, Reprinted in George E. Marus, *Ethnography through Thick and Thin*, Princeton: Princeton University Press, 1998, pp.105–131。

第一部分

困境：死亡成了一种新难题

再看看现代医学，这可是门在科学上高度发达的实用技术。医疗活动总体上有一个“预设”，说出来平淡无奇，就是主张医疗的任务在于竭尽所能地维续生命本身，减少病痛。可这一点是很成问题的。医学工作者凭借他的手段维持绝症病人的生命，哪怕这个病人自己恳求让他一死了之；哪怕对病人的亲属而言，病人的生命毫无价值，而家属也承受不起为了维持这条毫无价值的生命所付出的开销——或许病人是个可怜的疯子……可在医学的预设和刑法条文面前，医生也不敢放弃治疗。生命是不是还有价值，在什么情况下有，这并不是医学要问的问题。如果我们想要在技术上支配生命，所有的自然科学会回答我们该怎样去做。但我们是否应当在技术上支配生命，是否想要如此，这么做最终是否有自身的意义，对于这些问题，自然科学置之不理，即便谈，也无非将它们预设为自己的目标。

马克斯 · 韦伯《科学作为天职》1919 年 21

按照社会习俗，我们都会避免给人贴上“行将就木”的标签，除非他们很显然已经生命垂危。尽管如此，我们大多数人离世前都会经历一场预后持续很久又充满不确定性的疾病。

J. 林，A. 威尔金森，F. 科恩，S. B. 琼斯

《资本承担风险管理的护理系统能够改善临终护理》1998 年

我母亲乔治亚 · 汉索特不久前在美国东部一家大医院的重症监护室里去世了。她 87 岁……现在回想起来，我惊讶地发现，我当时根本不知道帮助我母亲用她想要的方式离世是多么困难……我努力陪她走进重症监护室却不能……一个小时后，当我得到探视许可时，她被连接在一台呼吸机上，一根饲管插进了她的喉咙。发生了什么

事？……我发现，和我周旋的是一群令人困惑的医疗专家，他们被训练来延长生命，不让患者死去……我母亲那些得到家庭医生和女儿理解的愿望，现在却要得到那些监护她的陌生人——心内科、精神病科、肺科专家们的批准才能实现。这些专家中没有一个人认识我母亲，却对什么对我母亲最好都有自己坚信的一套观点……在接下来的5天时间里，随着母亲的痛苦越来越明显，我也变得越来越焦虑。她成功地拔出了饲管，却又被医生插了进去，而且收紧了她的束缚带；给我母亲移除呼吸器的尝试失败了，她肿胀的咽喉使她无法自主呼吸……我感到医院变成了一个非常陌生的地方，到处是不惜一切代价也要维持我母亲生命迹象的陌生人。她受的折磨和煎熬让她越来越抓狂……我也越发感觉自己被困在一场噩梦里……在我和她相处的漫长日子里，我问过母亲——她的护士可以证明，两次问她的时间间隔四小时——她是否希望死去。头脑非常清醒又意志坚定的母亲终于能够
22 最后一次表明自己的立场……时间不断被拉长，因为需要一个一个说服那些专家，得到他们的同意。最终，一位技师得到许可，拔去了我母亲喉咙里的饲管……

现在回顾那痛苦的5天，好像无法简单地解释所发生的一切……总之，我认为我母亲是幸运的。从长远观点看，她的愿望实现了。在重症监护室里只待5天与许多其他老年人的经历比起来好多了。但是，这一经历对她和对我都是很痛苦的。医院员工的日常工作对那些危重患者及家属来说常常是平生第一次类似的经历……我写下这篇文章的目的，是希望医院能够设计一些医疗程序，使患者及家属能够少经历一些我所体验到的那种痛苦和困惑，让我们能够决定何时以何种方式迎接死亡的到来。

23 伊丽莎白·汉索特《一封患者女儿的来信》

注释

导 语 Max Weber, "Science as a Vocation", in H. H. Gerth and C. Wright Mills, eds, From *Max Weber: Essays in Sociology*, New York: Oxford University Press (1919) 1958, p.144; J. Lynn, et al., "Capitated Risk-Bearing Managed Care Systems Could Improve End-of-Life Care", *Journal of the American Geriatrics Society 46* (1998) , p.328; Elisabeth Hansot, "A Letter from a Patient's Daughter", *Annals of Internal Medicine 125* (1996) , pp.149–151.

第一章

死亡与医院文化

……死亡已经成了一种技术上的事情，判断死亡已转入医学专业的职责上去，死亡变成了对某个人的身体功能的判决……死亡变成了一种零点：这是人找到了控制自己的存在的一种外在局限的时刻。

安东尼·吉登斯 《现代性与自我认同》

不断涌现的对不满的讨论

在 20 世纪的美国，死亡从家庭转移到了医疗机构中。今天，死于医院的美国人比死于任何其他地方的人数都多。[1] 在那里，对危重疾病最常见的反应就是动用最先进的技术手段去努力推迟死亡的到来。所有医院收治的患者中大约有四分之一在离世前都在重症监护室或者心内科接受过治疗。[2]

不是所有患者家属都像伊丽莎白·汉索特那样经历过所爱之人离世的痛苦，然而，在过去的 25 年里，许多像她一样的人——包括患者家属和专业医护人员——都加入了一场在美国生活中越来越引人注目的大讨论。这场关于死亡问题的讨论被那些善于表达又激进的医疗消费者，越来越多的医生、护士、伦理学者、医疗保健经济学者及其他对医院工作持批评态度的人散布传播开来。这一讨论的核心观念是——来源于自主权和个人权利等价值观——患者对自己临终方式的决定权。在减轻或消除延续生命（或者说是延长死亡）的治疗手段带来的疼痛、折磨、孤独和屈辱方面，患者（及家属）的决定权被认为是至关重要的。难以避免的是，当死亡临近时，患者对治疗干预程度的决定权与医生或医疗机构对这一程度的控制必定会产生矛盾。这一矛盾在医院里无数日常情景中被展现无遗：面对所谓的或“激进”或“人道主义”的治疗方案该如何选择，又该如何定义“负责任的、合乎道德的”治疗，医护人员、患者及家属都在苦苦挣扎。

为了改革美国人死亡的方式，患者支配权与选择权的支持者主要关注个人主动性。例如，选择家庭临终关怀而不要去医院治疗，书写生前遗嘱或者其他生前嘱托，参加基层群众为取代或者强化家庭和社区参与规范医疗保健的各种活动。所有那些努力都是基于受过教育、知识渊博的中产阶级的行动，并且引起了媒体的广泛关注。另一个关于个人主动性的例子是，人们普遍认为需要储存安眠药、镇静剂或者其他药物，这样就可以按照自己的意愿来安排死亡时间。

但是死亡问题涵盖的范围要比广泛引起公众关注的个人选择问题宽泛得多、深刻得多。公众的讨论很少牵涉到死亡发生的环境结构所造成的影响——这种环境结构是医疗保健服务体系设计出来的拼凑物，用于拯救生命，治疗有急性、短期医学问题的患者。公众讨论也很少提到贫穷者缺少获得医疗服务途径的情况。但是，一批医生、医疗保健分析师及其他观察者正设法让人们关注医疗保健服务的经济结构，他们断言，只有着手大幅度改变临终医疗护理方面的资金管理，才能使死亡变得美好。[3] 在很大程度上，现行的支付机制引导着患者的治疗，并将患者在不同机构之间搬过来运过去。

关注个人支配权和各种强化自主决定权的改革同时却轻描淡写地忽视了那些没有渠道获得足够医疗服务或者缺少政治和媒体影响力的人们的声音。例如，许多边缘人群对选择安乐死权利的广泛讨论非常

担心。他们担心安乐死的合法化会导致许多被认为“没有价值”的人 26
无辜死亡，然而，他们的焦虑远不及对自主决定死亡时间权利的呼求吸引公众的注意力。[4]

尽管关于死亡问题和优化死亡的公众讨论起初只表达了某些关切，只反映了一些人的心声，但到1990年，它已经变得响亮而清晰。整个20世纪90年代，这一声音不断增大，并在法律上、医学上、媒体报道中、艺术上及其他很多专业、非专业的活动中被赋予了实质内容。这一点在一些法律决议中一目了然，这些决议包括1990年的联邦《患者自决法案》（是学术性的生命伦理学对医院政策产生影响的结果，按照这一法案，医院里的所有患者都必须被告知拥有选择治疗方法的权利）和1997年美国最高法院对于医生辅助性自杀的考虑等。1994年，人们在俄勒冈人民的投票中听到了安乐死合法化的声音（1997年再次重申）。电视、广播也开始讨论这一话题，推出各种节目，采访危重患者及他们的家人朋友，表达他们对照料垂危亲友、书写生前嘱托及安乐死的看法。全国各地的报纸纷纷刊登文章披露患者与医生之间缺乏交流，过度使用医学技术手段及医保管理制度等问题。许多畅销书主张人们对自己的死亡享有自主权。临终关怀医院作为高科技医院的替代选择而被人们所熟知。杰克·科沃基恩（Jack Kevorkian）既引起了人们对安乐死的迷恋，又让人们犹豫不决。医学杂志上的许多病例研究和报纸观点专栏里的个人证词都在讲述种种“不受欢迎”的死亡方式。

此外，对于死亡问题的讨论促生了大量旨在改变死亡发生方式的社区教育活动，并导致了新的医学院及住院医生培训课程的改变，试图让学生和年轻医生意识到死亡的不可避免性和自然性。这一状况成为获得普利策戏剧奖的话剧《智趣》（*Wit*）的主题（1997年首次在剧院上演，后来在医学学术中心上演，后被改编成电视剧），描述那些死于教学医院里的人们所经历的侵袭性治疗的残酷和屈辱。公共政策制定组织制定了改善临终护理的目标，不再延长患者痛苦的死亡。到目前为止，人们对标准医疗实践所造成的紧张关系进行着异常深远的讨论，认为这些紧张关系已经在一个过时的医疗保健提供系统中处
27 于失控状态，该系统的设计只适用于诊断和治疗急性病症。

医院是一个复杂的、引导事件流程及对它们的理解的社会/法律/医疗机构，医院内死亡不可能摆脱医院的运转细节而存在。医院是一个分离的场所。当死亡来临时，医院是一个没有逻辑目的的官僚逻辑体系，在这里，所有人都要胡乱地经历那些既有规律又是临时凑成的，既是常规性却又令人忧虑的医疗规则、专业人员的关系和使患者得以适应医疗体系的种种策略。现代医院处在文化塑造的前沿位置，以其先进的医疗器械和复杂的方式组织医护人员工作，推进患者及家属顺利适应医院体系。医院的各个系统、技术和逻辑关系形塑着医院死亡的种种形式。

所有的文化都包含着矛盾和冲突，医院文化也不例外。我曾见过4个非常显著的事例。第一个，尽管患者自主权（在实践中，扩展一下也包括患者家属的决定权）是医疗实践伦理的重要来源，[5]但事实上，患者自主权这一观念的应用范围非常狭窄——它指的是对于医生个人提供的特定医疗方案的决定权。此外，自主权还受到来自公共机构的一整套规则的限制。因此，尽管患者和家属的决定权被认为是至高无上的，然而在做决定时，又常常受到医院规章制度、报销和补偿机制以及护理标准等因素的限制。决定采取何种治疗方案的责任常常落在患者或者家属肩上，然而他们几乎不了解哪种方案才是最好的。

当死亡临近时，患者家属面对治疗方案的不同目的所要做出的选择揭示了自主权阴暗的一面——充满了精神上的痛苦、负罪感，最重要的是对治疗结果一无所知。医院提供给患者和家属的选择都是符合医院标准和规章制度的，并局限于那种几乎无法阻止的治疗进程框架之内。当要对自己一无所知的复杂规则体系做出反应时，患者和家属不知道且无法知道自己到底想要什么。在这种体制下，患者们只希望能呼吸，能逃离医院这个地方，能好起来，或者能死去。

第二，除非与特定疾病（如晚期癌症或者末期艾滋病）有关，否则，在死亡近在咫尺之前，它很少被提及或被预见。医疗体系强调的
是保持内脏系统的稳定和正常运行，以及服务于这种维稳的实验室数 28
据的收集。特别是在重症监护室，固定的生命支持活动（比如呼吸机[6]，使血压平稳的药物）杜绝了死亡的发生。重症监护室里的临床医学就像外科手术一样——它只密切关注仔细圈画出来的领域，即人体内部可分析的那一部分。在解读并治疗身体各种病理症状的时候，人们对于逐渐衰微的生命力是视而不见的，或者说是几乎视而不见。疾病被治疗，直到身体对治疗不产生任何反应为止。只有这时，死亡才会被预见。只有这时，死亡才有“必要”得到医护人员的承认。

第三个矛盾是那种与“姑息治疗”并存的激进的、侵袭性的医疗方式。姑息治疗是一种相对较新的医疗方法，按照这种方法，当各种治疗不再对疾病产生作用时，减轻疼痛、焦虑及其他痛苦症状和维护患者整体舒适感的手段就取代了那种治疗性或维稳性的治疗手段。[7]然而，从治疗性到姑息性治疗活动的转变经常伴随着种种矛盾和冲突，因为医院的治疗和护理行为的核心目的是维护生命。医院的体制敦促所有人去追求挽救生命的治疗行为，即使当医护人员、患者或者他们的家属都不想延长患者的死亡过程。

最后，尽管大多数人都在医院里离世，但是医院的组织体系无法提供人们声称自己希望得到的离世方式。例如，医疗保健体系的补偿方式决定了大多数临终患者的治疗经历。在过去的 20 年中，为了控制支出，医疗系统有计划、有步骤地取消了对医院、护理院基于经营成本基础上的支付，医院提供姑息治疗不再得到直接补偿和报销。[8] 医疗机构对这一削减的反应就是护理院将危重患者转交给医院，从而规避重症治疗带来的支出；而一旦患者被认定无药可救，医院又让患者离院，从而不需要担负姑息治疗产生的费用。[9] 简而言之，在历史的这个节点，所有医疗机构都不欢迎危重患者，这一点显而易见。[10]

社会各个领域都敲响了警钟，（生命伦理学者和卫生保健专家）呼吁实行生前嘱托，（患者、家属、媒体、医学及社会学研究者）呼吁更好的医患沟通，（医院委员会及医疗组织）呼吁修改医疗政策，
29 （医生、医疗保健经济学者、政界人士及消费者）呼吁改革医疗保健财政制度——这些呼吁都很重要。然而，关于死亡被广泛认可的困境，其复杂性远远不是简单地改变政策或行为可以解决的。医学在技术上及行政体制上有着自己的规则和规律，同时它又缺乏清晰的社会义务和责任。人们普遍渴望一种情感上令人满意的死亡，而令人不安的事实却是，死亡已经变成了一种技术上的尝试，一种可以协商的决定和一种生物学意义上的灰暗物质。潜在的诉讼危险笼罩着，甚至引导着医疗从业者的行为。这些发展变化深深影响着走到尽头的生命何去何从以及对它的解读。

急症医院只是一个庞大体系的一部分，一个极其复杂的行政系统的一部分而已。很大程度上，那个系统的运行方式决定着医疗专业人士何时给一个人打上濒危的标签，决定着生与死有时候如何会被解读为家属的责任，也决定着如何辩论、判定活着、生命以及某个特定生

命的价值。

关于死亡的事实：让数据说话

在美国，关于死亡最全面的研究是在五所大学医院中进行的，始于 1989 年，历时 4 年。这项名为 SUPPORT 的研究（关于各疗法结果的预后、选择及风险的研究）非常详细地记录了许多病危入院的患者都因侵袭性生命支持技术的使用而经历了延长死亡的痛苦。[11] 当这一研究的结果于 1995 年公之于众时，卫生医疗分析者和消费者都一致认为，医院里的许多临终护理既不恰当，也无令人满意的效果，应该对这些惯常作法进行大力整改。为了理解医院内死亡的特点，这一研究项目最初两年招募了 4 300 名被诊断患有危及生命疾病的患者。他们的平均年龄为 65 岁。研究人员得出结论，正如大多数 20 世纪 90 年代搜集的个人证言揭示的那样，在医院中离世是很不舒服的，也不具有精神支持疗效，它甚至可能成为患者痛苦的来源。比如，调研人员发现，只有 47% 的医生了解他们的患者何时希望避免使用心肺复苏；38% 的患者离世前 10 多天是在重症监护室度过的；尽管 79% 的患者在自己的病历中要求放弃心肺复苏，但是 46% 的放弃心肺复苏指 30
令却是在患者离世前两天内写的；[12]50% 意识清醒的患者、家属都陈述说在死亡到来前 3 天，至少有一半时间处于中度到重度疼痛状态。

SUPPORT 研究项目随后的第二个 2 年干预期的目的是，通过加强医生与患者之间的信息流通，对医疗保健和医院内死亡的感知质量产生积极影响。它涉及的患者数量比前一阶段增加了大约 5000 人，其中一半为控制组，另一半为干预组。护理人员（并非医生）接受训练通过各种媒介手段来执行干预：向医生提供信息，让医生了解患者对是否使用心肺复苏及其他干预手段的意愿；向患者和家属提供信息，让他们了解各种治疗方案及其预后情况；促进医生与患者之间的对话；为患者和家属提供感情上的支持。研究结果令人吃惊。这些干预行为旨在改善医患交流、改善医生对预后的了解和对患者临终愿望的了解，结果却丝毫没有改变侵袭性急救方法的使用、放弃心肺复苏指令的下达时机、对心肺复苏的回避以及止痛药物的使用。这些手段同样没有改变患者和家属的感知质量。[13] 即使医生和患者集中力量，共同努力来减轻患者的疼痛，尊重患者的意愿，限制使用那些延长死亡的高科技手段，但还是未能在减轻疼痛程度和减少高科技干预手段的使用方面取得总体进展。[14]

自从这一里程碑式研究项目开始，太多的相关研究都试图探讨和理解医患交流之间的种种障碍所在，各种医疗条件下临终患者的标准化治疗方案，止痛药物的使用与不用，患者及家属的决定权，医生护士的培训需求，不协调的临终医疗服务及临终医疗服务所缺失的财政基础。这些研究结果显示，围绕着临终医疗服务的一些困难事实上是难以消除的。比如，有一种困难是非常实际的问题：当患者自己都不知道自己想要什么时，医生如何能知道患者想要什么，又该如何去尊重他们的意愿呢？对于许多人（如果不是大多数人）来说，不可能在
31 重病来临之前就详细列出他们得了重病之后将会“想要”接受哪些具体的介入疗法（呼吸机？除颤仪？血管加压素？抢救手术？）。另一个难以消除的问题来自医学知识方面的局限性——我们无法精确地预测死亡的到来，从而评估哪些治疗是过度的或者不恰当的。这两个难题的根源在于那种普遍的现代观点——死亡是可以被控制的，也就是说，它可以与各种治疗方法一起被规划安排，可以且应该被很好地控制管理。

多年以前，政策制定者和生命伦理学家认为，陈述患者临终医疗

干预选择意愿的文件的存在可以缓解“过度”的或者不恰当治疗的问题，他们倡导使用这类文件。然而，只有不足10%的民众写过生前嘱托，即一份书面的“生前遗嘱”，或者更加正式的法律文件，例如具有持久法律效力的医疗保健授权书。[15]SUPPORT项目的调研人员发现，生前嘱托对患者临终前复苏手段使用的限制没有明显的作用。事实上，大多数（61%）患者的生前嘱托都没有明确陈述放弃心肺复苏手段的使用。总的来说，生前嘱托里的表述过于模棱两可，在决定是否使用心肺复苏手段时无法产生影响。[16]那些确实存在的文件对于当事人当前的医疗状况也大多表述模糊，信息不详。[17]一些研究显示，很大比例的人未必希望他们将来的治疗被预先写下的文件所决定。[18]因此，生前嘱托中声明的事宜不能够也没有解决病床旁许多侵袭性治疗的使用这一困境。

医生也面临着许多难以解决的临终患者的治疗问题，其中最主要的一个难题或许是对死亡的预测。在很大程度上，医生都会回避做这样的预测，就算在预测死亡时，其准确性也是不尽如人意的。身兼医生和社会学者两种身份的尼古拉斯·克里斯塔基斯（Nicholas Christakis）在他对美国医生的医学预测进行的研究中注意到，医生预测的准确性不高主要表现在两个方面：“首先，医生的预测容易出错，这些预测可能对某个特定患者来说是不正确的。第二，他们的预测很可能受偏见的影响，他们会以一种有条不紊的方式犯错。例如，他们在对疾病预后情况进行预测时往往会高估患者的存活机会。”[19]乔安妮·林医生和她的同事们曾指出，大多数疾病的发展过程以及多数患者的死亡真的是太难以预料，无法做出精确的预测。[20] 32

最常见的对于“死亡过程”的看法是，在身体机能短时间（有时候只有几小时）衰退之后，人体将会有相对很长的平稳期。尽管这种发展轨迹常常是各种癌症的特征，但它事实上并不是大多数患者死亡前所患疾病的发展规律。更常见的情况是，患者要经历长时间的病弱无助，时不时出现急性症状加重，有时伴随着身体机能的下滑，有时没有明显的机能退化。患者、家属期待通过恰当的治疗让患者安然度过病情的每一次恶化，有时候医生也这样期望，而患者的确能经历很多次病情突然恶化和紧急抢救成功而存活下来。因此，当死亡最终到来时，它好像总是来得很“突然”。这种被拉长了的死亡轨迹是典型的心脏衰竭和慢性肺部疾病的特点，这两种疾病造成的死亡在美国每年死亡人数中占大约四分之一的比例。[21] 林医生报告称，以晚期心脏衰竭病例为例，尽管医生认为至少有 50% 的机会存活 6 个月，但大多数患者在这一预测给出后的第 2 天就离世了。[22] 患有中风、痴呆或者退变性疾病的人常常遵循着另一种发展轨迹，一种身体越来越虚弱、机能越来越退化的轨迹。然而，对于这一类患者的死亡预测似乎并不比对其他类型患者的预测更准确。[23]

为了证明不是所有临终治疗手段都是过度和不恰当的，即使在重症监护室也是一样，许多由医生组成的调研小组都对公众广泛表达出来的“有尊严地死”的愿望和 SUPPORT 项目的研究结果做出了回应，同时用文件证明，重症监护室医生不用和撤回生命支持设备的频率已经有所上升。[24] 然而，在一项全国范围内对重症监护室内重症患者的临终护理进行的调查中发现，无论是侵袭性的还是非侵袭性的干预手段，在各个医院的使用存在巨大差异。这突出表明，对于临终护理方面没有任何全国性的共识，也凸显了缺乏共同行为标准这一事实。例如，在 38 个州 131 个重症监护室里去世的患者中，心肺复苏手段使用频率的中位数是 23%；但是，在有些重症监护室中，75%

以上的死亡都与心肺复苏失败相关。[25] 在一项针对 50 个州的急诊科医生使用心肺复苏手段情况的调查中，研究者发现，尽管 78% 的被调查者尊重合法的关于心肺复苏治疗的生前嘱托（当这种嘱托存在时），但只有 7% 的人愿意遵循非正式文件或者口头表达的意愿。许多人（62%）做出使用心肺复苏手段的决定，是因为害怕争执或者 33
受专业人员的指责，55% 的人曾尝试无数次心肺复苏，尽管医生预计那些尝试是“毫无效果的”。[26] 某大学附属医院进行的一项研究中，参与的医生中有 52% 的人觉得心肺复苏治疗应该“主动提供”给所有患者，不论是否有潜在的帮助，也不必考虑医院有允许他们不使用这一手段的政策。[27]

被公开化的私人痛苦

在 SUPPORT 项目中，我们无法看到患者和医生的个人经历，但是他们的经历在频频出现于媒体中的成千上万的个人证言和自白中得到了尖锐的表达——这种表达主要来自已逝患者的家属，也有的来自医生。他们的那些故事放在一起，完整地描绘出了医院内死亡那些令人不安的特征，并指向 SUPPORT 项目中暗指的各种治疗中那些错综复杂的灰色地带：什么样的治疗被认定为侵袭性的、“人为”延续生命的、不人道的？它们是在何种情况下被如此定义的？机械呼吸机的使用一直都是一种激进性措施吗？用于稳定血压的药物呢？血液透析和饲管呢？使用这些手段中的任何一种什么时候会被认为是“舒适护理”？被哪些人认为是舒适护理？在什么情况下这些手段的使用从标准化护理（即被认为是恰当得体的）变成了不合情理地（即不恰当地）延长生命？此外还存在一些临床上 / 道德上对“痛苦”和“生活质量”理解的灰色地带，以及患者家属试图了解患者未来状况和“应该做些什么”时使用的言辞技巧。是否存在一个人不值得活下去或者其生命不值得维持下去的时刻——比如，当一个人遭受巨大疼痛，无法得到缓解时？或者当他陷入深度昏迷时？或者他已经昏迷了一个星期、一个月或者一年时？给陷入昏迷或者即将陷入昏迷的患者服用抗生素或者抗抑郁药会提高患者的生活质量吗？还是说他们在延长患者的痛苦？“生活质量”和“痛苦”该由谁、用什么标准来定义呢？这样的问题可以无休止地罗列下去。

人们的证言也凸显了 SUPPORT 研究项目未能揭示的两个重要事实。第一，它们强调患者和家属在面对健康危机和周围泛滥的医疗选择时，除了笼统地希望康复和早日结束自己的痛苦外，根本不知道自
34 己想要什么。第二，很显然，医院只是一个平台，在这里，健康专业人员采取坚定行为的能力受限于职业关系、医院制度、操作标准、财政制度、疗法选择隐含的法律意义，以及患者家属的要求等各种因素。患者和医生两个群体都必须按照本能采取行动，做出反应，而他们这样做时所依据的知识和优先考虑的重点却大不相同。

媒体中充斥着无数的报道，讲述着无法划分各种治疗方法的好与坏，恰当与不恰当，以及患者家属是否应该“协助死亡”的情况。例如，在某报纸的专栏中，一位晚期肺癌患者的女儿写道，她要求医生用抗生素来为父亲抗感染。当医生告诉她无论做什么患者都只会重复感染，并且很快离世时，她想知道不给患者使用抗生素是不是在辅助自杀。她的父亲在又一次肺炎复发清醒后曾经叮嘱她：“务必让他们给我不断地使用抗生素，即使他们不想用也要用。”她授权医生使用抗生素，然后又被另一系列的问题所困扰：“如果病情发展下去，他想要使用饲管吗？我们要不要停止使用胰岛素？要不要停止使用钾剂？我们会同意停止为他验血吗？”她强调说她的父亲“让我承诺不

停止对他的治疗。即使到了那种状况，他也不想死”。但是她意识到他越来越衰弱，她写道：“慢慢地，我们同意停止血液检查，停用了钾，停用了胰岛素。预计他会遭受痛苦，我们同意使用吗啡……或许这很愚蠢，但我们坚守了我们的诺言：静脉注射抗生素、流质食物和养分一直没有停。”[28] 这就是患者家属进入医院后通常所感受到的困惑，他们被医院里似乎不计其数的治疗选择弄得晕头转向。哪些步骤可以延长生命，又有哪些是在延长痛苦和死亡？如果一个人拒绝使用胰岛素或者抗生素，是否算是致人死亡的同谋？批准和否定某种特定的治疗和步骤意味着什么？

还可以从医生角度来讲述另一些故事。关于过度治疗，关于试图修改或者拒绝那些技术上的必要性，尽管这样做需要顶住来自方方面面、无时不在的要求使用最先进技术的压力。一位医生写道，他想对一个与癌症抗争的老人停用呼吸机，因为呼吸机只不过在推迟他的死亡而已：“一个器官接一个器官，重症监护室的设备替代了他的生理机能。呼吸机是他的肺，透析机是他的肾，输血仪器是他的骨髓。”医生知道心肺复苏不可能恢复患者的健康或生命，希望能让垂 35
危的患者免受那最后的猛烈干预，所以规劝患者的妻子签署放弃心肺复苏的指令。但是患者妻子对他说：“我知道他会死，但是我不能告诉你停止努力。”那位妻子最终也没有签署放弃心肺复苏的指示，也对医生加给她的“压力”心存恨意。那位医生告诉读者，几天后，当患者的血压骤降，他“开始了一次为时 20 分钟的心肺复苏干预，猛烈重击患者的肋骨，静推升压药物，从毫无生气的尸体中抽取血液”。患者并没有因而活过来，医生也为没能阻止这一切而深感惋惜。[29]

尽管医生们在报纸和杂志文章中声称，患者和家属都想要得到那些既无法恢复健康又徒劳无益的治疗步骤，但绝大多数个人陈述都是关于那些不受欢迎的治疗方法的，又都是来自患者家属一方。很多患者亲属声称，患者接受心肺复苏、手术或者遭受“侵袭性”治疗都是违背患者意愿的，经历了数小时、数日或者数周的疼痛、恐惧和痛楚之后——这种情况频频发生在重症监护室里——最后还是会死去。下面的情况极具代表性：一个人痛苦地写道，他的 3 个亲人受到了“太多的照料”。一位医生坚持对他 97 岁高龄的祖母一条生坏疽的腿进行截肢手术，说否则她会死得很痛苦。尽管患者不想接受手术，但还是被截肢了，3 天后，老人因剧烈的疼痛而离世。文章作者非常气愤，并对批准这一手术的医学判断表示质疑。然后，他又写了他 84 岁继父的经历。他的继父在发生了 2 次中风后，与医生和医院都签署了一份经过公证的放弃心肺复苏的指令。当他再次中风，患者的妻子（文章作者的母亲）告诉主治医生患者不希望使用心肺复苏手段，患者档案里有放弃心肺复苏抢救的指令书。医生回应称：“你想杀死他吗？”中风患者接受了心肺复苏治疗，在重症监护室住了一个星期，接着又在医院里待了两个星期。然后，在家人和朋友的鼓励下，患者妻子“鼓足勇气”让医生撤掉了呼吸机。几个小时后，患者离世。他的第三个亲人以前做过心脏搭桥手术，78 岁时，他的医生告知他需要再做一次搭桥手术。这位亲人拒绝手术，但是医生劝他 50 多岁的妻
36 子“要说服他进行手术”。手术期间，那位医生意识到患者的肾功能衰竭。尽管患者的病历档案中也有一份公证过的放弃心肺复苏指令，“医生们还是给他使用了 5 次电击除颤仪，想要让他恢复他们所谓的生命。他最后几天待在重症监护室里，靠各种管子活着，好让家人来向他道别，而这些道别他可能根本听不到了”[30]。

近 20 多年来，类似的叙述越来越频繁地出现在大众媒体和专业医学杂志中。它们证明大多数死亡事件发生时的复杂情况，以及人们

期待医生可以并应该钳制死亡的观点都很难改变。

从这些报道看，“有尊严的死”在医院里很难，或者说不可能实现，原因在于，在医院里每个人——医护人员、患者、患者家属——都承受着让人身不由己的压力，要去使用最尖端的医疗技术，并在各种技术手段之间做出选择。这种压力在暗中为害，它们的来源极其广泛，包括美国令人深受吸引并深度依赖的强大而昂贵的医疗设备和程序，公共和私人医疗保健的资金安排，医界和公众历来对衰老、疾病、退化及死亡率之间的关系模棱两可的医疗信息。

一张进退两难的网——医护人员在患者处于生死之间时所承受的压力

医生的声音

当谈论医院产生的紧张和压力时，医生所揭示的是他们在解决问题时所面临的临床上和道德上的考虑。医生并不总是有把握该采取什么行动，或者哪种治疗从长远观点看是最好的，然而，他们被迫做出选择并有所行动。那种能够自主的、不受任何妨碍的决策者——这些特征共同描述的是理想化的医生（即使在管理型医疗时代也是如此），也成了消费者不满的一个来源——已经不存在了，因为决策的责任如今都嵌在医疗行为的结构中了。比如，医生依赖同行之间的参照和引证。因此，一位肠胃科医生会给一个虚弱不堪、卧床不起、精神错乱的 95 岁患者插上饲管来延续他的生命，未必是因为医生认为对这一患者插用饲管是恰当的治疗方法，而是因为患者的内科医生要求他采取这一治疗步骤。再一个例子，医院的药物利用审核委员会负责监督 37
医生所选择的治疗方案的花费，指导医生选择最廉价的治疗方法，并尽快让患者出院。医院监督的制约因素与医生认为需要通过他们认为必要的任何测试化验和步骤来进行诊断和治疗疾病的观点相冲突。此外，医生可能会迫于有时来自患者家属，有时来自医生同事的压力而使用一些他们个人认为不恰当、毫无益处并且会造成疼痛和痛苦的侵袭性疗法。这些以及其他类似的、真实存在的力量影响着医生使用医疗技术的方式。

除了这些考虑之外，还需要强调的一点是，临床医生个体实际上的决策过程通常不是一个深思熟虑和预先策划好的行为。一个“决定”可能没有任何实际影响。一个事件有时候只是自然地展开。医生的决定有时候会在与患者、家属、其他专业人士，甚至偶尔与医院行政人员的讨论中冒出来，也可能不经过公开的讨论就形成了。许多需要紧急救治的患者在治疗之初并没有被认定为不治状态。开始时，各种疗法也没有被当作延续业已开启的死亡过程的手段。此外，医生接受的训练也不是用来应对***死亡似乎无法避免***的紧急情况的。

即使医生做决定的过程是一个清晰明确的行为，它也是一项模糊阴暗的事业。一位急救专家很清楚在一个更庞大的医疗保健体制中自己的位置，他为我描述了对他来说一个最常见的决策困境：该如何处理一个虚弱、精神错乱，“最终”被送到了重症监护室的患者？他的描述是很好的例证：一位从医者如何必须在各种制度压力之下不断地谈判、沟通而得出理想的治疗方案。

一个最具典型性的情况是护理院里的一位精神错乱的患者无法正常吞咽，食物会进入他的肺部，导致他染上肺炎，护理院里的人们很担心，他们将患者送到了医院，医生因此开始紧张、担心，患者被送到了重症监护室，接下来就要展开一系列的事件和干预治疗。

对于这个来自护理院的患有肺炎的精神错乱的患者，我可能有很

多不同的判断。这个人不应该被送进重症监护室，不应该被送进医
院。或许他应该回到护理院去，或者应该允许他死掉。但是他就在重 38
症监护室，你被困在他的身边。因此，最好的也是最有效率的做法是
尽快让他好起来，这样你就可以逆转这个过程，让他回到护理院去。
因此，这就意味着要进行一定量的侵袭性或者积极的救治工作。你不
会放弃，事实上你可能认为："最快的办法是让他渡过这些小难关，
这样我就可以让他离开这里。"然而，情况有时候会变得棘手起来。

在许多情况下，对于工作中的医生来说，那些理想化的"人道的"临终护理观念与侵袭性治疗干预手段之间的那条线并不是清晰可见的。对于医生来说，什么才是舒适护理或者姑息治疗，那套做法是否能够与没有必要的、选择性或者不受欢迎的延续生命的干预疗法分割开来，这些形成了进退两难的困境。许多医生认为，在护理临终患者时，自己理想化的角色就是为患者提供舒适感。但是另一些医生也指出，医生扮好这一理想角色的最佳途径是必须确定*如何*提供舒适感，诊断出疾病和处理紧急状况，即使这需要动用重症监护程序。因此，姑息治疗或者舒适护理不是一种可以在理论上确定的抽象行为，它是由医生在临床现场根据治疗的种类和程度来定义的。在以治疗为目的的医保体系背景下，"舒适"的概念被迫不停地被重新定义。在这一体系下，直接的侵袭性干预疗法有时候被辩称为对患者最有效的治疗，而姑息治疗只能到晚些时候才会使用。

对于患者病情恶化时该如何应对的举棋不定，对死亡来临时医治目标的模棱两可是司空见惯的现象。在很多情况下，与公众对医院内死亡事件的讨论，与实现患者在做决定、要求舒适及建议使用止痛手段方面的自主权的明确目标相比较，形塑医院内死亡的大多数活动的

实际展开更不具有目的性，也更加混乱。

当被要求描述自己经常面临的困境时，一位社区医院的老年病专家讲述了下面的故事：

对我来说，最难做的决定是关乎虚弱的患者，他们如此虚弱，因此很难确定治疗的强度。当患者是一个我不熟悉的人，情况也很困难。我曾接诊过一位 90 多岁的老太太，她精神错乱，患有帕金森
39 症。我被告知，当她听说别人死了，她就会说："他们能不能搬过来，这样我就可以和他们躺在一起，也死掉？"以这种状态活着，她很不开心。她发烧，血压很低，我得知，她偶尔会出现这种情况，通常是因为上呼吸道感染。一天下来，她状况很不好。我不知道我们该怎么办，因为她病得很重，又很虚弱；或许最好的办法是让她待在家里，会舒服一些。

但是我不太了解她，也不知道她的家人会怎么想，我就让她住进了医院，并在当天尽了一切所能确保她活着。我化验了她的血液，来寻找呼吸道感染的原因；我开始给她使用抗生素，并大量输液以便使她的血压升上来，但是她一直处于昏迷状态。第 2 天，我没有采取太多措施。她也没有好转。我决定不再查找她真正的病因，因为我想，如果是需要动手术才能解决的问题，她是不会接受手术的。

她入院 3 天后，另一位医生接手了她的治疗。收集了一些信息后，那位医生决定继续治疗。在一次腹部超声波检查时，我们发现了胆结石，尽管老太太的胆囊早就摘除了。一些医护人员想："我们不能给她动手术，但或许可以用一种相对安全的方法取出那些石头，这样治疗后她有可能会好转。"但换成我，我是不会这样做的。结果，一些石头被取了出来，之后她出院了，在出院当天，她就去世了。

> 我感觉，无论采取了什么治疗手段，对她都不会有帮助，因为她严重营养不良，又那么虚弱。但是我还是会碰到许多类似的困境，当我明确知道患者希望渺茫，却不知道能向前推进多远。当我认为我的干预和治疗只能使患者的生命多延续数天时，我应该付出多少努力去维系他的生命？当你和一组医生合作，每个医生处理患者的方式都不相同时，情况也很困难……有时候，因为你和别人关系非常密切，因此很难知道何时应该停止侵袭性治疗。我们太在乎他们，我可能会错误地认为，让他们活着是对他们有好处的事情。而事实未必如此。

医学界的那些技术方面的要求——让患者进行越来越多的诊断性化验项目，走越来越多的程序，用呼吸机和饲管等干预方式来延续生
命，或者推迟死亡——是现代医学实践中最重要的一个变量，也是无 40
数临床与道德疑虑的来源。它决定着思想和行动，它提供了一种限制性的语言——“尽一切所能”“不过度”“只要稍微”——以通过这种语言来提供选择，来理解困境。通过将选择限制在“要么……要么……”的条件下，迫使医生把好的、适当的护理方式与最大量的干预性治疗等同起来。技术性的要求使医生施展医术的余地变得狭窄，从而取消了许多选择项。当患者年龄大又有多种复杂的健康问题时，技术性要求的影响，对于什么是好的、适当的治疗，以及某些状况不应该被延长的观点而言，尤其不稳定。前文中那位老年病专家个人认为，鉴于患者的高龄和虚弱，也因为她明白她开出的任何治疗步骤都可能增加患者的痛苦，因此应该放弃侵袭性治疗；然而，她的观点和其他医生相左这一点还是让她很沮丧。在她的叙述中，最后一句话强烈地表达了她对于医界使用侵袭性疗法“让患者活着”这一观点的根

本不确定性和对在“类似情况中”自己责任的根本不确定性：“我可能会错误地认为，让他们活着是对他们有好处的事情。”

护士们的声音

和医生一样，当遇到生命垂危的患者时，护士也在大量的临床和道德歧义中发挥作用。但是他们的职责与医生不同，因此在谈论临终患者的护理问题时他们的关注焦点也不同。护士的角色是尽可能确保患者的舒适，同时确保最好的治疗效果。护士比医生更经常性地使用***舒适***这一字眼，其蕴含的意思也不相同。对护士来说，舒适一词同时包含一种道德上的立场、临床上的知识以及他们在实践中逐渐培养出来的专业技术。他们还会使用一些诸如***折磨、受罪***等专门词汇来描述舒适的对立感受，而医生很少使用这类字眼。当医生使用***舒适***一词，尤其是在患者临终时用它来代替侵袭性干预手段时，它仍然不如找到疾病和机能障碍，通过临床技术和诊断过程发现隐藏在身体里的问题来得重要。在医生看来，那些任务几乎永远占据优先地位，尤其在重症监护室里（除非到了无法对多系统器官功能衰竭视而不见的地步）。
41 对诊断发现和医治行动的优先需要加剧了许多医生在患者死亡临近时的不安和忧虑。相比之下，护士对任务有清晰的认识，就是要缓解患者的疼痛和痛苦，尤其是在重症监护室里。这给了他们持续不断的挑战，既要配合医生做好工作，又要创造一个空间让患者的健康状况展现出令他们自己满意的状态。

我请护士们谈谈他们如何应对这些挑战，于是他们向我描述了他们如何看待自己的工作，如何看待患者，如何看待那些被定义为舒适的行为。一个具有 16 年重症监护室工作经验的护士给我讲述了她护理那些在重症监护室滞留数日、数周，既没有康复离开也没有死亡的患者时的工作目标：

> 在多数情况下，我会说，这是我实践好的护理技术的机会，从而当有可能被救治的患者来到重症监护室时，我可以把自己的工作做得很好。我真是这样想的。事实上，这些人就躺在那里，就像被困在他们的疾病里，困在他们的身体里，困在重症监护室里，这不是我的错。我无法改变现状。因此，对于这些患者，我的目标是尽可能让他们每一天过得舒适一点。无论这意味着让他们自己待着，不去打扰，有时候的确是这样，还是给他们好好洗个澡，或者帮助他们的家人达成和解，无论是什么我都去做。可能是调整一下他们止痛药的用量。有些疼痛不是很明显，或者医生没有处理。我的道德感就是，我只想让我的患者在一天结束，我下班离开他们时能够比我早晨刚见到他们时感觉更舒适一点。
>
> 这在重症监护室里是一个挑战。我只是想帮助那些身处重症监护室这个炼狱——借用一下这个天主教特色的字眼——的患者能够忍受得了，能够在某种程度上熬过去。对我自己来说，这是一个提升我工作能力的机会。我坐下来，倾听患者的女儿，或者妻子，或者母亲，或者情人，让他们诉说，让他们哭。我努力做到这样，也只能做到这样。如果一切取决于我，我可能会改变这一切。我会说，这个人存活的概率是多少？在什么程度上我们是无能为力的？这项治疗我们打算持续多少天？如果我们真的采取相对简单的方法，可能 100 个患者中有一个能活下来，但是其他的 99 个会深受折磨。

另一个经验丰富的急诊护士谈到了在技术和护理与创造舒适护理之间的紧张关系：

> 我认为，护士们之所以走进急诊室那种环境是因为他们迫不及 42

待地要照顾某个身体出了问题的人，他们总是怀有这种情感，也总是全身心投入，积极参与其中。医生和护士紧密配合，因此急诊科里的医生和护士之间存在着一种不同于其他科室的同僚身份，这一点对护士极具吸引力。在急诊环境下，技术有时候是一个糟糕的东西，因为拥有的技术手段越多，就越想尝试，越有可能把它们用于那些技术未必有优势的场合。当我在照料危重患者时，我想让他们感到舒适。我想让他们的家人感到舒适，想让他们相信我知道自己在做什么，相信我会尽最大努力满足他们的需求。因此，如果他们希望病情好转，就会按照我说的做，如果没有好转，他们也会感觉舒适一些，我也会开诚布公地说明他们的情况。这是一个艰难的问题，因为技术占据我们工作的大部分内容。急诊科护士都是以技术为导向，以任务为导向的。我们在为患者制定个体治疗方案方面已经取得了很大进步。不考虑监控器，不考虑静脉注射，不考虑这些手段。治疗方案是什么呢？我们该何去何从？我们最终的目标，为患者治病的目标是什么？目标是让他们回家去，让他们平静地死去，还是送他们去普通的医疗科室？目标究竟是什么？我们需要采取哪些步骤才能实现这个目标——不再需要考虑他们的监控器，或者挂在他们身上的静脉注射器，还有连接在他们身上的各种机器。

第三位护士描述了自己在患者面对身体痛苦时为他们创造舒适感的责任：

你有责任给患者服用镇静剂。但是总有些人无法有效镇静，并且是经常性的无效镇静。嘴里插着一根很粗的管子，当我事后与有过这种经历的患者聊起时，我喜欢倾听他们的诉说，因为我当时不了解。所以我会问：“你有什么感受吗？你如何看待这种手段？”我之所以问是因为那是他们真实的经历，真实的感受。人们经常会说：“喔，感觉就像我的嘴里有一只鞋子，这么大的一个东西在我嘴里。”你不能吃东西，不能自主呼吸，一切习以为常的事情都不能做。你浑身脏兮兮的。不能洗头发，你只能平躺在那里，头发纠缠在一起，乱作一团，那简直就是最不舒服的状态了。但是如果再加上他们的疼痛，无法与人交流，这后者本身就是任何一个人所能经历的最大精神刺激了。想象一下，如果没有人能听到你说的话，或者你发不 43
出声音，你会感到多么无助和沮丧啊。而这只是你最基本的痛苦。接下来还有家庭方面的不确定因素。如果你是一位母亲，你的孩子无人照料，你患上了癌症，或者你因某种原因而大出血，你无法出院，那么就会极度恐慌。

这些情况都存在。而对于我们，它只是一个假定的事实。我们看不到它，我们对它具有免疫力。你必须或多或少地把它看作假定的事实，并要时刻这样做。如果你忘记了这一点，那么你只会给所有人帮倒忙。如果你能记住这一点，那么你会以一种非常不同的方式同每个人交谈。你就不会因为帮他们做了一点事情而感到麻烦和不快——在他们头上放一块凉毛巾，或者给他们擦擦脸，或者为他们清理一下口腔——因为这些是你能为他们做的唯一的事情。

除此之外的痛苦都是主观臆想的。有时候我不得不这样说服医生。我曾护理过一个年轻人，35 岁，得的是动静脉畸形，可能出生时就得上了这种病。这就像在你大脑里的一条高速公路，有许多血管在此交叉，这些血管有许多脆弱的管壁，它们可能会破裂，这就像一个定时炸弹。他的血管破裂了。他还很年轻，精力充沛，生命

> 力旺盛，却遭受着极度的疼痛。当他神志清醒，病情加重时，他抱着自己的头，说感觉就像一个要爆炸的气球，一种令人恐怖的疼痛。第 2 天，他就无法说话了，我们只能坐在那里看着他一步步走向死亡，什么也做不了。他的脑部出血，而医生无法开颅修补血管，因为他可能会死在手术台上。如果患者无法在手术中挺过来，你就不会送他去做手术。到了那一刻，医生已经不对他进行任何治疗了，甚至连止痛药也没有。值班的医生不认识他，也不会想到这个人将要经历如何漫长的一夜。但是，如果你站在那里，每 5—10 分钟，你可以看到他的疼痛，而你只能也不得不用手摸摸他的头，即使不用他说出来，你也可以感受到他的痛苦。医生说："他的血压稳定，心率也不高。"而我知道，他正经历着他一生中最痛苦的头痛。我说："你瞧，如果他已经不行了，我们不能给他点什么缓解一下他的痛苦吗？"他们不想那样做，因为那是一种神经损伤，会掩盖他病情的发展情况。很多时候，护士会出手干预。
>
> 因此，他最后得到了缓解疼痛的药物，也确实放松了下来，明
> 44 显地放松了。而此时，你又不得不考虑，他一个人孤零零地在深夜里死去多么可怜。如果没有人在身边握着他的手，你本可以留下来握着他的手（却没有这么做），那你就会感觉自己少了些人性。

护士们描述了一种紧张关系：一方面是侵袭性医疗的"炼狱"，另一方面是他们减轻患者痛苦的使命和能力。当医学界最先进的治疗工具干扰了患者对舒适度的需求，影响了护士深知自己担负的提供舒适护理的职责时，那些选择到重症监护室工作的护士可以（似乎比医生更容易）表达对这些工具的批判。有时候，当护士们在医院，尤其是重症监护室的重重矛盾中苦苦挣扎时，自己究竟是什么样的人这一

问题经常困扰着他们。

对死亡一词的回避和对治疗结果的预测

护士和医生都会回避谈及死亡——护士不想跨越自己的权限，而医生这样做则有更复杂的原因。医生的回避加剧了家属和患者在生死之间的紧张情绪，也使他们一直抱着还有“选择”的幻想。医生们都刻意回避谈论死亡。电影制片人弗雷德里克·怀斯曼曾制作过一部时长 6 小时的非凡纪录片《临终》，[31] 讲述了波士顿贝斯以色列医院重症监护室每一分钟都在进行着的决策判断、会诊审议及救治行动。威斯曼让观众观看医生和危重患者在病床边讨论患者岌岌可危的身体状况，他们的各种治疗方案的私人对话，以及医生、护士在重症监护室走廊里研究商议还能采取什么救治措施，使用哪些治疗方法，什么时候使用，患者和家属希望接下来怎么办。我们，电影观众，借此了解了医生和护士在与危重患者谈话和谈及危重患者时所使用的语言，我们也听到了患者和家属是如何回答的。这不同于电视剧《急诊室的故事》，这里的对话既不简短，戏剧化，具有权威性，也不是一语中的，切中要害。事实上，现实的对话正好相反——冗长、枯燥、模棱两可，不断重复，没有最后决定。

镜头一路跟随 4 位重症患者和他们的家人。在每个病例中，医生在病床边和走廊里花费大量时间认真讨论如何处理患者、家人和其他医疗人员。在每个病例中，他们都声称想要得到患者和家属决定的引领。纪录片里的医生们不断地询问患者和家属他们接下来想怎么 45
办——关于具体的治疗方案，关于患者是否想要停止治疗，关于患者是否想要靠着呼吸机无限期地“住在”重症监护室里。（医生对晚期心脏病患者说：“在你经历了一切之后，几乎没有人能做出比你更明智的判断。”）但是，在撤销、继续和开始新疗法的问题上是否该让患者和家属负责做决定，医生和护士的态度常常是矛盾的。（护士对医生说：“要让他们参与，但不要让他们做决定。家属应该对患者负很多责任。”）

纪录片中的医生们都很善于表达，富有同情心。他们看上去似乎都很认真，且知识渊博。他们似乎在无休止地说话。然而，在每个病例中，尽管他们一小时接一小时地和患者谈话或者谈论患者的病情，却完全回避谈及死亡。相反，他们广泛地讨论稳定患者的身体状况或者讨论可能的器官和生理系统的康复，而他们的这些话都是在误导患者。（医生对患者说：“你的肺不可能好转了，因此，让你使用呼吸机也几乎无济于事。如果你的病情恶化，或者你的心脏出了问题，我们会接上管子。我们只想做你想让我们做的事——如果你想活着的话。”）他们绝少提到死亡本身。他们从来不会告诉患者，无论他们选择哪种治疗方法，他们的状况只会导致死亡，或者说死亡就在眼前。（医生对医护小组说：“我们可以让这种状态拖延一周。如果他希望这样，我无所谓。不过，让我们把心脏科医生请来，确保不要忽略任何可以做的事情。”或者，护士对患者妻子说：“我们认为他的病情会恶化，会出现衰竭。但是我们还会继续寻找其他可行的疗法。”）

纪录片中的医生一遍遍强调说，他们不知道会发生什么情况，他们不能预测未来。（“你处在能够活下去和无法活下去的边缘状态，”只能，“由上帝来决定，我们决定不了。这些东西本身具有生命，真的是这样。”）他们几乎只谈为了控制疾病和调理具体生理系统可供选择的治疗方法，以及患者（或者家属）对这些选项具有选择权这一事实。他们与其他医疗人员谈论器官和生理系统以及他们如何能逆转一
46 个特定的问题。他们告诉患者和家属，他们随时可以改变主意，修改

他们生前嘱托，尤其是关于急救时使用心肺复苏手段的声明，这就暗示着心肺复苏手段能够“拯救”他们的生命。这样做使患者和家属很困惑。

影片中的医生们相信希望，他们反复说希望总是有的。他们用百分比的形式对家属或彼此之间谈论希望——史密斯先生只有百万分之一的机会。在死亡面前，他们从来不会提到决策权。

纪录片的片尾字幕显示，片中的患者要么死于重症监护室，要么在离开重症监护室一周内离世。没有人得以离开医院。

在对治疗后果预测的研究中，尼古拉斯·克里斯塔基斯深入思考了临床医学中种种回避死亡预测的方式，并指出对死亡的预测被一种“有组织、有安排的沉默”包围着，这种沉默是在日常的医疗实践中学到和培养起来的。[32] 医生只有在无法避免的情况下才会推测患者的预后情况，而当他们迫不得已谈及预后时，又总是采取高度公式化的方式来通报“坏消息”。他们偏爱一种“阶段性的、以统计形式呈现的、乐观的预测形式”[33]，它可以让医生分阶段地、充满乐观和希望地向患者传达不利预测；医生对患者想听到什么结果，提到类似患者治疗结果的参考都会影响他们向患者传达不利预测的方式。医生倾向于对他们自己和对患者高估存活机会。[34] 此外，他们在治疗后果预测方面的培训严重不足。当医生感到不得不预测未来时，他们常常会体验到巨大的精神压力，他们担心公然直白的预后会伤害患者。[35] 医生小心翼翼地选择向患者和家属传递信息的方式，他们认为预后中的“真实性”可以有很多表达方式，采取哪一种取决于医生对患者如何看待自己病情严重程度的解读，也取决于医生向患者传递希望的需求。大多数医生认为“真相”并不是一个简单的事实，不是只有一种表达方式，也不能不顾患者想了解情况时的表达方式。即使在患者出现了明显的临终征兆，甚至当患者和家属开始问及后事时，医生直截了当谈论死亡也是极其罕见的。

选择的幻想

患者和家属的决策权曾被当作现代医学中的一大进步而深受推崇。然而，在患者病情严重和在医院里出现恶化的情况下，它就被扭曲了，或者说变成了歪曲事实，因为患者受到医生和在场的其他人提
47 供的选择项的引导和限制。而那些选择项反过来又存在于一个机构指令体系之中。此外，当死亡已经或者好像迫在眉睫时，患者和家属的“决策权”又与医生的责任和顺畅的沟通等观念混杂在一起。医疗行为的批评者们认为，医生似乎在为临终患者提供多种治疗选择，而事实上，这种做法使医生的专业知识和经验被贬低了，他们担负的责任也潜在性或者实际性地被放弃，被削弱了。[36]这样一来，患者和家属被抛进了毫无准备就被迫做出选择的境地。同时，患者主观地认为，医生颇具权威和专业知识，希望让医生运用这些权威和知识来替他们决定什么才是最佳方案。最近一项哈里斯民意调查（Harris Poll）结果显示，三分之二的美国人希望自己在生命尽头能够享有“个人的选择”。[37]但是在医院里，这种选择是难以捉摸的，远不是简单易行的，它对死亡这一“难题”起着火上浇油的作用。

医院这个小世界的两个普遍存在的特点，即机械呼吸机和时刻存在的紧急心肺复苏手段的可能性，在大众普遍的抱怨中占有显著位置，也让患者和家属难以选择，有时候也引发医生之间的争执。

想象迫在眉睫的死亡：代码状态[38]与紧急心肺复苏

医院文化中普遍存在的一种紧张关系是由使用紧急心肺复苏手段的可能性引发的。心肺复苏是一种可能挽救生命却令人畏惧的治疗手

段。“代码状态”的问题——即决定患者是否希望在心跳或者呼吸出现骤停时使用心肺复苏手段——是赫然耸立在医院文化中的一个大问题。当死亡迫近时，它通常是医生和护士的首要选择。尽管流行的观点是心肺复苏“可以让患者起死回生”，但事实并非如此。当患者心脏骤停时，患者的心脏无法有效地维持生命所需的血流和血压。当患者呼吸系统骤停时，患者自身不能推动足够的空气为血液和身体组织提供氧气来维持生命。在这两种情况下，骤停发生时，***患者的确面临猝死的危险***，除非采取措施来逆转骤停问题。

对患者进行紧急心肺复苏在医院行话中成为一种***代码***，如果医院
里的重症患者没有明确陈述他们希望在心肺骤停时放弃心肺复苏手 48
段（或者他们的家属没有代替他们如此表达意愿）的话，在美国几乎所有医院里，默认的程序是在危及生命的紧急情况发生时，医生要尝试心肺复苏。要改变这种默认的动用心肺复苏手段的“代码状态”（在病历中被称为“全码”），必须在病历表中写明“不使用 CPR（心肺复苏）”或者“无码”或者“DNR（放弃心肺复苏）”来代替“全码”。[39] 因此，为了撤销默认的抢救行动，患者必须在入院之前或者住院过程中的某个时间点做出决定，是否允许医护人员在出现危及生命的紧急情况下将呼吸管插进他们的气管，实行胸部按压（可能会造成肋骨骨折），并电击他们的心脏以期恢复得以维持生命的心跳。患者，通常还有他们的家人，必须在假设情境的基础上预见未来可能发生的危机。这当然是不可能做到的。但这就是医院体系为人们设置的选择背景。指定代码状态的选择其实是不对患者开放的。医生通常不愿意跟危重患者及家属谈论代码状态，通常也不会去提及此事。病情非常严重的患者通常不会主动也不希望进行这类讨论。因此，如果没有人公开反对，如果主治医生不阻止，如果患者的病历表中没有放弃

心肺复苏的声明，那么，医生往往会动用心肺复苏抢救患者。

住院患者和他们的家属一般不会意识到，如果他们不想使用紧急心肺复苏，就必须明确表达反对意见。大多数人首先没有意识到需要指定代码状态，其次也不知道***代码状态***一词指的是什么。他们不会想到，那关系到他们的医生可能需要执行的“挽救”他们生命的具体的、技术性的工作。毕竟，一个人来到医院，就是把对自己的照料交到了专业人员手里去，也借此交出了维持生命和做治疗决定的责任。对疾病的治疗总是笼罩着一种不确定性和不祥的预感，因为可能产生奇迹的医疗干预手段也会在一种卡夫卡式的怪诞背景下发生，事情会以难以理解的方式展开。结果，大多数时候，危重患者都没有真正对心肺复苏的使用做出过“决定”。

医生也会与患者和家属讨论心肺复苏的问题，那是当他们坚持认为在患者离世前进行心肺复苏不会成功，也是很糟糕的经历时——比
49 如，对那些已经被诊断为不治的患者和那些被认为不管怎样都已经回天乏力的患者，正如下面卡罗尔·琼斯所经历的那样，或者是对那些身患多种严重疾病又极度虚弱，显然即将走到生命尽头的老年病患。在我观察的此类病例中，医生们都会努力说服患者或家属“选择”放弃心肺复苏手段。而医生们的这种努力在医学著作中是一个很重要的主题。[40] 由于心脏骤停是晚期患者经常出现的症状，在那些情况下，也几乎都是致命性的，因此实施心肺复苏的标准不是件小事情。

医院文化特征中最显著的悖论之一是医生有时候感受到的那种压力——即确保让患者或者家属明白如果没有人公开表示反对，他们将在紧急情况下对患者进行心肺复苏——使家属感觉自己受到了胁迫，有一种负罪感，失去了掌控力。当面临要么接受要么放弃心肺复苏这一无法逃避的非此即彼的“选择”时，家属们感到自己被赋予了决定

亲人“生”或“死”的责任。许多人感到，为亲人“选择”放弃心肺复苏救治意味着他们选择了患者的死亡。

抵制选择：卡罗尔·琼斯一家

当救治卡罗尔·琼斯的医生意识到无论他们多么努力，她还是将会不久于人世，是否放弃心肺复苏的抉择变得很重要，事实上很关键。他们要求患者的家属做出“决定”，因为医生想让患者死亡之前尽可能遭受少一些的创伤。意识到患者必死无疑，医生想要避免一次他们确信不会成功的心肺复苏尝试。相反，医生对患者状况的看法让家属大为震惊，很显然，他们在患者入院两周后第一次清楚无误地面对患者命悬一线这一事实，不管患者的代码状态如何，他们也是第一次负责在实施心肺复苏（结果未知）和放弃心肺复苏任其死亡之间做出选择。

背景：卡罗尔·琼斯，50 岁，10 年间从未看过医生。当她的腹部明显肿胀，她才去看了她的内科医生。医生从她的腹部抽出了一加仑积液，化验后发现了癌细胞。她的丈夫、兄弟和三个（年轻的成年）子女对此诊断无比震惊，无法想象接下来会怎样。他们希望也主
观地认为她的病症能够被治愈，就是说她的病症可以被消除。琼斯夫 50
人被送进了医院，然后，在患者家属看来，一切情况就飞快地发生了。外科医生发现癌症已经扩散，无法医治。他们不确定主要的感染点，也不知道发病点在哪里。

手术之后，医生们发现无法撤掉琼斯夫人的呼吸机。她的情况太危险，没有呼吸机她无法自主呼吸。按照医院的一般规程，她被送到了重症监护室，以便让医护人员尝试稳定她的病情。他们的目标是让她再存活一段时间，希望她可以摆脱呼吸机，出院回家去，哪怕只有几天时间，让她在离世前与家人待在一起。

第 14 天：手术后两周，琼斯夫人还是滞留在重症监护室里。她的生命靠静脉注射的强力药物维持着，以便让她的血压维持在可生存的水平，机械呼吸机替她呼吸。她没有出现好转，也无法回家去。她无法摆脱呼吸机。尽管接受着各种稳定病情的治疗，但她所有的器官功能都日趋衰弱，因此，医生感到是时候改变她的治疗方案了。琼斯夫人离世的时刻到了。医生想让她的家人承认患者已经危在旦夕，同意医生停止治疗，因为医生承认这些治疗只是在推迟她的死亡。但是她的家人，和许多患者家属一样，***根本不知道自己该如何决定***。他们当然不想让琼斯夫人死去。他们对患者状况的理解和医生不同，他们也还没有被正式通知患者会很快死亡。

卡罗尔·琼斯的外科医生、家庭医生、肿瘤科医生以及急诊科专家一起会见了她的家人，让他们允许停止医生认为只是在推迟患者死亡的治疗，并避免他们确信不会成功的心肺复苏。因此有了下面的对话：

外科医生：所有的一切表明病情在急转直下。她发烧，这意味着有感染。还有许多其他的不利情况：营养不良，癌症，肺炎，虚弱的肺功能。无法取出肺部的积液。肠胃无法吸收任何营养。现在她的心脏又出了状况。我们正在给她注射只用于心脏骤停患者的药物。这些是主要问题……我认为你们不得不参与进来了。现在是 20
51 世纪 90 年代，不是 30 年代、40 年代或者 50 年代，那时候医生可以决定一切事情。你们必须做出决定。我们可以停用抗生素……

家庭医生：如果你们决定放手，如果你们决定接受难以避免的结果，换句话说，就是给她尊严。

外科医生：作为她的主治医生，我需要你们提供患者的代码状态。她现在正接受药物性心肺复苏。她自己无法做出清楚的决定。

她要接受电击吗，还有心脏除颤？要还是不要，我们需要知道你们的意见。你们可以说："不要提高用药剂量。"我们会调低用药量。对我来说，主要的问题是心脏电击问题。不是说马上生效，只是说如果她的心脏骤停，你们不想这样做。我希望这次会谈结束前你们能做出决定。

患者女儿：我们需要时间考虑一下，我们希望和你们商量。（她情绪失控，开始哭泣。）

家庭医生：（反对外科医生的要求）我们尊重你们的决定。你不需要现在就做出决定。

会谈没有得出医生想要的最后决定：既没有关于患者出现心脏骤停时避免进行常规的心肺复苏的决定，也没有允许患者带着"尊严"离世的决定——尊严一直都是个相对的字眼——他们只能在想象中通过在患者出现令人担心的心脏骤停时，移除那些呼吸机和药物等支持手段赋予患者一点尊严。

当天晚些时候，那位外科医生告诉我，在代码状态问题上，即使只有一位家属不同意其他人的意见也不行，最好的办法是等待，以便让那位家属消除自己被迫仓促间做出决定，"害死了患者"的感觉。我从琼斯夫人的护士那里得到消息，患者的女儿在与医生会谈结束数小时后，含着眼泪来到琼斯夫人的病床边。她在床边停留了近半个小时，然后去找医生谈话了。那位护士告诉我，不久后，琼斯夫人的代码状态被改成了"无码状态"，也就是说，在心脏骤停时放弃心肺复苏手段。患者女儿在医生的坚持下做出了他们想让她做的决定，但是在会谈中他们刚开始谈及此事时，震惊中的她是不可能做出这个决定的。

第 28 天：琼斯夫人在过去两周内经历了更多不可逆转的并发症。两位重症监护室医生最终和琼斯夫人的丈夫谈了话，让他知道“她已经走到了生命的尽头”。就是说，是时候移去所有维持生命的药物，
52 允许她死于疾病的晚期发作——在她出现心脏骤停之前。一位护士跟我提到，患者的丈夫最终“准备好让她走”。他告诉护士说：“我不想再看着她受罪了。”医生对琼斯先生说了他们的计划，让患者尽可能有尊严地离世。考虑到患者的情况，他们打算在几个小时内，慢慢降低维持患者生命的强力血压药物的剂量。他们说，他们打算明天等患者家属都来到患者床前之后开始执行这一计划，这样可以让患者在生命的最后时刻有家人陪在身边。他们开始为患者静脉滴注吗啡，来减少患者可能会感受到的任何疼痛。[41]

第 29 天：医生逐渐减少了维持琼斯夫人生命的药物剂量。5 个小时后，琼斯夫人离世，有她的丈夫和孩子们陪在床边，所有静脉注射管线和呼吸机也原地未动。

在我的研究过程中，我参与过很多会谈和病床边的对话。我听着医生向家属提供有关患者身体，关于医院，关于事情发展方式的信息。这些信息在医疗团队眼中是理所当然的，而在患者家属看来却是难以理解的。然而，尽管医生具有权威性，又具备患者和家属没有的知识，但他们也不是无所不知的。只有当他们预料到或者担心死亡将至时，他们才会去关注可能采取的下一步行动——得到患者和家属对代码状态的决定，以便动用更多的延长生命的治疗，或者撤走它们，让患者和家属为死亡的到来做好准备。因此，当他们知道患者处在生死之交时，他们就会含糊其词地谈到一种“有尊严的死亡”，在他们的理解中，那只不过是一个决定而已，一个在心脏骤停或者其他形式的死亡出现之前，停止各种延续生命的治疗手段的决定。在他们看

来，心脏骤停或者其他形式的死亡对患者来说缺少尊严，对医护人员来说必然更加忙乱，工作强度也更大。

另一方面，患者家属可能意识不到患者会出现心脏骤停，也通常不会关心做决定的紧迫性（先前有过医院经历的家庭成员或者本身就是医疗专业人员的除外）。琼斯夫人的家属直到患者入院 2 周后才被告知他们关于患者代码状态的决定对医生很重要。[42] 直到与医生会谈之后，他们才知道那些让琼斯夫人活着的科技手段只是在延迟她的死亡，既没有减轻她的痛苦，也没有让她康复。许多像琼斯一家的家庭都被突然扔进了一个让人不知所措的世界，他们须面对令人不安的困 53
局：如果琼斯夫人已经接受了药物“心肺复苏”，那么是否意味着她当时只是“虚假地”活着？为什么医生要求家人马上就心脏除颤做出决定？如果第一步（血压稳定剂的使用）是治疗的标准步骤——就是说，没有人询问家属的意见，医生直接就这样做了——为什么第二步就必须由家属做决定呢？为什么在那个特定的节点？家人被召来，必须对情感上压垮人的复杂信息很快做出回应。尽管许多人在同医生交谈后，当他们意识到死亡无法避免时不得不接受死亡，但他们永远不想“选择”死亡。难怪有些人很难接受医院强求家属做选择这一逻辑。

医生间关于代码状态的分歧：萨姆 · 马丁

有时候，医生之间也会就死亡的必然性和是否应该弃用心肺复苏产生分歧。一位医生可能会认为一次心肺复苏尝试或许能维持生命，而另一位医生则坚信那不会成功。医生是否应该不理会一个患者在现存危机出现之前做出的不使用紧急心肺复苏的选择，对此，医生之间观点也不一致。我注意到，尽管只有少数几次，患者的病历表中先前记录的代码状态有改动的痕迹，这些改动反映了医生对于患者发生心肺骤停时该如何处置问题上的分歧。患者和家属通常意识不到医生之间这些不同的观点，也意识不到患者指定的代码状态上的改动。

导致医生产生分歧的一个重要因素是医院的行政系统好像不允许对患者想要的代码状态有所记忆。即使患者的治疗表中有生前嘱托，可能动用心肺复苏的条件还是会被拿出来讨价还价。然而，熟悉某些特定患者的个别医生确实记得患者以前的代码状态，也会把它写在患者的病历中。这样，在很多情况下，当患者因病无法说话时，医生就能够为患者在不同住院治疗期延续最初的代码状态。下面的故事可以很好地说明代码状态的“决定”是如何展开的。

患有充血性心力衰竭的萨姆·马丁，在住进普通病房 5 天之后被
送到了重症监护室。马丁先生已经有过数次住院经历，所以他知道医
54 院需要有患者的代码状态决定，于是他明确表示，一旦自己出现大范
围脑损伤，他不希望延续自己的生命；如果出现心脏骤停，也不要使
用心肺复苏手段。“放弃心肺复苏”被记录在他的病历中，那一年他
先前每次入院，这一决定一直写在他的病历中。然而，一旦进入重症
监护室，马丁先生的代码状态栏就变成了医生们的战场。心内科医生
希望在特定情况下用特定药物来治疗他，这样就会把他变成一种“药
物学编码”。也就是说，当心内科医生认为特定药物从药理上说可以
“帮助他渡过这个坎”，马丁先生可能需要接受升血压药物的治疗，但
是，按照他的意愿，医生不能电击他的心脏，也不能大力重击他的胸
部。紧急心肺复苏有其他的分支操作手段。[43] 一直负责马丁先生在普
通内科治疗的另一位医生则坚持认为，即使在重症监护室也应该保留
他的“无码状态”。在接下来的两天时间里，马丁先生病历中的代码
状态栏更改了数次。虽然病得很严重，但马丁先生在那段时间里一直
神志清醒，有完全的决断能力。从他的病历上看不出他是否了解那些

更改。最终心内科医生做出了让步，马丁先生保留了“无码状态”。他稍微有些好转，几天后出院了。

2 年后，当马丁先生最后一次入院，他的代码状态又一次引发了争论。他在家里发生过一次心脏骤停，一位在场的朋友对他实施了紧急心肺复苏。救护人员几分钟后到达，对马丁先生进行了数次电击，最终使他恢复了心跳。他被戴上了呼吸器来帮助他呼吸，然后被送到了医院的急诊科，在那里，他一直处于无反应状态。仅仅 3 周前，他因充血性心力衰竭入院治疗时，马丁先生还是要求在他的病历中写下“DNR”。尽管有这些前后一致的文件，他唯一一位在世的、被医院员工划为“远亲”的亲属说，马丁先生“希望在出现可逆性脑损伤时得到‘全码’支持”。

因为没有人能够有绝对把握地预测马丁先生的状况是否可以逆转，因此机械呼吸机一直在使用，他也被转到了重症监护室。在那里，他被转成了“全码状态”，“有待于与家属和主治团队成员进一步讨论”，在发生心脏骤停时将对他进行心肺复苏。神经科的顾问医生
在病历中写道：“他已经遭受了缺氧性脑损伤。损伤程度非常严重。 55
考虑到他的病史，我感觉他不太可能从这次发病过程中得到有意义的恢复……我知道，患者先前有一份生前嘱托，表示如果自己遭受不可逆性脑损伤，不希望自己依靠呼吸机维持生命。基于这一点，如果家属希望撤掉呼吸机，这样做是恰当的。”医院里的社工说，患者的亲属“了解患者的意愿”“他今天需要再签署一份放弃心肺复苏的表格，因为上一份表格在患者上次入院时由本人签过名了”。更复杂的是，马丁先生开始自主呼吸，虽然呼吸很微弱。

在神经科医生补充了自己的说明几小时后，重症监护室医生在马丁先生的病历中写下了“DNR”。接下来，医护人员对马丁先生又进

行了 48 小时的侵袭性治疗，希望他的病情能够得以改善。进入重症监护室 2 天后，马丁先生的唯一亲属和重症监护室的医生进行了一次长谈。他们共同确认，如果处于永久性昏迷或者神经破坏，马丁先生不会希望维持自己的生命。维持生存的升血压药物和机械呼吸机被撤走了，医生在病历中写下“按照家属意愿”。之后不久，马丁先生离世。

呼吸机：使用一种强大工具的“决定”

公众对机械呼吸机的负面看法点燃了全美范围内的一场“死亡权力”运动，也引发了公众普遍的对“有尊严的死亡”的呼求。机械呼吸机是一种在患者因失去肺功能或大脑功能而无法自主呼吸时，直接把空气压进患者肺脏进行“呼吸”的机器。在美国医院里，对于离开呼吸机就会立即死亡的患者，它的使用是一种标准化的行为。如果有必要，医生必然会使用它，除非患者能清楚表达意愿，或者，如果无法与人交流，通过生前嘱托或者其他书面文件明确表达不希望自己的生理功能通过这种方式得以维持，或者他们有支持者可以坚持不懈并有效地向医院工作人员表达自己的意愿。

当一个人并未处在健康危机之中时，“决定”不使用这一维持生命的工具似乎相对直截了当些。但是，当一个人急切需要呼吸时而放
56 弃它又是另一回事。那么，抽象地在非亲历前提下认为呼吸机是“不受欢迎的生命支持手段”，这种观点就变得没有意义了。通常在一个患者能够“决定”之前，呼吸机就已经到位了。当得知不能撤掉呼吸机，因为患者无法“自然地”呼吸时，患者、家属和专业医护人员将面临更多的“选择”。这些选择围绕着什么时候、为什么以及如何撤掉呼吸机以便让患者“被允许”死去。这些选择项还必须在呼吸机带来的一个陷阱面前做出：它赋予做决定者一种可感知的责任，要么选

择“非自然地”延长死亡，要么选择积极主动地“导致”死亡。

选择呼吸：伯莎·汉森

在入院之前，84 岁高龄、身体虚弱的伯莎·汉森的呼吸越来越困难。她患有肺炎，发高烧。刚住进医院，她就同意在必要的情况下接受侵袭性治疗和饲管，因为她吃不下多少东西，力气越来越弱。但是她又清楚地表示，如果自己出现心脏骤停，不希望任何人对她进行心肺复苏；如果她的呼吸停止，也不希望使用呼吸机。

在汉森夫人住院第 2 周结束时，我和一位呼吸科专家一起去了她的病房，专家想去看看，如果用一个向鼻腔和肺部推送氧气的面罩来代替鼻导管，汉森夫人是否可以更轻松地呼吸。那位专家花了大约半个小时轻柔地、小心翼翼地给汉森夫人戴上面罩，调整她脸颊上的松紧带。她定好了氧气的压力和流量，希望能通过增加氧气供给让汉森夫人舒服一点，但是汉森夫人极度不舒服，捆绑在她脸上的面罩使她狂躁不安。在我看来，她看上去像要窒息了一样，她挣扎着抵制氧气流，而不是像医生提示的那样，放松地接受它，让机器来替她呼吸。直到弄得自己筋疲力尽时，汉森夫人终于告诉那位专家拿掉那个面罩。[44]

同一天夜里晚些时候，汉森夫人的氧饱和度下降到 60%（正常的氧饱和度应该保持在 90% 以上）。“可能活不了很久了。”一位医生解释说。[45] 她无法吸入足够的氧气，处于“呼吸窘迫状态”。她的女儿一整天待在她的床边，问她：“需要我们帮助你呼吸吗？”汉森夫人点点头。她马上被送到了重症监护室。在那里，呼吸机的管子被插进 57
了她的气管里，她和呼吸机的一切指标都可以得到监控。病历上写着她“出现临近呼吸骤停状态。当时，患者呼吸极其短促，同意插管，使用呼吸机”。

汉森夫人的高烧持续不退，也持续不断地接受抗生素治疗。但是，进入重症监护室 2 天后，她还是陷入了无意识状态。当所有诊断性化验结果显示任何手段都不可能有效救治患者时，重症科医生向患者的女儿解释说，没有办法逆转汉森夫人的病情，或者“挽救”她的生命了。汉森夫人的女儿这才“决定”撤走她母亲的呼吸机，让她离世。汉森夫人大约一小时后死于重症监护室。

汉森夫人曾经希望，也选择了呼吸。她的女儿也以为呼吸机只是解决她母亲健康危机的一个短期办法。她，和我观察过的其他许多患者家属一样，无法想象患者的呼吸窘迫预示着生命的尽头。

汉森夫人从普通病房转到重症监护室并非罕见的情况，在重症监护室里离世的病例也不少见。在呼吸窘迫的恐慌中，对呼吸的需求压倒了任何患者对“想要的”治疗的预判。一个人一旦进入了医院，缓解呼吸窘迫的治疗手段会马上执行到位，并且在大多数情况下，它们的使用让患者如愿地延续了生命，因而得到了高度评价。然而，呼吸窘迫尽管不再被认为是死亡的先兆或者预示着患者必死无疑，但它仍然是一种可见的、传统上公认的死亡指标。因此，它的出现通常不会被放任不管。这样看来，那么多生命会在重症监护室里终结也不是什么难以理解的事情了。

无法想象的事情

医院里的所有角色中，患者和家属对于医院运行方式和治疗的局限性知之最少。许多人，也可能是大多数人不知道***生命支持***在操作上意味着什么，也不了解心肺复苏或者呼吸机的局限性。他们不了解人类生理机能或者严重疾病的进展、治疗，以及诸如呼吸短促、死亡过

58 渡等生理标记。他们也不懂那些推动医院医疗行为的制度法规：必须

以最快的速度让患者出院；患者只有接受特定的治疗才可以待在医院的一些特定科室；必须有人选择使用心肺复苏手段或呼吸机；医生常常决定着患者合适的死亡时间。[46]感情上的慌乱和负罪感总让家属措手不及，这些慌乱和负罪感来自那些复杂的、显然关乎患者生死的选择——是应该开始还是停止使用生命支持药物，或者在没有时间思考的紧急情况下就开始使用呼吸机对患者进行人工通气。

现代医院里的医疗行为将医生、患者和家属放在非常不同却又同样难以防守的位置上。我观察到，医生普遍感受到来自医院、法律及现代社会各种行为规范的压力，要去询问患者——如果患者因病无法发声，就要询问患者家属——让他们表达对医治行为的意见，而这些治疗行为的后果，患者和家属根本无法预测。[47]有时候，正如我们在卡罗尔·琼斯的病例中看到的那样，当遇到悲痛、震惊、思绪混乱、拒绝面对以及我观察到的一些根本无法胜任做治疗“选择”的情绪时，医生的急切要求只能败下阵来。许多患者家属都表现出了这种无能，这与他们的受教育水平或者任何其他社会人口统计学特征无关。具有讽刺意味的是，美国医疗保健系统所强调的“患者自主权”，在实践意义上，包括让家属替因病重无法表达自己观点的患者来决定他们的死亡方式。但是，家属有时候拒绝替患者表达观点（有时候还会反驳能说话的患者的观点），这使医生们伤透脑筋。很少有家属愿意承担替患者做治疗决定的责任，他们不是把为患者选择治疗步骤（“她需要做心脏除颤吗？”或者“她需要使用呼吸机还是停止使用？”）看作控制死亡的需要，而是看作承担“杀害”患者的责任。

尽管媒体中充斥着关于危重患者和濒危患者在医院中的经历的个人陈述，但在我的整个研究过程中，我感觉，那些刚刚浸没在医院这个世界里的人们并没有从那些陈述中汲取教训。对于医院在延续生

命、延迟死亡以及让死亡发生时的各种治疗和医院逻辑的运行方式，
他们没有得到有意义的预先警告。当前盛行的关于控制和不满的公众
讨论尽管够辛辣，够详细，也够广泛，但对现存的与紧急医疗和医院
59 官僚行政的冲突毫无影响。对大多数患者和家属而言，住院的经历令
人不知所措，身心俱疲。他们无法想象自己陷入了一张由制度化治疗
途径、疾病发展轨道、医院财政制度和动用侵袭性干预治疗的压力编
织成的罗网。大多数人既无法想象那些延迟死亡却无法恢复患者健康
的治疗程序，也无法想象关掉生命支持系统的可怕责任。他们更无法
60 想象死亡本身。

注释

引语 Anthony Giddens, *Modernity and Self-Identity*, Stanford: Oxford University Press, 1991, p.161.

1. 1949 年，医院和其他医疗机构发生的死亡加起来所占的比例为 49.5%。到 1958 年，这一数字上升到 60.9%。1980 年，美国人口死亡率统计数据显示，60.5% 的死亡发生在医院里，另外 13.5% 发生在其他医疗机构中。根据一份 1997 年的医学研究所报告（*Approaching Death: Improving Care at the End of Life*, Washington DC: National Academy Press, 1997, pp.37–39），62% 的死亡发生在医院里，17% 发生在护理院里。一份 2004 年死亡证明数据趋势报告指出，1998 年，41% 的美国人在医院里死亡（James Flory et al., "Places of Death: U.S. Trends Since 1980", *Health Affairs*, 23，no. 8, 2004, pp.194–200）。

   在全国范围内这一模式大不相同，俄勒冈州医院死亡比例最低（不足 40%），纽约市最高（超过 80%）。1995—1996 年间，医疗保险参保者的医院死亡率在西部和北部各州的一些地区低于 20%，而在东部和南部各州则高于 50%（J. E. Wennberg, "The Likelihood of Being Admitted to an Intensive Care Unit during the Last Six Months of Life", *Dartmouth Atlas of Health Care in the United States: A Report on the Medicare Program*,

Chicago: AHA Press, 1999, pp.180–181）。然而，和死亡原因一样，死亡地点也随种族、年龄和社会阶级的不同而不同。

2. 关于死于重症监护室里的患者比例，不同的研究得出的结果有一个波动范围。在关于医院临终护理最全面的研究中，38% 的患者在经历了重症监护室抢救后死亡［详见 SUPPORT Principal Investigators, "A Controlled Trial to Improve Care for Seriously Ill Hospitalized Patients: The Study to Understand Prognoses and Preferences for Outcomes and Risks of Treatment（SUPPORT）", *Journal of the American Medical Association 274 (1995), pp.1591–1598*］。早期的报告显示 15%—20% 的医院患者都在重症监护室里待过［Lis Dragsted and Jesper Ovist, "Epidemiology of Intensive Care", *International Journal of Techonology Assessment in Health Care* 8, no.3 (1992), pp.395–407］。Nicholas A. Christakis 引用的各项研究显示 25%—35% 的医院患者在死亡前都接受了重症监护室抢救或者某种高科技治疗（*Death Foretold: Prophecy and Prognosis in Medical Care*, Chicago: University of Chicago Press, 1999, p.24）。

   不同研究对于重症监护室死亡率的计算也大不相同，数字从 10% 到 69% 不等（参见 John Luce and Thomas J. Prendergast, "The Changing Nature of Death in the ICU", *Managing Death in the Intensive Care Unit*, ed. J.Randall Curtis and Gordon D. Rubenfeld, New York: Oxford University Press, 2001, pp.19–29）。那篇文章说美国重症监护室里的死亡率为 10%—20%。John F. Murray（*Intensive Care: A Doctor's Journal*, Berkeley: University of California Press, 2000）and Dragsted and Ovist（"Epidemiology of Intensive Care"）报告称，美国 8 所主要医院里的重症监护室死亡率为 11%—29%。其他人提出的比例高达 40%［W. A. Knaus et al., "Variations in Mortality and Length of Stay in Intensive Care Units", *Annals of Internal Medicine* 118 (1993), pp.753–761］。在一份针对因癌症进入重症监护室的患者的调查中，连接在机械呼吸机上的 377 位患者中，67% 的人死亡［J. S. Groeger et al., "Multicenter Outcome Study of Cancer Patients Admitted to the ICU: A Probability of Mortality Model", *Journal of Clinical Oncology* 16 (1998), pp.761–770］。一份对重症监护室死亡研究的综述指出，对于某些疾病和情况，死亡率高达 69%［Kathleen Puntillo et al., "End-of-Life Issues in Intensive care", *American Journal of Critical Care10* (2001), pp.216–229］。

3. 详见 J. Lynn et al., "Capitated Risk-Bearing Managed Care Systems"; J. Lynn,

"Serving Patients Who May Die Soon and Their Families: The Role of Hospice and Other Services", *Journal of the American Medical Association* 285（2001）, pp.925–932; J. Lynn, "Learning t Care for People with Chronic Illness Facing the End of Life", *Journal of the American Medical Association* 284（2000）, pp.2508–2511; H. A. Huskamp et al., "Providing Care at the End of Life: Do Medicare Rules Impede Good Care?" *Health Affairs* 20（2001）, pp.204–211; C. K. Cassel, J. M. Ludden, and G. M. Moon, "Perceptions of Barriers to High-Quality Palliative Care in Hospitals", *Health Affairs* 9（2000）, pp.166–172。

4. 残疾人权利活动家们正引导公众关注和讨论患有某些疾病的人们的"价值"问题。参看 Harriet Mcbryde Johnson, "Should I Have Been Killed at Birth? The Case for My Life", *New York Times Magazine*, February 16, 2003, pp.50–79。然而，我与之交谈的一位医生预言，当辅助死亡合法化后，那将又会是一种穷人无法得到的服务。

5. 自主权、有益性、避免伤害（非恶意性）及公正性（公平分配利益和风险的义务）被认为是美国生命伦理学的四个基本原则。这些观点在 Tom Beauchamp 和 James Childress 的 *Principles of Biomedical Ethics*（New York: Oxford University Press, 1979）中得到充分的阐释。在过去几十年中，本书的不同版本都成了生命伦理学领域的主导性文字。概括起来讲，这四个基本原则产生于西方—美国的法律，实证主义和个人主义传统；它们强调推理和客观思维的规则或程序；它们试图为人类行为制定规范性的指导方针。许多观察者注意到，按照现代观点，自主权已经变成了核心条款，或者说主导性原则，指导着患者和医疗专业人员该如何联系沟通。详见 Jessica H. Muller, "Anthropology, Bioethics, and Medicare: A Provocative Trilogy", *Medical Anthropology Quarterly* 8 (1994), pp.448–467; Renee C. Fox, "The Evolution of American Bioethics: A Sociological Perspective", *Social Science Perspectives on Medical Ethics*, ed. George Weisz（Philadelphia: University of Pennsylvania Press,1990）, pp.201–217; Barbara A. Koenig, "Cultural Diversity in Decision-Making about Care at the End of Life", *Approaching Death: Improving Care at the End of Life*, ed. Institute of Medicine（Washington, DC: National Academy Press, 1997）, pp.363–382; Deborah R. Gordon and Eugenio Paci, "Disclosure Practices and Cultural Narratives: Understanding Concealment and Silence around Cancer in Tuscany, Italy", *Social Science and Medicine* 44 (1997), pp.1433–152。

6. 机械呼吸机或者呼吸机在本书第二章中有描述。
7. 参见 Cassel, Ludden 和 Moon, “Perceptions of Barriers”。他们引用世界卫生组织对姑息治疗的定义，“积极、全面地护理那些疾病对治疗没有反应的患者。对疼痛，对其他症状，对心理、社会、精神上的问题的控制是至关重要的。姑息治疗的目的是为患者及其家属实现尽可能好的生活质量。”（世界卫生组织，“WHO Definition of Palliative Care”, www.who.int/cancer/palliative/definition/en,1990,p.166）
8. 尽管在医疗保险计划中创建了一种诊断代码，用于识别在医院接受姑息治疗服务的患者，但是对医院的报销补偿与这一代码没有关系。[Melinda Beeuwkes Buntin and Haiden Huskamp, “What Is Known about the Economics of End-of-Life Care for Medicare Beneficiaries?” *The Gerontologist* 42 (2002): *Special Issue*, pp.40–48.] 如果诊断情况符合姑息治疗范围，医疗保险部门将会在支付前再次审查病例。医疗保险体系对医院 DRG [（疾病）诊断相关分组] 的支付款项是根据医院急性护理的医学必要性程度来决定的。医疗保险为姑息治疗顾问提供的急性护理服务支付专业费用（Steven Pantilat, personal communication）。姑息治疗本身不符合住院患者急性护理的标准。另见 C. F. Capello, D. E. Meier, 及 C. K. Cassel, “Payment Code for Hospital-Based Palliative Care: Help or Hindrance?”, *Journal of Palliative Medicine* 1 (1998), pp.155–163；以及 Cassel, Ludden, Moon, “Perceptions of Barriers”。
9. Haiden A. Huskamp et al., “Providing Care at the End of Life: Do Medicare Rules Impede Good Care?” *Health Affairs* 20 (2001), pp.204–211; Cassel, Ludden, Moon, “Perceptions of Barriers”; J. Lynn et al., “Capitated Risk-Bearing Managed Care Systems”.
10. 我知道许多医生可以“很有创造性地”确保医疗保险为临终患者支付医院护理费用，但问题是，他们必须有创造性地为临终的人们提供他们认为适当的护理。
11. SUPPORT principal investigators, “A Controlled Trial”.
12. 这些关于心肺复苏和放弃心肺复苏的统计数据的含义将在本章后面部分进行描述。
13. SUPPORT principal investigators, “A Controlled Trial”; Bernard Lo, “Improving Care Near the End of Life: Why Is It So Hard?”, *Journal of the American Medical Association* 274 (1995), pp.1634–1636; E. H. Moskowitz

and J. L. Nelson, “The Best Laid Plans”, *Hastings Center Report* 25 (1995), (special supplement), pp.S3–S5; Nancy Freeborne, Joanne Lynn, and Norman A. Desbiens, “Insights about Dying from the SUPPORT Project”, *Journal of the American Geriatrics Society* 48 (2000), pp.S199–S205.

14. 医学和护理是有性别区分的职业。众所周知，护士不像医生那样具有带来机构变革的权力。或许，如果医生们自己更经常地与患者和家属交谈，倾听他们的想法，本研究的干预阶段就可以实现它的目标了。
15. American Medical Association et al., *Physiciana and Public Attitudes on Health Care Issues* (Chicago: American Medical Association, 1989) ; Dan W. Brock, “Advance Directives: What Is It Reasonable to Expect from Them?”, *Journal of Clinical Ethics* 5 (1994) , pp.57–60.
16. Joan M. Teno et al., “Do Fromal Advance Directives Affect Resuscitation Decisions and the Use of Resources for Seriously Ill Patients?”, *Journal of Clinical Ethics* 5 (1994), pp.23–30.
17. Linda Emanuel, “Advance Directives: What Have we Learned So Far?”, *Journal of Clinical Ethics* 4 (1993), pp.8–16; Rebecca Dresser, “Confronting the ‘Near Irrelevance of Advance Directives’”, *Journal of Clinical Ethics* 5 (1994), pp.55–56.
18. M. Danis et al., “A Prospective Study of Advance Directives for Life-Sustaining Care”, *New England Journal of Medicine* 324 (1991), pp.882–888; A. Sehgal et al., “How Strictly Do Dialysis Patients Want Their Advance Directive Followed?”, *Journal of the American Medical Association* 267 (1992), pp.59–63.
19. Nicholas A. Christakis, *Death Foretold: Prophecy and Prognosis in Medical Care* (Chicago: University of Chicago Press, 1999) , xx. Christakis 评论说，他知道“在同行评议文献里发表的研究报告中，只有不到 30 项将医生的预测与患者的实际治疗结果进行了比较”(P253 注释)。
20. J. Lynn et al., “Prognoses of Seriously Ill Hospitalized Patients on the Days before Death”, *New Horizons* 5 (1997), pp.56–61; 在 SUPPORT 项目的研究中，患有充血性心力衰竭的患者直到死亡前一天一直得到非常乐观的预后。对患者死亡前的预后中位数是有 50% 的机会存活 2 个月。详见 W. A. Knaus et al., “The SUPPORT Prognostic Model: Objective Estimates of Survival for Seriously Ill Hospitalized Patients”, *Annals of Internal Medicine* 122 (1995),

pp.191–203。

21. 同注释 20。还可以参看 Joanne Lynn et al., *Quality Improvement 26*, no. 6 (2000), pp.254–267; J. Lynn, “Serving Patients Who May Die Soon and Their Families”, *Journal of the American Medical Association* 285 (2001) , pp.925–932。
22. 见注释 20。
23. 见注释 20。J. Lynn, “Serving Patients”, 931. 还可参看 Institute of Medicine, *Approaching Death*; J. Lynn, “Caring at the End of Our Lives”, *New England Journal of Medicine* 335 (1996), 201; J. R. Lunney, J. Lynn, and C. Hogan, “Profiles of Elderly Medicare Decedents”, *Journal of American Geriatrics Society* 50 (2002), pp.1108–1112。
24. T. J. Prendergast and J. M. Luce, “Increasing Incidetnce of Withholding and Withdrawal of Life Support from the Critically Ill”, *American Journal of Respiratory and Critical Care Medicine* 155 (1997), pp.15–20; K. Faber-Langendoen and D. M. Bartels, “Process of Forgoing Life-Sustaining Treatment in a University Hospital: An Empirical Study”, *Critical Care Medicine* 20 (1992), pp.570–577; K. A. Koch, H. D. Rodeffer, and R. L. Wears, “Changing Patterns of Terminal Care Management in an Intensive Care Unit”, *Critical Care Medicine* 22 (1994), pp.233–243.

    一位医生向我指出，基于预后存在的问题（即知道一位患者何时会死亡，以及哪些治疗方法是无效的），许多患者在死亡前不久还会接受侵袭性治疗。那些治疗只有在进行回顾反思时才会被解读为“过度治疗”。
25. 尽管有那项发现，作者们指出，22% 的患者在死亡前接受全面的重症监护室护理，并没有接受心肺复苏抢救；10% 的人没有接受生命支持技术治疗，38% 的患者使用生命支持技术一段时间后又终止了使用。研究报告的作者们得出结论称，大多数重症监护室确实会在一定程度上限制生命支持技术的使用，但是巨大的差异表明有必要理解医学在美国不同地方是如何实践的。尤其请参看 Thomas J. Prendergast, Michael T. Claessens, and John M. Luce, “A National Survey of End-of-Life Care for Critically Ill Patients”, *American Journal of Respiratory and Critical Care Medicine* 158 (1998), pp.1163–1167。

    一位医生指出，“心肺复苏”本身是一种非常具有可塑性的现象。此外，Stefan Timmermans 在 *Sudden Death and the Myth of CPR*（Philadelphia:

Temple University Press, 1999）中指出，许多心肺复苏手段都是在为已经死亡的人实行的。

26. C. A. Marco et al., “Ethical Issues of Cardiopulmonary Resuscitation: Current Practice among Emergency Physicians”, *Academic Emergency Medicine* 4 (1997), pp.898–904.
27. Louse Swig et al., “Physician Responses to a Hospital Policy Allowing Them to Not Offer Cardiopulmonary Resuscitation”, *Journal of the American Geriatrics Society* 44 (1996), pp.1215–1219.
28. Ann Hood, “Rage against the Dying of the Light”, *New York Times*, August 2, 1997.
29. Bezalel Dantz, “Losing One’s Bearings at the Life-Death Border”, *New York Times*, December7, 1999, D7.
30. Schuyler Bishop, “When Doctors Go Too Far”, *New York Times*, February 27, 1999, A31. 这一观点文章发表几天后，杂志社收到几位医生的来信，声称有一些机制可以识别和解决伦理上的困境，并声称要求得到“不恰当”护理的家属多于医生，还声称接受过分侵袭性治疗的可能性随着患者年龄的上升而下降。参看 *New York Times*, March 2, 1999, A22。
31. *Near Death*（由 Frederick Wiseman 制片、导演和剪辑，Johu Dave 摄制，Exit Films 出品，Zipporah 电影公司发行）于 1989 年在纽约上映，并于 1991 年 1 月 21 日在公共电视频道播映。对电影的评论，参看 Janet Maslin, “Frederick Wiseman Views Life and Death”, *New York Times*, October 7, 1989; Susan Wolf, “Near Death—in the Moment of Decision”, *New England Journal of Medicine* 322 (1990), pp.208–210。
32. Christakis, *Death Foretold*, p.99.
33. 同注释 32，xx。
34. 注释 20 和 21 中的文章提出了同样的观点。
35. 还可以参看 Jay Katz, *The Silent World of Doctor and Patient*, New York: Free Press, 1984。
36. 关于医生责任的削弱的详细讨论参看 Howard Brody, *The Healer’s Power*, New Haven: Yale Unviversity Press, 1992; Ronald Christie and C. Barry Hoffmaster, *Ethical Issues in Family Medicine*, New York: Oxford University Press, 1986。还可以参看 Sharon Kaufman, *The Healer’s Tale*, Madison: University of Wisconsin Press, 1993。

37. David J. Garrow, "The Oregon Trail", *New York Times*, November 6, 1997.
38. 代码状态应理解为一种当患者出现紧急情况时，是否需要采取心肺复苏等抢救手段的意愿。"无码状态"为放弃抢救，"全码状态"为全力抢救。——译者注
39. 另外一种指定类别是 DNAR，即不尝试心肺复苏。
40. Jan C. Hoffman et al., 为 SUPPORT 研究者们所撰，"Patient Preferences for Communication with Physicians about End-of-Life Decisions", *Annals of Internal Medicine* 127 (1997), pp.1–12; B. Lo, G. A. Mcleod, and G. Saika, "Patient Attitudes to Discussing Life-Sustaining Treatments", *Archives of Internal Medicine* 146 (1986), pp.1613–1615; S. C. Johnson, M. P. Pfeifer, and R, Mc Nutt, "The Discussion about Advance Directives: Patient and Physician Opinions regarding When and How It Should Be Conducted", *Archives of Internal Medicine* 155 (1995), pp.1025–1030; C. J. Stolman et al., "Evaluation of Patient, Physician, Nurse, and Family Attitudes toward Do Not Resuscitate Orders", *Archives of Internal Medicine* 150 (1990), pp.653–658; J. A. Tulsky, M. A. Chesney and B. Lo, "See One, Do One, Teach One? House of Staff Experience Discussing Do-Not-Resuscitate Orders", *Archives of Internal Medicine* 156 (1996), pp.1285–1289; B. M. Reilly et al., "Can We Talk? Inpatient Discussion about Advance Directives in a Community Hospital", *Archives of Internal Medicine* 154 (1994), pp.2299–2308; T. E. Quill, "Perspectives on Care at the Close of Life: Initiating End-of-Life Discussions with Seriously Ill Patients: Addressing the 'Elephant in the Room'", *Journal of the American Medical Association* 284 (2000), pp.2502–2507.
41. 吗啡经常作为死亡计划的一部分给予患者。它可以提供呼吸上的舒适，减轻疼痛。
42. 几位读者曾经问我，在琼斯夫人住院的头两个星期里，医生为什么没有和患者家属讨论患者的代码状态。我不知道答案，但是，代码状态的指定大多数都是在死亡前两天甚至更短时间内做出的，这表明，本例并非特殊现象。详见 SUPPORT，"A Controlled Trial"。
43. 在实际操作之前，患者、家属和医生可以选择只实施心肺复苏程序的某些部分，这是一位重症科医生所说的"中式菜单法"。这是医院官僚体制发展中的一个不幸的结果，因为在实践中，一个人要么选择对患者进行心肺复苏，要么选择不进行。

44. 如果有清醒的意识，还有一丝自然呼吸的能力，谁会让一台机器接管这种本能的呼吸行为呢？数周前，我曾经亲身尝试了一下，因为我很好奇，想知道加压的空气替我“呼吸”是什么样的感觉。当我按照呼吸治疗师的指示，把那根塑料管插进我的嘴里，努力确保没有空气从旁边进入时，我感到很紧张，无法允许那机器完全代替我呼吸。“停止”呼吸实在太可怕了。指导我的呼吸治疗师向我保证，对于病情危重、极度虚弱的患者来说，机器就简单地接管了。让一个健康的人允许机器接管自己的呼吸是很困难的。但是，治疗师说，人们可以学会这种技巧。
45. 氧饱和水平指的是血液中携带氧气的血红蛋白比例。当心脏或肺脏出现各种不同的问题从而阻止血红蛋白携带足够氧气时，就会出现不饱和现象。
46. 在 *The Good Death: The New American Search to Reshape the End of Life*（New York: Bantam, 1999）一书中，Marilyn Webb 写道：“美国医院协会估计每天大约有 6 000 人死亡，其中 70% 的死亡是‘或多或少是被定时的，或经过协商的，相关各方私下里都同意撤掉一些阻止死亡的技术手段，或者从一开始就不启用这些手段’。”（P189）
47. 法律不要求医生在进行紧急抢救程序时先获取同意，也不要求他们询问患者家属是否想要那些他们（即医生们）认为无益的治疗程序。

第二章

活着死去："人"和濒死体验

……生命与死亡妥切来说不是科学概念，而是政治概念——该概念本身恰恰只有通过一个决断，才能获得政治意义。

吉奥乔·阿甘本《神圣人》

关于医院内死亡讨论的核心是一种根深蒂固又常常令人痛苦的担忧——身为处在生死之间的"人"会有什么样的经历呢？医院对那些临近死亡的重症患者的常规工作和治疗引出了一些问题：真正地"活着"究竟意味着什么，作为一个完全的"人"又意味着什么？医院常规工作的一些特征招致了对医院如何理解和评价**人**和***生命***这一问题的调查和探究。这些特征中最具吸引力的是重症监护室及主宰重症监护室的那些日常程序和戏剧性场景、饲管及围绕着它的那些争议和象征意义、被延长的昏迷状态及支撑这种状态的那些技术和行政手段，以及如下事实：在医院里，晚年所患疾病和"正常的"衰老——当衰老接近死亡时——之间根本不是简单明确的关系。医院常规治疗行为的这四个特征合在一起开辟了一个新领域，在这里，***生***与***死***之间的差别变得模糊不清又富有争议——因为专业的临床知识、生物医学技术及医院的日常操作可以维持人生物学存在的几个关键方面，即使在一个独特的、有价值的***个体生命***已然不在或者危在旦夕时也可以做到这一点。在一个离开技术和行政支持手段就会死亡的身体里，医院通过医学手段可以维持一些暗示某种程度的生命仍然***活着***的生理过程。因此，医院的官僚行政制度一旦和医学对临终生命的管控相结合，就能以一种现代以前无法实现的方式让***死亡进入生命***。因此，***生***与***死***纠缠在一起，以至如今二者已经难以分辨。

与重症监护室相关的实际情况下，那些有组织的医疗行为——呼吸机、饲管、被延长的昏迷状态、既不昏迷又不清醒的状态加在一起，创造出了一个模糊的地带[1]，如今，这一地带已经成了美国医学界一个正常组成部分和医疗工作的普通产物。这是一个灰色地带，它的一侧是健康、清醒、正常的生理机能和独立存在的***生命***，另一侧却是“不再是完整的个人”“活着死去”或者***死亡***。在过去 30 年中，这一灰色地带变得极度复杂，并且已经蔓延到了各种新式医院里，延伸进更多患者的生命和更多家庭的世界里，扩散到更多的医疗状况和身体状态中了。尽管这一模糊难辨的地带如今被认为是一种正常和普遍的医院现象，但它的出现和扩大已然加深了社会的焦虑——我们如何能够识别个人的生命终点或者说一个***自然***生命的终点以及我们如何识别痛苦的存在。[2] 这一灰色地带的存在，诞生于常规医疗行为、医院组织机构、尊重个人权利的文化影响的汇合，它又催生了一种普遍存在的困境。它引发的焦虑令人难以逃避，它使我们不由地提出疑问：***对于死亡我们能做些什么？我们能够并应该采取哪些行动呢？***

死亡进入身体

死亡是由围绕着它的各种不同的人类行为来塑造、定义和引发争议的。因此，死亡不是一种自然现象，它是人造的。制造死亡的方式因文化和历史不同而大不相同，超越了社会和历史时刻界限、社会规

62 范和期望、社会传统和文化革新的死亡是不存在的。菲利普·阿里耶斯（Philippe Ariès）在他那本详尽的有关西方世界死亡史的著作中，

追溯了围绕着垂死者、死者遗体和丧亲者的各种宗教仪式、社会行为，与不断出现的各种关于疾病的观点之间的关系，来展示两千多年间人们关于死亡的知识以及围绕着死亡的种种行为的演变情况。在那两千年的大部分时间里，医生很少在病床边停留，死亡与治疗行为也没有关系。

在 1000 多年的时间里，死亡是一种公共事件，而不是像现在这样是一种家庭私事。在 19 世纪之前，15 世纪盛行的***死亡艺术***提供了一种模板来显示那个精神通道——让人跨过从生命到未知之境的那道重要门槛——应该如何打开。尽管临终的场景在公众眼前展现——灵床所在的房间任由家人和邻居们出入，等待着死亡的到来——但是它仍然体现着跨越那道门槛的行为与垂危者之间那种私密的关系。阿里耶斯写道："垂死者的命运最后一次被决定，他的一生、他所有的激情和依恋都受到质疑。"[3]

到 18 世纪末，死亡开始被理解为存在于肉体中，并由身体所遭受的某种事情引起。哲学家兼历史学家米歇尔·福柯透过他的现代医学史的"审视目光"描述了对人体的解剖学理解以及对疾病的临床解读的出现，也就是说，医学对疾病的各种症状之间、与人体内部器官之间，以及医学知识和行为之间关系的理解。[4] 随着 19 世纪生物学的发展，新的审视目光变得更加集中和全面，很快，死亡就被看作疾病或者某种自然过程或者异常情况引起的结果，它深藏在身体的内部，只有医生才能了解和处理。全新的、临床上对病理的理解奠定了生与死之间一种从未有过、先前不可思议的关系——死亡成了生命的一个方面并被生命所包含。医学使医生得以看见死亡，***濒死之人被变成了患者***。理解死亡的最有力的术语从宗教上的、不可见的、命中注定的那种灵床上的穿越变成了在疾病过程中医学上的护理和最近开始的干

预治疗。面对死亡时，现代医学的任务从一开始就是极具讽刺意味
63 的：既要理解疾病如何在人体中存在，又要否定死亡的力量，这种力量数百年来一直被理解为一种“自然”真理。

传奇医生威廉·奥斯勒（William Osler）是美国第一个询问死亡如何进入身体的人。他于1900—1904年间曾在约翰·霍普金斯大学医院里进行了一项关于“濒死体验”的研究。这是对死亡来临时患者及其身体状况的第一次现代的、系统化的尝试。奥斯勒让护士监测并记录一组大约500名患者的痛苦迹象和生理衰退情况。“90人遭受到身体疼痛或者不同种类的痛苦和不适，11人表现出精神上的焦虑，2人明确表现出恐惧情绪，1人表示经历了精神上的过度兴奋，还有1人感到极度悔恨；大多数人则没有任何感受。他们的死亡如同他们的出生一样，是一场睡眠和遗忘。”奥斯勒写道。[5] 他声称大多数人死得很平静，因为多数人临终都处于某种昏迷状态。在理解生死转换过程的生理学经历和不同个人对它的不同表达方面，他的研究是一种突破性的尝试。

凯伦·昆兰：一种新的人，一种新的问题

在美国生活中，很难明确指出是什么时候公布死亡成为一个有问题的事件。然而，1975—1976年间，凯伦·安·昆兰（Karen Ann Quinlan）案件庭审的公开把关于医疗决策权的话题——关于谁最能代表患者的利益，最重要的是，对延绵无期、惨不忍睹的死亡的恐惧等问题——径直推进了公共领域。凯伦·昆兰，一个处于昏迷状态的女人，变成了一个知名人物，因为她的父母经过了数月的权衡和深思熟虑，决定让医院撤掉帮助女儿呼吸以便让她活着的机械呼吸机。[6] 凯伦的医生和医院官方拒绝撤掉机器，因为担心会因此受到刑事起诉

或者其他形式的惩罚。她的父母首先向新泽西州高级法院，然后向州最高法院提交了诉状，要求医院撤走呼吸机。州最高法院最终做出利于昆兰一家的裁决。（呼吸机撤掉后，凯伦在无反应状态下又存活了 9 年后离世。）

昆兰案件为医学挑战的新世界打开了一扇大门，最重要的是，迫使与她有关的每个人都提出一个新的问题：我们该如何处理她的病
情？这个被连接在呼吸机上、处于昏迷状态的年轻女性是一种全新的 64
"人"——既不是完全清醒的，也没有彻底死亡——她是被高科技设备、周到的治疗和护理及医疗行为相关法律的影响共同创造出来的。她也是一种新型的问题，一种冲破传统临床医学边缘而生又闯入了包括存在主义在内的其他领域的两难境地。***该怎么办？***这一问题困扰着每一个人。关于谁有权力去延长或者终止她的生命的辩论，也从在她病床边进行的私人对话变成了专业杂志、法庭和媒体中的公开讨论。在全体国民的意识之中出现了关于谁对一个昏迷状态的人负责，哪些要素构成一种有存活意义的生命，谁有权批准死亡，以及那些能够培育出一种全新生存状态——***活死人***——的先进技术的黑暗面这些问题的公众讨论。凯伦·安·昆兰的案例让公众清楚地了解了两个令人不安的问题：首先，医疗技术会助长，事实上会创造奇特而不自然的人类生命形式，能够加重家属、医护人员甚至那些依赖机器的患者新式的痛苦。其次，"死亡"会变成***一种决定，即一个人应该什么时候死亡和应该什么时候认定一个人为死亡***。[7]

昆兰案件体现了公众在死亡一事上理解的转变——从一种自然发生的难以逃避的事情，变成了一个应该被抵挡的事件，一个必须被控制住的行为，一种临床上的困境和一种技术上的决定。然而，这一转变事实上是慢慢发生的，从 20 世纪 50 年代开始，一直持续到 20 世

纪七八十年代，并伴随着医学和社会领域发生的一系列变化。这些变化中最主要的包括医生*看待*患者的方式的改变（包括在临床医学上将患者看作人的意识），以及疾病发生部位的广泛化，和患者谈论自己和自己的疾病时医生所听到的内容的巨大变化。这些发展变化都是导致人们把死亡看作一种问题的关键所在。

从疾病到生命：患者人格（Patient-as-Person）医学观点的出现

社会学家威廉·雷·阿内和精神病学家伯纳德·J. 卑尔根在他们关于临床干预变化的社会史中描述了在 20 世纪中叶，哪些因素干扰了患者的医学思维和行为的改变。[8] 临床医学开始用一种全新的方式来安
65 排患者的生命——通过管理和勾画整个生命周期，包括死亡在内。这是医学上的“新革命”，阿内和卑尔根称之为一个重大转变，与福柯描述过的那种于 1800 年左右使医学科学得以诞生的转变同等重要。[9] 在最近的革命中，医学作为理解什么是治疗以及治疗的焦点的参照标准，其主导作用已经深入到了生命的每一个缝隙，塑造着我们对疾病、对自我、对临床医学的目的的所有观点。“大约在 20 世纪中期，医学关注的目标发生了变化，患者对疾病的主观体验变成了医学实践目标不可分割的一部分。这一改变表现在医疗实践中用‘慢性患者’代替了‘异常反应’；表现在关于生命的两种话语的融合——医学上的话语主要关心医治疾病，社会道德上的话语主要关注向忍受疾病的人表达同情——这两种话语在 19 世纪是分离、平行的关系。”[10]

在过去的数十年中，由于弗洛伊德的工作在临床医学实践中的影响，患者是一个*体验疾病的人*这一观点——即患者有着深刻的内在精神世界，他生活在社会性的世界里，也被这个世界塑造着，他必须表达自己的需求、欲望和身份——在美国精神病学和心理学领域

一直发展变化着。弗洛伊德的工作也开始对普通医疗实践产生了影响。[11] 阿内和卑尔根提到，1950 年出版的医学教材《内科医学的原则》就是看待患者方式上的新变化的一个突出标志。他们声称，那本备受赞誉的教材使医学的关注范围从身体上的疾病扩展到了***整体的人***。教科书是围绕着***患者是一个人***的观点编写的："医学的艺术不仅仅局限在人体器官上的疾病，它还要处理患者作为一个会思考、有感情的人在思想和行为上的情况。"[12]

其实，对患者形象的重塑以及将疾病从其身体内部空间到他外在的社会关系及心理情感世界的转移从 1950 年就开始了。[13]（几位与我交谈过的医生都回忆说，19 世纪二三十年代医生所写的书已经在鼓励医生全面考虑"完整的患者"。）到 20 世纪中期，患者的疾病已经无法和医患双方参与的有关疾病的对话分割开来了，也无法与医生开始听到的心理社会因素，例如行为模式、家庭和社区关系以及心理 66
历程分割开来。患者和疾病在一个更大的社会和心理动力体系中共存，共同被创造。患者生病，患者也有难题。

20 世纪 50 年代，在确立患者各种症状与他的感受、生平和社会生活之间的强大联系方面，英国心理分析学家迈克尔·巴林特（Michael Balint）起到了积极的推动作用。他的《医生、患者和疾病》（*The Doctor, His Patient and the Illness*）一书被医生广泛阅读和引用。[14] 巴林特主张，普通的执业医生应该像心理分析学家或精神病学家那样工作。他提出，医生自己的思想和感情本身也可以是诊断工具，当然不是用来确定身体的病理学状态，而是用来识别一个人所面临的难题的范围，包括疾病。医生把患者看作一个完整的人，他们对患者的洞察和了解可以成为与患者建立一种新型的治疗上的联盟关系的工具，这种治疗联盟需要患者有所需求。

20 世纪中期，两件事情发生了变化。第一个变化是，患者如今在医学话语中有了自己的声音；患者现在是一个完整的人。他们表达自己的症状，重要的是，能用语言表达他们的感受。第二个变化关系到医生把他们听到的关于患者问题的内容放在什么样的话语背景下。同医生开始在生理系统内定位患者的问题——在细胞内、组织内、器官和身体不同系统内，以及在家庭、社区、文化和生态环境里。一旦医生能够把患者看作个体的人，并在他生命的矩阵里定位他们的疾病，医学就开始管理那个生命，包括它的终点。

“患者是人”这一观点的历史发展应该和另一个意义更广、与之平行的发展区分开来，治疗和诊断技术及新兴专业领域的发展开始改变 20 世纪中期的医学实践，导致了至今已存在几十年的抱怨：医生对待患者如同物体，只看到疾病（或者身体部位），而看不到完整的人。20 世纪早期，医生会在家里照料患者，了解患者和他们的家人及社区关系，虽然，他们只能治疗很少疾病。当治疗技术的进步使得医生从照料患者转而关注患者的某个器官并治疗疾病时，诊所、医院
67 就代替家庭和社区，成了医生检查和了解患者、了解他们的症状和问题的主要场所。医生也随之专业化、专科化了，护理行为和患者的碎片化成了广受诟病的问题。到 20 世纪 60 年代末期，医生当中也有人呼吁要记住患者是完整的人，[15] 还出现了要求在卫生医疗领域“以人为核心”的消费者运动。

到 20 世纪 70 年代，更多的医生确实开始对患者的主观感受敏感起来，许多医生开始加入包括患者和家属在内的团队。关于生命及其管理需求的新讨论增加了疼痛和痛苦的重要性，也由此诞生了一种新的语言来谈论它们。[16] 20 世纪 70 年代，“出生”与“死亡”被“持续的出生”和“延续的死亡”代替了，这些都是新生的社会—医学过

程，在这些过程中，主观的、体验着的个人变成了医学知识和医学工作的新目标。支持小组产生了，这是一个近乎平等的地方，在这里，医生 / 专家对作为个体人的患者的经历感同身受。支持小组有着双重目的：倾听患者那些得到医生确认和证实的、独特的困难和需求，同时也要使患者的个性和特征融入一种有条理、常规性的认识和应对方式中。[17]

根据这些（以及其他）安排患者生命和身体状况的新方式，患者必须谈论他或她正在经历的问题，因为治疗方案取决于医生—患者的互相约定。这是一种史无前例的医患关系，其诞生的背景是：（昆兰事件后制定的）法律、针对患者对医疗方案知情权的联邦法规以及对患者自主权的要求，这些对所有医生产生着越来越大的影响。到 20 世纪 70 年代末，随着消费者行动主义和各种各样权利运动的兴起，医疗实践中的家长制作风显著衰落了。新的逻辑关系要求医生对患者说实话，包括透露死亡将近的"真相"。[18]

真相与需求出场：死亡的心理历程

因此，按照新的逻辑关系，死亡成了一个管理问题，生命的一部分需要被安排，使之有条理。这一点在医疗领域之外已经让人无法理解。因此，死亡搬进了美国的医院，在那里，根据他们于 20 世纪 60 68
年代早期进行的开拓性研究，社会学家巴尼·格雷泽、安塞姆·施特劳斯以及大卫·萨德诺展示了"说出真相"的不均衡发展。在那些年代，医院员工很少提到死亡，医生和护士几乎从不与患者谈论死亡即将到来的话题。社会学家是最早用经验主义方式探究 20 世纪中期死亡是如何通过医院里的各种活动，尤其是医护人员与患者和家属的互动被安排和理解的。谁可以提及死亡，向谁提及，死亡意识的显示和隐瞒方式，对缄口不谈死亡的强烈担忧，对死期的预期和死亡的必然性，这些从社会学角度讲都是非常复杂的，也就是说，都必须按照医疗护理的规范标准以及那个时代的主导价值观来进行组织安排。格雷泽和施特劳斯发现，死亡具有自己的“轨迹”，自己的时长，自己的形状，这些都是由疾病和医疗保健、交流沟通的方式决定的。患者的死亡轨迹变得很重要，因为通过它可以了解患者状况中的哪些迹象表明患者在经历从生到死的过渡。[19]

精神病学家伊丽莎白·库伯勒–罗斯（Elisabeth Kübler-Ross）将已改变了的“说实话”和“听力体验”的医学逻辑延伸到临终者那里，她强调说，临终者不仅仅是一个生理衰弱的肉体。与 200 多位医院收治的垂危患者面对面之后，她得出结论，一个临终患者是一个具有自我意识，最重要的，是能够与人互动交流、有心理体验的生命存在。[20] 死亡是一个心理过程，在这一过程中，讲述自我是最核心、最基本的。库伯勒–罗斯告诉我们，医生不但可以协助这一过程，而且有这样做的责任。临近死亡并不会抹杀一个人的身份和作为人最本质的属性。事实上，临近死亡可能成为一种催化剂，让我们得以表达我们最具人性的品质，如同情、宽恕以及对自己生命历程的回顾。

在库伯勒–罗斯著作（出版于昆兰事件公开化数年前）描述的背景下，凯伦·昆兰的昏迷状态就更加令人不安。因为那位年轻女性的声音，以及将她认定为一个独特的人的辨识条件都不存在。没有能力自我表达，或者说出对自己状态的观点，她已经无法算作一个十足
69 的，或者说，完全的人了。她的状况令我们感到恐惧。尽管库伯勒–罗斯提出的那个著名的五段死亡理论[21] 因主张有多种因素决定死亡过程和死亡体验而受到批评，但其蕴含的信息——临终的人必须有说出心声的权利——具有深远的影响。它有助于让美国人首先明白濒危

患者与完整的人之间的关系；其次，理解那个人对死亡的体验。库伯勒-罗斯的理论教导我们，死亡是一个体验过程，能够，事实上也必须被观察，被表达，通过支持性护理被监控。感情、心理需求和精神性的内部世界都是被优化组织的死亡过程的重要方面，通过医学得到规划和管理。[22]

新兴的、对个人控制死亡体验的愿望表达，已被广泛接受的库伯勒-罗斯的五段死亡理论以及医院之外可得到的症状管理技术（尤其是静脉止痛药物和患者自控的药物释放泵的使用）对现代临终关怀运动起到了推波助澜的作用。人们普遍认为，这一运动起源于 1967 年英国圣克里斯多福临终关怀医院的建立，以及在美国 1974 年开始为濒危病患提供的临终关怀服务。临终关怀医院很快成了一种途径，可以把现代医学知识和实践与对个人需求表达做出的机构回应结合起来，与一种想象中的家庭和社区传统结合起来，从而代替医院里常见的日甚一日的官僚化、患者异化及技术手段的使用。[23]

然而，在美国，临终关怀医院的建立和推广进展很缓慢。在美国每年的死亡人数中，只有四分之一或者更少是进入关怀医院收容计划的，[24] 许多人甚至都不熟悉这一名称。[25] 尽管如此，临终关怀医院已经成了当代英美中产阶级心中"善终"的标志了——一个"以患者和家属为中心的过程"，其间，医护关注的焦点是患者的舒适度，在患者清醒地逐渐走向衰弱、死亡时为家属和朋友提供物质和情感上的支持。"好死"与"坏死"的区别历来就有。社会学家托尼・沃尔特（Tony Walter）追溯了"善终"一词含义的变化，他发现，在前现代时期，善终包括拥有向家人道永别的机会，做好准备跨越那道门槛进入来生。在现代，好的死亡应该是很快的无意识的或者至少是无痛苦 70
的。最近，在沃尔特称之为新现代时期，重点在于患者个体对死亡方式的控制上，所谓的“好”主要指一种有意识、无痛苦、精神和世俗事务都已经完成后的死亡。[26]症状的控制是最重要的，它有时候被看作服务于心理洞察力（及其表达）和精神超越。

正如“有尊严的死亡”这一抽象概念，临终关怀医院——如同人们普遍理解的那样——也已经变成了一种抽象概念，一个完美的、富有比喻意义的地方，在这里可以减轻痛苦，完成死亡，体现终极个人主义——这些都是受过教育的中产阶级明确主张的价值观。具有讽刺意味的是，临终关怀医院如今大多数都被官僚化了。它的收费通过医疗保险支付，但只适用于被医生诊断为活不过 6 个月而转诊到临终关怀医院的患者。因此，多数情况下，可以接受临终关怀医院任何服务的都是癌症患者，或者那些明确走到了生命尽头、面临死亡的患者。[27]

患者获得自主权

相对于美国医疗实践和美国医院，患者自主权和患者决定权这些观点有着它们自己的历史渊源。毫无疑问，《纽伦堡法典》为患者自决权上升为一种医疗保健价值观奠定了基础——这一法案是纽伦堡法庭对纳粹在第二次世界大战期间以医学研究的名义犯下暴行的回应。法典在美国颁布前一年，《美国医学会杂志》刊登了一篇安德鲁·C. 艾维医生撰写的社论来回应一篇对战争罪行的报道，题目叫“纳粹医生的野蛮暴行”。那篇社论预先提到了《纽伦堡法典》中列举的医学研究的十项基本道德标准。[28]《纽伦堡法典》于 1947 年 11 月 29 日发表在《美国医学会杂志》上，它第一次使公众开始关注现代医学研究行为、患者的权利、健康人主动参与医疗科学，以及让医学、科学和法律专业人士共同审视整个研究事业（从患者的征募到实验的医学结果）的必要性。

然而，历史学家大卫·罗特曼指出，"进入 20 世纪 60 年代，美国的研究界认为纽伦堡调查结果，以及纽伦堡法典，不适用于它本身的研究工作"[29]。几乎没有研究者会在他们实际的研究实践中认真或 71
刻意地去遵守 1946 年的美国医学会指南及之后的《纽伦堡法典》，尤其是实验对象必须明确表示自愿参加，并要被告知研究的性质和风险所在这一条。[30] 随着 1966 年美国大学、医院及医疗中心那些从伦理角度令人不安的研究行为的曝光，许多领域（医学、社会科学、法律、神学及哲学）的美国人终于开始遵守《纽伦堡法典》的规定，并仔细审视医学实验这一领域。[31] 在接下来的 20 年间，在决定治疗方案时，患者权利、患者自主权及患者的决定权成了美国医患关系的主导特征，但这在其他国家并非如此。[32]

联邦政府也参与了进来。美国国会于 1974 年设立了国家生物医学与行为研究人体受试者保护委员会（the National Commission for the Protection of Human Subjects of Biomedical and Behavioral Research），旨在为医学研究行为制定实践上和伦理上的指导原则，更广泛地说，旨在确保所有患者能就治疗事宜做出自己的决定。这一委员会的设立是对几方面的发展做出的回应，这些发展包括将患者作为实验对象的生物医学研究范围迅速扩大，医学文献中的启示（从 1966 年的曝光事件开始），以及大众媒体关于在不远的过去道德上令人憎恶的临床研究实践的报道，[33] 还有医患关系不断改变的特征。那个国家委员会以及随后在 1980 年设立的另一委员会发布了一系列报告（在 20 世纪 70 年代末和 80 年代），强调了在生物医学研究和临床实践中遵行患者自主权和患者权利的原则。[34] 重要的是，两个委员会的成员中，律师和在学术上训练有素的哲学家人数超过了医生的人数。他们最关心的是实验的伦理学问题，但是他们的报告还考虑了通常情况下的医疗决策以及知情权在所有临床工作中的重要性。[35]

这些伦理学家越来越大的影响力为医患沟通和医疗决策中的患者自主权理念提供了知识上和实际上的权威。“患者自主权”成了美国医学界医患关系中的一条指导原则——有人声称它是一条主导原则，
72 它在很大程度上（尽管从来没有完全地）取代了早期临床实践中医生的权威和家长作风。

乔迪·哈尔本从她自己身为医生和哲学家的双重视角总结了如今在美国医疗实践中解读自主权的方式：

> 自主权一词既指一种做出反映自己目标的决定的心理能力，也指一种自我决定的伦理理想。医学上使用这一字眼是为了描述一组不断发展的患者权利，从决定自己身体发生什么的权利，到知情权和拒绝治疗的权利，再到更充分地参与医疗决策的权利。这些权利中有很多都是通过诉讼案件出现的，因此，医生是通过法律的棱镜来理解他们尊重患者自主权的义务的。[36]

社会学家蕾妮·福克斯将这一概念放在更广泛的生物伦理价值观背景下，这些价值观塑造了美国人对医疗服务的概念：

> 从一开始，生命伦理学的概念框架就把个人主义价值情结置于首要地位，这一情结强调个人权利、自主、自决的原则及其在法理学隐私概念中的法律表达。总的来说，生命伦理学中所谓的家长作风被定义为消极概念，因为无论它有多善意，多关心他人的利益和福祉，它都会干涉和限制个人的自由和行动自由。[37]

于 1990 年成为联邦法的《患者自决法案》使生命伦理学所倡导的价值观进一步制度化。这一法案以法律的形式规定，所有医院患者对自己的治疗情况都拥有知情权和决定权，包括拒绝治疗的权利。[38]这一法案显示了到 20 世纪 80 年代末为止自主权理想在普通医疗实践中所达到的制度优势。自主权理想是所有患者和家属关于死亡问题的证词的起因和根据，而那些年，这类证词的出现频率越来越高。该法 73
案又一次重复了那种自 20 世纪 60 年代以来已经成为思考美国社会和政治生活中争议问题的主导框架的“权利对话”。[39]“患者的权利”很快加入了公民权利、女性权利、同性恋者权利、残疾人权利、胎儿权利、囚犯权利、动物权利等的行列。

这些被称为自主权范例的林林总总的价值观、意识形态和实践活动[40]所忽视的，以及《患者自决法案》本身无法包含在内的一个情况是，患者和家属都不是无拘无束、不受妨碍的行为人。他们做出的治疗方案选择无法保证是“合理的”（即按照基于哲学的道德推演法做出的），“明智的”（从医学意义上讲），或者不受阶级、种族、宗教以及他们所生活的社会条件及权力网络的影响。此外，自主权并非对美国社会所有人都是一种主导价值观或主要关切的问题。[41]正如我们在卡罗尔·琼斯和她家人的经历中看到的那样，面对机构惯例产生的做选择的具体指令，大多数患者和家属不知道自己想要什么。有些人拒绝做决定；有些人做出的决定，因为医疗保健服务系统运行方式的原因根本无法实施。他们的观点总是受众多因素的决定和约束，这些因素包括他们的生活结构、宗教信仰的虔诚程度，以及他们对疾病、身体、他们的亲属与死亡之间的距离和医院运行方式的了解。因此，尽管现在“患者自主权”在某种含糊和抽象的意义上是一种联邦政策，尽管许多医生非常努力地允许其特定的表达（如我们将要看到的那样，这种表达采取的方式都是为了保证患者顺利通过医院既定的常规操作和护理程序），但在医院里，患者自主权的表达从来不会以纯粹、不受约束的形式进行，也永远不会。[42]

随着美国人追求自主权和个人权利的理想而来的是***尊严***的概念，这些概念在医院世界里流传——没有共同的理解或确切的含义。[43]这三种观念进一步扩展了患者具有正常人的身份这一概念包含的范围——医学实践的开展必须考虑患者的正常人身份。重要的是，现在，作为权利主体的患者，以及他的主观性、他的健康状况都需要得到医疗保健专业人员同等关注。就其本身而言，谈论尊严通常让人联
74 想到痛苦，尤其是在试图评估痛苦在患者对重疾和住院治疗的体验中的作用时（无论患者是否能清晰地说出自己的痛苦）更是如此。在工作人员和家人讨论***患者是否已经受了够多的痛苦***时，也常会提到尊严。尊严可能***既***包括治疗行为对患者身体和生命造成的实际影响，***又***包括其***生命***的内在价值，无论其状况如何。此外，将尊严作为其主要组成部分之一，确实使自主决定权成为一个复杂的问题，因为尊严既包括别人对待患者的方式，也包括患者关于治疗和延续生命的愿望的实现程度。

脑死亡和机械呼吸机：将“人”复杂化

在过去数十年里，人们对于危重患者问题的范围有着不断变化的观点，这些观点也逐渐深入到了标准的医疗实践中；但是，另外一个事件对死亡如何产生和被理解造成了直接的——如果不是立即可见的——影响。这一事件发生在 1968 年，与“发现”死亡的体验过程和临终关怀医院运动同时发生。当库伯勒-罗斯正在会见医院里的濒危患者以了解他们的心理—情感体验时，哈佛大学医学院审查脑死亡

定义特别委员会（Ad Hoc Committee of the Harvard Medical School to Examine the Definition of Brain Death）成立了，以此来回应两项新技术——器官移植和机械呼吸机，或者叫人工呼吸器。[44] 为了解决伴随这些强大工具的使用而产生的实际临床问题，哈佛委员会创造了死亡的一个新定义：***脑死亡***。当患者**整个**大脑出现不可逆性或者永久性功能停止，即没有了意识和反射活动，即可认定患者已经跨越了生死之间的门槛，处于死亡状态。

按照这一新定义，一个“人”可以被宣布死亡，尽管其内部器官可以通过机器维持存活状态。机械呼吸机在工业化国家医院的重症监护室里被广泛使用，它可以使心脏持续跳动，使肺脏继续“呼吸”，以便使身体组织和器官持续得到含氧血液从而不会“死亡”。这样做可以为器官移植提供便利，增加手术的成功机会。最重要的是，做移植手术的医生不会因摘取“活”人的器官而受到责难。[45] 这一全新的、合乎法律的脑死亡定义在美国从未接受过广泛的公开辩论。跟 75
随哈佛委员会的决定，美国国会于 1981 年通过了《统一死亡判定法案》，紧接着欧洲国家也颁布了类似立法。该法案概述了认定脑死亡的临床标准。[46]

“脑死亡”从一开始就存在问题，原因有两个。首先，用于诊断死亡的临床标准和死亡定义的概念基础之间的区别从来都不清楚。历史学家马丁·佩尼克（Martin Pernick）解释说：“像呼吸、整合身体功能或体验意识这样的能力可以简单地被视为一种标志，表明一种更基本的、叫作生命的东西是否仍然存在。但是，执行这些同样功能的能力也可以被视为生命的本质，而不是一种指标。或者这些能力能被认为是生命所必需的，而不用明确说明它们是标准还是定义。因此，当有人认定某种特定的能力是至关重要的，而没有明确说明它们是生命的本质还是仅仅是生命指标时，就无法明确确定其主张的是哪种概念角色。”[47] 其次，1981 年的法律包含了两种截然不同的死亡概念。第一种死亡关注的是整个生物机体的生理崩溃，而第二种关注的是整个大脑功能的停止：“死亡……可以根据传统理由上的心肺功能的不可逆性停止，或者根据整个大脑所有功能的不可逆性丧失来认定。”[48] 没有呼吸和心跳，这些历史上用于认定死亡的特征——这些任何人都可以注意到的特征——不再是唯一的，或者最全面的，或者正确的标准了。它现在成了两个“正确”标准之一了。

在几年时间内，哈佛委员会的决定和 1981 年法案所引起的令人不安的后果开始波及医学界。在与器官捐献者打交道的医疗保健人员的研究中，开始出现关于如何谈论脑死亡状况的混乱证据。机械呼吸机上的潜在捐献者真的死了吗？他们死亡的程度如何？医生和护士有时候发现器官捐献者要死亡 2 次——先因创伤或者疾病，然后当呼吸机撤走后再死亡一次。连接在机械呼吸机上的死者看上去并没有死，这又引发了一些患者家属和医疗专业人员难以消除的痛苦。脑死亡者
76 通过呼吸机被维持在这种类似活着的状态，他们的存在表明死亡不止一种，或者说，脑死亡不是真正的、最终的死亡。

脑死亡的概念没能够具体说明和澄清死亡的时刻和状态，而是让死亡变得更加不确定（且令人不安），这是因为脑死亡是通过器官移植技术来定义的。脑死亡不是一种***自然***的现象。相反，它是一个可以——事实上也确实是——通过临床和政治谈判来决定的事件。[49] 哲学家吉奥吉尔·阿甘本甚至说，有了哈佛委员会的决定，***死亡***“变成了器官移植技术的一个附带现象”。[50] 从那之后，脑死亡是否***真是***死亡就一直处于模糊状态。到 20 世纪 90 年代，脑死亡引起的混乱和争论突破了器官移植领域，渗入了医疗保健专业人员更广泛的讨论之中，

他们讨论意识的本质、脑死亡者与尸体的区别程度，以及既非人也非尸体的人体所造成的道德上的模糊性。[51]

抛开死亡的定义不管，机械呼吸机在很大程度上促成了如何处理死亡这一新问题。到 20 世纪 70 年代早期，这种“呼吸机器”是美国所有主要医疗中心和大多数社区医院里的标配。通过施加一定正压力，机械呼吸机把空气直接压进患者的肺脏，空气的流量和速度由医生调节，通过机器维持呼吸平稳。和在它之前的许多新技术一样，机械呼吸机的研发广受称赞。它使诸如冠状动脉搭桥手术这种新治疗形式成为可能，它延长了神经肌肉疾病或成人呼吸窘迫综合征患者的寿命，它使患者有可能从危及生命的肺炎和慢性肺病中得以康复。机械呼吸机还激发了重症监护室的诞生，并立即成为监护室里的关键技术设备。[52] 到 1975 年，机械呼吸机被用于一长串疾病和健康问题的治疗，在美国大多数医院都可以见到它的身影。[53]

但是，从它一开始与重症医学相关联，机械呼吸机就带来了除围绕脑死亡的含糊状态之外至少两个麻烦的新后果：呼吸机能够让处于“植物人”或者昏迷状态的人数月甚至数年保持活着的样子；它也能够让那些虽然有意识，但其重要器官系统都已无法维持生命的人活着。呼吸机就这样催生了 3 种活死人——脑死亡者、深度昏迷者和那 77
个灰色的模糊地带其他处所的居民。[54]

不确定的老年：“人”到晚年的困窘

脑死亡的定义开启了一个新的患者类别，在观察者看来，这些患者并没有完全活着，但也没有完全死去，这使得医学作用下的“人”的概念变得更加复杂化。老年——当它成为考虑如何允许或阻止死亡这一平衡的一部分时——进一步搅乱了“人”的概念，因为医学并没有明确指出老年人是否是患者身份至关重要的因素。也就是说，如果老年是所有人生命最后阶段一个必要的描述性特征，那么就不能用医学的手段来治疗它，事实上，它是一种超越了医学实践领域的现象。从另一方面讲，如果要从疾病过程方面来理解老年，而不是从自然的、生命弧线的必然终结来理解它，那么老年就可以（而且应该）接受医学工具的作用。

在临床和科学上对正常老年、疾病和寿命结束时自然死亡之间的关系的理解存在一个模糊地带，它进一步扰乱了那个由医院创造、生物医学技术使之延续的生死之间的灰色地带。尤其是当一位老年人身体虚弱、能力丧失时，除了临床知识方面的模糊地带还会有道德上的不确定因素。在这种临床和伦理道德的泥沼中，医学会问，对于那些年纪很老、已不再是从前样子的人，我们该怎么办？在医院里，关于老年的灰色科学和伦理道德以两种方式结合起来。首先，尽管生理功能的衰退无可避免地指向死亡，但是，在任何特定的医疗危机或住院治疗期间，哪怕在生命的终点，死亡却未必是不可避免的（正如我们将会看到的那样）。其次，对于老年病学，即关注老年群体的医学专业，将病变与生命终点的正常功能衰退区分开来的任务远远不是件简单的事。***老年***是否算是一种疾病，正常的、自然的衰老***直至死亡***是什么样子，在老年病学上这些都是非常棘手且无解的主题，并在临床科学中已有一段历史。那些主题和它们的历史在病床边都有着相当大的
78 影响，尤其是当死亡临近，医学工具和医院的常规工作都在让患者不断接受一种又一种疗法以期能避开死亡之时。在 20 世纪，医学讨论的目光集中在一个享有权利、体验疾病的人身上，他的生命和问题都可以被安排，被处理。如今出现在医院医学里的老年难题影响了患者是“**人**”的观念。因为，如果老年主要被看作疾病过程在人体上的作

用结果，那么身为患者的"人"往往会被忘掉，最重要的是，老年人不会被视为，也不会被允许成为***濒死的人***。

一个多世纪以来，人们对衰老的本质以及老年与疾病的关系一直争论不休，这对于人们广泛意识到的该如何面对死亡的问题具有重要意义。衰老是否是一种疾病，***正常的***衰老是否是***病理性的***，衰老本身是否必定会导致死亡，这些都是一直存在的问题，其出现远远早于现代高科技医学的产生。争论所用的术语随着越来越先进的生物学知识、医学科学的政治变革以及医疗保健服务的变化而改变，但是争论本身一直在进行着。[55] 当家属和医生必须决定是允许死亡到来，因为它的时刻到了；还是推迟死亡的到来，因为还可以做些什么来缓解病情或稳定患者的状况，这时，在老年患者的床边，这种争论就显而易见了。

1909 年，I. L. 纳舍尔，一位纽约的医生，提出了老年病学一词来命名一个全新的科学专业。他的目的是要把老年概念与疾病分割开来，同时使对二者的研究合法化、制度化。[56] 从老年病学成为一个科学专业之初，要从临床上识别***正常的***和***病理性***的衰老之间的差异，即使不是不可能的，也被认为是非常困难的，关于老年的各种理论也是矛盾重重。有人相信老年是一种传染性的慢性病，并提出要运用医学科学中的新发现来找到治愈方法；另一些人怀疑老年病不可能被治愈，正因为它是一种渐进性疾病。还有一些医学科学家声称，衰老过程中病理性退化是正常的、自然的、发育过程的结果，与具体的疾病无关。[57]20 世纪初，老年是否能够被治愈这一问题成了激烈的医学辩论的主题。

纳舍尔中止了那些辩论，他提出了一个假设，认为老年是一种正 79
常状态。他的专著《老年病学》（*Geriatrics*）于 1914 年出版，成了美国老年病学方面的主要权威作品。[58] 纳舍尔争辩说，一个人在老年时***正常的***和***病理性的***状态之间的差别和在早年时一样一目了然。对正常状态和病理性状态的区分就构成了纳舍尔的这本专著，全书分为两部分："生理性老年"和"病理性老年"。然而，就像人类学家劳伦斯·科恩注意到的那样，同样的综合征和症状在著作的两部分中都有描述。纳舍尔对***正常的***和***病理性的***状态的区分在他自己的分析中崩塌了。[59]

纳舍尔的著作尽管极具权威性，但也没能明确地澄清老年、疾病和生命终点的机能衰退之间的关系，关于老年时期病理性状态和正常状态的辩论仍然在继续。直到 20 世纪 30 年代末，美国医学院一直在传授一种把衰老看作慢性病的理论。[60] 历史学家安德鲁·艾肯鲍姆指出，到两次世界大战之间的那段时间为止，关于老年的两种对立观点一直互相竞争，希望得到美国医学界的接受。"一个流派把'高龄'当作一种病理性失调，另一流派把它描述成一种正常的生理状态。1941 年，这仍然是'一个主要的问题，有待科学去决定哪一方是正确的'。"[61] 正常的老年和疾病之间的区别，尽管是一个强大而持久的观点，却无法在临床上被察觉。

如今，在晚年出现的衰老不再被当成一种疾病。[62] 正常的、渐进性的和全面的老化与外部引起的疾病之间的区别已经深深地植根在老年学（包括关于衰老的生物学、行为学和社会学研究）中。以老年医学为专业的医生，以及许多实习医生和家庭医生在考虑患者情况时都努力把正常的衰老和疾病区分开来。总而言之，老年病学领域的医生声称，识别疾病很重要，一旦疾病得到医治，就不会再干扰一个人正常的衰老过程。[63] 然而，在普通的医疗实践中，要准确地把诸如失忆、视觉和听觉损伤、食欲和肠胃紊乱、行走和平衡困难等常见的老年症状划分为常态还是病态是极度困难的。在老年学领域——这里人们对导致晚年疾病的基因或细胞变化的作用非常感兴趣——许多人承认在衰老和疾病之间存在一个"连续体"，也就是说，无法将这两个概念完全割裂开来。[64] 80

关于衰老在哪里结束，疾病从何时开始，以及二者在人类的衰老和死亡中各自所起的作用这些问题，与老年学研究和普通的医疗护理一起制造了一种模糊状态。在医院里，预示着人体年老衰退的那些生理特征因疾病而变得复杂起来。两种都得到医治，目的是消灭身体上的疾病，*同时*避免器官系统功能的衰退，而归根结底，这其实才是老年的正常状态。

和医学界一样，公众对老年人、衰老、疾病和死亡之间关系的理解也是无限纠结。20 世纪 80 年代进行的一次关于衰老的哈里斯民意调查发现，通常情况下，美国人相信晚年时期造成能力丧失的主要原因是高龄本身——在民意调查中高龄被看作"一种疾病"。[65] 但是，调查的执行者或他们的受访者并没有明确地将晚年的疾病和死亡联系在一起。例如，动脉硬化和骨钙流失都是正常的衰老表现，"直到它们发展至引发心肌梗死、中风、骨质疏松和肾脏疾病的程度。没有人清楚地知道该如何识别这个转折点"。[66] 动脉硬化应该被当作疾病还是正常的衰老迹象取决于如何定义衰老。[67] 一些生物学家指出，要弄清生物学意义上的衰老和病理学上的衰老有时候是不可能的。[68] 另外有人提议衰老和疾病应该被看作一个连续体而不是两个独立的类别，他们给出的例证是，从正常衰老到阿尔茨海默病，可能存在一系列大脑损伤，就像从正常到疾病实体有一系列动脉硬化病变一样。[69] 外行的普通人不知道老年是否主要以疾病为特征，医学界又历来进行着关于正常衰老与病理性衰老的争论，二者加起来就为众多住院治疗的老年人都接受侵袭性治疗提供了理由，使得他们在生死之间的门槛上徘徊数日或数周才能离世。本书第一部分中讲述的伊丽莎白·汉索特母亲的经历就是老年和疾病之间关系不明确导致的结果。

因此，就算是人到老年，死亡也被看作一个选项，医疗保健从业者和消费者面临的数个选项之一。[70] 哲学家丹尼尔·卡拉汉于 1987
81 年指出，美国社会中的许多人，包括医疗机构本身，已经忘记人有着正常和自然的寿命，它包括无法避免的衰退和死亡。[71] 他呼吁建立一种社会对话，并希望这种对话可以带来一种广泛共识，即机能衰退后老年死亡是不可避免的，这样，美国人就可以限制医疗技术的必要性以及它在医院病床上引起的广泛焦虑。他的讨论引发了 10 多年的争论，争论的焦点是对老年人的医疗服务配给以及他们在晚年享受无限医疗服务的权利。这也引起了老年病学和老年学专业人士的极大恐慌，他们担心，“限制”老年人接受医疗、重新思考生命轨迹的“自然”弧线的含义等提议会导致对老年人肆意歧视。[72]

人们不知道作为***晚年一种自然现象***的死亡是什么样子，原因之一在于虚弱、无力、衰退都是被医学语言定义的——因此也受医学语言的限制。这种语言分散地描述单个疾病，这些疾病可以得到治疗以延长衰退时间——有时会持续很长时间。为了了解衰老的身体存在的问题，现代医学的诊断类别无所不包，人们根本无法逃避。在医院里，老年的最后结局——死亡——几乎完全被视为有效治疗的终点。在那里，没有人会老死。在关于无疾而终的可能性，甚至是不可能的科学辩论中，老年器官衰竭（即部分器官的彻底磨损）的不可避免性的观点都被忽视，被压制或被否认，由于年老本身促成的死亡很少被承认。[73] 与“老年是一个正常的发展过程”，包括衰退直至死亡的观点相比较，“老年是疾病”的观点成了一种更令人信服的事实。最重要的是，“老年是病”的观点推动着医院的医疗实践。

“没有人是老死的”是美国和国际分类体系为了使死亡率统计系统化而创造出来的事实。由政府机构创造出来的死因类别阻止医生在死亡证明的死因一栏里写下“老年”一词，而是迫使他们使用那些现代医学文化长期以来开发出来的临床和病理上指定的死因名称。[74]疾病的国际分类体系（ICD）是于19世纪晚期形成的疾病划分和编码方案，用于整合全球范围疾病发病率和死亡率信息。按照这一体系，老年不是一种疾病，也不是一种引发死亡的原因。人可以死于“老 82
年”或者死于器官“彻底磨损”的时间是1913年，[75]那些死因名称现在已不复存在了。在过去的一个世纪里，死因分类体系被重绘了许多次，来反映对疾病不断变化的理解。

如今，ICD编码在广义的医疗信息体系和具体的医院诊断中都普遍存在着。编码方案中列出的内容在实用意义上变成***真实存在***的了——医疗条件、治疗方法和患者的分类都来自ICD列表里的条款，[76]医院的报销方案（医疗保险和私人保险）也都由这些条款来决定；列表中没有的东西就不能在日常医疗工作中使用，不能用来对患者的病情进行分类和解读，也不能用它们来获得经济补偿。事实上，ICD编码深受组织规则的限制，尽管这种限制是可调的。这些规则规定，人们只能因个别的疾病而死亡，这样就创造出了一种逻辑依据，按照它，不仅可以将疾病认定为老年死亡的原因，也可以认为只有疾病才可能导致死亡。医疗保健系统的官僚体制不允许**人**衰老，然后死亡。一位主治许多老年患者的医生曾对我说：“根本没有出路——衰老就是被认定为一种疾病。”[77]

到20世纪80年代，“我们该如何应对死亡”这一问题在医疗机构内外都非常频繁地被提了出来。这个问题只有当几个文化事实结合起来才会被提出。它之所以现在还会被提出，是因为那种布局仍然没有改变：首先，医学和医院体系要求病患做出治疗决策，这样死亡就被带进了生命，在***生命***和***死亡***之间创造了一个模糊不清的地带。其次，死亡已经演变成了一个心理动态过程，人们主观地认为，濒危患者在经历死亡的过程中需要支持——支持方式可以是各种医疗程序（尤其是缓解症状的治疗）、感情上或者精神上的照顾。第三，***正常的老年***和***疾病***令人绝望地纠缠在一起，二者都接受医学治疗。然而，对医院员工和患者家属双方而言，患者被那些避免死亡的普通医院活动维持在那个灰色地带的时间越久，患者作为人的处境就越发令人不安。

该如何应对死亡这一问题仍然普遍存在，因为**人**和***生命***的关系错
83 综复杂而又不确定。政治辩论加上生物医学技术颠覆了死亡的定义，在那个模糊地带培养出了新型的人和新的生存模式。医学讨论又将现代的患者塑造成了一个遭受痛苦又有发言权的人，他一生所处的状况可以通过参与临床医学活动被感知，被理解。当老年时期这个富有争议性的特征被加到这个“被塑造”的人身上时，它有可能侵蚀**人**这个整体概念——人要面对由生到死转变的自然规律——因为疾病可以在不考虑人格特定定义的情况下得到治疗。

作为照料且关心别人的人，当我们面对生命临终时医院的护理，我们不由得要问：“我们该如何应对死亡？”我们必须问清楚，因为
84 死亡和人格在美国社会中已成为两个纠缠不清的概念。

注释

导语 Giorgio Agamben, *Homo Sacer*, Standford: Standford University Press, 1998, p.164.

1. 我从 Giorgio Agamben 那里借用了这一短语，他在 *Homo Sacer* 一书中使用了*模糊地带*这个短语来指代政治制度和生物学生命的交汇点。他使用这一短语提倡一种观点，这种观点关系着现代生物政治生命形式和已经无法区分彼此的法律状态和自然状态之间的关系。尽管他的讨论引人深思，而我是在一种更简单、更有限的意义上使用这一短语，用它指代**生与死**“彼此穿越”（P37），因此二者无法区分也无法分离的一种状态。
2. 这些问题将在整本书中详细探讨，尤其是在第八章里。这里，我们主要关注的是作为“死亡问题”催化剂的模糊地带的发展演变。
3. Philippe Arès, *The Hour of Our Death*, New York: Oxford University Press, 1981, p.108.
4. Michel Foucault, *The Birth of the Clinic*, New York: Vintage Books, 1975.
5. William Osler, The Ingersoll Lecture, 1904. 出版时名为 *Science and Immortality*, Boston and New York: Houghton, Mifflin and Co.,1904, p.19。
6. 引发她这种状况的原因仍然存在争议。在陷入昏迷的当晚，她还在服用处方药物。在昏迷前不到两周时她头部受过伤。Marilyn Webb, *The Good Death*, New York: Bantam Books, 1999, pp.126–153.
7. Anthony Giddens, *Modernity and Self-Identity*, Standford: Standford University Press, 1991, pp.161–162.
8. William Ray Arney and Bernard J. Bergen, *Medicine and the Management of living*, Chicago: University of Chicago Press, 1984.
9. Foucault, *Birth of the Clinic*.
10. Arney and Bergen, *Medicine and the Management of living*, p.51.
11. Sharon R. Kaufman, *The Healer's Tale: Transforming Medicine and Culture*, Madison: University of Wisconsin Press, 1993.
12. T. R. Harrison et al., *Principles of Internal Medicine*, Philadelphia, PA: The Blakiston Company, 1950, p.4, cited in Arney and Bergen, *Medicine*, p.46. David Armstrong, “The Patient's View”, *Social Science and Medicine* 18(1984), pp.737–744.
13. “完整的患者”这一概念在 20 世纪 30 年代出现在医学文献中，至少在部分上是对 20 世纪早年风靡医学界的治疗虚无主义的回应。详见 H. Brackenbury, *Patient and Doctor*, London: Hodder and Stoughton, 1935, cited in Armstrong, “The Patient's View”, 743；另见 George Canby Robinson,

The Patient as a Person: The Study of the Social Aspects of Illness, New York: Commonwealth Fund, 1939，本书提出“把患者当作一个整体进行治疗”的观点。Robinson 声称，“我相信，‘围绕患者人格的问题’不能与疾病割裂开来，而是构成疾病的一个重要部分，因此，医生的职责就是去理解它们”（p.x）。

14. London: Pitman Medical Publishing Co. Ltd., 1957. 修订扩充第二版，1964. 本书被译成了德语、法语、意大利语、匈牙利语以及西班牙语。
15. 见 George L. Engel, “The Need for a New Medical Model: A Challenge for Biomedicine”, *Science* 196(1977), pp.129–136。
16. 见前文 Arney and Bergen, *Medicine and the Management of Living* 来详细了解对 20 世纪医学不断改变的“关注点”的福柯式探索：“医学的新语言正呼唤着医疗实践的新定义，也在重构医疗权力的势力范围。它提供着新的视角和姿态，新的处方和禁令，以及新的选择。这种语言在召唤患者出席，从曾经看起来不可逾越的鸿沟的另一端呼唤他前来。它在终结沉默规则。医疗实践不再局限于动用所有资源对抗身体内部的、可见的疼痛和痛苦。现在，以一种尚不清晰的方式，医疗实践被呼吁，让它自己遍布在患者与其他一切事物之间的关系网中”（p.49）。
17. 同注释 16，pp.107–115。
18. 关于死亡医生应该说“实话”这一逻辑指代的并不是要求医生宣布死亡迫在眉睫。一位医生同事指出，20 世纪 70 年代，主要在医学实践批评家们眼中，是一个变革的时代。医患关系的变化在 20 世纪最后 25 年里慢慢出现。对死亡真相实话实说这一点在日常医疗实践中的做法仍然是各不相同。人类学者和社会学者都曾从历史角度，从跨文化角度探讨过向患者和家属揭示诊断和预后的多种方式，以及医生向患者和家属传递坏消息的各种策略。见 Nicholas A. Christkis, *Death Foretold: Prophecy and Prognosis in Medical Care*, Chicago: University of Chicago Press, 1999; Jay Katz, *The Silent World of Doctor and Patient*, New York: Free Press, 1984; David Armstrong, “Silence and Truth in Death and Dying”, *Social Science and Medicine* 24（1987）, pp.651–657; Mary-Jo Del Vecchio Good et al., “American Oncology and the Discourse on Hope”, *Culture, Medicine and Psychiatry* 14（1990）, pp.59–79; Kathryn M. Taylor, “Physicians and the Disclosure of Undesirable Information”, *Biomedicine Examined*, ed. Margaret Lock and Deborah Gordon, Dordrecht: Kluwer, 1988, pp.441–464; and the

articles by Gordon and Paci, Good et al., and Frank et al., 见后面注释 32。

19. Barney G. Glaser and Anselm L. Strauss, *Awareness of Dying*, New York: Aldine, 1965; Barney G. Glaser and Anselm L. Strauss, *Time for Dying*, New York: Aldine, 1968; David Sudnow, *Passing on: The Social Organization of Dying*, Englewood Cliffs, NJ: Prentice-Hall, 1967.
20. *On Death and Dying*, London: Tavistock, 1969.
21. Kubler-Ross 提出在死亡之前有五个心理阶段：（1）否认和孤立，（2）愤怒，（3）讨价还价，（4）沮丧抑郁，（5）接受。同注释 20。
22. Arney and Bergen, *Medicine*, pp.102–103. 另见 Clive Seale, *Constructing Death: The Sociology of Dying and Bereavement*, Cambridge: Cambridge University Press, 1998, p.97.
23. 参见 Seale, *Constructing Death* 和 Tony Walter, *The Revival of Death*, London: Routledge, 1994。该书是对临终关怀医院在英美社会中的作用进行的社会学分析。
24. 1993 年，在将近 227 万死亡者中，有大约 11% 的人死于临终关怀项目。1995 年，来自全国临终关怀组织的数据估计接受临终关怀服务的人数为 39 万，在当年 231 万死亡者中占 17%（Institute of Medicine, *Approaching Death: Improving Care at the End of Life*, Washington DC: National Academy Press, 1997, 40）。1999 年，美国临终关怀项目为 70 万人提供了服务，占当年死亡人数的四分之一［J. Lynn, "Serving Patients Who May Die Soon and Their Families: The Role of Hospice and Other Services", *Journal of the American Medical Association* 285(2001), pp.925–932］。在出现心脏或者呼吸系统紧急情况下，患者时常在到达医院后不久死亡，临终关怀机构不适合转诊这种情况的患者。许多医疗状况没有一种让医生可以准确预测死亡时间的轨迹。
25. 美国医学协会 1997 年进行的一次民意调查发现，35% 的受访者都不熟悉***临终关怀医院***这一名称。见 M. J. Silveira et al., "Patients' Knowledge of Options at the End of Life: Ignorance in the Face of Death," *Journal of the American Medical Association* 284 (2000) , pp.2483–2488。

    我在社区医院进行自己的研究时也注意到了同样的比例。当出院计划员或者护士向患者或家属提到"是时候考虑临终关怀护理了"，我的观察对象中大约四分之一到三分之一的人要么从来没有听说这个词，要么曾经听说过却对临终护理的目的一无所知。对于即将到来的死亡，以及在医务人员认为恰当的时间可以“选择”的临终关怀，他们都没有足够的信息。

26. Walter, *Revival of Death*, 尤其是第 59 页的内容。
27. 在美国，临终关怀医院里的医保患者中，63% 的人都是确诊的癌症患者。然而，那些患者在临终关怀医院里平均停留的时间也不足三个星期（Lynn, “Serving Patients”）。
28. 那些标准包括下面三条：
   （1）必须取得研究主体的同意。所有研究主体都是自愿参加，不受任何形式的强迫。自愿参与之前，研究主体被告知任何可能存在的危险性。
   （2）将要进行的实验必须精心设计，并基于动物实验和对疾病自然历史的了解基础之上……本质上不能有随意性和不必要性。
   （3）实验必须只能由科学上合格的人员来执行……这些规则被要求确保个人的人权，避免贬低具有良好目的的做事方法，也避免公众对这一职业失去信心［Andrew C. Ivy, “The Brutality of Nazi Physicians”, *Journal of the American Medical Association* 132(1946), pp.714–715］。
29. David J. Rothman, *Strangers at the Bedside*, New York: Basic Books, 1991, p.31.
30. 同注释 29。在 1960 年前，“很少有法律”特别关注对医学研究主体权利的保护（W. J. Curran, “Governmental Regulation of the Use of Human Subjects in Medical Research”, *Daedalus* 98, 1969, pp.542–594）。
31. Henry Beecher, “Ethics and Clinical Research”, *New England Journal of Medicine* 274（1966）, pp.1354–1360. Beecher 引用了 22 个医学研究的例子，在这些研究中，研究者们没有告知研究主体他们参与的研究的性质，没有取得他们的同意，使他们的健康遭受风险，在一些情况下甚至有生命危险。
32. 关于欧洲和美国对待“患者自主权”的方法的比较，见 Deborah R. Gordon and Eugenio Paci, “Disclosure Practices and Cultural Narratives: Understanding Concealment and Silence around Cancer in Tuscany, Italy”, *Social Science and Medicine* 44, 1997, pp.1433–1452; Paul Rabinow, *French DNA*, Chicago: University of Chicago Press, 1999。关于日本和美国在自主权方面的比较，见 Mary-Jo Del Vecchio Good et al., “A Comparative Analysis of the Culture of Biomedicine”, *Health and Health Care in Developing Countries*, ed. P. Conrad and E. Gallagher, Philadelphia: Temple University Press, 1993, pp.180–210。关

于美国内部对自主权价值的不同观点的讨论，见 Gelya Frank et al., "A Discourse of Relationships in Bioethics: Patient Autonomy and End-of-Life Decision-Making among Elderly Korean Americans", *Medical Anthropology Quarterly* 12, 1998, pp.403–423; Leslie J. Blackhall et al. "Ethnicity and Attitudes toward Patient Autonomy", *Journal of the American Medical Association* 274 (1995), pp.820–825; Barbara A. Koenig and Jan Gates-Williams, "Understanding Cultural Difference in Caring for Dying Patients", *Western Journal of Medicine* 163, 1995, pp.244–249。

33. 塔斯基吉（Tuskegee）梅毒研究是 20 世纪在美国进行的道德上令人憎恶的医学研究中最著名的例子。详见 James H. Jones, *Bad Blood: The Tuskegee Syphilis Experiment*,New York: The Free Press, 1981。

34. 医学和生物学及行为研究伦理学问题总统委员会。了解该政府委员会的历史，及其涉及的主题和发布的研究报告，详见 Albert R. Jonsen, *The Birth of Bioethics*, New York: Oxford University Press, 1998， 尤其参看 Chapter 4, "Commissioning Bioethics: The Government in Bioethics, 1974–1983", pp.90–122。对总统委员会聚焦自主权和自我决策的评论，参看 Daniel Callahan, "Morality and contemporary culture: the President's Commission and beyond", *Cardozo Law Review*, 6(1984), pp.223–242。

35. 1979 年由委员会发布的《贝尔蒙特报告》将自主权称为其 3 个伦理原则中的第一个（其他两个是仁慈和正义），"对人的尊重包括至少 2 个道德信念：首先，个体的人应该被当作自主的行为个体，第二，自主能力降低的人有权得到保护。因此，尊重人的原则被分为两种不同的道德要求：承认人的自主权的要求和保护自主能力减弱者的要求……一个有自主能力的人指的是一个具有能力思考个人目标并能按照这些思考行动的人。尊重自主权就是要重视自主的人深思熟虑的意见和选择，同时避免阻碍他们的行为，除非这些行为明显有害于他们。缺乏对自主行为人的尊重就是拒绝接受那个人深思熟虑的判断，或者在没有令人信服的理由时拒绝提供做出那些深思熟虑的判断所必需的信息"。[National Commission for the Protection of Human Subjects in Biomedical and Behavioral Research. 1979. *The Belmont Report*. Department of Health, Education and Welfare, publication No. (OS) 78–0013 and No. (OS) 78–0014(Washington DC.: U.S. Government Printing Office, 1979).]

36. Jodi Halpern, *From Detached Concern to Empathy: Humanizing Medical*

practice, New York: Oxford U. Press, 2001. p.101.

37. Renée C. Fox, "The Evolution of American Bioethics: A Sociological Perspective", in *Social Science Perspectives on Medical Ethics*, Ed., George Weisz, pp. 201–220.（quote is p. 206）, Philadelphia: University of Pennsylvania Press,1991.

    社会学家和其他人普遍批评生命伦理学过于狭隘，过于关注个人主义和理性决策。详见 Renee Anspach, *Deciding Who Lives*, Berkeley: University of California Press,1993; Charles L. Bosk, "Professional Ethicist Available: Logical, Secular, Friendly", *Daedalus, Proceedings of the American Academy of Arts and Sciences* 128, 1999, pp.47–68; Barry Hoffmaster, Ed., *Bioethics in Social Context*. Philadelphia: Temple U. Press,2001；Barry Hoffmaster, "Can Ethnography Save the Life of Medical Ethics?", *Social Science and Medicine 35*,1992, pp.1421–1431；Arthur Kleinman, "Moral Experience and Ethical Reflection: Can Ethnography Reconcile Them? A Quandary for 'The New Bioethics'", *Daedalus, Proceedings of the American Academy of Arts and Sciences* 128, 1999, pp.69–98. 另见 Gordon and Paci，注释 32。

38. 《患者自决法案》（PSDA）是由参议员约翰·丹佛斯起草，作为 1990 年《综合预算调节法案》（OBRA）的一部分，这一措施于 1991 年 12 月执行。这一法案指示，卫生与公众服务部部长在全国范围内开展一场宣传推广预先指令的运动。因此，它要求所有接收医疗保险 / 医疗补助资金的医疗保健机构都必须：

    （1）在患者入院时向每位成年患者提供书面信息，说明根据州法律，个人有权执行预先指令和做出医疗决定。

    （2）提供关于这些权利的体制政策的书面信息。

    （3）要在医疗记录中记载个体患者是否执行了预先指令。

    （4）避免按照是否执行预先指令而歧视任何个人，并为工作人员和社区民众提供指令方面的教育。（http: //www.afip.org/legalmed/jnrm2000/directives.htm. Accessed 1/19/2001）

39. Mary Ann Glendon, *Rights Talk*, NY: The Free Press, 1991.

40. Barbara A. Koenig, "Cultural Diversity in decision making about care at the end of life", in *Approaching Death: Improving Care at the End of Life*, eds., Institute of Medicine, Washington, DC: National Academy Press,1997, pp.363–382. 关于自主范式和生命伦理学总体上对患者选择的影响的令人

信服的讨论，详见 Theresa S. Drought and Barbara A. Koenig, "'Choice' in End-of-Life Decision Making: Researching Fact or Fiction?" *The Gerontologist 42*, Spccial Issue no 3, 2002, pp.114–128。

41. 详见注释 32，另见 Appendix B, "A Note on Diversity"。
42. 历史学家 Charles E. Rosenberg 写道："在历史学和社会学意义上，自主权是一种产物，而不是一个目标；它是特定地点、特定时间和特定体系中临床互动的微观世界与更大的社会和认知以及制度的宏观世界之间相互作用的结果。这一点几乎不需要详细解释，因为现时代许多医生发现他们的临床互动都被管理医保制度的提供者限制在 15 分钟之内，他们的诊断和治疗选择也受到限制。自主权和能动性在每一种治疗环境中被构建和重建。" Charles E. Rosenberg, "Meanings, Policies, and Medicine: On the Bioethical Enterprise and History", *Daedalus, Proceedings of the American Academy of Arts and Sciences* 128, no.4，Fall 1999, pp.27–46.（quote is p.41.）
43. ***尊严***和***权利***一样在人权宣言中被提升到极为重要的位置："而承认人类大家庭每个成员固有的尊严、平等和不可剥夺的权利是世界自由、正义与和平的基础……第一条，所有人在尊严和权利上生而自由，生而平等。"
44. 哈佛委员会报告发表题目为：Ad Hoc Committee of the Harvard Medical School to Examine the Definition of Brain Death, "A Definition of Irreversible Coma", *Journal of the American Medical Association*, 205, 1968, pp.337–340。到 20 世纪 60 年代中期，各种各样的委员会纷纷出现，它们的职责就是通过创新性定义死亡来帮助解决器官移植的实际问题。详见 Martin S. Pernick, "Brain Death in Cultural Context: The Reconstruction of Death", 1967–1981, in *The Definition of Death: Contemporary Controversies*, ed. S. J. Younger, R. M. Arnold, and R. Schapiro, Baltimore: Johns Hopkins University Press, 1999, pp.3–33。
45. Pernick 在 "Brain Death in Cultural Context" 中指出，两种医疗技术即器官移植和机械呼吸机，是导致死亡需要重新定义的原因。然而，器官移植在决定哈佛委员会脑死亡标准方面的作用仍然存在争议。一些人认为，移植问题是委员会审议的边缘性问题。而另一些人认为，委员会想要重新定义死亡的目的是得到可望成功移植的器官（p.9 和 p.27，注释 17）。
46. President's Commission for the Study of Ethical Problems in Medicine and Biomedical and Behav ioral Research. *Defining Death: Medical, Legal and*

Ethical Issues in the Determination of Death. Washington DC: Government Printing Office, 1981.

47. Pernick, "Brain Death", 22. 另见 Alexander Capron, "The Report of the President's Commission on the Uniform Determination of Death Act", in *Death: Beyond Whole Brain Criteria*. ed. Richard M. Zaner, Dordrecht, Netherlands: Kluwer, 1988。
48. President's Commission, *Defining Death*, 详见 Steven Miles, "Death in a Technological and Pluralistic Culture", pp.311–318; and H. Tristram Engelhardt, Jr., "Redefining Death", pp.320–331, both in *Definition of Death*, ed. Younger, Arnold, and Shapiro, pp.311–318, pp.320–331.
49. 了解脑死亡定义引发的临床上的痛苦和多重含义，详见 S. J. Youngner, et al., "Psychosocial and Ethical Implications of Organ Retrieval", *New England Journal of Medicine* 313 (1989), pp.321–324; S. J. Youngner, et al., "'Brain Death' and Organ Retrieval: A Cross-Sectional Survey of Knowledge and Concepts among Health Professionals", *Journal of the American Medical Association* 261, 1989, pp.2205–2210; Margaret Lock, "Death in Technological Time: Locating the End of Meaningful Life", *Medical Anthropology Quarterly* 10, 1996, pp.575–600; Margaret Lock, "On dying twice: Culture, technology and the determination of death", in *Living and Working with the New Medical Technologies*, ed. Margaret Lock, Allan Young and Alberto Cambrosio, Cambridge: Cambridge University Press, 2000, pp.233–262; Lesley, A. Sharp, "Organ Transplantation as a Transformative Experience", *Medical Anthropology Quarterly* 9, 1995, pp.357–389。
50. Agamben, Giorgio, *Homo Sacer*, 1998, 163.
51. 关于使用那些延长死亡时间或者让"死者"持续存活的技术所带来的棘手问题，以及当代临床医学模糊义务的讨论，详见 Arnold, Robert and Younger, Stuart. "The Dead Donor Rule: Should We Stretch It, Bend It, or Abandon it?", *Kennedy Institute of Ethics Journal* 3, 1993, pp.263–278; J, F. Childress, "Ethical Criteria for Procuring and Distributing Organs for Transplantation", in *Organ Transplantation Policy: Issues and Prospects*, ed. J.F. Blumstein and F. A. Sloan, Durham, NC: Duke University Press, 1989, pp.87–113; Robert M. Veatch, "The Impending Collapse of the Whole-Brain Definition of Death", *Hastings Center Report* 23 1993, pp.18–24。

对于脑死亡定义的产生及其引发的关于医学实践、责任、伦理、文化、自然、传统和现代性的辩论的详细的历史学和跨文化讨论，见 Margaret Lock, *Twice Dead: Organ Transplants and the Reinvention of Death*. Berkeley: University of California Press, 2002。关于医生质疑脑死亡定义的流行讨论，参见 Gary Greenberg, "As Good as Dead", *New Yorker Magazine*, August 13, 2001, pp.36–41。

52. 参见 David J. Rothman, *Beginnings Count*, NY: Oxford University Press,1997; Thomas L. Petty, "The Modern Evolution of Mechanical Ventilation.", *Clinics in Chest Medicine*, 9, 1988, 1–10; Gordon L. Snider, "Historical Perspective on Mechanical Ventilation: From Simple Life Support to Ethical Dilemma", *American Review of Respiratory Diseases*, 140, 1982, pp.S4–S5。
53. Snider, "Historical Perspective".
54. 第八章详细讨论“植物人状态”和“昏迷状态”的患者。
55. Martha Holstein, "Alzheimer's Disease and Senile Dementia, 1885–1920: An Interpretive History of Disease Negotiation", *Journal of Aging Studies* 11, 1997, pp.1–13; Herman T. Blumenthal, "The Aging-Disease Dichotomy: True or False?", *Journals of Gerontology: Medical Sciences*, 58A, 2003, pp.M138–145.
56. W. Andrew Achenbaum, *Old Age in the New Land*, Baltimore: Johns Hopkins University press, 1978, pp.42–45; and Lawrence Cohen, *No Aging in India*, Berkeley: University of California Press, 1998, pp.62–64.
57. Achenbaum, *Old Age*, 1978, pp.42–45.
58. Nascher 的文章（I. L. Nascher. *Geriatrics*. Philadelphia: P. Blakiston's Son and Co., 1914）代替了法国医生 Jean-Martin Charcot 的文章，后者在 1867 年出版的 *Clinical Lectures on the Diseases of Old Age* 是前一个时代关于老年和疾病关系的最具权威性的著作（*Lecons cliniques sur les maladies des vieillards et les maladies chroniques*, Paris: A Delahaye, 1867）。他的著作提出，只有通过对身体损伤和过程的临床调查，人们才能理解老年疾病这一观点。这种观点将成为现代老年学的基础。另见 Achenbaum, *Old Age*, pp.42–43。
59. 参见 Cohen, *NoAging in India*, pp.62–64。
60. Thomas R. Cole. *The Journey of Life: A Cultural History of Aging in America*, Cambridge: Cambridge University Press, 1992, p.207.

61. G. W. Gray, "The Mystery of Aging," *Harper's Magazine*, 1941, p.182: p.283, cited in Achenbaum, *Old Age*, p.120.
62. Leonard Hayflick, *How and Why We Age*, New York: Ballantine Books, 1994. 另见 R. D. Adelman et al., "Issues in the Physician-Geriatric Patient Relationship", in *Communication, Health and the Elderly*, ed. H. Giles, N. Coupland, and JM Wiemann, Manchester, Great Britain: Manchester University Press, 1990, pp.126–134; Herman T. Blumenthal, "The Aging-Disease Dichotomy is Alive, but Is It Well?", *Journal of the American Geriatrics Society* 41, 1993, pp.1272–1273; Herman T. Blumenthal, "'The Alzheimerization of Aging': A Response"（letter to the Editor）, *The Gerontologist* 35, 1995, pp.721–723。
63. A. R. Somers, and D. R. Fabian, *The Geriatric Imperative*, New York: Appleton-Century-Crofts, 1981.
64. Herman T. Blumenthal, "A View of the Aging-Disease Relationship from Age 85", *Journals of Gerontology, Biological Sciences* 54A, 1999, pp.8255–8259; Herman T. Blumenthal, "Milestone or Genomania? The Relevance of the Human Genome Project to Biological Aging and the Age-Related Diseases", *Journals of Gerontology: Medical Sciences* 56A, 2001, M529–537.
65. Andrea Sankar, "'It's Just Old Age': Old Age as Diagnosis in American and Chinese Medicine", in *Age and Anthropological Theory*, ed. D. Kertzer and J. Keith, Ithaca: Cornell University Press, 1984.
66. H. T. Blumenthal, "The Aging-Disease Dichotomy: True or False?", *Journal of Gerontology: Medical Sciences* 58A, 2003, M138–145.
67. W. F. Forbes, J. P. Hirdes, "The Relationship between Aging and Disease: Geriatric Ideology and the Myths of Senility", *Journal of the American Geriatrics Society* 41, 1993, pp.1267–1271.
68. Blumenthal, "Aging-Disease Dichotomy", M138–145.
69. Forbes and Hirdes, "Relationship between Aging and Disease"; Blumenthal, "View o fthe Aging-Disease Relationship"; D. Von Dras and H. T. Blumenthal, "Dementia of the Aged: Disease or Atypical Accelerated Aging?", *Journal of the American Geriatrics Society* 40, 1992, pp.285–294.
70. Daniel Callahan, *The Troubled Dream of Life*, New York: Simon and Schuster, 1993. 从医学角度看待抵制死亡的观点，参见 J. H. Muller, and B. Koenig, "On the Boundary of Life and Death: The definition of dying by medical

residents", in *Biomedicine Examined*, ed. Lock and Gordon, pp.351–374。关于推迟衰老和死亡的流行观点和科学观点的总结，参见 Jay Olshansky and Bruce. A Carnes, *The Quest for Immortality: Science at the Frontiers of Aging*, New York: Norton, 2001。

71. Daniel Callahan, *Setting Limits: Medical Goals in an Aging Society*, New York: Simon and Schuster1987; Callahan *Troubled Dream*。
72. R. L. Barry, and G. V. Bradley, ed. *Set No Limits*, Urbana: University of Illinois Press,1991; R. H. Binstock, and S. G. Post, eds., *Too Old for Health Care: Controversies in Medicine, Law, Economics and Ethics*, Baltimore: Johns Hopkins University Press,1991; C. L. Estes, "Cost Containment and the Elderly: Conflict or Challenge?", *Journal of the American Medical Association* 36, 1988, pp.68–72; P. Homer, and M. Holstein, eds. *A Good Old Age: The Paradox of Setting Limits*, New York: Simon and Schuster, 1990; N. S. Jecker, and R. A. Pearlman, "Ethical Constraints on rationing medical care by age", *Journal of the American Geriatrics Society* 37, 1989, pp.1067–1075; G. R. Winslow and J. W. Waters, eds. *Facing Limits: Ethics and Health Care for the Elderly*, Boulder, CO: Westview Press,1993; N. R., Zweibel, C. K. Cassel, and T. Karvison, "Public attitudes about the use of chronological age as a criterion for allocating health care resources", *The Gerontologist* 36, 1993, pp.74–80. 对于他的著作引发的辩论，Callahan 做出的回应见 Daniel Callahan, "Setting Limits: A Response", *The Gerontologist* 34, 1994, pp.393–398。
73. Blumenthal, "'Alzheimerization of Aging'"; J. S. Goodwin, "Geriatric Ideology: The Myth of the Myth of Senility", *Journal of the American Geriatrics Society* 39, 1991, pp.627–631; Sherwin B. Nuland, *How We Die-Reflections on Life's Final Chapter*, New York: Knopf, 1994, pp.43–63.
74. Nuland, *How We Die*, pp.43–63.
75. Geoffrey C. Bowker and Susan Leigh Star, *Sorting Things Out-Classification and Its Consequence*. Cambridge: MIT Press,2000，尤其参见 pp.90–91。
76. 同注释 75。
77. 身为外科医生和医学历史学家的 Sherwin Nuland 批判性地描写死亡是如何被分类的，并认为医学对临床死亡原因有着一种"错位的世界观"，因此在面对生命的有限性时也会采取被误导的行动方法。*How We Die*, pp.43–44.

第二部分

医院体系：时间和治疗路径的力量

你长途跋涉了一整天，蓬头垢面地到达了医院。你筋疲力尽却不能休息，你不知道该怎么办。你待在宾馆，或一辆租来的车里，但都不是你自己的空间。这一经历让你联想到死亡，你正忙着琢磨这些想法，身边发生的一切都让你不知所措……你找不到医生进行交谈，护士换了一拨又一拨。你给他们递上糖果努力讨好他们；你想表示自己知道一些情况，于是你带来了问题，带来一个议程。但是有控制问题，你会觉得你不应该表现出你知道得太多，你需要把自己对患者的了解和医院了解的情况合并起来。就这样，家人要在医院现场制造‘那个患者’。

医院就像一个机场，但又不是个机场。它就像一个你从未到过的超市，一切都乱七八糟的，整个空间杂乱不堪。两个患者共用的病房很混乱，就连清洁过程也是乱七八糟的，尤其是当你的亲人躺在一个快死的人旁边时——***这是至关重要的一点***。你不应该听到某些对话，或者看见患者的体液。然而，你随处都能听到，能看到。它是一个充满了气味、声响、空间和时间错乱的地方。你随处能看到这些管子、
袋子、液体和满得溢出来的废纸篓，装着令人不安的碎片，沾着血。 85
医院里到处都是这些。棉签和废物到处都是，等待有人收拾的旧餐盘。医院是一个没有边界的地方。这里没有分类，但一切又都与分类有关——图表、官僚体制。

这里的工作日和周末有很大的区别。周末，没有事情发生，没有工作人员；假期就是假期，没有人工作。然后，周一的早晨，所有事情都会发生。这时，治疗计划被强加给患者，计划是按照官僚制度，按照事情***必须***发生的时间来制定的。

医院里的空间——餐厅总是在地下室，要去那里你得经过各种身体部位的科室，经过放射科走下去。餐厅本身也令人很不舒服，伙食很差劲，可是除了吃别无选择。你需要交谈，但是你不能在那里谈，

那么你需要找电话联系熟人。可是该死的电话在哪里？你找不到电话，它在走廊的另一头……

患者家属受到监视，即使是在对患者表示支持的时候。所有事情都在公开场合下发生。你必须有最得体的举止行为，合理安排和履行家庭义务及常规的社交活动。在这样一个混乱的地方，患者家属不得不一个个做决定。他们如何能做到？医疗决策在医院里不会发生，它发生在家里。不知何故，你一直在那里，但是即便你不在那里，仍然要做出决定。但是，也可以说，做决定的已经**不是**家属了。因此，子女扮演的是什么角色呢？儿媳又是什么角色？

患者被搬运到这里，又搬运到那里去做检查。社工、病例管理人手里都有剧本——而你事先并不知道。他们知道治疗的流程。患者要经历手术，要等待，有医生来谈话。当患者不在病房里，当患者在手术室里，你应该坐在哪里？那是谁的房间？它的正当性，它的问题。你会坐在病房里吗？坐在哪里？边界在哪里？然后患者被送到另一个病房，而你不得不重新建立关系。接下来的问题是，何时离开？什么条件离开？或许性别不同，回答也不一样。我想留下来，但我的丈夫却想离开。医生也在安排你的行为——‘如果你打算留下来，就留下来’，或者‘现在就走吧’。基本上，家属对这些问题中任何一个都毫无控制权。

86 接下来终于安排了一次与医生的会谈。椅子永远不够用，没有地方坐，也没有坐下的空间。医生想做的事情很多，体面地说，想给患者一个为生命而战的机会。医生在对谁演讲——患者？子女？当我婆婆去世时，她的医生感到惊讶，尽管她已经93岁了……

然后，你进入葬礼模式，另一套令人无所适从的全新习俗流程。你不知道还会发生什么。

87 —位频繁住院治疗的患者的儿媳妇

第三章

死亡时间的转变：从临终看护到收费治疗

20 世纪 60 年代到 80 年代中期，美国医院文化对***时间***的理解方式——它的压力、它的价值、面对死亡时它的含义——发生了巨大的改变。这一改变加剧了死亡问题，如果不考虑时间要素在死亡问题永久化中的作用，就无法描述或理解死亡。直到 19 世纪后半叶，死亡都是按照自己的时间到来，人们只是静静等待，任何人都没有能力阻止它的脚步，而医生，如果在场，也只是一个边缘人物。到 20 世纪 60 年代，当社会学家格雷泽、施特劳斯和萨德诺开始研究工作安排和死亡管理时，***等待死亡***在很大程度上已经转移到了医院。尽管如此，直到 20 世纪中叶，医院里的等待仍然是由医学和医院文化组织安排的，那时候的医学在延迟死亡方面能够做的远不及现代医学多，那时候的医院文化也仍然允许死亡在无限长的时间里发生。等待曾经由身体内部发生的过程而决定，如今却由各种医疗程序所决定，由现代的官僚体制来组织安排了。这已经变成了一种全新的现象。

在整个 20 世纪 60 年代，重症监护室还是个新鲜事物，医院工作人员对它们的目的也不是非常清楚。重症监护室（ICU）里配备肾脏透析机、心脏监护仪及除颤仪，但是那些技术有时候也在普通病房里使用。重症监护室与其他普通病房的区别不在于它们那些救命用的机械，而在于那里一直有护士值班。[1] 机械呼吸机才刚刚登上舞台，很少有医院配备它，它们也主要用来确保手术患者的苏醒；[2] 那时候没有吗啡滴注，在普通病房里，任何类型的静脉给药都很少见，也没有患者可以自行使用镇痛泵。人们认为，患者不能，也不该自行处理自己的疼痛和止痛事宜。只有当医务人员认为有必要，患者才能得到止痛和镇静药片或者注射给药。

患者往往在医院里滞留数周甚至数月，不存在让患者尽快出院的行政命令。生命逐渐消失的迹象被监测，也是意料中的事。等待死亡的发生是医护人员的日常工作——一种被动却十分必要的行为——他们监测死亡的来临而不担心它需要多久才能到达。他们的等待不是由医院支付机制安排的，也很少是由可用的医疗方法来定义。与现在不同，等待死亡不是围绕着专科会诊、实验室报告、诊断检测、家人意见、利用评价，或者放弃心肺复苏、撤走仪器的指示来组织的。相反，医务人员只是观察和等待那些生理稳定或不稳定及衰退的迹象，不去打断衰退的进程，设法稳定身体系统，而是尽可能让患者感到舒适，***为不知会持续多久的等待做好准备***。这种舒适来自医务人员对明显症状做出适当的反应，这些症状是他们所知道的在身体机能崩溃时会出现的——疼痛、窒息、呼吸困难、喊叫、翻滚扭动或者抽搐。[3]现在那些减少或掩盖“临终喉鸣”、挣扎及其他肉体瓦解时生理迹象的，能够缓解焦虑的各种药物在当时还没有常规使用。护士通常给患者进行搓背和床浴。[4]

最重要的是，那个有偿服务时代没有从技术上刻意避免死亡的必要性。用了很长时间才去世的患者被描述为“缠绵不去”，那是健康专家通过对比一个患者与其他患者的医疗状况后主观评估的一种状态。“缠绵的死亡轨迹”在普通病房里是可接受的，[5]也是与医院经济挂钩的。20 世纪 60 年代，医院获得资金的方式与现在不同。那时
90 候，医疗保险完全是私营领域，医生们都做大量的慈善工作，得到社区支持的是医院而不是学术性的医学中心。一名护士回想起那个时

代的情况时告诉我："那个时候，发病率是一个资金来源。"医疗保险直到 1965 年才正式存在。当它出现时，"闸门就打开了"。她回忆说。医疗保险向老年人和重病患者保证他们的住院期，无论多长，都将由联邦政府支付费用。这样就产生了一大批新的年纪更大、病情更重的患者，如果他们需要数周或者数月才死去，医疗保险将支付这些费用。

1983 年，医院护理经费的筹措方面发生了一个很大变化，由此也改变了死亡的组织形式。那一年，医疗保险诊断相关分组系统（DRGs）变成了法律。该联邦预期支付计划通过将特定价格标签与特定诊断相关联，显著修改了医疗保险报销制度。为了约束医院的支出，这一立法限制了医院的经费报销，使治疗成为任何患者住院期的重要组成部分；报销数额也与医院提供的、得到批准的治疗挂钩；最重要的是，关于医院死亡病例，诊断相关分组系统不允许存在不经诊断和治疗的等待死亡，也不允许持续时间不明的死亡存在。"缠绵的死亡"没有被列入这一预付计划的条款中，也无法得到报销补偿。几位年轻的医生告诉我："死亡是不可计费的，你无法医治它。"患者不再被允许简单地待在医院里。[6] 91

与现在相比，在 20 世纪 60 年代，即将到来的死亡很少被行政程序所掩盖。那是因为彼时的医院还不能从可报销的诊断和治疗程序中得到资金支持，所有医院活动也不受使用那些治疗程序压力的影响；医务人员常常提前数周或者数月就已经知道一个患者会在这次住院期间死去，不管他的死亡会拖多长时间。一位富有经验的护士回想起她在 1971 年护理过的一位患者，那年是她在医院工作的第一年。那个年轻的女人死于癌症，死前她在医院里待了好几个月，接受如今被称为"舒适护理"的照料——翻身、清洁、洗漱，偶尔注射止痛药。那位患者有丈夫和3个年幼的孩子，没有人指望让她的家人能够在家照料她。她死在医院里。

萨德诺于1967年指出，死亡是一个可预测的特性，当护士说一位患者“快死了”，她的意思是患者会在一段时间内死去，而不是说暗示死亡到来的特定生物学事件通过直接观察或实验室报告已经清晰可辨了。“认定一个人‘临终’的医学、生物学或生化基础并不是完全清晰可辨的，”萨德诺1967年如是说，“注意到患者‘即将死亡’似乎与注意到患者出现出血、心脏纤颤或者使用疾病分类体系来组织一些症状和发现是完全不同的概念活动。”[7]临终是一个时间性的，而不是描述性的指标，它以特定的方式组织病房里的活动。死亡，萨德诺说，放置“一个解释框架在一个人周围”[8]，40年前那个框架就是**等待**。

现在死亡在医学上是否比以前更清楚易见了，这一点是可以争论的。死亡仍然是一个可以预测的事件，但是做出那些预测的基础发生了两个变化。第一，它们更多地依靠实验室提供的“数据”和对血液成分及器官功能的定量分析，而不是按照对患者全面的观察。事实上，在解读界定身体不同系统病理状态的实验室报告时，***监测数据***是常用的医学术语。这并不是说护士和医生的直接观察和直觉评估不复存在了，不再被认为是重要的——它们的确存在，也的确重要（那些评估现在被划分为医学“艺术”的一部分）。但是为了计费或者安置的目的，那些定量数据比它们更加正式，告知医务人员一位患者即将死亡的也正是那些定量分析的数据。

第二，被认为是危及生命的那些状况（主要通过血液化学成分和器官系统功能的实验室分析来确定）需要接受治疗，直到它们“对治疗没有任何反应”为止。只有这时，这些状况才被认定为致命的。[9]

在辨别和改变病理过程方面，测量和干预的影响越来越复杂，而这又使“危及生命但可以治疗”与“致命性”状况之间的分界线进一步靠近死亡时间。因此，现在，预示死亡将至的实验室报告——从医务人员的活动转向允许或者促进死亡的意义上来说——只有在死亡到达前数小时或者最多几天才会出现。我很少看到任何人（医生、患者或者家庭成员）在患者死亡前超过 72 小时就宣布他快死了。通常只有在
患者更接近死亡时才会提到它——48 小时之内，经常是在 24 小时之 92
内。死亡并没有在制度上得到认可或命名，因此，在医务人员把离散的测量数据解释为不可逆和致命性之前，死亡不会真正地发生。

现在，“临终”的周围仍然有一个解释框架，但是，现在的这个框架是一种知识，即没有什么治疗程序可以阻止那些导致死亡的病理过程。不可能有 20 世纪 60 年代那种意义上的***等待死亡***了，因为那种期待死亡的敏感性已经被具体诊断的必要性取代了，被识别和衡量个别病理问题的能力取代了（对病情的这种衡量将会一直持续到死亡到来），被试图阻止生理衰退的强制治疗取代了。

在阅读 20 世纪 60 年代的研究资料时，最令我震惊的是***临终看护***一词，大多数时候，这个词被护士用来描述一种守夜工作，在守夜过程中，他们密切关注那些被认为即将离世的患者。[10] 对患者实行临终看护可以由医生提议，也可以由护士提出，临终看护程序一旦开始，病房里的护士们就会安排好自己的职责，持续不断（或者近乎持续不断）地监视那个人的生理状况，从而及时处理患者出现的各种症状和需要马上关注的行为，确保患者不会独处，控制家属随意地进进出出。护士们通过互相分担看护濒危患者的工作，也可以管理患者家属——既减少家人对医护人员日常工作的干扰，也可以“保护”他们，不让他们看到亲人最后死亡时的情景。患者离世的最后时刻，家

属很少会待在病床前。[11]

在20世纪60年代，等待死亡——不必在行政意义上担心会等多长时间——是必须的，也是旷日持久的。它牵涉到一整套医护人员（大多数是护士）的护理活动，这些活动必须与医院工作所有其他方面协调一致。它明确无误地是一种医护人员（而不是家属）的责任。如今，就像我们将在本书后面两章中看到的那样，这一切都已经改变了。“临终看护已经被……”一位重症监护室护士若有所思地说，“……挽救生命或者提供最好的姑息治疗所代替，被全力投入各种通过延迟死亡或者选择死亡时机来驾驭死亡的策略和技术所代替。”现在的死亡在很大程度上是被决定的，而不是用来等待的。由医护人员承担的临终看护的消失大大缩短了***死亡需要的时间***。

总之，我们可以围绕具体的主题来总结40年前的医院内死亡和
93 现在的医院内死亡之间的差别。第一个差别是对“善终”这一特殊概念的新需求、新愿望，即可以主动地规划死亡，可以表达和体验面对死亡想要的东西，最重要的是，来“控制”它。[12] 多数情况下，20世纪60年代及以前，医生和患者之间根本不会公开讨论死亡的事实，更不要说规划它。[13] 第二点，那时候，对于患者的住院期可以持续多久没有行政意义上的限定，无论患者是否处于濒危状态。患者的缠绵状态，尽管需要护士之间进行更多的工作协调来维持连续性的、全面的临终看护，但仍被当作人的死亡方式而被接受。[14] 第三，那段被格雷泽和施特劳斯描写为“空白”的***等待死亡***的时间，一段“***患者身上不会发生任何事情***”的时间，[15] 已经发生了巨大的变化。这段时间要么在患者身上进行常规的姑息治疗，为患者做很多事情，要么通过精心、定时地撤走生命支持技术来控制死亡在患者体内的进程。如今不可能有任何空白时间了，因为患者必须接受某种治疗才能住在医院

里。最后，在 20 世纪 60 年代，尽管临终患者被医务人员描述为处于不稳定的生理状态，或者过渡状态（通常由可见的昏迷状态所暗示），但是那种状态不会通过技术手段来维持或强加，也不会引起道义上的惊愕。医院员工知道那种过渡状态最后必定会以死亡而告终，因此它从未引起关于道德行为的讨论，它也未曾引发旨在将患者移出模糊地带的决策。

总而言之，在 20 世纪 60 年代，患者等待死亡的期望决定了医疗专业人员对生命终点的反应。那种期望如今已经消失了——取而代之的是等待各种治疗程序，等待下一步该怎么办的决定。允许死亡按照自己的时间到来的耐心等待，对它的关注虽然是一种负担，但却十分必要；而如今这种等待只被局限于死亡前最多几天时间里，如果尚被允许的话。这一变化的结果是，对患者家属来说，死亡总是让人措手不及，即使患者在长期住院期间一直徘徊在死亡的边缘。除了那个现在被压缩的等待时间之外，临终看护也被官僚制度和技术改变了，因支付方案之间复杂的相互作用、提高的诊断精度和治疗选择，以及疼痛和痛苦可以得到控制的观念而改变了。 94

注释

1. Julie Fairman and Joan E. Lynaugh, *Critical Care Nursing: A History*. Philadelphia: University of Pennsylvania Press, 1998, p.15.
2. David Rothman, *Beginnings Count: The Technological Imperative in American Health Care*, New York: Oxford University Press, 1997. 直到 1970 年，许多医院才有了让大多数患者使用机械呼吸机的重症监护室。在社会学家描述 20 世纪 60 年代医疗工作和死亡的组织安排时，那些机器根本不是主角。
3. David Sudnow, *Passing On*, Englewood Cliffs, NJ: Prentice-Hall, 1967, p.83.

4. Ruth Malone, personal communication.
5. Barney Glaser and Anselm Strauss, *Time for Dying*, New York: Aldine, 1968, p.47.
6. 一个人也不能在临终关怀医院里“徘徊逗留”。医保体制中的临终关怀福利会根据医生的最佳医疗判断，规定 6 个月或更短的时限，在此时限内，医保将会支付临终关怀服务费。大多数医疗人员不想让患者“太快”转诊到临终关怀医院去，大多数患者都是在临死前几天或者几周时才被指定接受“临终关怀”。
7. Sudnow, *Passing on*, p.63.
8. 同注释 7，pp.68–69。
9. 见 Jessica Muller and Babara Koenig，“On the Boundary of Life and Death: The Definition of Dying by Medical Residents”, in *Biomedicine Examined*, ed. Margret Lock and Deborah Gordon, Boston: Kluwer, 1988, pp.351–374。
10. Glaser and Strauss, *Time for Dying*, pp.197–199; Barney Glaser and Anselm Strauss, *Awareness of Dying*, New York: Aldine, 1965, pp.246–248; Sudnow, *Passing On*, pp.83–84. 在我与之交谈过的，20 世纪 60 年代就职于普通病房的 3 位护士中，有 2 个人还记得“临终看护”这个术语的使用，另外一个人不记得了。后者提出那个术语可能是被社会学者们自己使用过的。重现先前时代的临床敏感性是一项复杂的工作。
11. 一位医生回忆说，在 20 世纪 70 年代，他会快步走过那些快要死亡的患者的病房。“对他们已经无能为力，”他说，“他们已经不在我们的工作范围之内了。”
12. Tony Walter, *The Revival of Death.*, London: Routledge, 1994, p.59.
13. Glaser and Strauss, *Awareness of Dying*.
14. Glaser and Strauss, *Time for Dying*, p.47.
15. 同注释 14，p.197。

第四章

推动事务的进程

既然已经写了那么多关于死亡生理学的内容，我们可以继续探讨一下更有趣的问题了。我们如何死去，事实上，是一个最小的问题。我们为什么会死去——由此问题诞生了宗教——才是我们永远弄不懂的问题，因此，我们将这个问题留给哲学家们去解决。但是，我们什么时候死去——这才是一个重大的问题，也正是在这里，我们终于开始发现了自己令人艳羡的支配权。

安德鲁·所罗门 《自己的死亡》

理解患者临终时医院是如何运转的，如何组织时间和推动各项事务的进程，如何控制时间的意义和死亡的意义，是这些死亡如何在医院里发生这一故事的一部分。我们从在生命结束时，一切事情如何以及为何进展，如何沿着既定的路径被推动，以及医院工作人员如何引导患者和家属通过这个系统开始讲起。

现代医院具备的医学技术，死亡一事被塑造着，特别是在美国，这是一个被人们广泛接受的事实。而不太为人所知的是，医院程序和卫生保健系统的官僚命令是如何为死亡创造条件的。许多人抱怨医院通过压制患者的声音和剥夺他们的人生历史使他们非人化。在对待死亡和延长生命方面，不太明显但起潜在引导作用并使之常规化的是医院本身的组织结构方式。个人只能在已有的分类体系中行动，这是在我跟踪调查了许多患者和家庭，并观察他们对机构指令（其中许多指令都是不协调的）的反应后弄明白的一点。无论是在医院里工作的人还是那些有医院系统工作经历的人，都不能控制分类系统，也不能定义理解医疗问题及其解决方案的框架结构。每一个参与者只能在已经存在的结构参数范围内做出选择——如果还能做什么的话。

那个结构就是卫生保健体系，在这一体系中，医院是一个至关重要又非独立的组成部分。医院在这一体系中的主要任务之一就是***推动事务的进程***。在我观察重病患者过程中，我常常从社工、病例管理人、护士和出院计划员口中听到这一说法，很快我就明白，那些在机构护理和效率的车轮中起着齿轮作用的工作人员为什么会使用那种语言。各种政策、护理计划和医学算法都是用来推动患者沿着分类、改善和管理疾病这条诊断和治疗上的常规化轨道向前进。对许多患者来说，这些轨道通往治愈，通往对生命的挽救；而对另外一些濒临死亡的人来说，这些轨道几乎不可阻挡地从一个科室通往另一个科室，从一种治疗通往另一种治疗。

和其他医务人员不同，医生从来不会使用***推动事务的进程***这一说法。但是他们认为，他们的临床工作与医院官僚体制的顺利运行既有着密切关系，也没有密切关系。一方面，医生们努力抵抗强加在他们身上的那些让他们遵行医院报销补偿基本规则的压力。使用最便宜的治疗程序和护理水平，并迅速让患者出院的要求违背了他们为每个患者提供最适当的医疗护理的医学本能。另一方面，所有医生在他们实习期间都学习如何让患者尽快出院来适应官僚的医疗保健服务体系，而他们学到的东西会一直留在他们的医疗行为中。医生们持续抵制医保管理规定的时间限制，这在医院里造成了一种非常明显的紧张氛围。他们的抵制经常是医院委员会会议的讨论主题，管理人员试图使医生们的做法与医保管理合同规定的财务要求相一致。[1]

众所周知，也是广为诟病的一点是，现在，管理医保制度的经济优先条款控制着患者（有些人有保险，有些人没有）在医院里的移动 96
路线，使他们尽可能快速、经济、高效地走完整个过程。而最不明显的，尤其是对那些站在系统之外的人们来说，是那些危重患者在医院的行程是如何在医院内外都被这一制度控制的。

出现在医院里种种事务的***进程***向我们充分展示了死亡文化，尤其是医院在定义死亡在何时、以何种方式发生方面的强大力量。医生和其他医务人员都学会从***患者在系统中的去向***以及支付计划、机构规章和治疗逻辑来看待治疗和护理，所有这些都使得患者能够以医院工作人员认为及时的方式通过该系统。医院内部事务进展的基本原理是什么？首先，接近生命终点的人是如何进入这个系统的，又是为什么呢？如果，像有些调查显示的那样，大多数人声称他们希望在家里去世，而不要接受侵袭性治疗，那么他们为什么在临死前要到医院里接受这种治疗呢？[2]

患者住院期间的治疗路径是独立于管理医疗体系之外形成的，但却在这一体系的限制范围内运行。当处于具体状况（比如中风、呼吸急促、心力衰竭）的新患者到达医院时，要做什么（不要做什么）最初对于训练有素、以挽救生命为目的的医务人员来说是显而易见的。在患者整个住院治疗期间，该做什么相对来说一直是清楚明了的，只要不出现是否该认定患者即将死亡的模糊状况。很难知道有多少医院内死亡的发生是从患者住院初期，人们就一致认为他即将死亡——也许一半，也许一半以上。当医务人员和家属之间达成一致时，当不对患者进行干预治疗，允许死亡发生时，按照现在盛行的说法，这才是不成问题的死亡。[3]但是，对许多其他患者来说，他们必须沿着机构创造的轨道前进，这极大地助长了困扰着全国的死亡问题。

死亡路径的逻辑

在我的观察中，有两条常见的路径非常突出，危重患者和高龄患者通常都被安置在这两条行人众多的路上。一条路径使用激进的干预手段，用一句老掉牙的话来说，它让人联想起激进的高科技维持生命
97 的医疗措施。另一条旋转门式的路径，描述的是那些因为无法治愈的慢性病痛反反复复住院、出院的患者。这两条路径说明了患者流转在医院中的普遍存在以及这一流转的典型模式。这两条路径就像两块磁铁，强烈地吸引着每一个人进入它们的逻辑磁场，这一磁场决定着如何叙述患者的特征，如何控制各种症状，如何应付患者和家属，家人如何理解他们亲属的状况，以及接下来要做哪些事情。没有人清楚地知道这两种选择的存在，患者和家属没有分析它们的工具和手段。另一方面，医院员工接受了它们，流转患者的制度本身是一种未被承认的背景，它是像空气一样的“自然”存在。医务人员不会把它们看作决定着员工行为以及所收治患者在医院里的经历的强大因素。对每一个人来说，逃避治疗路径无形的逻辑几乎是不可能的。

那个使用激进干预手段的选择项无疑是关于死亡问题广泛讨论的主要话题。它导致了公众的焦虑，使人们渴望“自己控制自己的死亡”——要么通过卫生保健组织的改革、安乐死合法化立法、自杀食谱或指南；要么通过医生来辅助死亡；或者更极端的，通过科沃基恩（Kevorkian）医生的自杀机器。激进干预的治疗路径经常是这样的：史密斯夫人呼吸困难，或者呼吸骤停。她可能在家里或者在护理

院里，一位家属或者其他照料者拨打了911，急救人员到达现场，或者照料者把她放进车里送到了医院。如果她在救护车上或者家里没有被插管的话，在急救科，史密斯夫人被插上了管子（一根连接在机械呼吸机上的塑料管，或者一个呼吸器被直接放进她的嘴里，通到她的气管里），然后送进了重症监护室。（另外一种版本是，史密斯夫人失去或者将要失去意识，或者有其他严重疾病的症状，被送到了医院。刚到医院，她的状况就恶化了，于是被送进重症监护室，插上管子。）各种诊断性化验开始执行，针对诊断出的和被怀疑的病症的治疗，包括手术，开始了。

几天后，如果患者的状况没有改善，她就不能被撤走呼吸机，因为离开呼吸机她会立刻死去或者很快死去，她进入了生死之间的那个灰色地带——从生物学意义上说她还活着，尽管只是因为她的生命被生物医学技术维持着，没有任何独特的、有目的的生命力。经过一段
时间后，医生、护士和其他医院员工可能会因看着患者处在那种复杂 98
地带而感到不舒服。家属也常常会为此感到困惑和极度不安。在有些情况下，即使有生命支持设备，不进行有机化的干预治疗，死亡迟早会来，但是医护人员不愿意等到那个时刻的到来——他们永远无法准确预言那个时刻，因为它可能需要数天甚至数周才能到来。许多人认为那些等待的日子只是延长了患者和家属的痛苦。此外，不受控制的死亡被认为对患者和家属来说更不舒服，远不如小心翼翼地撤走呼吸支持设备，使用麻醉药品或镇静剂减轻患者生理崩溃时的疼痛、焦虑、癫痫发作及其他的症状。因此，人们感到，死亡必须有具体的选择和蓄意的行为来辅助。

当家属和医务人员一致认为患者***不想以这种状态继续存活***，或者当医疗团队决定***是时候***停止生命支持治疗了，就会发生被计划的或精

心策划的死亡。这两种评估都已经成了对重病患者治疗情况进行分类的方法，亦是当患者在医院治疗路径上受阻时诱导事务向前进展的主要策略。***患者不想***和***是时候***这两种说法提供了一种思考生命、思考治疗手段的方式，这种治疗可以让医护人员将患者从模糊地带转移到***濒危患者***的类别——因为医院里的急症患者不能无限制停留在那个模糊地带。然而，我观察到了许多重症监护室里的患者被困在激进干预治疗的路径中，并在生死之间的模糊地带维持了 2—4 周才被允许死亡。[4]

旋转门式的路径看起来并不像激进干预路径那么具有戏剧性，因此通常也不会成为电视和报纸关注的对象。然而，它有时候——即使不是更普遍——同样更加让每一个牵涉其中的人感到痛苦和苦恼：上了年纪的克拉克先生被送到了医院，他患有严重慢性病如心脏病和肺病，由于出现呼吸短促、剧烈疼痛和其他症状，他本人或家属感到担心害怕，所以转而寻求医疗救助。他被普通病房收治，在那里，他接受了专家们的面诊，开始了诊断程序和缓解症状的治疗。如果他的状况显示需要接受更激进的治疗程序以便控制他的症状或挽救他的生
99 命，他有可能被送到重症监护室里待上一段时间（此时，他有可能被转到激进干预治疗路径）。克拉克先生的私人医生，如果他有的话，可能会也可能不会参与医院里的诊断评估和治疗程序。一旦症状有所缓解，克拉克先生就会出院——最终还是会带着反复发作的症状回到医院。通常，这种情况一年之内会发生 3—6 次。尽管每个相关的人可能都感到或者知道这个人正在衰弱，死亡即将或者可能到来，但还是没有人明确知道如何在医院常规程序中开辟一个空间，让人可以静静地坐等生命的终点。家属和治疗团队都不能离开那条旋转门路径，那扇门先向着侵袭性治疗旋转，来维持一种岌岌可危的状态——尽管

患者正在衰弱，不断接近生命的终点。

这两种路径让人联想到机场的移动步道——两边有高高的围栏。一旦患者和家属被安置在任何一条路径上，它的逻辑就会变得十分强大，至少在开始时，盖过了任何个人的声音，无论是外行者还是医学专业人员。每个人都被困在那里——医生、患者、家属。尽管患者本人可以，也确实经常表达他们想死去和终止治疗的愿望，但是家属通常对此非常矛盾。首先他们摇摆不定的是要不要让患者以及自己远离技术意义上的生命线（由此给他们带来希望），其次是在可用的医疗选项中做出选择，这种选择可能会让他们认为自己是导致患者死亡的原因——哪怕是毫不相干的原因。任何延长衰亡过程的选择都被许多医院护士看作“助长痛苦”，在关于死亡问题的公众讨论中受到谴责。但是，在一位患者无法呼吸或者遭受剧烈疼痛，痛苦的家属要求医生“快做点什么”的实际情况中，事情就截然不同了。在那些情况下，治疗路径变成了希望的来源，同时它使家属避免卷入与死亡有牵连的行为中去。抵制那些选择难以抗拒的轨迹并不常见，它需要强烈的信念和关于该做什么的清醒头脑。

在《遗产》这部关于作者父亲的生平、生理衰退和死亡的回忆录里，菲利普·罗斯描述了他如何在痛苦和怀疑中努力反对为父亲进行侵袭性干预治疗。赫尔曼·罗斯，86 岁，一开始在面部神经上长了一个非恶性肿瘤，但是由于肿瘤不断长大挤压了脑干。他没有接受医生的建议，拒绝在一位外科医生所说的大脑“危险区
域”进行一次持续 13—14 小时的手术治疗。肿瘤在放射治疗后没 100
有缩小。罗斯描述说，他的父亲后来越来越虚弱，“除了一张皱缩的脸，戴着黑色眼罩，毫无生气地坐着，现在甚至我都几乎认不出他来”。[5]

在他去世的那天清晨，他从自己的卧室被紧急送进医院急诊室。在医院，我遇到了主治医生，他准备对我父亲采取“特别措施”，并给他用上呼吸机。不用呼吸机就没希望了，尽管，不用说，——那位医生补充说——呼吸机也无法逆转肿瘤的发展，肿瘤好像已经开始攻击他的呼吸功能了。那位医生还告诉我，按照法律，一旦给我的父亲连上呼吸机，就不能再取下来，除非他可以恢复自主呼吸。我必须马上做出决定，由于我弟弟还在从芝加哥飞回来的路上，我必须自己做决定。

而我，尽管曾经向父亲解释过生前遗嘱的条款，并让他签了字，如今却不知道该怎么办。如果呼吸机意味着他不需要继续忍受无法呼吸那种痛苦挣扎，我怎么能拒绝使用它呢？我怎么能够独自决定结束父亲的生命——我们只拥有一次的生命？我非但没有提到生前遗嘱，反而差点无视它，而对医生说“怎么都行，怎么都行”！

我请医生让我和父亲独处一会儿，或者说在急诊室的忙乱中尽可能单独在一起。我坐在那里，看着他挣扎地活着，我努力集中精力思考肿瘤已经对他造成的伤害。这并不难，因为他躺在担架上，看上去好像已经和拳王乔·刘易斯打了一百个回合。我想到了接下来必定会来的痛苦，假如呼吸机还能让他活着的话。我看清了一切，一切，然而，我还是静静地坐了很久很久，才尽可能靠近他，让我的嘴唇靠近他深陷、变形的脸，最终鼓足勇气，低声对他说：“爸爸，我不得不让你走了。”他已经昏迷了好几个小时，无法听见我，但是，令我自己震惊、困惑的是，我哭着一遍一遍地重复着，直到我自己也相信了
101 这个决定。[6]

大多数患者家属无法在这种痛苦的时刻执行那种遗嘱。那些困

惑、不知所措的患者和家属不可能具备违抗激进干预治疗路径的那种强大的意志力，因为他们根本不理解疾病的发展过程和晚期状况，不了解疾病的各种症状，也不知道该期待什么结果。医生也未受过关于如何与患者或家属交谈的培训，从而引导他们避开那些被公开批判的医疗程序，这些程序连医生自己在许多情况下也会努力限制其使用。[7] 尽管近年来许多医生，尤其是年轻医生，会在生命终点即将到来时明确告知患者和家属，但是他们提供这种信息的背景也只限于医院，一个被许多人当作可以创造奇迹的地方。他们传递的信息也是混杂的："你（或者你的亲属）快要不行了。"那是事实。"但是，让我们执行这种治疗程序。"这是希望。每一种治疗路径都是一块强有力的磁铁，吸引着患者、家属和医疗专家去接受它的种种假设。在许多情况下，激进干预路径的确会"挽救生命"，而旋转门式路径会延长生命（通过暂时稳定患者身体状况）。当活下去的愿望通过如此手段得以实现时，医疗保健服务系统的确有效，并且经常有效。

需要重点指出的是，这些路径是不断发展变化的。尽管激进干预和旋转门式路径很常见，但也不是无所不包的。要求对临终患者进行"姑息治疗"或者"舒适护理"的呼声就是最近专门对激进干预治疗途径的一种回应。当富有创新意识的医生和护士为患者采取姑息治疗手段时，他们常常不得不挑战标准做法，或者必须与医院管理部门协商来实施这些做法。频繁出现的问题是，这些治疗手段得不到医保制度的报销补偿，[8] 尽管它可以让患者尽可能舒适地做好准备，迎接生命的终点。姑息治疗（还）不是医院系统官僚体制的一个标准方面。对医院系统来说，它不是一个"自然"的存在，它只是一个附加物，一个与正常工作方式形成鲜明对比的事物。[9]

不同路径的力量和选择的意识

当询问相对健康的人们时，他们通常会说自己不希望接受那些延迟死亡的重症监护治疗。相反，无论是否住在医院里，重症患者和他们的家人常常坚持要活下去。他们希望尽可能长时间地维持生命，即使只能维持几天或者几周，不考虑必须采用的手段和必定要遭受的痛
102 苦。[10] 对于医院中的重症患者和他们的家人，个人观点常常因病情的严重性、治疗的过程、医疗护理的细节、性别、教育程度及宗教信仰而变得错综复杂。多项研究表明，询问一个人在假设的未来自己想要什么——以及想让别人怎么样——是一个非常复杂的事情。在其中一项研究中，家属声称，他们患病的亲人希望在临终时得到“舒适的”而不是“侵袭性的”干预治疗，而患者自己却声称希望接受更多的治疗，即使这些治疗会带来痛苦。[11] 另外一项研究显示，医院 80 岁以上的患者中有 70% 的人希望得到舒适护理而不是生命支持治疗。[12] 在一项医院研究中，90% 的患者说，如果可以恢复健康，他们希望使用生命支持技术。那个大大的“如果”一直是开始使用生命支持技术时人们心中的希望。[13] 另一项研究发现，接受询问的八九十岁的住院患者中，60% 的人不顾痛苦和糟糕的身体状况，都希望尽可能活得长一些，而那些患者的家属却无法理解他们延长生命的愿望。[14] 数项研究发现，在临终患者自己对待生命支持治疗的态度和他们家属认为他们所持的态度之间存在着很大的差别。[15] 最后，随着时间推移，高龄病患或者住院患者对使用生命支持技术的观点可能会发生改变。[16]

尽管各项研究的具体发现之间存在一些不同甚至矛盾之处，危重疾病对人的影响无可置疑地改变了人们对激进性、侵袭性治疗相对

重要性的看法。它也改变了人们对生命价值和质量的观点。在人们对“善终”的普遍追求中，争论的焦点是采取多少治疗手段算是过度治疗，以及何时应该停止激进性干预治疗。但是什么样的护理可以算作过于激进或者过于漫长，在奋力稳定一位危重患者身体状况的过程中，该如何把握这个尺度呢？当一种治疗或程序可能使人们只拥有一次的宝贵生命延长几天、几周甚至几个月时，患者的配偶、子女、父母或者医生为什么应该拒绝使用它呢？公众的、医学上以及伦理上关于“善终”和“横死”的争论往往会强调，并合理化患者生病期间清醒的决策权，鉴于手头的任务，似乎***自由***选择——不受空间、痛苦、困惑、疲惫、对医学上的无知、医院、身体状况及治疗路径本身力量的任何影响——是可能做到的似的。似乎理性、客观地权衡一个个独立选项是可能实现的似的。理性的决策在患者和家属在医院里的经历 103
方面可能起一定的作用，也可能不起作用，所有的争论大多数时候无法捕捉到患者和家属被迫沿着治疗路径前行时所经历的那种紧急情况和迷惑。

同样的争论也无法承认家属可能，也确实希望保持被动、简单地沿着一条别人划定的路径前进，不需要为一个生命的命运承担责任。

关于临终治疗强度和种类的很多争论都是关于死亡是否在***恰当的时间***到来。通常，只有在医务人员和家属都承认患者已经走到了治疗路径的尽头，医学已经使用了它所有的工具和手段之后，人们才会最终认为死亡的时间已经到来。只有在形成这种新理解的时候，才能采取措施，使死亡，或者临终时刻被称为“有尊严的”。然后，家属，借着允许停止治疗，和医务人员一起创造一种体面的，即使算不上“善终”的死亡。

I. 激进干预路径

下面 2 个故事展示的是事务进展的不可避免性，它们是构成本书其余部分主干内容的众多故事中最初的 2 个。它们所叙述的是医院内死亡常见的范例，它们揭示了医院内死亡发生方式中令人不安的一面。我的研究所探讨的是对医院内死亡普遍抱怨的来源和各种矛盾。在观察中，我主要关注的是患者和那些令医生、护士和家属感到棘手的情况。这样的情况比比皆是。我希望了解所有的参与者——医生、护士、患者、家属、技术手段以及官僚制度——是如何纠缠在一起，塑造出那些医院死亡的。

医院的运转方式和每个人必须为其做出的必要调整催生了各种反应，以及各种关于患者、治疗和规章的传闻故事。医务人员在医院院墙和各种职责范围内工作，而患者和家属是在危机和恐惧中进入医院的陌生人，他们二者看待事物的方式大不相同。因此，医院这个地方会冒出许多互相冲突的故事——关于必须做什么、为什么这样做的故事，关于能做什么、如何来做的故事，关于被困和受阻的故事，关于
104 及时性的重要性的故事，关于患者作为人和活着死亡的特征的故事，关于痛苦的故事，以及关于那个首要问题“我们现在该怎么办”的故事。

因为 ICU 里的患者通常无法说话，在推动事务进展方面，家属对于医务人员来说非常重要。当医生、护士和社工让他们做具体选择时，家属也同样被推进着（或者更准确地说，是被刺激和操纵着）。他们回应的时机，以及他们所说的自己想让患者得到的治疗，对医务人员来说都很重要，因为让患者及时地从一个治疗程序进展到下一个

程序是如此重要。家属的决策关系到他们未来对自己为亲人做过什么的记忆，他们是否为亲人的生命而战，以及他们是否认为自己与患者的死亡有牵连。家属要应付潜在的巨大损失，同时还不得不做出医院强加给他们的治疗“决策”。通常，患者家属根本无法胜任这个任务，或者说，他们无法用医务人员认为及时的方式完成任务。这是因为对他们提出的要求是全新的、陌生的，又因为他们的注意力和情感能量集中在那个他们熟悉的人身上，如今那个人正徘徊在死亡附近，首要的还因为，他们都希望那个人不要死去。相反，对医务人员来说，这关系到适当的医疗行为——既不造成生理和精神上的伤害，也要谨慎地分配人力和财力资源。这些都是不同的情感，不同的道德责任。

“我们不想让她使用生命支持手段”：多萝西·梅森

第 1 天：我正在 ICU 进行早查房。在工作日每天早晨 8 点，一位危重病医生（现在也称为重症医生）会巡视每一张病床，陪同他的是当天值班的护士及组成“治疗小组”的医务人员——包括一位呼吸治疗师、一位社工和一位医院牧师。在每一张病床前，护士会描述患者的治疗状况和最新的化验结果、当天患者按照计划将进行的治疗程序、她估计的患者家属对疾病严重程度的看法以及治疗小组需要关注的患者状况。小组成员们会尽快全面地讨论必须马上执行的计划和近期治疗目标，讨论他们对治疗及与患者（如果患者意识清醒）和家属沟通的每一个所关心的问题。 105

我们来到多萝西·梅森夫人的床边，医生告诉我，她昨夜从一家护理院来到医院，患有“严重肺炎、严重慢性阻塞性肺病[17]和阿尔茨海默病”。“我不知道她是怎么来的，”他说，“但是她儿子和她在一起。他希望采取一切治疗措施。”负责护理她的护士告诉我：“如果这是我的妈妈，我会让她走的。我不知道她儿子为什么这样做——内疚感？有需要？如果她无法好转，医生会和她儿子谈话，撤走她的呼吸机[18]让她走掉，但是只能等到她的状况无法好转才行。”另一位护士说：“她从护理院来的时候极度营养不良，体重只有75磅，看上去就好像是从奥斯维辛集中营里来的似的。”而我看到的是一个虚弱老妇的头，被连接在呼吸机上，插着好几根静脉管，用来输送液体和药物。在她病历的入院诊断一栏写着“急性肺水肿，肺炎，呼吸衰竭”。梅森夫人79岁。当有人发现梅森夫人呼吸窘迫时，护理院里的一个人——具体是谁未知——给急救人员打了电话；她被救护车接走，使用高流量氧气一路送到了医院急救室，被插上了各种管子。

第2天：观察所有患者的镜头都被沿着路径推进治疗的命令染上了颜色。在她床边，几名护士为我描绘了一幅梅森夫人的社会—医学肖像画。“她是‘无码状态’，[19]但还是用了呼吸机，通过管子获取营养，得到相应护理。我们只是不对她进行心肺复苏。”她们告诉我。另一位护士说：“她是昨天晚上10点钟被改成了‘无码状态’。在那之前，她儿子想让我们采取一切手段。医生早些时候和她儿子谈过，后来，昨天晚上9点钟，医生又找过他，再次向他解释了患者的情况，问他‘你真的想让我们重击她的前胸，敲断她的肋骨吗’，她儿子这才很不情愿地同意把他母亲改成‘无码状态’。”后来，值夜班的护士说：“她儿子决定继续对他母亲24小时不间断使用抗生素，如果到明天还没有好转，他会考虑停止治疗。从认为他母亲是一个可以活下去的住院患者到承认她可能会死去，他转变很大。他经历了一段漫长的历程。”

第3天：患者病情没有改善。梅森夫人没有反应，尽管她有时候睁开眼睛，好像在环顾四周，但是护士告诉我，她不能有目的地移动眼睛；她的眼神里没有意识，她的凝视里没有人。临床上的判断——
认为患者并非完全真正地活着——经常和患者家属的观点相矛盾，家 106
属倾向于在患者细小的动作中看到意识，认为在危机发生之前的那个他们所熟悉的神志清醒的人还在，藏在一个生了病的躯体里。对一个在评估最低意识状态方面毫无经验的人来说，根本无法判断“那个人”是否还在那里，无法判断患者在多大程度上还“活着”。

梅森夫人的儿子希望再使用24小时的抗生素，来“看看会有什么结果”，然后才会考虑中止生命支持护理。今天的值班护士向我吐露说：“她在急救室里不应该连上呼吸机，她本应该使用鼻插管，那样她最终可以死得平静……她患有阿尔茨海默病很长时间了，大小便失禁也很久了。她入院时出现了双叶病肺炎（即在肺脏的两叶都出现了炎症）。护理院没有对这些病进行治疗。从护理院的角度来说是明智的做法。但是她不能死，因为她没有被改成‘无码状态’。”那位护士继续说，通常情况下，成年子女都对他们住院治疗的妈妈的“坚强”存在误解。“很难让他们意识到，他们面对的是些脆弱的老太太。”她说。梅森夫人的儿子眼中看到的，只有那个从前曾经顺利康复的强壮母亲。这是因为，按照那位护士的说法，“她的病情多少有所发展，已经到了失禁、痴呆、更加虚弱、极度营养不良的状态，但是状况并没有那么严重。这是他第一次看到她病得这么厉害，甚至可能会死去。因此一开始他无法接受这个事实”。

第4天：在她的病床边，我第一次和梅森夫人的儿子交谈。他是个商人，每天在午饭时间和下班后到医院来。他紧挨着母亲的病床坐着，温柔地看着她，和她说话，握着她的手，但她毫无反应。他告诉我：“她大约8年前就立下了生前遗嘱，她在遗嘱中清楚地说明不希望延续她的生命。而如今在医院里，一切都太难了，因为她那时候不可能预料到会出现现在的情形，而我也不知道这是否是在延续她的生命。”他指出：“她现在情况很稳定，没有比 2 天前更严重，但是她几乎没有反应。”当护理院的护士说她的情况不好时，他就一直陪着她，后来他们拨打了 911。他陪着她来的医院。急诊室的医生让他马上决定是否对她插管救治，因为没有机械呼吸机她会死去。她儿子含着眼
107 泪告诉我，他说“好的，插管吧”。因为他希望让她活下来，希望她的情况能够稳定下来，当时无法接受要独自对她的死亡负责的事实。尽管他很快地做出了那个决定，但后来非常痛苦。“她还不到走的时候。”他说，并告诉我她一年前也曾经住院，并从其他危机中“回转”，她很“坚强”。但是他不想让她无休止地靠呼吸机活着，她自己也不想。他只想让她有好转的机会，有脱离呼吸机的机会。

“你没有看到那些真正艰难的决策过程，”他对我说，“那是更早的时候。我做过的最艰难的决定是 18 个月前，第一次把她从家里送到辅助生存的护理院。”她一直把阿尔茨海默病掩盖得很好。“她善于交际，非常有幽默感。”他知道很多事情在改变，却不知道情况有多严重。直到一年前他把她送进护理院时，她被诊断患有严重的阿尔茨海默病。在医院要求确定入住者代码状态时，他主动提出将母亲确定为“无码状态”。他对我说：“有些家属可能会认为做‘无码’决定是参与杀死患者，但我不这样认为。”（他没有提到当时是被约谈后才做出“无码状态”决定的）

第 8 天：护士把我叫到了病床前，夸张地拉掉了梅森夫人身上的被单，说：“你看看。”她一直努力想让梅森夫人翻身，费了很大劲。梅森夫人的四肢严重萎缩，双腿紧紧缠绕在一起，护士无法分开它们。梅森夫人对护士的努力及我们的对话毫无反应。我看着那两条瘦弱的腿，皮肤直接挂在骨头上，骨头看上去那么脆弱，好像碰一下就

会碎裂。我从来没有如此近距离地看到人如此虚弱的样子。

第 10 天：梅森夫人的儿子想继续使用“激进式”救治，就是说，继续使用机械呼吸机、鼻饲管（一根通过鼻腔插入并向患者胃部输送营养液的细管），使用抗生素治疗顽固性肺炎。医务人员在尝试一种不同的抗生素。我随一位即将为梅森夫人抽血的医生来到她床边，他用一种很大但充满关心的声音和她说话，贴近她的脸，告诉她他接下来要干什么，她转过头盯着他。我重新做了自我介绍，她转向我，盯着看。但她没有任何其他反应，甚至不曾眨眼睛。

后来，我和服务梅森夫人 3 年的家庭医生交谈。当我问及他会如 108
何处理这种状况时，他回答说，他一开始就绝对不会让她使用呼吸机。他可能会“在一开始就让她走，但是一旦使用上呼吸机就很难决定撤走它”。他已经将对梅森夫人的护理权移交给了医院的专家们，他现在不参与做任何决定，只是在观察情况。他说，因为她实在太虚弱，因此最后必定会感染，死在呼吸机上，但是如果她真的能从这次劫难中恢复过来，她的阿尔茨海默病会更严重。

在病床边，我再次和梅森夫人的儿子交谈，这次还有从另一个州赶来的另一个儿子在场。梅森夫人看着她的孩子们，就是说，她的眼睛好像在盯着他们，但我不敢肯定。无法说清她是否能听到并理解我们的对话，因为她的反应是如此迟钝。护士走进来为她抽血。梅森夫人的两个儿子都对我重复了他们不希望母亲使用生命支持手段。我不确定他们是否意识到了，他们的母亲事实上正在使用生命支持手段。

我意识到我自己也拿不定主意。我想让家属允许他们母亲的死亡到来；我想让他们告诉医生停止生命支持，因为那些治疗并没有延续她的生命。她病得那么厉害，又是那么虚弱，我无法想象她还会康复。所有治疗似乎都没有效果，她可能遭受极度疼痛。这是糟糕的死亡方式。然而，我清楚地知道，梅森夫人不是我的母亲。我确信，我也会给医学手段一个发挥作用的机会，一个漫长的机会，即使那些治疗看上去很痛苦。我不知道，如果自己处在梅森夫人孩子们的位置上，看到自己在乎的人处在这种状况，我会有怎样的感受。

第 12 天：ICU 的医生向我提到梅森夫人的双肾和其他器官开始衰竭。她的家庭医生就她的状况和她的孩子们讨论了一段时间，并督促他们“撤走呼吸机，让她离世”。他们同意了。呼吸机撤走后不久，她就去世了。她的孩子们、家庭医生及重症监护专家陪在她的床边。一周后，当我在医院走廊里再次见到梅森夫人的家庭医生时，他告诉我，梅森夫人的儿子在她停止呼吸后仍在她床边待了一个半小时才离开，他说他感到很惊讶，“她儿子竟然需要那么长时间才决定让她死去”。

那一年，在梅森夫人去世的那家医院里死去的 370 位 50 岁及以上的患者中，将近 22%（80 名）的人经历了同样的救治路径。他们
109 因窘迫症状被紧急送到医院，安放在急诊室的机械呼吸机上，从而让他们能够呼吸并继续存活，然后被送进 ICU。经过几天或者几周的治疗，最后死在 ICU 里。[20] 梅森夫人是在激进式救治路径上行进了 12 天后去世的。对于上文提到的 80 岁以上患者住院期的平均长度为 8 天（从不足 24 小时到 63 天不等）；对于 71 位死在 ICU 里仍然连着呼吸机的患者来说，平均住院时长为 12 天。[21]

“上帝的旨意和医疗技术之间的麻烦”：帕特里克 · 布朗

入院到第 9 天：被分派到 ICU 的社工邀请我参加一个医疗小组与布朗夫人的会谈，布朗夫人的丈夫，89 岁，已经在 ICU 里待了 9 天。他从护理院来到医院，带着“急性胸口疼 / 可能是心肌梗死和吸入性肺炎”的诊断书。按照护士们的说法，他到达医院时被设定为

DNR（放弃心肺复苏）代码状态——一旦心脏停止跳动，他不想进行心肺复苏。在急诊室里，他被插管救治（如果不插管他可能已经死了），我后来了解到，在急诊室负责救治他的医生说服了他的妻子将他的代码状态改成了“全码状态”，（我一直没有弄清楚这种改变的原因。）当发生心脏骤停时，将会对他施行心肺复苏。

医务人员试图让帕特里克·布朗先生对呼吸机进行“断奶”。[22] 医务人员无法预测撤掉维持生命的呼吸机后会发生什么情况，他们也很担心治疗路径上接下来可能会发生的事情。他是否有能力进行自主呼吸？他们不确定如果过一段时间他需要重新插管才能存活又该如何处理。治疗程序需要对可能出现的重新插管问题做出决定。患者是否会愿意被再次插管？他的妻子是否了解他的意愿？治疗小组需要和布朗夫人会谈以确定患者对延长生命的看法。

两名医生、一位社工、一位牧师和我来到ICU旁边的一间多功能会议室，布朗夫人按时到场了。在我看来，她年龄在85岁以上，有点虚弱，瘦小，穿着考究。她面带笑容，但是眼睛却发红；她没有睡多少觉。她，而不是任何医务人员，首先开启了对话，说她家隔壁房子里的女人们一整夜都在敲鼓。对我来说，在这种背景下，布朗夫
人似乎有点不自在，有点古怪。“我是个容易焦虑的人，医生。我昨 110
天夜里吃了一粒安眠药，它使我的喉咙很不舒服，因此我需要喝点水。”重症医生笑了，回答说：“很多人都这样。”“你也很容易焦虑吗？”她问道。医生说是的。布朗夫人继续说：“他需要理发了。可以给他理一下吗？”医生回答说：“可以，我们的护士都是很棒的理发师。”她不停地闲聊，很显然不知道医生习惯于确定这种会面中谈话的基调和风格。

我们了解到他们结婚56年了，她一路支持着布朗先生的事业，

布朗先生二战期间为曼哈顿工程工作，自从他 30 年前中风后一直由她照料。“他是我的唯一，我希望尽可能长时间地守住他，”她说，“他对我说的最后一句话是‘我想活着。’”她又谈到他对他自己的衣服和食物有多么挑剔，他希望所有的东西都“恰到好处”。那位社工问她家里是否还有其他人，在家里是否有帮手；医生问她什么疾病导致他进了护理院。布朗夫人回答说，只是因为她无法再搬动他、照料他了。她补充说：“他在护理院里对我说的最后一句话是他想理理发。请允许他理发吧，那是他最后的请求。我要付（护士）钱吗？”他理发的要求体现了他的性格和挑剔。

另一位医生最终谈到了这次会谈的要点：“我们遇到了一个小难题。现在还不是完全移除管子的最佳时机；有时候很难决定什么时候拔出管子，但是如果拔掉管子，他可能会死去。然而我们应该很快就需要取下管子了，所以我们需要知道该怎么办。”那位社工和 ICU 医生都问她：“如果他无法自主呼吸，他愿意放弃生命吗？”布朗夫人回答说（和很多其他患者家属一样）：“我愿意把这件事交托给上帝的旨意。我希望尽最大努力让他活着，我每天都会去看他。”她继续说：“他是爱尔兰人，他很坚强。他来这里已经一个星期了。他刚来的时候，医生告诉我他只能活 4 个小时。我希望把这件事交托给上帝的旨意。”社工回答说：“现在我们在上帝的旨意和医学技术之间遇到了一些麻烦。医学技术可以延长生命，使它超过一个人自然死亡的时间。”布朗夫人只是说：“我认为他现在什么也不知道。我希望我们尽一切可能让他活下去。”医生们站起来准备离开，布朗夫人感谢每一个人救了她丈夫的命，又重复了给丈夫理发的请求，又一次询问：“我需
111 要付费吗？”她笑着，毫无讽刺和羞怯地说：“我们结婚 56 年，吵了 56 年。他是爱尔兰人，我是意大利人。我想念我们吵架的日子。我

们每天都吵架。”所有的医务人员都笑了，重症医生说：“我很感谢你的坦诚。”

我感到很困惑，不知道医务人员接下来会如何解读布朗夫人的话，因为他们需要一种关于再次插管治疗的明确陈述，我也根本不确定她提到“上帝的旨意”究竟是什么意思。后来我又会见了医生和社工，他们每个人也都不确定布朗夫人到底“想要”怎么办。尽管这样，一位医生还是在病历中写下了“根据今天与家属会谈的情况，患者妻子倾向于在必要情况下再次插管救治”。

第 10 天：重症监护师要等布朗夫人到达才能移除她丈夫的呼吸机管子。他希望确保布朗先生有机会和妻子交谈，并当着她的面回答那个对于医务人员意义重大的问题。医生让护士在布朗夫人到达时通知他。布朗夫人走了进来，她和医生热情握手。她已经到过大厅的那一头与医院的牧师谈过。一位呼吸治疗师帮助医生完成了拔管。布朗夫人从病床边走开了。呼吸治疗师从患者喉咙里拔出管子后，医生马上问布朗先生他是否感觉好些了。他回答说是的。然后医生马上提问：“如果你再次呼吸困难，你希望我们为你再次插上管子吗？”布朗先生没有点头或用语言回答。相反，他开始剧烈咳嗽，医生和呼吸治疗师赶紧吸出了他口中和喉咙里的液体。这时候，布朗夫人走到床边。她握着他的手，安慰他说一定会好起来，因为大家都在很好地照顾他，还用调皮的语气告诉他一定要好起来，跟她回家去。“你不想回家继续和我吵架吗？”“当然想。”他回答。她没有回应医生关于重新插管的问题。她在病床边待了大约两分钟，然后就离开了。

我跟着布朗夫人走出 ICU，陪她下了楼。她思绪混乱，不知所措，不知道如何找到电梯，也找不到医院的入口。当我问她“你觉得他看起来怎么样”？她回答说她什么也不知道。她去叫了一辆出租

112 车。我回到 ICU，一位医生和社工正在表达他们的担忧，不知道布朗先生去世时，布朗夫人会出什么事。他们担心她无法很好地应付局面。医生确信，布朗先生几个星期内就会去世，他们还没有同布朗夫人讨论过这个现实。那位移除呼吸管的医生告诉我，在布朗夫人离开后不久，他从布朗先生口中得到了明确的回应。如果要活着必须重新插管救治，他也不想重新插管。同时，布朗先生情况稳定，可以离开机械辅助自主呼吸了。

第 18 天：拔管一周后，医院的出院计划员正设法为布朗先生寻找一家新的护理院，因为他需要太多的身体护理，无法回到先前待过的那家。但是他还没有恢复到可以出院的程度，就算是进入一家高技能的长期护理机构也不行。一位医生在他的病历中写道："进展因多种因素受阻。内部因素：年龄，中风痼疾，整体虚弱；外在因素：感染，积液。随着时间推移，恢复的可能性成问题。"布朗先生被移出了 ICU，进入普通病房，因为他不再需要使用呼吸机。

第 30 天：布朗先生染上了一种新的不同的肺炎，他只有最低限度的反应。他通过一根鼻插管[23]艰难地呼吸。病历表上写着："病情恶化，任何措施[24]都不可能改变最后的结果，建议只采取舒适护理手段。"医务人员对布朗夫人的担忧变成了现实。一位医生告诉我，她已经"完全代偿失调了，精神崩溃和精神失常"。如今，她也住进了医院的精神病科，很显然，她以为丈夫已经死亡。医生正试图联系布朗先生的一位远方亲戚，以便与家属讨论可能对布朗先生停用抗生素、停止通过胃管提供营养及通过鼻插管提供氧气的问题。当我问他的时候，他告诉我说，停用那些东西将会"或多或少"加速患者的死亡。我问他是否需要家属的同意才能停用抗生素及管子输送的养分，从而终止诊断和治疗程序。他说他不确定，又补充说，他在考虑该怎么办，无须顾及家属的意见，因为布朗先生最近的亲人，他的妻子，无法代替他表达意见，也无法形成她自己理智的观点。[25] 他还说，如果布朗先生没有使用呼吸机，他会在入院后不久就死去，他就不必遭受“整整一个月”的住院痛苦。但是，这位医生说，另一位医生执意 113
给他插管抢救，并把布朗先生送进了重症监护室。

结局： 最后还是来了一位侄女，她找到了布朗先生的各种文件，其中一份明确表示他不想插管治疗，也不想通过技术手段延长自己的生命。医护人员被告知存在这样一份书面文件后马上停止了化验、诊断以及各种治疗。布朗先生数天后离世，而他的妻子还住在医院里。[26]

抵制死亡和安排死亡时间

梅森夫人的肺炎在护理院里没有得到治疗，这似乎是导致她死亡的一种行为。一些重症监护人员认为，她本来应该在护理院里去世。然而，当出现呼吸窘迫时，她被紧急送到了医院，在急诊室里被安置在了激进干预的治疗路径上。梅森夫人的儿子认为他母亲的肺炎可以被治愈，恢复到以前的机能水平——那种他认为不算危险的水平。他没有看到她极度虚弱的样子，不承认肺炎成了终止她生命的疾病，当然也没有“准备好”接受她的死亡，他强烈要求继续治疗。但是，如果发生心脏骤停，她就不会也不可能生还，他内心深处的这一事实令他苦苦挣扎。在梅森夫人的儿子拼命想弄清放弃心肺复苏对他意味着什么的时候，医院要求澄清患者代码状态的规定给他造成了一种生存危机。治疗小组面临着如何治疗一个如此虚弱又不可能康复的女人这个难题，他们希望在她刚到达重症监护室的时候就撤掉所有的技术支持手段，但是他们无法重塑激进干预的治疗路径。那条路径建立在护理院对呼吸窘迫的应对方式及他们对自己所负责任的担忧之上，建立在急诊医学挽救生命的工作焦点上，也建立在重症监护室的治疗方式以及家属的希望之上。

在公众对死亡问题的讨论中得以表达的还有社会对患者死前接受的那些“被延长的”重症监护的不适感，这反映了最近人们对死亡时机选择问题的关注。这一问题的产生至少部分是由于那些处于艾滋病和癌症晚期的患者试图通过缩短这些疾病晚期经常出现的疼痛、痛苦和屈辱来控制自己的死亡时间。但是，主动缩短一个人的生命是一件非常复杂的事情。谁能说清楚一个人离世前在重症监护室滞留 12 天
114 是太长，正好，还是太短？媒体中那些个人陈述表明，那些日子里，患者遭受的痛苦也是对患者尊严的一种冒犯。没有人愿意在临终前“被连在管子上”好几天甚至好几个星期。但是，当我们进入梅森夫人儿子所处的时空，看着激进干预路径的进展细节，我们就能够理解为什么那么多人面临着类似的境况。梅森夫人的儿子不能够，也不会在急诊室里很快允许他母亲死亡，因为从他的观点看，那正是医院要求他做的。既然急诊医学是用来挽救生命的，他为什么就应该允许母亲死亡呢？他希望母亲能康复，因此通过要求各种治疗来确保这一目的的实现。

当我把梅森夫人儿子的故事呈现在一个医院理论委员会成员面前时，只有 2 个人——2 个非医护人员。梅森夫人的儿子对医务人员在她刚到达重症监护室时就给他施压，让他“允许”母亲离世这一事实感到气愤。他们感到气愤是因为医务人员竟然主观地认为患者接受治疗是在遭受痛苦，还因为医务人员竟然会把“延长她的死亡时间”看作是不恰当的治疗。他们质问医院为什么要“缩短”她的寿命，为什么要在那 12 天过去***之前***就决定让她死去？毕竟，梅森夫人有可能在

那段时间里得到恢复。他们强烈地认为，家属应该“被允许有足够的时间”来考虑死亡的来临，来完成从怀着对康复的希望到接受亲人将死去的转变。他们的这一共同观点，不受机构强加在医疗实践上的那种时间压力的干扰，与临床医生看待***正常***的观点形成了鲜明对比——即在确信无论如何治疗，死亡已不可避免的情况下，医务人员需要促成死亡的到来。

重症监护室员工谈了很多关于家属如何“需要时间来适应”亲属可能即将死亡的事实。他们指出，只有在家属目睹亲人在生死之间徘徊几天之后，他们才会“选择”停止所有治疗。护士（有时候包括医生）告诉我说，他们总是努力给予家属所需要的时间和支持来“接受”家人的死亡。[27]但是在这里，时间的长度很重要，如果几天后家属拒绝“选择”死亡，医护人员会变得很恼火。只有当梅森夫人的家庭医生宣称死亡已成事实，并告诉她的两个儿子，他们的母亲无论怎样治疗都显然很快就会死亡时，她的儿子才同意停止对她的治疗。

在丈夫住进重症监护室期间，布朗夫人试图尽最大努力捍卫他，
几乎每天去探望他，并确保丈夫入院前提出的请求得到满足。但是她 115
无法表达医院员工需要知道的信息——患者对重新插管的意愿。她并没有把拔管和可能重新插管看作急迫的医疗（以及法律）问题。开始，她没有注意重症监护室治疗小组面临的那个主要问题，后来，也忽略了普通病房里停止治疗的问题。布朗先生的病情恶化使他的妻子一下子陷入了严重的个人危机。在这种情况下，医生们小心翼翼地遵循医院的规章制度，认为他们应该得到另一位家属的同意来停止治疗，以便促成他们认为的最人道、耗时最短的死亡。[28]尽管大多数患者家属在亲人经历了重症监护室治疗后并不需要精神疾病治疗，但他们，就像布朗夫人那样，对于那些需要马上做出回答的问题还是会感

到措手不及。那些问题涉及医疗技术如何使用、人体如何工作以及医院如何运转，都是大多数患者家属经验之外的领域，因此当医务人员向他们提出这些问题时，他们常常会感到惊恐无措。而那些问题的出现又是因为时间压力和治疗路径的力量无处不在。

II. 心肺复苏的悖论：激进干预路径上对它的亲近与规避

> 我不得不目睹我的母亲死亡 2 次，一次是在星期六的晚上，她死得很平静；而现在，她经历了第二次死亡。这真是医学奇迹。这就是医学对她实施心肺复苏后能够带她到达的地方，这就是她如何被救回来的，这就是最后的水平；我们不会得到更好的结果了……但是我会待在她身边，看着她第二次死亡。
>
> 一位患者的女儿

患者在家里昏倒，急救人员对她实施了心肺复苏，一直处于昏迷状态并在医院里待了 9 天后，家属同意让医务人员停止生命支持治疗措施

进行心肺复苏的可能性一直徘徊在激进干预路径上，这是一个可能会挽救生命，却一直被人惧怕的治疗手段。当出现心脏骤停或者呼吸骤停时，它可以***在某种程度上***恢复患者的生命，但是另一方面，它可能又是患者死亡之前经历的最暴力、最没有尊严的救治行动。1965
116 年，心肺复苏手段被重新归类，从一种只用于某些疾病的专门医疗程序，变成了一种任何人都可以操作的通用急救程序。隐含的意思就是，任何人在任何地方，都可能从心肺复苏中受益。[29] 重新归类之后

（美国心脏病协会、美国红十字会、工业医疗协会以及美国公共卫生署共同操作），美国所有医院默认的政策和医疗实践都变成了对任何患者，不顾病情和年龄，只要发生心脏骤停就使用心肺复苏。20世纪60年代中期到70年代中期，在医院工作的医生和护士都回忆说，所有心脏骤停的患者都是“全码状态”，不考虑他们的病情和医生对使用这一手段是否恰当的意见。[30] 对于诉讼的担心，加上那个时代的风气——认为医生应该努力阻止死亡，共同保证了这种做法的持续存在。

尽管在20世纪70年代早期出现过一些限制医院使用心肺复苏手段的努力，但是直到凯伦·昆兰事件广为人知之后，个别的医院才开始发布指南，禁止滥用心肺复苏手段。[31] 正式放弃心肺复苏指令出现在1974年。[32] 然而，紧急心肺复苏的使用在当时以及30年后仍然是预先推定的治疗措施。1990年，《纽约时报》头版一篇报道称：“心肺复苏被广泛误用和过度使用，医生说，这会让那些不太可能受益的患者负担昂贵，有时又很痛苦的救治行为。”[33] 据估计，到20世纪90年代早期，成千上万的人接受过心肺复苏治疗（没有全国性统计数据保存下来），然而对于大多数人，这种治疗都没有成功。

研究发现，根据患者的年龄、心脏病的类型、其他疾病的数量和种类、心脏骤停的生理细节，以及患者停止呼吸后多久启动心肺复苏，有8%—15%的住院患者接受心肺复苏后仍然活着并出院。[34] 但是，患有转移性癌症、艾滋病、肾衰竭、败血症或者肺炎的患者只有不到5%存活并有出院的机会。[35] 在一家重症监护室对心肺复苏的研究中，只有3%的重症监护室患者挺过了心肺复苏救治。[36] 患有心脏病或者多种疾病的患者能够在接受心肺复苏后靠自主生理功能生活的实际人数极少，那些患者按照任何标准衡量的生活质量，都没有得到

117 很好的记录。

在一定比例的病例中，接受心肺复苏的患者虽然挺了过来，但在神经系统方面情况更糟，这一事实也没有被很好地宣传。[37] 如果一位患者的循环系统在几分钟之内无法重建，他的神经系统功能就会急剧下降。[38] 几乎没有关于心肺复苏后“活着”意味着什么的研究。社会学家斯特凡·提莫曼斯指出：“存活率掩盖了心肺复苏手段的俄罗斯轮盘赌式的一面。***存活率***一词强调了心肺复苏挽救生命，却掩饰了这同一手段可能——事实上是极有可能——造成神经系统损伤的事实。因为不同的重要器官要经过不同时间段之后才能被恢复，因此心脏和肺脏可以毫无疑问地恢复，而大脑却不能。通过心肺复苏手段，我们挽救生命，但是我们却催生了各种失能患者。这两种结果难以避免地纠缠在一起。然而，只有一种结果被用来评价心肺复苏。即使我们聚焦心肺复苏手段最受推崇的一面——那 1%—3% 活着出院的患者——我们还是无法更多地了解在存活下来的患者生命过程中那次心肺复苏经历意味着什么……如果更好的技术可以挽救更多的患者，那么就会有更多的人将会因此陷入永久的植物人状态。”[39]

我观察过许多在入院前或者入院后经历过心肺复苏的患者。他们中有 10 个人通过心肺复苏恢复了心跳、脉搏和大脑一定程度的生物活动。它使患者的身体恢复了某种***活力***。但是它没有恢复患者的***生命力***，就是说，它没有让一个人回到具有可识别的意识的状态，甚至是具有最微不足道的功能性或表达方面的能力的状态。相反，它把心肺复苏接受者带进了一种模棱两可的昏迷状态。心肺复苏可能导致生死之间模糊地带的产生，却无法让一个人恢复***生命力***，这一点鲜为人知。在电视上，心肺复苏总是能让人们回到他们从前的生活状态，它被广泛地认为是现代医学的奇迹之一。[40] 但是，它也是可能将死亡带入生命的众多技术之一。

从许多关于心肺复苏不良后果的研究中获得的知识并没有改变这一手段的存在韧性。[41] 医院对高龄和虚弱患者，对绝症患者及那些患有转移性或多系统疾病的患者实施心肺复苏是无效果的，这一点已经是众所周知的事情。医疗专家都清楚这一点，媒体、医学和生命伦理文献一直在争论该如何处理这一问题。[42] 但是，比个人医学观点更有 118
力的是激进干预路径的运行促使心肺复苏手段的使用——被医院文化推动着前行，在这种文化中，除非有人明确要求停止，否则就会使用心肺复苏，公众也都期待心肺复苏可以阻止死亡的到来。

心肺复苏既被看作一种医学责任——尽管通常是一种不受欢迎的责任——又被看作是每一个患者的权利。不经历心肺复苏的死亡常常被认为是“没有尽全力”。在这种逻辑下，我们就可以理解家属如何能一方面抵制放弃心肺复苏的指示而*同时*又声称希望“有尊严地”死去，即不经历暴力的或者“不自然的”医学干预的死亡。

医院关于谁可以指定放弃心肺复苏指令的政策没有详细说明每一种可能发生的状况，并且也要经过持续或定期的讨论。在我观察过的一家医院里，伦理委员会定期审查医院政策，以期为医生行为提供明晰的指导。我旁听过委员会讨论许多晦涩棘手的情况。比如，对于一位高龄或者很虚弱的患者要求放弃心肺复苏却选择接受手术，这种情况该如何处理？手术室的标准程序规定，一旦患者心脏骤停就要进行心肺复苏。那种情况下标准程序是否就可以推翻患者之前阐明的和书面的意愿吗？那个问题被讨论了好几个月也没有得出最后的决定。尽管专业人员之间关于合理使用心肺复苏手段进行着艰苦的讨论，家属关于代码状态的明确决定几乎总能胜过医生的观点（不管家属的决定是否表达了“患者想要什么”的意愿）。我不是很清楚，和我交谈过的医生们也不清楚，当医生的观点——支持心肺复苏或者放弃心肺复苏——与家属愿望相反时，医院管理方是否会支持医生的行为。

心肺复苏之后，当通过诊断性测试观察到某种大脑活动，而患者没有反应或者只有最低限度的反应时，讨论的主导问题是："生命支持程序要持续多久？"一次失败的心肺复苏后，治疗路径的方向最终转向死亡。不理解这种转变的力量和方向的家属就要经历一段特别艰难的时间来理解激进干预路径这个悲伤又不算少见的结局。在这一路径的这一节点，停止生命支持的***时间***成了医院员工的主要关切，
119 家属才真正感到责任的压力，要么"给生命一次机会""去追求生命"，要么相反，"将一切交到上帝的手里""任由一切自然发展""允许患者死亡"。在这一点上，家属的决策是以治疗程序的效果为指导的。

在无法归类为成功的心肺复苏尝试后的几天里，时间是医院工作人员最关心的问题。而通过制度规则构思的时间观念总是按照官僚架构中事件的***正常***发展观点来衡量的。

下面的两个故事反映了心肺复苏对患者病情的影响，对医院工作人员关切的问题——即推动事务的进展的影响，协调他们认为当时情况下最好的死亡方式——的影响，以及对患者家属对延续患者生命抱有的希望、怀疑和责任等诸多情感的影响。这些故事还反映了医务人员控制时间要素的不同方法。在第一个故事里，医务人员关注的焦点是家属推动患者前行到达他们认为及时的死亡的"决策"。然而，家属成员被允许在自己的时间里就应该怎么办达成一致意见。在他们对共识感到舒适之前，一切事务都没有进展。在第二个故事里，医生强势控制事务通往死亡的进展，并宣布死亡应该到来的时间。这两种场景都是正常的、普通的情况。

给予家属时间以达成共识：菲斯·沃克尔

从入院到第 4 天：菲斯·沃克尔，48 岁，在街道上昏倒，过路人拨打了 911。她被送到急诊室，没有脉搏，接受了心肺复苏，然后通过一根插进她气管的管子连接在机械呼吸机上。她被送进了重症监护室。医务人员断定她可能是因严重哮喘而发生呼吸骤停。她需要呼吸机支持才能呼吸，需要使用血管升压药物来维持或增加血压，从而使她的血压恢复到可行的范围。

第 4 天，沃克尔夫人仍然和入院时一样，对疼痛刺激没有反应——这是深度昏迷的征兆。她的主治医生给我看了他起草的一份亲
属名单，上面有 15 到 20 位亲属，他们都想参与决定她的护理和未 120
来。沃克尔夫人有 4 个孩子和许多兄弟姐妹、堂表姊妹兄弟、侄女外甥女、侄子外甥。自从她进入重症监护室，那位医生一直与沃克尔夫人的丈夫和另外几位亲属交谈。他今天下午想会见来医院的任何一位亲属，讨论停止生命支持技术的问题。这么一大家子，他说，很难让所有人达成共识；即使所有其他的人都同意停止治疗，通常也总会有一个人说他或者她反对。他告诉我（其他医生也这样告诉过我），大家庭需要更长的时间来做决定。今天负责照顾沃克尔夫人的护士和医生都告诉我，治疗路径可能以两种方式展开。要么家人不允许医务人员移除呼吸机支持，那么沃克尔夫人会长期依赖呼吸机，一直处于昏迷状态；要么家人同意治疗小组撤走生命支持设备，那么沃克尔夫人很快就会死去。医生说，到目前为止，要么他要么神经科医生应该已经和家人谈过无码状态的问题了。但是他们连这一点都还没有做。

家属一直到医院来短时看望一下沃克尔夫人，护士和医生已经会见过他们中的许多人。沃克尔夫人的丈夫不想一个人单独做出终止治

疗的“决定”，有几位家属不希望停止生命支持护理——可以说暂时还不想。他们将与重症监护室医生一起召开一次家庭会议，到时候大家“投票表决”该怎么办。

医生和护士反复告诉我，让患者家庭成员陷入必须投票表决的境地是极其荒谬的，就好像他们正在决定一个有感情、有反应的人是生是死，或者好像他们被给予了终止一个人生命的机会和选择。对于患者家属而言，终止使用生命支持技术的“决定”被看作一个与希望发生和想象中可能发生的康复背道而驰的举动，难怪他们会犹豫并拒绝做出那种决定。尽管医生和护士说，他们希望家属做出这种决定，但是医务人员常常更希望由他们自己主动撤走生命支持设备——当他们认为患者的昏迷状态无法逆转时，或者当他们知道患者无论如何都会很快死亡时。[43]

第 5 天：定在今天傍晚 5 点的家庭会议在医院礼堂召开了，礼堂
121 是医院里唯一一个足够大的空间来容纳所有参加的人。当我随着两位重症监护室护士走进礼堂时，那里已经汇集了 18 个人：沃克尔夫人的兄弟姐妹、姑妈姨妈、堂表兄弟姐妹、一个女儿，以及教堂的牧师。这个非裔美国人家庭和我观察过的其他家庭一样，依靠他们的宗教信仰获取情感支持和做艰难的决定。

一位医生主持了讨论。他解释了沃克尔夫人的病情：“她的高级脑细胞已丧失功能，她的脑干反射也消失了。”他强调说 5 位医生都已经得出结论，脑电图和神经学检查证据显示她有严重的脑损伤。但是她还有一些反射行为，这表明大脑还没有完全死亡，她也的确在努力自主呼吸。此外，她可能发生过心力衰竭，因为她的心脏和周围的血管有一些损伤。由于糖尿病和高血压，她脚部的血管都变窄了。一只脚没有脉搏，手感冰凉。但是主要问题是，他强调说，她没有任何

反应。

医生转而谈到她的治疗过程。“即使我们尽一切努力让她活着，她的心脏也有可能停跳。如果我们继续治疗她，就必须做 3 件事：对她的一只脚截肢；进行气管切开手术后插管，因为她不能无休止地使用呼吸机；然后插上胃管帮她进食。所有这些措施只能保持她活着。我们很擅长不惜任何代价让人活着，但是神经科医生和见过她的所有医护人员都建议我们不要那样做。我们建议，对于几乎没有任何康复机会的患者，应该停止正在做着的一切，将事情交在上帝的手里——让上帝来决定。我们建议，让一切顺其自然，停止所有治疗。她可能自主呼吸一段时间，但我认为持续不了多久。我们认为，最好是停止治疗，让她离世，因为她不可能再拥有有意义的生命。”医生说完这番话之后，悬在空中的问题是，如果通过技术手段***让她活着***，沃克尔夫人是否可能拥有另外一种活法，一种不同于她昏倒之前的生活，一种她或者家人能够认可、欣赏或渴望她得到的生活。

会谈中使用的语言，“让一切顺其自然”“让上帝来决定”都是高度形式化的，医务人员经常使用它们来向家属强调，他们的亲属永远不会回到心肺复苏前的状态，患者即将死亡，即使继续治疗，死亡也 122
不可避免。在治疗路径的这一节点，将宗教信仰和医学相结合——对上帝的信心（他会做正确的事情）和关于生理衰退和生命延续技术的医学知识的结合——经常出现在医务人员的谈话中。医生、护士和社工通过使用特定的说法来唤起人们的宗教信仰，对于那些很少或者完全不了解医学局限性、疾病发展和生理衰退过程的家属来说，这一招可以推动事务沿着治疗路径进行下去。这种操纵策略通常会减轻死亡不可避免带来的悲伤。

尽管医生在 20 分钟的陈述中不断重复沃克尔夫人已经没有大脑

功能，但他使用的语言却含糊不清（这种情况经常出现）。他说，她将“永远无法”恢复大脑功能，但他也说，她“不太可能”恢复大脑功能。医生们都见过从深度和长期昏迷状态中意外醒来的状况——通常叫作“奇迹”——因此他们都不会直截了当又清楚明白地谈论医疗结果。这位医生后来告诉我，医生们总是错误地试图给予患者多余治疗，希望患者万一有机会康复。他和他认识的其他医生曾经目睹过一些“奇迹般的康复”。他讲述了一个昏迷了4个星期的20岁男子的故事。家人坚持不懈，要求继续治疗，让医务人员惊讶的是，“那个年轻人最终自己走着离开了医院。一旦你有过这种经历，”他说，“你就会希望坚持下去继续治疗患者。”尽管医生们对于绝对肯定地谈论昏迷患者的未来持谨慎态度，但是他们和其他医疗专家仍然会努力推动事态向前发展，他们的含糊其词（“永远”和“不太可能”两种说法）使家属成员对疾病的预后感到困惑。医务人员可能选择等待家属就撤走机器和停止用药做决定，但是家属们却执着于医生那个“不太可能”的用词——他们把不太可能解读成了可能性——患者康复的可能性。

医生陈述结束后，人们的提问就开始了。

家属：她很疼吗？

医生：不疼。

123 **家属：**她能听见吗？

医生：可能听不见。她只剩下最原始的反射了。

家属：我们需要几天的时间才能做出决定……

医生：我同意。因此我才来这儿，回答问题，解释情况，给你们时间做决定……沃克尔先生想了解家人的意见。但是，在某些时候，我们必须做出决定，5 天之后，她也不会醒过来（他解释了不同类型的昏迷状态。）在沃克尔夫人这种昏迷状态下，大脑一段时间缺氧，人就无法清醒过来了。如果她现在心力衰竭，我们会进行心肺复苏，但是如果是我，我可不想经历那种伤害尊严的治疗（一位家属让医生解释什么是心力衰竭，医生做了解释）。

家属：如果她醒过来，她能够认出我们吗？

医生：事实上，遭受这种脑损伤的人没有人能醒过来。我们现在所做的一切都不是常规的治疗，这些东西都是近 15—20 年才成为可能的。沃克尔夫人以前谈起过她的愿望吗，关于生前嘱托，她想要的治疗？

姐妹：她说过不想接受生命支持手段。

医生：这是家属应该考虑的重要事情，她想要的治疗方式。她有没有书面的文件？

家属：没有。

牧师：她现在自己能做点什么事情吗？

医生：不能，所有事情都是辅助完成的。她现在的生活方式是不正常的。（家属又问了些关于机器如何工作的问题，患者的呼吸能力，她的决定。）她离脑死亡只有一步之遥，我在请求上帝的帮助来决定怎么办。她不会康复了。

家属：她很痛苦吗？

医生：她不疼，她没有任何感觉。

家属：你以前有过像她这样的病例后来苏醒过来的吗？

医生：没有（他重复了不同类型昏迷状态的情况）。

家属：我们家人需要时间来做决定。

医生：是的，我不是说你们必须现在，必须今天就做出决定。

家属：她没有中风吗？

医生：没有（他解释什么是中风，以及中风与沃克尔夫人遭受
124 的脑损伤之间的区别）。

家属：她大脑负责逻辑思维的那部分功能丧失了，她的一只脚不得不截肢。以后谁来照顾她？

家属：她不想让任何人来照顾自己。她跟我说过好几次。

家属：我的意思是把一切交在上帝的手里。

家属：有件事我们需要记住，如果她能挺过来，她也不会是我们所熟悉的菲斯了。我们认识的菲斯不存在了。（医生离开了房间去处理寻呼机上的呼叫）。

护士：我们想强调的是，你们不需要现在就做决定。你们可以考虑一下我们所陈述的事实，考虑一下她想要什么。

牧师：还有一件事，如果她的心脏停跳，她想要进行心肺复苏吗？

家属：（对刚返回的医生）她怎么会发烧呢？

医生：可能是脑损伤造成的。她在使用抗生素，但是我们还没有发现感染情况。然而她的脚将会是一个感染源。

牧师：这么说可能会有并发症？

医生：是的。肺脏可能衰竭，心脏也可能出问题。那只脚迟早要截掉。她的双肾情况还可以。我们很擅长让人的身体运转下去。关键是她的大脑受损了。

牧师：主要的问题是——她想这样活着吗？

医生：是啊。她想要这样活着吗——要好几个月啊？

医生站起来准备离开礼堂，他告诉家属团欢迎他们留下来继续讨

论。护士站了起来，也邀请家属们留在礼堂。她又重复说他们不需要马上做出决定。

第 7 天：家属仍然没有就患者的代码状态和是否撤走呼吸机允许患者离世做出决定。我坐在沃克尔夫人的病床边，这时，她的 3 位亲属来到医院询问护士她是否能有所好转，是否可以回家去了。在我看来，沃克尔夫人就像睡着了，很平静，不是死亡，甚至也不是生命垂危的样子。护士解释说，这是她能有的最好状态了。“她会死的。如果我撤掉呼吸机，她就会停止呼吸。紧接着就会有很多问题。她需要接受气管切开术，需要对她的脚进行截肢。” 125

家属离开病床后，那位护士说（在我的研究中许多护士都这样说过）无论多少次被告知患者的病情，家属通常需要好几天时间才能“接受现实”，才能意识到他们的亲人不可能好转了。她和另一位负责照顾临终的沃克尔夫人的护士告诉我，从法律上讲，只有按照患者家属的决定，而不是医生的决定，才能叫停生命支持治疗。一位护士补充说：“但是，为什么让家属被迫在医院里遭受这种痛苦，担负做这种决定的责任呢？如果医生可以说‘我们现在就来撤走呼吸机’不是更好吗？让家属投票表决？需要投票表决？真是荒谬至极。”

沃克尔夫人的主治医生告诉我，当他不了解患者时，就像在沃克尔夫人这种情况下，他会完全听从家属的意见。在我的观察中，撇开个别医院的政策，他的这种做法很普遍。主治医生从多次与沃克尔夫人的丈夫广泛交谈后了解到，他不会在没有家人共识的情况下擅自决定停止他妻子的生命支持治疗。医生认为，来参加会谈的牧师或许能够让她的家人更快地做出终止治疗的决定，并且好像正处于这样做的边缘。医生还认为，如果一位非裔美国人医生参加了礼堂的会谈，他也可能让这个非裔美国家庭更快地做决定。给集合起来的那些家属一个做决定的最后期限也不会有什么结果，那位医生继续说，因为“他们可能会去关注那个最后期限，而不是手头做决定的任务，即真正理解有关患者状况的那些事实，并意识到她不会希望这样生活下去”。

那天晚些时候，沃克尔夫人的丈夫告诉医生，他做好准备“停止一切治疗”，大多数家属也都同意了。医生通知医务人员，患者家属希望第 2 天晚上 8 点集体来病房向患者道别，允许她离世。基于这次谈话，沃克尔夫人的主治医生在她的病历中写下了“无码”。一旦心脏停跳，她不会再次接受心肺复苏。

第 8 天：医务人员将沃克尔夫人移送到重症监护室里的一个大点的隔间以便她的家人有足够空间聚集。在床边做了简短的告别仪式后，呼吸机的管子被拔出了沃克尔夫人的身体，她在一个小时内
126 离世。

医生对死亡时间的掌控：吉姆 · 史蒂文斯

从入院到第 5 天：吉姆 · 史蒂文斯先生，84 岁，患有肺病，数月前曾因呼吸急促入院，接受过相应治疗，但是他的病情持续恶化。当他 5 天前给他的医生打电话时，他被建议到急诊室救治并住进了普通病房。但是到第 2 天，他的病情进一步加重，于是被送进了重症监护室，在那里他用上了呼吸机。医生以为他有肺部感染，或许除了他潜在的肺病以外还患有肺结核，于是使用各种药物进行治疗。他的情况持续恶化，很快就失去了反应。今天是他进入重症监护室的第 5 天，他停止了呼吸。如果治疗团队无所作为，他就会死去。但是他被实施了心肺复苏，结果他重新回到了那种岌岌可危、毫无反应的状态，和他发生呼吸骤停之前一个样。

史蒂文斯先生从至少 3 个方面讲是一个很不寻常的患者。首先，他有一位多年来全情参与他的治疗的私人医生。在这次住院之前，这位医生曾多次与他讨论生命终点的各种情况。那位医生在他的病历中写道：“只要有受益的合理机会，史蒂文斯先生希望继续治疗。”史蒂文斯先生还认识重症监护专家 3 年，并在这期间一直与他探讨如果有必要，自己希望得到激进性治疗，只要他对治疗有反应并有所好转。第二，史蒂文斯先生病历中有一份书面文件，是一份医疗保健的持久授权书，授权使用生命支持手段，除非他的病情已经不治，或者陷入永久昏迷状态。第三，当他被送进重症监护室时，史蒂文斯先生告诉那位重症监护专家他希望对自己插管，使用呼吸机；只要有机会恢复活跃的生命力，他希望接受激进性治疗。这里不存在左右为难的困境。患者的声音清楚无误，所有人都听到了。医生们之间，与患者之间都观点一致。

我从史蒂文斯先生的私人医生那里了解到他的另外一些情况。他是一个活跃的单身汉，极具幽默感。他住在一栋老年公寓楼里，经常到舞厅跳舞。“不要告诉奥林匹克委员会我在服用类固醇。”住院前几周他曾这样开玩笑说。他是个诗人，有很多朋友。医生说，每次探 127
视，除了他的健康情况，至少有一半的时间他们还谈论很多事情。

第 12 天，早晨：心肺复苏后 7 天，史蒂文斯先生没有好转；事实上，他的病情持续恶化。治疗小组不确定他肺部感染的类型，感染对所有药物都没有反应。他的肺脏变得“僵硬”，医生说，无法膨胀来获取所需的氧气，即使把呼吸机的氧气流量和输送压力调到最大也没用。医生认为不出一周，要么因为感染，要么因为氧气中毒，他就会死去。他们还担心一叶肺脏可能会因为呼吸机的高压而破裂。他们决定***是时候***让史蒂文斯先生在这些进一步的身体伤害发生之前死去了。

重症监护专家和那位私人医生一起来到病床前，仔细检查了史蒂文斯先生，又讨论如何在今天晚些时候以最好的方式接触他的家人。史蒂文斯先生的弟弟、弟媳和侄女都于一周前他搬进重症监护室后不久从外地赶来了。他们这段时间每天到医院来探视，等待他病情的变化。他们处于一种感情上的边界状态，不知道他会转向哪一边，又努力抱着一丝希望。他们已经去过他的公寓，发现了他的遗嘱以及一旦死亡应该联系哪家殡仪馆的书面指示。从某种意义上说，他们清楚地知道他可能会死去。然而，和大多数死亡病例一样，对于生命终结带来的震惊，人们从来都不会在情感和实践上做好准备。他们还在希望他能康复回家，就像以前那样。

第 12 天，下午：医生们将家属领进重症监护室外面一间空病房，又搬来了一些椅子。医生们斜靠在病床上，家属们或坐着或站着。家属等着医生开口说话，气氛紧张，又有一种期待。史蒂文斯先生的私人医生先开了口。他告诉家属说，史蒂文斯先生不会好转了，他不可能离开呼吸机。“是时候让他走了。”他说。患者的弟媳询问如果呼吸机被撤掉会发生什么情况。两位医生解释说，他现在接受的是百分之百的氧气，但还是不够。重症监护专家继续说，史蒂文斯先生这次入院时呼吸系统已经受损；他还在和某种感染抗争，他们也不知道是什
128 么类型的感染。他正接受 10 种不同的药物治疗，其中 4 种是治疗肺结核的。利用呼吸机可能让他最多再存活一个星期，然后，无论怎样，某种原因还是会导致他的死亡，可能是肺脏破裂，或者感染本身。史蒂文斯先生曾经希望采取一切措施，那位专家说，如果有希望让他康复的话，但是，如果病情毫无康复希望，他不想被维持着活下去。现在已经到了毫无希望的程度，那位专家说——各种药物都无法

治愈感染，各种机器设备对他的情况也无能为力了。

史蒂文斯先生的私人医生继续说道：“如果你们都同意，那么就是时候了。”患者的弟弟和侄女好像比较容易地听明白了医生的指示，然而，史蒂文斯先生的弟媳开始哭泣。在此次会谈之前，在医院走廊里，她曾告诉我，她觉得他今天看上去好些了。现在，她脸上的表情显示，医生带来的这个消息对她是个巨大的打击。她看上去好像被大锤砸中，她问医生还有多久她的大伯哥会死去。医生们说用不了多久。我们都站了起来，医生领着家属来到史蒂文斯先生的床前。

医生没有询问家属是否愿意待在床边，也没有询问他们是否愿意见证患者的死亡；他们只是主观地认为他们愿意留在床边。公众在广泛讨论中所倡导的那种价值观——即开诚布公和直截了当地谈论死亡，选择死亡而不是人工延续生命，以及促进和见证患者“善终”——都被认为是理所当然的。许多人的确希望在医学角度上的死亡到来时陪在亲人身边，而另一些人选择不这样做。这种选择有时候不容易被人了解或预料。在被领进重症监护室时，史蒂文斯先生的弟媳感到非常不舒服。

那位专家离开了病床。史蒂文斯先生的私人医生在病床周围拉上了帘子，同时解释说，护士们将会拆下所有的管子，呼吸治疗师会吸出史蒂文斯先生喉咙里的液体，这样他就不会发出咕噜声。他说，如果他认为史蒂文斯先生感到疼痛或不适的话，他会站在一旁补充史蒂文斯先生从吗啡点滴中得到的吗啡剂量——他从口袋中拿出几支注射器给众人看。他认为不太可能有这个必要。家属们没有被询问是否愿意离开；他们一直没有得到明确的许可离开那个已经被帘子隔开、完全封闭的空间。我感到史蒂文斯先生的弟媳还是不太愿意待在现场。 129

两位呼吸治疗师和一名护士走进了那个蚕茧一样的空间。他们忙乱地卸下了管子，从床边搬走了挂着静脉给药袋的杆子和其他的机器设备。护士询问家属是否需要给他们搬几把椅子进来，但是他们更愿意站在床边，握着患者的手，抚摸着他的脸。我站在床脚。呼吸机关闭五分钟后，史蒂文斯先生离世。开始，他的呼吸缓慢地持续了几分钟，然后就停止了。他的弟媳看着医生小声说："我想他已经停止了呼吸。"医生慢慢走到床边，把听诊器放在史蒂文斯先生的胸部，然后静静地说："从技术上说，当没有了心跳就是死亡，但是生命的力量——要花多久离开身体——我不知道。"

之后一段时间，史蒂文斯先生看上去就像在睡觉；大约 30 分钟后，生命的颜色才从他的脸上慢慢退去了。他的弟媳弯下腰亲吻了他的额头，说："再见。"然后，她从床边走开几步，叹了口气说："结束了。"医生对家属说："你们愿意在这里待多久，需要待多久都可以。"他再一次自以为他们愿意待在尸体旁边，并暗示正确的事情就是待在那里。在接下来大约 15 分钟里，家属和医生待在那个被布帘围着的空间里，随着时间的流逝，带着越来越轻松的心情谈论着史蒂文斯先生绝妙的幽默感，讨论是否要对他的肺进行尸检来确定感染的原因，和如何安排他的葬礼。

当史蒂文斯先生的弟媳和我走出重症监护室那个忙碌的世界时，她对我说："我现在还是麻木的。我没有料到今天就会发生，也没料到事情会发生得那么快。我很高兴和他有一周时间在一起。几天前，我们曾坐下来一起讨论过如果他死了要怎么办，我很高兴我们有过那次对话。我们去了他那间乱糟糟的单身汉公寓（说到这，她笑了笑），翻找了他成堆的文件。我很高兴那样做了。"她说她为做了他想要的事情感到很欣慰——即在没有康复希望的时候停止对他的生命延续治疗。"你知道，"她说，"他以为这次住院会和前几次的结果一样，我们也是这样以为的。他说：‘没什么大不了的。他们会治好我，我很快就能离开这里。’”

时间的控制和好的死亡

几天之后，那位重症专家给我对比了菲斯·沃克尔和吉姆·史蒂
文斯的病例。这两位患者入院时间差不多。医生说，他们俩死亡方式 130
上最重要的差别取决于他对每个患者的了解程度，以及在昏迷状态生命支持方面“患者想要什么”。在沃克尔夫人进入重症监护室之前，他根本不认识她，因此不能主观揣测她对生命支持的意愿。他认识史蒂文斯先生 3 年，可以内心平静地告诉他的家人说，他知道患者不想继续接受无效治疗，那些治疗可能会导致更多的不适。他确信，撤掉史蒂文斯先生的呼吸机是正确的做法。他把与这两个家庭的会谈描述为一个连续统的两个极端，这个连续统描述了医生对患者的了解程度如何影响治疗过程中谁主宰时间要素。在沃克尔夫人的病例中，医生需要让家***属按照他们自己的时间进度***去认识患者的病情。但是对于史蒂文斯先生的情况，他认为他可以更多地控制局势，告诉家属***是时候***让患者离世了。一旦医生和护士清楚地感觉到死亡临近，他们就希望能够促成而不是推迟它的到来，他们也希望让死亡以尽可能“自然的”方式发生。因此，他们倾向于在患者死亡之前移除呼吸机。许多医生认为连接在呼吸机上的死亡对患者来说不舒服，对家属来说在情感上也难以接受。使用呼吸机也会延长死亡时间。

心肺复苏，当它在生死之间的模糊地带终止后，又与时间翩翩起舞——一场与家属关于时间重要性的谈判，或者是给家属的关于时间要素的一道指令——迫使每个人在立刻死亡和继续维持已经被死亡侵入的生命之间做出选择。那个选择是由技术创造出来的，但是，在激

进干预路径的某个节点，它的紧迫性和必要性却是由官僚行政制度决定的。和大多数医务人员一样，那位重症监护专家把特定死亡的因果关系归因于他对患者的了解及患者和家属表达的意愿，而不是激进干预路径本身的力量和结果。

III. 旋转门式路径

没有哪一个因素单独催生了旋转门式治疗场景，在这些场景中，
131 持续走向衰亡的慢性病患者，在死亡之前数周或者数月时间里频频住进医院来稳定他们的病情。这一治疗路径的特点是从家里到护理院到医院之间的循环往复。许多因素相结合共同促成了“旋转门”的产生——患者无边的恐惧，呼吸不畅引起的特定恐慌，家人对该为患病亲人做些什么的无知，因无法准确预测病情结果且不想讨论死亡问题而无法成为患者临终向导的医生，医疗保险和医疗补助的补偿规则，以及护理院和医院的常规出院程序。但是，医疗保险和医疗补助的支付政策对这一治疗路径的产生及将患者推进这一路径负首要责任。很少有人意识到这一点。下面的 2 个故事反映了报销政策是如何成为一种指导框架，来合理化和安排患者入院、出院的时间和理由的。对患者和家属来说，那个框架多数情况下是隐形的，尽管医疗专业人员承认这一框架，且常常表达对它的反对和谴责，但它却决定着他们的工作实践。

在美国社会那个框架结构中，生命临终前的各种医疗条件，再加上医生对这些条件的不同反应，加剧了阻止旋转门场景的难度。一项对参加医疗保险的濒危患者的研究描述了美国老年患者 3 种不同的医疗状况，只有一种状况被认为是“致命的”，占医疗保险患者的 22%，

癌症是其中的典型病症。只有这种情况下，患者或者医务人员才会经常预料到死亡的发生，也才可能由医务人员为患者做临终准备。[44] 其他两种状况，合起来折磨过半数以上医保危重患者，但鉴于他们的症状和临床过程，没有线索表明死亡临近或者这是最后一次住院。其中一组患者的特点是充血性心力衰竭和慢性肺部疾病，对这些症状进行预后和做临终计划很难，因为这些患者的病情可以长期保持稳定，通过适当的医疗干预，症状恶化的情况也可以减轻。[45] 占比最大的一组（涉及 47% 的医保患者）特点是极度虚弱，包括痴呆。这些类别中大多数患者，即使因危及生命的症状入院，也未必会被当作濒危患者。 132

下面这个关于朵拉·帕克的故事突出显示了联邦医疗报销补偿政策决定着事态进展的卡夫卡式方式。紧随其后的艾达·克里格的故事指出，家人将患者送进医院，常常在无形中变成了那些政策的帮凶；故事还指出，医生只专注于缓解症状而不关心“整体情况”，对关于死亡的可能性或生理事实保持沉默，因此也变成了那些政策的同谋。

当体制让那扇门不停旋转时：朵拉·帕克

从入院到第 9 天： 玛莎是我定期跟随的一位严肃认真、以目标为导向的病历管理人。她身材娇小，黑头发，黑眼睛，精力充沛。她的工作就是以最有效率的方式推动患者通过医院体系。她接受过专业训练，既能管理好患者的疾病发展又能节省医院开支。她渊博的知识和同情心给我留下了深刻的印象。她是一个聪明的护士，也理解医院条例的许多细节以及——她说——这些细节如何决定着她的患者所接受的护理情况。今天早晨，她要去看望朵拉·帕克夫人。“她经常来这里。她是个很好的人，也很清醒，即使氧饱和度只有百分之七十几。[46]

3年前，我让她回家等待死亡。医生说她只有大约2个月的时间了——但是她现在还在这里。”在来医院之前，帕克夫人住在青松护理院——按照玛莎的说法，那是“一个可怕的地方”。“他们只是让人们住在里面，就连这点工作也做得不太好，她不想回到那里去。她讨厌那里。”今天早晨，玛莎要设法让帕克夫人出院并送她到另外一家护理院去，但是她希望帕克夫人能够在医院里去世，而不要被迫忍受再次搬动，忍受又一家机构的服务。她曾多次和帕克夫人及她的子女商量过，最近一次会面是3个月前，在帕克夫人上次入院治疗期间。

我看了一下她的病历记录。帕克夫人，74岁，8天前入院，诊断结果为呼吸衰竭，她还患有其他几种严重的慢性病。她的“主要自述症状”是呼吸短促。她告诉玛莎，这种情况“一天比一天严重”。帕克夫人每五六个小时接受一次小剂量口服吗啡，来缓解气促症状。我问玛莎，她是否可以带着吗啡处方出院。“可以，”玛莎说，接着她补
133 充说：“她的治疗计划早就确立了。她的情况不符合急症标准。”[47]负责照顾帕克夫人的住院医生（只负责照料住院患者的医生）“不喜欢使用吗啡点滴”。玛莎继续说道：“但是我希望能给她使用点滴。因为那样在护理院里会更好些，否则他们就不会给她使用吗啡。吗啡是用来缓解她的呼吸困难的。[48]吗啡可以用两种不同方式给药，她可以口服，也可以打点滴，取决于医疗机构想要怎么做。”（有些机构喜欢这样，有些喜欢那样）

玛莎今天的一个任务是找出哪些养老机构能满足这位患者的病情和药物需求，并告知患者家属。她告诉我，家属将做最后决定，但是她可以影响他们的决定，并陈述她个人的喜好。她设法通过电话联系家属，但没有成功，因此她说：“我们到病房去看看患者，讨论一下出院问题。”

我们走进住院部一间普通病房，发现帕克夫人睡着了。在我看来，她病恹恹的——那么矮小、憔悴、苍白。她插着鼻插管来提供氧气，但她的呼吸还是很困难。她被埋在病床上的毯子下面，只能看到她胸部的轮廓，在毯子下面稍微隆起，随着每次呼吸微微上升。我很惊讶，透过毯子根本看不到她双腿的形状。我盯着本该是她的腿的地方看了好久，努力想找到它们的轮廓。玛莎站在床脚，轻声说："她病得很厉害。看上去几天后就会走掉。"她又提到现在搬动她会很困难，也很残酷。

当我们离开病房时，玛莎补充了患者的故事。两三年前，她曾经和帕克夫人及她的家人有过一次长谈，讨论了她的临终护理。家属把她送到了一家叫雪松林的护理院等待死亡的来临。可是，结果她竟然一点点好转了，病情也稳定了。护理院不能继续让她待在那里了，因为她不符合接受康复服务的标准。因为她没有，也不会有进一步的"康复"，如果继续护理她，护理院就不会因此得到医疗保险足够的报销补偿。因此，她不得不搬到了青松护理院，在那里，她染上了肺炎。"他们本来应该让她舒服一点，"玛莎告诉我，"他们本来可以给她用点口服的吗啡，让她在那里走掉。当然，她迟早都会染上肺炎，就算治好肺炎也不会阻止死亡。"

"但是医院收治了她，"玛莎继续说道，"于是她从急诊室被送到了重症监护室，待了3天。他们治好了她的肺炎，然后又把她送到这里（住院部）来，让她死去。他们差一点点（她用捏在一起的两个手 134
指比量着）就要给她插管了。她是一个"无码"患者。病历中写着，但是他们根本没有注意。我需要和家属谈谈看看他们想怎么办。"玛莎再次给一位家属打了电话，并留下语音信息，说她想让帕克夫人出院，住到另外一家叫核桃林的护理院去。她挂断电话后，我说，我以为她会说她想和家属商量让帕克夫人在医院里离世。“我不能，”她说，“一旦她病情得到稳定，她就不能死在这里。她必须出院。他们本来可以承认她快死了，可是她的肺炎却治好了，从重症监护室出来后，”她继续沮丧地说，“他们仍然可以给她用吗啡，让她死去。但是现在，她的情况稳定下来了，他们就不能让她死在这里了。”不再有对她的治疗计划，没有治疗计划就不能让一个人住在医院里。[49]

玛莎说：“我得和她谈谈。”我们又回到了帕克夫人的病房。玛莎轻声叫醒了她，询问她感觉怎么样。“不太好。”帕克夫人回答说。她感觉很不舒服，玛莎调整了一下她腿下的枕头，抬高了病床的床头部分，温柔地把一些头发从她脸上捋开。帕克夫人擦了擦脸，轻轻拉了拉鼻插管。玛莎给她介绍了我，帕克夫人看着我，苍白的脸笑了笑，说她昨天比今天感觉好些。玛莎说想和她谈谈核桃林护理院的事，帕克夫人没有回应。然后，玛莎告诉她自己试图通过电话联系她女儿，但是没有成功，不知道她是不是今天在上班。还是没有回应。在我看来，帕克夫人正挣扎着坚持下去，她如此专注于自己的呼吸，以至无法再关注其他事情。玛莎说：“我晚点再来。你需要休息。”

我们再次离开病房，玛莎提到帕克夫人的住院医生不相信濒危患者普遍使用的静脉吗啡点滴。他觉得吗啡点滴几乎就是在协助自杀，因此，作为他个人的信条，他拒绝使用点滴，吩咐每四小时或者按照患者要求使用口服吗啡。因此，玛莎告诉我，在她看来，虽然呼吸急促的“锋利棱角被去掉了”，但患者事实上并没有因此而感到舒适。

医生有无数种方法使用吗啡来止痛，缓解气促和辅助死亡。[50]这位住院医生的观点非常保守，但是在我观察过的医生中也不是绝
135 无仅有的。许多医生更自由地使用静脉滴注吗啡的方式，并给护士们很大的自由裁量权，可以“提高剂量”来缓解患者的不适，无论

这些症状是实际观察到的还是主观估计的。医生和护士都告诉过我，吗啡也被用来“治疗家属”。就是说，吗啡被用于临近死亡的患者，这样他们的家属就会欣慰地认为他们的亲人没有在痛苦中死去。有些医生不仅使用吗啡来缓解疼痛和他们所谓的痛苦，而且用它来加速死亡，尤其是在家属要求这样做的情况下。除了我观察到的个别医生使用吗啡的范围，在其他地方工作的医生护士还告诉我，美国不同地区对临终患者使用吗啡的情况各不相同。加利福尼亚州通常被认为在这方面更自由些。每个医生自己判断——按照当地实践背景和他们自己的价值观——在多大程度上，静脉滴注吗啡接近于辅助死亡。[51]

玛莎走开去联络核桃林护理院的工作人员了，让他们保留一个床位。她希望帕克夫人的某个子女会在一天结束前回电话，这样她就可以谈一下出院计划。她还不想，她说，现在就和家属提到死亡问题，尽管她过去曾经提到过。

帕克夫人的书面病历档案，和其他所有的病历一样，讲述的是一个经过专家治疗，得到医生对激进干预手段的承诺或抵制的故事。帕克夫人入院时，病历档案中记录的医生对她健康状况的医学评估及她的治疗方案与玛莎告诉我的令人沮丧的死亡故事没有任何共同之处。相反，病历中显示的是一个直截了当的疾病诊断和如何治疗的故事。治疗方案没有提到死亡的可能性，也没有说明帕克夫人的极度虚弱状态，以及最近在不同护理院之间迁移的事实。但它的确承认了她的“无码状态”，并指出：

患者患有严重呼吸代偿失调，伴有慢性呼吸功能不全，但更主要的问题是左下肺叶肺炎。患者将由重症监护室医生处理，接受补

> 氧和经验性抗生素治疗。她还将得到心脏专家的跟踪护理……以及
> 136 （住院医生的服务），从而使患者在离开重症监护室时病情好转。

另一位专家写道：

> 这一次，我建议进行痰液革兰氏染色和培养，静脉注射头孢曲松开始抗生素治疗，提供非循环式再呼吸面罩补充氧气。根据患者呼吸困难的程度，及使用非循环式面罩后呼吸困难的缓解或无缓解情况，考虑使用 BiPap 呼吸设备。[52] 前面指出，她以前表达过，不希望使用呼吸机或者进行心肺复苏救治。

尽管一位专家建议让帕克夫人使用氧气面罩和鼻饲管进食（这是她唯一的营养来源，因为她无法通过嘴进食）作为延续她生命的手段，但她拒绝使用这两种东西。她还拒绝用抗生素治疗她的肺炎。她清楚地告诉家人和医护人员她快要死时，不希望他们延迟自己的死亡。她的确希望用药物控制自己的焦虑以及用小剂量的吗啡减轻呼吸困难症状，但她还告诉过医务人员自己不希望使用太多的麻醉剂，她希望能保持清醒的思维。她的病历表还显示了她与医院牧师的部分对话。“我只想走掉。”据说她这样告诉过牧师。在我观察过的患者中，帕克夫人是为数不多的对自己的治疗方案具有清晰想法的患者之一。帕克夫人对生命支持治疗直截了当的拒绝很不寻常。

在她入院第 9 天，就是我见到她的那天，帕克夫人的住院医生在她的病历里写道：

> 和患者面谈了很长时间，超过 30 分钟，和她的女儿谈了预后情

况。患者今天神志减弱，更加混乱……我们谈了她的感觉，她为自己的思绪混乱感到担心。向她女儿解释了患者极端情况的性质，以及使用吗啡和氯羟安定来缓解气促和焦虑症状，患者女儿同意，她不希望对她母亲进行进一步的侵袭性治疗。病例管理人和我现在将与患者女儿讨论转院（到护理院）事宜。 137

第 10 天：玛莎告诉我，她昨天晚上 7 点见过帕克夫人的女儿。她在母亲的床边哭泣，说她希望母亲在周末期间可以在医院里去世，这样就不必把她搬到一家新的护理机构去了。玛莎当时也感到，患者是那么虚弱，那么痛苦，最好不要试图搬动她。她决定让患者在医院里再多待两三天。帕克夫人告诉她自己不想搬到一个脏兮兮的、总有一股尿味的地方。玛莎担心护理机构医生的指令可能是只能口服吗啡，那就意味着吗啡根本就不会被使用，帕克夫人将会很痛，很受罪。玛莎希望在她能找到的最好的护理院里为帕克夫人寻到一个床位，这样帕克夫人就能够接受所需要的吗啡来减轻她的气促。玛莎给帕克夫人的托管保险公司打电话来获取他们的批准，以便让患者在医院里再待两天。我让她解释一下她是怎么做到的，她只是笑了笑，说她知道该说什么，该如何说服他们来得到自己需要的许可。她必须和保险公司的一位护士和医务主任通话，然后还要得到医院行政部门的批准。她告诉我说，帕克夫人今天好点了，更清醒、更稳定一些。昨天出现了一次失误，她接受的是 10 毫克而不是 1 毫克的吗啡，所以她才昏昏沉沉。

玛莎反思了在医院体系内移动帕克夫人的不当之处：“家属很痛苦。对患者女儿来说是一种折磨。患者女儿看上去比患者的情况还糟糕，因为在患者得到舒适护理，准备离世时，她却让患者脱离了治疗路径，并把她送进了重症监护室。重症监护室里的那段时间本不应该发生。它给了子女虚幻的希望，以为他们的母亲正在康复。”她继续说：“你总是可以治疗某种症状，但是你得问问，那种治疗能改变整体情况吗？重症监护室所能做的只是让家属更加困惑。”帕克夫人的住院医生认为气促患者并不感到痛苦，玛莎说。但是对于家属而言，患者看起来就是在受罪。

第 11 天：帕克夫人出院，转到了核桃林护理院。在病历中，她的情况被描述为“需守护，晚期”。那是第一次关于死亡临近的书面评论。

138 **几天后：**帕克夫人死于核桃林护理院。

当家属推动那扇门旋转时：艾达 · 克里格

入院，第 1 天：“医院能对她做些什么呢？”玛莎问，这话既是直接对早晨巡视组其他成员说的，同时也带着修辞上的含义。她指的是艾达 · 克里格，91 岁，刚刚入院。“她今年在家和医院之间来来回回至少三四次了。”她同时还在女儿家和护理院之间被来回运送。“她每次来医院，都会说她准备死了，准备好走掉了。她患有末期心脏病，他们能做的只有用各种药物修修补补。他们从来没有真正缓解患者的气促。或许她应该准备好到临终关怀医院去。”玛莎想看看她的病历，“弄清楚患者是怎么回事”。她说，她要和患者女儿谈谈，制定个计划。

当天下午：我在医院走廊里见到了克里格夫人的家庭医生。他也说“她一直在医院和家之间来回折腾”。他告诉我，这次住院治疗后她可能会去一家护理院，然后再回家。“每次她出现气促，她女儿就会很恐慌，就会送她到这里来。”他说，她女儿无法一天 24 小时照顾她，患者需要进一家能有人仔细看护她的好的护理院。但是，家属会这样做吗？他不知道。我问他扮演什么角色，他能做些什么？他能够进行干预，并打破这个让所有人都倍感沮丧的循环吗？他不知道。我问医院在如何应对。他说："他们给她做了一点治疗。"但是，回到家后，她还是会气促。

第 2 天：我按照约定的时间参加了医护人员与克里格夫人及女儿的会面。玛莎站在护士站，审读着患者的病历。住院医生决定克里格夫人的心脏病需要精心随访，并开出了一些检查程序。玛莎拿起电话预约其中一项检查，当天下午的胸腔穿刺检查。她向我解释说，克里格夫人肺脏外围出现积液（胸腔积液），这一检查程序将抽出积液，让患者舒适一些，呼吸容易一些。

玛莎找到一把轮椅和附近一间未上锁的房间用作会议室。我们去了克里格夫人的病房，玛莎向患者和她女儿介绍了我。克里格夫人矮小、虚弱，但神志清醒。她穿着自己的浅蓝色浴袍。她女儿可能快要 60 岁了。我解释了我来的原因，并请求她们同意我旁听他们与医生的会谈。玛莎用轮椅推着克里格夫人穿过走廊，她女儿和我跟着她们来到那个不通风、没有窗户的小房间。护士们把他们的午餐和外套都 139
存放在这里。一面大大的公告板上满是关于大楼紧急情况疏散方案的通知、医院职工福利新闻、护士的孩子的快照，制定护理计划时应遵行步骤的表格贴在墙上。住院医生迟到了约一分钟。玛莎为克里格夫人找到了一点果汁和脆饼干。我们都坐在桌子旁。

玛莎：我想回顾一下情况，讨论我们的选择。

医生：（直接对患者和她女儿说）我（和家庭医生）谈过了，可惜他今天出城了，本周回不来，无法到场，所以我来代替他的工作。

我知道，你一直在红木海岸护理院、这里还有你家之间来来回回很多次了，你想结束这种状况。我们来谈谈，看看能做些什么，能达成什么样的共识，看你能够接受什么。（转向患者女儿）她患有心肌症——她的心脏肌肉非常弱。尽管使用了药物，但是她的心脏无法有效地跳动。（克里格夫人很警觉，用吸管喝着果汁，一边吃着饼干。她全神贯注地听着。）我们需要一个更协调的方法和计划。在采取下一步之前，有必要进行心脏病学评估。她上次做评估已经是两三年前的事了……不过，从根本上讲，这毕竟是一颗91岁的心脏了。

克里格夫人的女儿：她一直不错，可是后来，她的积液又开始增加了。给她换了药，这让我很担心。但是，两三年前她做心脏病学检查时，是不是就应该给她安装起搏器？那样效果是不是会更好些？（医生说起搏器也没有用。他花了几分钟讲解起搏器如何控制心跳但却无法控制心跳的力度。）但是后来，在9月份，她开始咳嗽，窒息。我们得到了不同的诊断：红木海岸说是支气管炎，医院说是肺炎。我感觉没有人确切知道诊断结果究竟是什么。我很感激所有人做的一切，但我知道她现在是在走下坡路。

医生：我们需要弄清楚是否还能做些什么；如果不能，如果这是一颗衰弱的心脏，我们需要处理它。（他继续谈论心脏病学检查如
140 何能够确认他的想法——即这颗心脏已经衰退了，回天乏力。）

女儿：这是第一次有医生为我们解释病情（她感谢了医生和玛莎），以前都像是虚无的空气。

玛莎：那么，作为一家人，你们可以制定计划，讨论你们想要的生活质量。这样我就可以帮你们实现计划。（克里格夫人的女儿问她的母亲是否听懂了与医生的谈话。）

克里格夫人：我听着呢。我不知道该怎么办。（说这话时声音颤抖，像含着眼泪，但又没有可见的泪水。她看上去那么悲伤。）

玛莎：让我们一步一步来。我们让心脏病学家先进行检查。然后再看看我们怎么办。你们不需要今天就做出决定。

克里格夫人：我不想活了。（她女儿反复让她平静下来，放松心情。女儿站起来，将一只胳膊搭在母亲的肩膀上；另一只手抚摸着母亲的脸颊。她们两个都开始哭起来。女儿为哭泣向医务人员道歉。她告诉母亲不要难过："你让我也难过了。放松点，你会好起来的。"我清楚地知道，克里格夫人并不好，她呼吸急促，明显感到焦虑，也很清楚自己正一步步靠近生命的终点。在这个密不透气的房间里，母亲和女儿都在尽力表现得很勇敢，很文明。）但是我无法决定我想要什么。

女儿：一切只能顺其自然，仅此而已。

玛莎：（重复着她那句他们不需要今天就做出决定的台词）你想怎样度过最后的日子，我们可以为你计划安排。

克里格夫人：我哪里也不想去，不想进护理院，哪一家都不去。我想回家去，死在自己床上。

玛莎：关怀医院很适合你。这些机构可以提供帮助，有药物来应付你的气促。护理院可以作为最后的选择。你有能力的时候可以去看看，选择一家作为后备。没有什么决定是不可更改的。你可以待在家里，但是如果家人无法照料你，你可以到别的地方去。没有什么决定是不可更改的。听起来好像你想要的是回家去，又不想忍受气促。

女儿：（一直在告诉母亲放松，不要着急）那样，她可以看见她的外孙、外孙女，还有重外孙们。

克里格夫人：（谈及医务人员）我知道他们都很好，我只是不想
141 活了。

玛莎：等我们了解了你的具体情况，我会和社工一起再来病房找你们，到时候我们会安排好一切。这样你就可以享受你剩下的时光了。（他们讨论在护理院里预定一张床、一把轮椅及其他用品。）

医生：心脏病学检查是今天下午。我们可以很快知道结果，到明天就可以做出评估。或许我们到时候就可以利用现有的信息继续推进后续事务。

玛莎：那我们今天就安排好一切（关于护理院里所需的一切装备）。

克里格夫人：（对医生）谢谢你所做的一切。

会谈结束了，用时大约 15 分钟。玛莎用轮椅把克里格夫人推回病房又回到护士站，她对我说："昨天，我又绕过了 X 医生——死亡医生和他的伙伴。我们进行了 4 次这种会谈，一次接着一次。我们不应该这样做。他们把这叫作管理式医疗。这不是管理医疗，只是不同的任务，每个人做着不同的事情，毫无协调性可言。根本没有对死亡和生命的终止进行任何规划安排。没有人愿意谈论这事。因此，生命没有质量可言，患者和家属都被蒙在鼓里。他们越来越焦虑，越来越沮丧，他们被频频告知一些事情，直到根本听不进去。"就克里格夫人的病例来讲，她继续说，过去的几次住院治疗本不该发生，也没有必要发生。所有这些问题都能够，也都应该在家里解决掉。按照玛莎的说法，克里格夫人的医生早应该和患者谈论生命终点的情况和气促问题。他本应该为患者和她的女儿准备好吗啡，这样他们就不会因为患者生命即将结束时遭受的气促而担心。医生本可以给临终关怀医院打电话，说，"我们的患者快不行了，你们想让我们怎么做？"此外，

所有的心脏病学检查都可以在门诊进行。但是，玛莎总结说，医生们不愿意讨论这些。

第 4 天：住院医生通知我，克里格夫人还是接受了治疗程序和心脏病学检查，对她使用的药物也做了一下改变，他们都在观察改变用药是否会让她感觉好一些。“如果药物有效，她就要回家去。如果无效，我们就需要和她女儿谈一下，告诉她‘我们无能为力了’。”他回
顾说：“我们对气促已经习以为常了，但家属不行，这是第一次。他 142
们不知道人临死时的情况。他们吓坏了。”

最后结果：克里格夫人的确感觉好些，几天后出院转到了一家护理院。一个月后，她回到女儿家，但是仅仅过了 3 天，她再次因气促回到医院急诊部并被收治入院。急诊部在她的病历中注明：“根据守在病床边的患者女儿所说，过去的两晚，患者呼吸非常困难。为了应付患者气促，全家人两夜没合眼。”克里格夫人开始接受了静脉输液。医护人员尊重她的意愿，不进行任何侵袭性诊断和治疗程序。入院后第 3 天早晨，她病情突然恶化，一小时内离世。

医疗护理逻辑，家属和医生的共谋：旋转门无形的框架

尽管专业医疗人员预料帕克夫人会死在她入住的第一家护理院——雪松林护理院里，但是她没有。她只能在那里住几个星期，那家护理院不愿意让她待得更久些，因为医疗保险支付范围不包括开放性的“监护式”护理。根据医疗保险逻辑，帕克夫人死亡花的时间太长，因此她不得不搬到另外一家认证不同的护理机构。在第二家机构青松护理院，她染上了肺炎。青松护理院的工作人员不允许她死在那里，但是又没有治疗她的肺炎，而是把她送到了医院。医院医生按惯常做法将她安排进了重症监护室，以便尽可能高效地医治她。她病得

很重，极度虚弱，但是又不会马上死去，所以她再次被重新安置。最终，她死在第三家护理院里。

美国的“长期护理”体系不仅是支离破碎的，而且简直是荒谬的。除了一些专业的医疗保健人员，几乎没有人知道联邦支付计划如何引导和决定对濒危患者的治疗实践——也因此决定了患者的治疗体验。对于亲属入住护理院后医疗保险的实际支付情况，绝大多数家属也毫不知情。大多数患者和家属主观地认为医疗保险包含他们长期的机构护理需求，但是医疗保险只包括很有限的一部分，某一特定类型
143 的护理院护理行为。在写本章内容时，从理论上讲，医疗保险允许患者接受 100 天的护理院护理。一些家庭清楚地知道这一数字，他们在描述医疗保险福利的文件中读到过。然而，事实上，医疗保险全额支付的住院天数最多只有 20 天。[53] 从第 21 天开始，家属就必须共同承担需支付金额。[54] 此外，医疗保险并不是为任何患者支付费用，而是只为那些符合严格标准筛选出来的患者：他们必须是处在某种疾病的康复阶段，他们必须可以从康复护理中受益（尽管大多数护理院并没有很多注册护士），他们在入住护理院之前必须在具备医疗保险资格的医院住院 3 天（或以上）。[55] 当患者越来越虚弱，临近死亡，他们就越来越无法满足医疗保险对入住护理院的筛选条件。除非患者有私人的长期护理保险（大多数人没有），或者很贫穷，满足医疗补助条件，否则他们必须自行支付护理费用。

医疗保险和医疗补助都规定了患者在护理院里停留的时间长度。根据护理院的认证方式，一些护理院只接纳私人付费和医保患者，一些机构接纳医疗保险和医疗补助患者，而另一些只接纳医疗补助患者。加利福尼亚州的医疗补助实行统一补偿标准，这就鼓励护理院选择那些病情不严重的患者。接受所有或部分医疗补助患者的护理院不

希望收留那些花很长时间才会死去或者需要大量护理工作的患者，因为这些机构往往没有足够的护理人员。那些护理院削减护理人员人数以便保持在报销率之下，并且仍能有盈利。他们往往会找各种借口将患者送到医院里去（除非他们入住率特别低，真的需要患者留在那里）。

另一方面，医院也不会收留危重患者，除非他们满足医疗保险的住院标准，因此他们会尽快把患者送回护理院里去。医院不愿意长时间收治医疗补助患者，因为报销比例很低。医疗补助患者可以在护理院待多久没有规定限制，但是医疗补助护理院也不想收留危重患者。此外，患者和家属可能“拖拖拉拉”[56]花好几个月时间才能通过联邦官僚体制来获得医疗补助资格。[57]

家属，在不知情的情况下，参与了医疗保险和医疗补助条例助长 144
旋转门现象产生的行为。当亲属在疗养机构中染上急病，家属往往希望让患者到医院治疗。每次转移，医疗保险报销补偿的天数都会重新计算。这样一来，在护理院和医院之间反复移动非常虚弱的患者受益的是那些机构和家属的银行账户，不是被搬来搬去的患者。正如玛莎指出的那样，在没有对死亡的认可和预备的情况下，许多老年患者死前经历的事件和要走的那条治疗路径主要是由医疗保险和医疗补助的支付政策决定的。***没有人知道这一点***。[58]

艾达·克里格在这一体系进进出出几个循环。每次住院，她的气促症状被暂时缓解一下，但是没有继续进展下去。她被要求成为治疗小组的一部分，就具体治疗方案“做决定”，说出“她想要什么治疗”、她最后的日子待的地方、“生命的质量”。但是，她不知道该如何死去，没有人帮助她。克里格夫人说，她想回家去，死在自己的床上。那不是医务人员所提问题的正确答案，因为她没有被任何医治她的医生设定为一个临终关怀医院的患者。因此她的症状得到了控制，不让她死去，她一次次回到医院来缓解呼吸窘迫症状。

如果克里格夫人当时被设定为“临终关怀医院患者”，或许她就能得到足够的吗啡来克服她的气促。然后，她可能已经死去，而不需要经历会议室里的那种显而易见的焦虑，死在一家护理院里，或者自己女儿家里。[59] ***如果***，像玛莎建议的那样，克里格夫人能够“讨论”死亡来临时她想要的“生活质量”，那他们就可以一起制定计划。然而，很少危重住院患者能够想象，或清楚地表达出机构所要求的关于在死亡临近时如何规划生活的答案。就像那位住院医生说的那样，***如果***克里格夫人和她女儿知道“人临终时的状况”，或许她们俩都不会那么害怕死亡，就不会每次出现症状就送她到医院里来了。但是，谁应该承担缓解那些恐惧、解释生理衰退时出现的具体身体症状、承诺通过药物减轻对身体死亡的恐惧的责任呢？这是三个大大的假设，在现行的医院治疗体系中，没有什么能够确保它
145 们的实施。

临终住院与人们广泛理解的“死亡过程”的心理学和社会学概念不同。通常，医院里并不存在死亡过程本身，这一点令家属和医务人员对一些死亡感到非常不安。本章中的几个故事强调了重要的一点：每个人从努力稳定和改善患者病情“进展到”承认他或她即将死亡这一关键性的思想转变，常常发生在患者死亡前很短时间内。这一转变的时机是导致对非人道医院内死亡广泛批评的一个原因。许多人声称，希望死亡是一个可预料、有准备的过程，而现实中的死亡并非如此，因此，患者的代码状态直到死亡来临时才被讨论，放弃心肺复苏指示也常常在死亡前两天（甚至更短）才写进患者病历中。[60] 官僚制
146 度的时间概念限制了系统中每个人理解死亡的方式。

注释

引语　Andrew Solomon, “A Death of One’s Own”, *The New Yorker*, 1995, p.69.

1. 一些管理医院医疗制度的观察者声称，住院医生——即只负责护理住院患者的医生——在学术性和社区医院里变得越来越重要的原因是，他们能够比社区定点医生更快地将患者推出医疗机构。住院医生的报酬由医院支付。他们与患者没有长期的关系。他们不会像社区医生那样抵制推动事务进展的压力。
2. 一项《时代周刊》和 CNN 电视台进行的民意调查发现，每 10 个美国人中有 7 个说他们想要在家里去世（*Time Magazine*, September 18, 2000, 60）。然而，大约 75% 的人死于急症医院（55%—60%）和护理院里。这篇文章还声称，生命濒危的人当中大约一半的人在死亡前都曾靠机械呼吸机度过一段时间（p.62），根据我个人的观察和对医学文献的查考，这一数字似乎很高。另见 Gina Kolata, “Living Wills Aside, Dying Cling to Hope”, *New York Times*, January 15, 1997。
3. 总的来说，媒体上流传的关于死亡如何发生的不满和抱怨、关于善终的流行书籍以及过去 10 年对医院实践活动的研究都表明——无论是通过统计、案例研究还是有组织的改革努力——多余的、不受欢迎的治疗常常伴随着生命的终结。
4. SUPPORT 研究项目发现死于五所医院的患者中，38% 的人在死亡之前在重症监护室里住了至少 10 天。
5. Philip Roth, *Patrimony*, New York: Vintage Books, 1991, p.230.
6. 同注释 5，pp.232–233。
7. 例如，可参考 Bernard Lo, and Lois Snyder, “Care at the End of Life: Guiding Practices Where There Are No Easy Answers”（editorial）, *Annals of Internal Medicine* 130, no. 9, 1999, pp.772–774; Thomas J. Prendergast, Michael T. Claessens, John M. Luce, “A national survey of end-of-life care for critically ill patients”, *American Journal of Respiratory and Critical Care Medicine* 158, 1998, pp.1163–1167。
8. 参见第一章注释 8。
9. 或许，在来自社会各个领域的压力之下，一种姑息治疗路径将会更加占有主导的地位。参看 Franklin G. Miller and Joseph J. Fins, “A Proposal to Restructure Hospital Care for Dying Patients”, *New England Journal*

of Medicine 334, 1996, pp.1740–1742; C. K. Cassel and B. C. Vladeck. "ICD–9 code for Palliative or Terminal Care", *New England Journal of Medicine* 335, 1996, pp.1232–1233; C. K. Cassel, J. M. Ludden, G. Moon, "Perceptions of Barriers to High-Quality Palliative Care in Hospitals", *Health Affairs* 19, 2000, pp.166–172; J. Lynn, "Serving Patients who may die soon and their families: The Role of Hospice and other services", *Journal of the American Medical Association* 285, 2001, pp.925–932; J. Lynn et al., "Quality Improvements in End of Life Care: Insights from Two Collaboratives", *The Joint Commission Journal on Quality Improvement* 26, 2000, pp.254–267。

10. Kolata, "Living Wills Aside" ; M. Danis, et al., "Stability of choices about life-sustaining treatments", *Annals of Internal Medicine* 120, 1994, pp.567–573; Marion Danis,et al., "A prospective study of the impact of patient preferences on life-sustaining treatment and hospital cost", *Critical Care Medicine* 24, 1996, pp.1811–1817; J. M. Teno, et, al., "Preferences for cardiopulmonary resuscitation: physician-patient agreement and hospital resource use", *Journal of General Internal Medicine* 10, 1995, pp.179–186.
11. Lynn, Joanne et al., 为 SUPPORT 调查者们所撰写的"Perceptions by Family members of the dying experience of older and seriously ill patients", *Annals of Internal Medicine* 126, January 15, 1997, pp.97–106。
12. Somogyi-Zalud et al., "Elderly person' last six months of life: findings from the Hospitalized Elderly Longitudinal Project", *Journal of the American Geriatrics Society* 48, May 2000, S131–S39.
13. David Frankl, Robert K. Oye, Paul E. Bellamy, "Attitudes of hospitalized patients toward life support: a survey of 200 medical inpatients", *American Journal of Medicine* 86, June 1989, pp.645–648.
14. J. Tsevat et al., 为 HELP 项目调查人员所撰写的"Health Values of Hospitalized Patients 80 Years or Older", *Journal of the American Medical Association* 279, 1998, pp.371–375。
15. M. Danis, et al., "A comparison of patient, family, and physician assessments of the value of medical intensive car", *Critical Care Medicine* 16, 1988, pp.594–600; M. Sonnenblick, Y. Friedlander, A. Steinberg, "Dissociation between the wishes of terminally ill parents and decisions by their offspring", *Journal of the American Geriatrics Society* 41, 1993, pp.599–604.

16. Sara Carmel and Elizabeth J. Mutran, "Stability of elderly persons' expressed preferences regarding the use of life-sustaining treatments", *Social Science and Medicine* 49, 1999, pp.303–311.
17. 慢性阻塞性肺病，即肺病。
18. 机械呼吸机。
19. 如果她出现心脏骤停或呼吸骤停，不要尝试心肺复苏抢救。
20. 在我数年的观察中所发现的遵循激进干预路径直至死亡的患者比例与其他报道一致。20%—25% 的美国医院内死亡事件都有类似的情景发生。John F. Murray, *Intensive Care: A Doctor's Journal*, Berkeley: University of California Press, 2000.

    尽管急诊室关于生命延长的政策和实践可以被认为是不考虑年龄因素，但它们却是"死亡问题"的一个重要来源，因为当机械呼吸机的使用只能延长死亡时，它的使用对许多人来说都是从医院的急诊室开始的。B. M. Singal, J. R. Hedges, and E.W. Rousseau, "Geriatric patient emergency visits", *Annals of Emergency Medicine* 21, 1992, pp.802–807.
21. SUPPORT 研究发现，在研究第一阶段招募的 1150 名医院患者中，在重症监护室停留、昏迷或者接受机械呼吸机治疗的平均天数为 8 天。超过三分之一（38%）的人死亡前在重症监护室度过了至少 10 天，46% 的人在死亡前三天内接受了机械呼吸机救治。The Support Principal Investigators, "A Controlled trial to Improve Care for Seriously Ill Hospitalized Patients", *Journal of the American Medical Association* 274, 1995, pp.1591–1598.
22. 这是一句医院行话，指的是逐步减少呼吸机向肺部输送的氧气量，或者每天增加脱离呼吸机的时间长度从而让患者学会自主呼吸。这是一种常规程序。
23. 一根柔软的管子，用于给患者输氧。
24. 甚至是氧气面罩。
25. 我了解到，一些医生——至少在布朗先生所在的医院——并不清楚医院关于不提供和终止生命支持治疗的政策。
26. 这种书面文件允许医务人员停止生命支持治疗而不必担心面临诉讼。
27. 参与 SUPPORT 项目干预的护士们也报告了类似的情况——患者或者家属需要"做好准备"才能"做决定"。P. Murphy, et al, "Description of the SUPPORT Intervention", *Journal of the American Geriatric Society* 48,

2000, S154–S161; Joann Lynn, et al., "Rethinking Fundamental Assumptions; SUPPORT's Implications for Future Reform", *Journal of the American Geriatric Society* 48, 2000, S214–221.

28. 尽管加利福尼亚州没有法律要求得到家属同意才能停止生命支持治疗，但是医生们都担心，如果没有取得同意就停止治疗，患者家属会怎么做。因此医生通常会在停止治疗前寻求有决定能力的家庭成员的意见。
29. American Heart Association, American Red Cross, Industrial Medical Association, U.S. Public Health Service, "The closed-chest method of cardiopulmonary resuscitation-revised statement", *Circulation* 31, 1965, pp.641–643; G. D. Rubenfeld, "Do-not-resuscitate orders: a critical review of the literature", *Respiratory Care* 40, 1995, pp.528–535; discussion, pp.35–37; Stefan Timmermans, *Sudden Death and the Myth of CPR*, Philadelphia: Temple University Press, 1999, pp.56–62.
30. Joyce Coletta Leary, "Emotional Boundaries: The Physician's Experience of Patient Death", Master's Thesis, Health and Medical Sciences, University of California, Berkeley. 2002; Jeanne Benoleil, RN, personal communication.
31. Rubenfeld, "Do-Not-Resuscitate Orders"; Clinical care committee of the Massachusetts General Hospital, "Optimum care for hopelessly ill patients", *New England Journal of Medicine* 295, 1976, pp.364–369; M. T. Rabkin, G. Gillerman, and N. R. Rice, "Orders not to resuscitate", *New England Journal of Medicine* 295, 1976, pp.367–369.
32. Rubenfeld, "Do-not-resuscitate orders"; President's Commission for the Study of Ethical Problems in Medicine and Biomedical and Behavioral Research, "Deciding to forego life-sustaining treatment: a report on the ethical, medical, and legal issues in treatment decisions", Washington DC: U.S. Government Printing Office, 1983.
33. Elisabeth Rosenthal, "Rules on Reviving the Dying Bring Undue Suffering, Doctors Contend", *New York Times*, October 4, 1990, p.A1.
34. M. Hilberman et al., "Marginally effective medical care: Ethical analysis of issues in cardiopulmonary resuscitation", *Journal of Medical Ethics* 23, 1997, pp.361–367; S. C. Schultz et al., "Predicting in-hospital mortality during cardiopulmonary resuscitation", *Resuscitation* 33, 1996, pp.13–17; H. Y. So, T. A. Buckley, and T. E. Oh, "Factors affecting outcome following

cardiopulmonary resuscitation", *Anesthesiology Intensive Care* 22, 1994, pp.647–658; C. F. Von Gunten, "CPR in hospitalized patients: When Is It Futile?" *American Family Physician* 44, 1991, pp.2130–2134.

35. K. Faber-Langendoen, "Resuscitation of patients with metastatic cancer", *Archives of Internal Medicine* 151, 1991, pp.235–239; Schultz et al., "Predicting in-hospital mortality", pp.13–17; M. H. Ebell et al., "Survival after in-hospital cardiopulmonary resuscitation: A meta-analysis", *Journal of General Internal Medicine* 13, 1998, pp.805–816; T. W. Zoch et al., "Short and long-term survival after cardiopulmonary resuscitation", *Archives of Internal Medicine* 160, 2000, pp.1969–1973; M. S. Eisenberg, T. J. Mengert, "Cardiac resuscitation", *New England Journal of Medicine* 344, 2001, pp.1304–1313.
36. Paul E. Marik and Michele Craft, "Outcomes Analysis of In-Hospital Cardiopulmonary Resuscitation: The Futility Rationale for Do Not Resuscitate Orders", *Journal of Critical Care* 12, 1997, pp.142–146; Monroe Karetzky, M. Zubair and Jayesh Parikh, "Cardiopulmonary Resuscitation in Intensive Care Unit and Non-Intensive Care Unit Patients", *Archives of Internal Medicine* 155, 1995, pp.1277–1280.
37. Timmermans, *Sudden Death*, pp.79–82.
38. Katie Young, "In-Hospital CPR"（master's thesis, Health and Medical Sciences, University of California, Berkeley, 2002）; R. J. Hamill, "Resuscitation: when is enough, enough?" *Respiratory Care* 40, 1995, pp.515–524.
39. Timmermans, *Sudden Death*, 81. 另见 D. R. Miranda, "Quality of Life After Cardiopulmonary Resuscitation", *Chest* 106, 1994, pp.524–529。
40. Susan J. Diem, John D. Lantos, and James A. Tulsky, "Cardiopulmonary Resuscitation on Television-Miracles and Misinformation", *New England Journal of Medicine* 334, 1996, pp.1578–1582; G. K. Jones, K. L. Brewer, H. G. Garrison, "Public expectations of survival following cardiopulmonary resuscitation", *Academic Emergency Medicine* 7, 2000, pp.48–53.
41. 一项全国调查显示，现在死亡的患者中经历心肺复苏抢救的人数减少了。然而，美国医院心肺复苏手段的使用频率存在很大的差异。一家医院只对 4% 的重症监护室患者尝试心肺复苏，而另一家医院却对 75% 的重症监护室患者使用。见 Predergast, Claessens, Luce, "A national survey

of end-of-life care for critically ill patients", *American Journal of Respiratory and Critical Care Medicine* 158, 1998, pp.1163–1167。这种差异性表明，对于重症监护室里心肺复苏的使用缺乏一种标准化的指导原则（Young, "In Hospital CPR"）。

42. 例如请参考 Tom Tomlinson and Howard Brody, "Futility and the Ethics of Resuscitation", JAMA 264, 1990, pp.1276–1280; J. Chris Hackler and F. Charles Hiller, "Family Consent to Orders Not to Resuscitate: Reconsidering Hospital Policy", JAMA 264, 1990, pp.1281–1283; Tom Tomlinson and Diane Dzlonka, "Futility and Hospital Policy", *Hastings Center Report*, May-June 1995, pp.28–35; Teresa A. Hillier et al., "Physicians as Patients: Choices Regarding Their Own Resuscitation", *Archives of Internal Medicine* 155, 1995, pp.1289–1293; Marguerite S. Lederberg, "Doctors in Limbo: The United States 'DNR' Debate", *Psycho-Oncology* 6, 1997, pp.321–328。
43. 即使当医院政策允许医生停止那些徒劳无益的生命延续治疗，他们也会给患者 / 家属一个"选择机会"。参见第一章注释 27。
44. J. R. Lunney, J. Lynn, and C. Hogan, "Profiles of elderly Medicare decedents", *Journal of the American Geriatrics Society* 50, 2002, pp.1108–1112.
45. Lynn, "Serving patients who may die soon and their families", *Journal of the American Medical Association285*, 2001, pp.925–932; J. Lynnet al., "Defining the 'terminally ill': insights from SUPPORT", *Duquesne Law Review* 35, 1996, pp.311–336; J. Lynn et al., "Prognoses of seriously ill hospitalized patients on the days before death", *New Horizons* 5, 1997, pp.56–61.
46. 参见第一章注释 45。
47. 也就是说，从医学上讲她目前没有明确理由住在医院里。
48. 呼吸急促。
49. 一位读过帕克夫人故事的医生评论说，她的主治医生本来可以"制定一份治疗计划"，比如，医治她严重的呼吸窘迫症。医生和护士很擅长创造治疗计划，从而让患者留在医院里。但是在这一病例中，让帕克夫人留在医院里的治疗计划从来没有实现过。
50. 一些医生大量使用吗啡点滴，另一些则拒绝使用它们。一些医生在死亡将至时会撤走饲管，而另一些则不会。一些医生相信侵袭性治疗几乎暗示死亡来临，另一些则认为，在患有某些疾病的患者健康状况恶化时采用侵袭性治疗是不恰当的。一种观点认为，在生命终点不存在社会强制性的“对”与“错”的医疗方法，对于该怎么做，医生、患者和家属可以，也确实做出各种各样的选择。另一种观点认为，这类决策行为大多不涉及在行动前先对人员进行分类解读的必要性。

51. 双重效应理论允许临床医生使用大剂量的阿片类止痛药，目的是缓解绝症患者的剧烈疼痛和痛苦，尽管大量此类药物可能会导致患者提前死亡。双重效应原则允许预见死亡，却不能刻意追求死亡。这样一来，由于镇痛药物的使用而加快死亡被认为是道德上可允许的（T. Quill, R. Dresser, and D.W. Brock, “The Rule of Double Effect—A Critique of Its Role in End-of-Life Decision Making”, *New England Journal of Medicine* 337, 1997, pp.1768–1771）。另见 J. Garcia, “Double effect”, In W. T. Reich, ed., *Encyclopedia of Bioethics*, Vol. 2. New York: Simon and Schuster, 1995, pp.636–641; H. Brody, “Causing, intending, and assisting death”, *Journal of Clinical Ethics* 4, 1993, pp.112–117。
52. 一种面罩，可以罩住鼻子和嘴巴，将氧气压进患者的肺脏。
53. U.S. Dept. of Health and Human Services, *Medicare Handbook*（Centers for Medicare and Medicaid Services, 2002, Publication No. CMS-10050）; M. E. Gluck, and K. W. Hanson, *Medicare Chart Book*, 2nd ed. Menlo Park, CA: The Henry J. Kaiser Foundation, 2001.
54. 2001 年，这种共同支付体系对第 21 到第 100 天的支付要求为每天 99 美元。Gluck and Hanson, *Medicare Chart Book*.
55. http: //www.medicare.gov/Nursing/payment.
56. 也就是说要削减一个人的总资产。
57. 在入院时依靠医疗保险的养老院老人中，大约 40% 的人转而接受医疗补助。那些入院时依靠私人保险、自己的收入或者家庭资助的患者中，大约 22% 的人转而接受医疗补助。见 A. N. Dey, “Characteristics of Elderly Nursing Home Residents: Data from the 1995 National Nursing Home Survey. U.S. Dept. of Health and Human Services, National Center for Health Statistics”, *Advance Data*, 289, July 2, 1997。另见 Brenda C. Spillman and Peter Kemper, “Lifetime Patterns of Payment for Nursing Home Care”, *Medical Care* 33, 1995, pp.280–296。
58. 我很感激 Charlene Harrington, 她向我清楚地解释了医疗保险和医疗补助实际上如何影响护理院和旋转门路径上的医院患者。Dorothy Rice 和 Norman Fineman 向我提供了研究支持。另见 H. A. Huskamp et al., “Providing Care

at the End of Life", *Health Affairs* 20, 2001, pp.204–211; and J. Lynn et al, "Capitated Risk-Bearing Managed Care Systems Could Improve End-of-Life Care", *Journal of the American Geriatrics Society* 46, 1998, pp.322–330。

59. 令许多护士懊恼的是，大多数医生都不会足够频繁或者足够迅速地为患者开具临终关怀证明，而护士又不允许开具这种证明（尽管他们可以，也确实会向医生提出建议）。家庭成员即使听说过对绝症晚期患者的临终关怀，但他们也并不清楚该如何操作，何时接受才是恰当的，什么时候开始以及他们在其中的作用。我很惊讶地了解到，那么多家庭从未听说过临终关怀或者听说过却根本不知道那是什么。我从未听到一个家庭提到临终关怀与他们的亲属有什么相关性。最重要的是，家属都极不情愿提到死亡，或者先于专业人员给一位亲属打上临终的标签。

60. SUPPORT Principal Investigators, "A Controlled Trial".

第五章

等　待

我姐姐上个星期到医院来做手术，一直没有脱离呼吸机。她为自己的生命奋斗了很长时间了，在过去的2年里，她越来越频繁地出现呼吸问题，经常患上肺炎。医生们昨天晚上确实分离出一种有机体，并开始治疗。在这种没有预后的情况下，家属通常会经历各种难题——她死了怎么办？如果她好转了呢？她的生活质量会是什么样？我该在哪里划底线？然后还有许多问题：应该在医院里待下去吗？这很重要吗？有没有打扰护士们？想让护士们知道这里还有人吗？护士们知道我们多在乎患者吗？并且**不能**和医生交谈。我今天曾和社工谈过，了解她如果回家都需要些什么。他们不会给我们太多时间计划她需要的照料。等他们准备好让她出院，他们就会说："今天来接她吧。"我被搁置在一边。这种等待的状态让我无比厌倦。我已经面对过关掉她的呼吸机 的问题了，它比任何问题都让我害怕。最艰难的事情是让你感到那么无助。

重症监护室里患者的妹妹

对于医院内死亡，激起公众不满的是那些必须做出不可思议的选择。对于医务人员来说，选择同意或者反对这种或那种生命支持治疗，选择现在死亡还是晚点死亡是很正常的事，是推动事务进程的日常方式。但对于患者和家属而言，让他们来做这些选择显而易见是不可能的。然而，大多数人认为，他们或者医护人员将会做出选择，他们会尽力蒙混过关。因为工作人员想让家属做决定，而家属认为做选择是不可能的，因此，等待本身在某种程度上也变成了一种选择。医院内死亡的一个重要方面是**等待**是如何发生的，它是如何被体验的，以及它是如何既整合又破坏治疗路径的。在此，我们将关注焦点从事务如何及为何沿着治疗路径推进，以及医院员工引导患者及家属通过医院体系的方式转移到等待行为对不同角色意味着什么的思考上来。医疗专业人员会采取何种策略终止对治疗路径无益的等待？当患者和家属在等待病情稳定、改善病情或者死亡时，他们会考虑***生命***的哪些特征？

等待的两张面孔

医院里的每个人都在等待，等待有两张面孔。反常的是，第一种等待能够将事务向前推进。等待是医院官僚制度的产物，它形塑医院生活中大大小小的活动，又被这些活动所形塑。等待对于治疗路径上事务的进展至关重要。从患者入院那刻起到患者出院前或者死亡前的最后一刻止，等待——对信息、检查程序、咨询、结果、决定、病情改变的等待——不时地打断医院的工作。但是患者和家属等待的质量和目的与医务人员的等待全然不同。

对于前者而言，等待是一种混杂着希望和恐惧的期盼。这种期盼产生于对一段不确定的旅程不完整的理解。患者和家属等待医生的到来，给他们带来或好或坏的消息，来安抚和通知他们；他们等待医生来告诉他们要做什么，哪些选择是最好的；他们等待必须由医生来解读的诊断检查和化验结果；他们等待接受治疗；等待治疗手段发生作用；他们等待病情的稳定和好转，此时总是满怀希望；他们等待护士来到病床前，使他们感觉舒适一些；他们等待止痛药和便盆；他们等
148 待朋友和亲属从城外赶来；他们等待着出院。

对患者和家属来说，等待总是伴随着对未来开放的、模糊的，多数情况下盲目的期盼。这种情感状态植根于对医疗事实、医院规则和想要什么（特指医疗路径）的无知。等待遍布患者和家属在医院里的经历和对医院的体验中，也使患者和家属变成了医院这个机构的局外人，而医院只有内部员工才能了解真相。在这种意义上，等待把患者和家属同那些提供治疗、辅助治疗并确保机构工作继续进行的人区分开来。

重要的是，患者和家属在他们自己的生活节奏之外经历着这种等待。这一特征本身就具有破坏稳定性的作用。此外，等待之后的时段——当某种情况被展示出来或者得到解决——又有着与等待时不同的情感体验。到那时，安定感，通常是短暂地代替了期待情绪——直到下一轮等待开始。此外，患者和家属有时候也要等待死亡。但是，正如我们将会看到的那样，那种等待并不是例行公事。

医生、护士、社工和医院里的其他工作人员也在等待，但是他们的等待完全是例行公事性的。这种等待是作为他们工作行为的必要背景，是要依据医院规则来理解的。医护人员等待实验室报告和化验结果以及放弃心肺复苏指令，等待专家和专科专家的磋商结果，等待患者病情的稳定从而进行下一个治疗程序，或者等待患者岌岌可危的病情"自我宣告"——这是医院用语，指的是（通常可以通过实验室化验结果"看出来"的）病情好转或者走向死亡的生理征兆。他们等待医疗补助表格的处理，等待出院计划和出院决定，等待患者和家属同意停止生命支持治疗，承认死亡将至，等待患者被移走。他们的等待是需要透过务实主义的透镜来理解的，即在医院体系的常规和基本原理范围内提供最好的治疗护理，以及时的或许最省钱的方式提供最相关的信息。它是有目的性的。他们的等待是由他们的专业角色和所在组织的官僚主义及政治现实塑造的。然而，医生、护士、社工、治疗师和其他医务人员的等待也可能会伴随着将失去一位患者的焦虑和伤感情绪。

等待的第二张面孔会阻碍患者通过医院系统的进程。它也是例行公事性地存在着的。它也是由医院这个小世界创造出来的，然而，它
149 又是生命终点许多困境的根源。当医疗专业人员对一些事务没有按照官方定义的方式及时展开而感到挫败时，他们就会采用一些具体的策略来促进事情的进展，那些策略未必是行之有效的。有时候，患者和家属对医务人员的指导所做出的反应，不是利于推进事务进展的积极选择，而是带着焦虑和紧张的情绪；他们坚持立场，寸步不让。这种等待会造成停滞状态，阻碍事务沿着治疗路径的进展。当患者，更多时候是家属，感到治疗的结果或他们认为前途未卜的生命的结局不是由疾病决定的，而是由医疗专家的行为决定时，尤其会出现这种等待。在这种时候，他们拒绝任何“做决定”的行为。多萝西·梅森的儿子在医生希望他停止对母亲治疗时，仍然要求继续治疗让她好转时所感受到的痛苦，菲斯·沃克尔的家人对撤走呼吸机会“导致”她死亡的清晰认识，卡罗尔·琼斯的家人在与医务人员会谈时无法就放弃心肺复苏“做出决定”——这些都是家属对医务人员引导事务进展时常有的反应。在这种意义上，***等待***是***进展***的对立面。

这两种等待之间持续存在的紧张关系是由医院治疗行为的组织方式引发的，这一点可以从医疗专家发出的相互矛盾的指令中窥见一斑：家属“需要做决定”来停止生命支持治疗，然而，他们“需要时间”，需要慢慢来，承认死亡的到来。等待，在其第二个、妨碍性意义上，是不受医务人员欢迎的，被认为是家属犯下的错误。然而，公众对死亡的理解认为，阻碍性的等待是由医生的要求和愿望以及技术

上的迫切需要造成的，不是由患者和家属造成的。没有人想用机器维持生命，“不自然地”等待一种旷日持久的“不人道的”死法，许多医院的未来患者如是说。公众对于“糟糕的”或者“不自然的”死亡方式的多数评论都声称，是医生，或者“体制”，或者是不充分的交流沟通，让患者和家属陷入僵持的局面，等待一种被无法停止的医院日常行为延长的死亡。

医生用语本身也促成了等待的产生。正如我们在菲斯·沃克尔的病例中看到的那样，医生有时候使用“不太可能”或者“百万分之一”这类说法来回答家属关于患者是否会从昏迷状态或者晚期病情中恢复的问题。有几个人告诉过我，在被问及患者是否能好转时，他们几乎从来不使用***永远不会***这个词，沃克尔夫人的医生就是其中之一。 150
这是因为在他们的经历中或者在他们同事的经历中，有人在某个地方的确曾出乎意料地从医学维持的生死间的门槛地带苏醒过来（尽管未提到恢复的程度）。医生在遣词造句时总是努力做到准确，又要谨慎诚实（一旦患者开始表现出医学上的“生命”迹象，还要小心潜在的责任问题）。尽管如此，家属还是认为他的话模棱两可。***很少，不太可能，几乎不算活着，***医务人员所使用的这些词语在家属听来都是“或许”的意思。这种无心的含糊其词，被家属解读为承认有一线希望，也成为医院里的等待行为的主要根源，它是等待和进展之间紧张关系的核心所在。

每个人都有生命或延续或终止的故事，而这些故事背后的主题都是等待。对患者和家属，等待捕捉到的是被治疗路径的力量困住的个人痛苦。对医疗专家，等待表明的是推动患者沿着治疗路径前进的要求带来的沮丧；对每个人来说，等待促成了***生活质量***的窘境。生活质量的观点于 20 世纪 70 年代被神学家们第一次带入病床边讨论，他们辩论放弃生命支持手段的条件，[1] 如今这一观点在美国社会广泛传播。生命终点将至，对生活质量的讨论意味着考虑生命终止的恰当时机。尽管如今这些考虑司空见惯，但是患者、家属和医务人员对所讨论的生命有着不同的理解。家属和医生等待患者病情好转时应该等多久？谁来决定停止等待的恰当时机，又按照什么标准决定呢？

当“生”和“死”被当成同样的抽象概念时，生活质量就成为思考病重时选择的基本标准。这一词语现在常常被用在关于堕胎、安乐死和“残疾人权利”的辩论中，例如用它来为某人的个人价值观和宗教信条做辩护，来让个人的自主权与国家规定的利益相提并论。在医院里，当“控制死亡”成为思考对象时，护士和医生就会提到生活质量作为选择继续进行可能维持生命的治疗程序或者停止侵袭性治疗的
151 关键理由。医务人员借用这一说法，似乎患者能够想象出一种比他们现状更严重的状态，然后理智地、毫不含糊地选择生活在那种状态下或者故意结束他们的生命。然而，对于处在生死门槛上的患者来说，选择是基于彼时彼刻的利害关系而被感知和做出的。

I. 对事物进程的阻碍

当患者对治疗不再有任何反应，但又显然不会马上死去或者不会很快死去时，他们就会停止沿着治疗路径向前推进。特定的医学状况以及医院的治疗和治疗决定使一些患者陷入了生死之间的灰色地带。当发生这种情况，患者或者他们的家属会被告知，他们必须沿着一个或另一个方向，向着更多的治疗手段或者向着停止治疗——向着死亡继续前进，他们必须做出选择。患者和他们的家人有时候被催促着选择向着死亡的方向进展。那些被医疗专家要求——直接或转弯抹角

地——选择死亡的人是最难以观察的，因为他们不得不面对他们生命中极度脆弱的一面，想象他们如此接近死亡，这是一个非常艰难、痛苦的命题。

人们普遍呼吁掌控自己的死亡（或者为他人主张“得到控制”的死亡），但是，只有当患者自己认为自己快要死了，或者家属认为他们的亲人将不久于人世，对死亡的掌控才能实现。只有当一个人承认死亡将至才能够规划和实施——与医务人员一道——某种特定的死亡过程。这种情况并不总是会发生。在医院里，医生大多数情况下会比家属更早意识到死亡的临近。这种差异在这几章的例子中都非常明显，也是等待行为产生的原因。

当医务人员施加给患者和家属“选择”死亡的责任没有被后者以***及时的方式***担负起来，或者家属根本就不肯承担这一责任时，等待带来的挫败感对每个人来说都显而易见。在本章第一个故事中，医务人员想让患者承认她快要死了，他们想让她按照医院体制的需要向死亡方向进展。然而，他们也承认，他们推动她前进的努力是无效的——
医生花了太长时间来引入患者已无法救治这一话题，当他最终暗示让 152
患者拒绝治疗来选择死亡时，她坚决地拒绝那种“选择”。她让医务人员无功而返，是因为她相信自己能活下去，所以拒绝选择死亡，花了很长时间才死去。在接下来的故事里，医生直接将选择死亡的责任交给了患者，但患者却选择了那些有可能维持生命的治疗。在那种情况下，医务人员和患者都希望那些治疗能够让他活着离开医院。在最后一个故事里，治疗团队所有成员都希望家属为患者选择死亡，但是家属拒绝了，并拖延所有的决策。

这三个故事反映了激进干预路径或旋转门式路径强加在医院里每个人身上那些令人啼笑皆非的要求：生命支持治疗直到***是时候***停止时

才被提出来；治疗路径转变，促使甚至命令人们接受并促进死亡。患者和家属被期待着既遵守这些指令，又能及时、顺畅地从延续生命的行动切换到为死亡做准备的行动。患者和家属通常不愿做这种切换就不足为奇了。

衰而不亡：辛西娅·格拉芙

从入院到第 1 个月：肿瘤科的一位护士这样向我介绍辛西娅·格拉芙的问题：格拉芙女士本以为，和她以前住院的情况一样，她会再次被治好，然后回家去。但是这次住院时间太长了，看起来她不会离开了。格拉芙女士的医生还没有告诉她她快不行了。格拉芙女士不想去护理院，但是她也不能回家去，因为她需要太多的照护。医护人员希望她很快走掉，但是格拉芙女士还不准备死去。她想好起来，回家去。“肿瘤科最困难的是，”这位经验丰富的护士解释，“如果你停止治疗，就表示患者快要死了，不再有康复的希望。对于肿瘤患者，你最不想做的事情是让患者放弃希望。”一位医生也表达了类似的情感：“对任何一个病例最困难的部分，是改变治疗路线。你在他们身上投入所有的资源，结果所有的治疗都失败了；你需要告诉他们你想要减少治疗，而他们希望得到更多。”

辛西娅·格拉芙的死亡成了一个棘手问题，因为它和她都不合时宜。医务人员知道她快要死了；格拉芙女士知道自己病得很严重，但
153 是她还在等待，事实上她还活着，等待着病情稳定。她为自己的好转精心安排自己的每一个行动、每一种想法。她不认为自己已经或者可能快要死了，也不想等死。

因为她要在医院里住很久，所以我有足够的时间听到各种观点，关于格拉芙女士的经历，关于她需要什么、她想要什么，以及人们认

为对待她的最好方法；我也有时间倾听格拉芙女士自己的声音，以及她的需求与医院系统的要求是如何冲突的。

在美国和英国，与其他大多数疾病相比，晚期癌症伴随着对所谓**善终**的强烈期望。一种“好的死法”赋予患者足够的时间来谈论它，也促进对“个人成长”的追求。一种好的死法的前提是患者已经承认并接受死亡过程，并努力让她的生命到达“终点”。除非患者展现出这些要素，否则因癌症死亡，即使患者有几个星期、几个月或者几年时间来习惯面对死亡，也不会真正被认为是好的死亡。在医院背景下，癌症可能是唯一一种被认为有***一个死亡过程***的疾病。当一位患者的病情被所有人认定为癌症晚期，那时，真正的临终关怀才可能得到认真实施。晚期癌症的治疗路径意味着开启死亡过程，通常被认为是好的、没有争议的。它们不会涉及相互矛盾的治疗和官僚制度带来的混乱。

格拉芙女士 41 岁，她 4 年前被诊断患上一种罕见的癌症，在手术前的四年里反复入院接受各种治疗。这次入院一个月后我见到她时，癌症已经扩散到她整个肠道和骨盆区域。她大部分肠道都通过手术切除了，浑身疼痛，尤其是双腿。她的伤口需要大量的护理来防止感染，还要进行疼痛处理。

护理人员清楚地了解对格拉芙女士的伤口护理、疼痛、发烧和安抚的日常处理方法，实施起来并不困难，她的医生也清楚地了解她的病情将会如何恶化并最终导致死亡。尽管如此，对于如何***面对***这位患者，如何为她的死亡做计划，医务人员还是感到非常不安。然而，大多数参与格拉芙女士护理的专业医务人员都认为自己应该为她的死亡
做好计划。 154

格拉芙女士和她的病对医务人员来说是一个棘手的问题，他们对

格拉芙女士加在他们身上的道德诉求感到不适。在他们看来，她不允许他们实施他们对她的职责，她是一个在他们想和她一起努力实现她的死亡时，却不恰当地想要得到生命支持治疗的患者。医务人员对于想采取的措施观点一致——停止供应养分和抗生素。这些策略将会带来最平稳、痛苦最少、最迅速的死亡，鉴于她的情况，也会让医生、护士及社工们感到自己做的是最恰当的事情。但是，格拉芙女士每一次都挫败了那些策略。

在实践中，医务人员没有计划将格拉芙女士推进死亡之地；她已经困在医院里太久了。这让参与她的治疗和护理的每个人都感到麻烦。首先，她缓慢的死亡过程给许多人带来了极度的不适感。既不会马上死去，又没有好转到出院的程度，她处于一种让医院官僚制度总是感到棘手的僵持状态。她的心脏和肺脏相对强壮无损，她不太可能出现心脏骤停。出院计划员定期提起她的护理成本问题，建议有没有可能将她移送到护理成本较低的科室去（但是那里没有足够的护理肿瘤患者的经验），或者将她送到高水平的护理机构去。

此外，格拉芙女士并没有按照医务人员，尤其是肿瘤科社士和护工们期待的方式激活她自己的***死亡程序***。按照一些社工和护士的说法，格拉芙女士并没有主动地，起码没有以他们可见的方式为好的死法做准备。她不承认，不与他们谈论自己生命的终止，也没有表明自己在接受，甚至是领会自己生命有限性时的“情感需求”。她没有要求快速解脱，也没有要求通过医疗技术得到缓慢又无痛苦的逐渐衰亡。事实上，关于“想要”如何死去，她没有任何要求。她既没有要求被送到临终关怀医院去，又没有建议停止使用抗生素，或停止胃管进食。

根据与我交谈的一位医生的说法，治疗团队也没有设法把患者放置到通往好死的路径上去。“没有一个医务人员和她谈论过她的死亡，”他告诉我，“没有人对她说过‘瞧，下个星期我们要这样做——向你的孩子道个别，放着音乐，带着鲜花回家去，等着死亡’。”他认 155
为，让她“像这样停滞不前，这样活着”，从医学和伦理道德角度看都是不恰当的。他还认为，让她女儿看到她现在的样子——“好几个月，处在不生不死的状态”——也不好。与我交谈过的所有护士都和他有同样的观点。但是，护理会受到治疗的阻碍，护士不能引领患者沿着死亡路径前行，因为医院系统通常不允许他们主动推动患者的死亡进程。

第 2 个月：格拉芙女士没有丝毫进展，这让护理人员和社工越来越感到困扰。她不认为自己快要死了，开启善终的过程再次受挫。至少一位社工曾经想和格拉芙女士的家属讨论通过“给予她死亡许可”来帮助她规划死亡的事情；另一位社工尝试了几个星期，想让格拉芙女士的家人和医生见面，共同计划帮助患者停用抗生素和停止进食。

一位护士想让某个人，可能是我，来“辅助”患者写日记，记录她对疾病的体验、她的各种想法、她对死亡来临的意识。“这是我们能为她（11 岁大的）女儿所做的事。”她告诉我。日记的事情一直未能实现。“她排斥一切。”我常听他们这样说她。在医院里，这个精神标签被广泛用来描述家属和患者不承认即将死亡的转变，而这种转变对医院工作人员来说却是如此明显。多数情况下，“排斥”通常被用来解释患者没有按照预计的方式沿治疗路径进展。格拉芙女士在接下来几天甚至几个星期内还不会死去，这让护士们很担心，不知道该如何定义和确定对她的护理目标。他们知道如何更换伤口敷料，如何给患者使用止痛药，但他们对于自己到头来究竟为什么在执行这些任务失去了目的性。他们同意均摊对格拉芙女士的护理工作，因为她已经成了一个沉重的情感负担，任何护士都无法单独承担护理她的任务。

随着时间流逝，辛西娅·格拉芙越来越被定义为一个在时间和空间上都不合时宜的患者，对护士们来说，她在医院的停留在道德上变得越来越麻烦。一方面，根据与我交谈过的护士和社工的看法，好的死亡可能出现的一个方法是，让她按照库伯勒-罗斯的观点和临终关怀脚本，接受自己将要死亡的事实，然后做出选择——按照医学上的说法，按时——停止一切治疗。格拉芙女士的例子向我揭示了在关于
156 以何种方式、在什么时间执行死亡的观点无法实现时，哪些关切会引起医院工作人员的关注。在格拉芙女士的病例中，医院员工使用否定词来理解和定义死亡过程中的“尊严”。一种有尊严的死不会持续很长时间，不会被看似毫无目标的医疗程序所支配，也不会因为排斥决定而停滞不前。

第 2 个月末：今天，我第一次与格拉芙女士交谈。早晨，一位护士为我们做了介绍，晚些时候，应她的请求，我又来到她的床前。我进去时，她被许多枕头支撑着，正在会见一位来探视她并马上要离开的朋友。格拉芙女士穿着医院里的病号服，由于化疗，头发几乎掉光了，眼睛下面有深深的黑眼圈。她鲜红色的指甲很长，修剪得很完美，形状也很漂亮。它们是唯一能够暗示这个被医院和可怕疾病剥夺了个人生活的女人性格的东西。我觉得她的脸很好看。她戴上眼镜，完整地读完我递给她的那份“同意参与研究”表格。她问了几个问题，我告诉她我对治疗决策感兴趣。她马上回答说：“做决定很艰难。有些决定是别人替你做的，那样很简单。但是那些别人不能替你做的决定，真的很困难。”这番话里暗含的意思是她可能，或许将要最终

对治疗和基本的生命支持说不，从而引入自己的死亡。

我问她这次因为什么情况入院。她说她的泵[2]感染了，还得了脑膜炎。她住院第2天就接受了手术，取下了泵，然后就开始接受抗生素治疗。她还做了各种检查化验，包括一次腰椎穿刺。第2周，她出现了瘘管。[3]“对医生来说这是个很大的问题，”她说，“他很认真、诚实地和我谈过，说瘘管实实在在地让他灰心丧气，他无法给我提供任何治疗了。某位外科专家说，熟练的整形外科医生或许能做些什么，但是也得等到我服用2个月的TPN[4]之后才行。我的医生感觉随时都能找到人给你做手术，但是他说手术之后，我可能再出现2—3个新瘘管，情况可能比现在还要糟糕。我身体里已经什么都没有了。这让我很难作决定。我当然还拥有所有的生理机能。即使我不能吃，不能动，没有行动能力，我仍可以看着我的孩子长大。可是，我这样
能坚持多久呢？我应该等着接受手术和病情恶化的可能吗？还是可以 157
放弃使用TPN和抗生素，让一切顺其自然……”

她的声音越来越低，提出有意向结束自己生命的想法后，她开始轻声哭泣起来。我静静地坐在她旁边。过了一会儿，我们的对话转到了其他的主题：她的家人，以及她在多大程度上和他们每个人讨论过自己的情况（和她父亲没有谈很多，因为他有心脏病；和她的姑妈谈过很多）；她女儿知道她已经“无药可救”，以及“医生正在想办法延长我的生命，让我感到舒适”。她说，她已经和女儿谈过，告诉了她“关于我一旦出了事会发生什么情况，以及她必须去和谁一起生活”。她转过脸，透过阳台上的大窗看着外面满眼绿色和鲜花的美丽景色。她说她敬畏大自然，喜欢了解动物，喜欢看电视上的自然节目。她努力振作精神，因为她知道，尽管自己处境不好，还有其他人比自己的情况更糟。

一个星期后：格拉芙女士的医生清楚地知道，护士和社工们对这一病例深感不适，他同样对她的长期滞留感到忧烦，于是他在肿瘤科医务人员查房时发表了一个声明。“格拉芙将会一直待在这里，直到某种情况结束她的生命——除非有人想出更好的主意。”他说话的声音很轻，但语气中的权威性清楚无误。房间里一片寂静。他看着护士和社工们。“谁有更好的主意？”没有人回答。接着，他总结了她的病情和治疗情况。他用这种方式解释了她长期滞留在这里和将继续停留在这里的原因。他详细讲述了她多次手术的细节，她活跃的盆腔肿瘤以及他为治疗她做出的各种努力。开始取得了一点进展——她知道自己将死于癌症，但是她现在可以走路，可以回家去。她在家里待了将近两个月，后来因导管而感染，她得了脑膜炎再次入院。“我们把她送到了医院，停止了化疗。控制住了她的脑膜炎。但是肿瘤失控了，她体内有好几个肿瘤。现在她非常疼痛，需要使用镇静剂。她需要输血。她无法下床。当她染上脑膜炎，我就告诉她，我无能为力了。她将继续这样活着，因为她的主要器官没有受到影响。我提议加速事态的进展——停用 TPN 和输液——但是她不同意。我们争取将
158 她设定成了无代码状态。这是个不小的成果。”

房间里的某个人问，是否可以让她回家去。医生说她不能回家，因为她需要 4 个护士照料，如果回去，她的房子将不得不被改造成重症监护室，这是不可能的。另外一个人问，是否可以把她送到护理院去。他回答说，那将把他的生活变成一场噩梦，因为那里的工作人员会一天给他打六七次电话，因为他们不知道该如何恰当地护理她。一位护士说，鉴于她所需要的护理水平，就算是熟练的护理机构也不可能给她足够的照料。

10 天之后：格拉芙女士出现了新的感染，又有新的发烧症状。

她的一位医生对她说，从这里或那里买上一两天寿命对她和家人都不好，那根本谈不上“生活质量”。[5]他问她，停止一切，让自己睡过去是不是更好些？她说，是的，那样的确更好些，但是她还是没有向那个方向采取任何行动。护士们说，另一位医生也曾询问她，是否愿意接受对最近出现的新症状的治疗，这一询问本身暗示的意思就是，不治疗将势必加速她的死亡，她可以，或者说应该这样选择。按照告诉我这件事的护士们的说法，格拉芙女士直视着那位医生的眼睛，非常肯定地说：“治疗我。”

护士们都认为格拉芙女士的病情在稳步恶化。也有人告诉我，她的身体正在朽坏，这是引起护士们焦虑的另一个原因。被格拉芙女士描述为知己并每周来看望她的姑妈曾经告诉我：“我认为她觉得自己的病情需要得到重新评估，看是否适合手术，希望稍微好转一些后回家去。我觉得她一直在坚持等待这个结果。我想她想要，也期望着回家去。她的思想很坚强，但是她的身体不行了。”果然，这次对话后一周，我走进格拉芙女士的病房，她对我说：“我现在不能和你谈话。我得叫护士来给我止痛药；我马上要和治疗师一起出去呼吸一下新鲜空气（在阳台上），做一些强化锻炼。我得强壮起来，准备回家去。”

根据一项对晚期癌症患者的研究，许多人选择接受毫无益处、徒增痛苦的侵袭性治疗，是因为他们不了解他们病情的预后情况。[6]参与那项研究的患者过高估计了他们会继续存活 6 个月的概率，因此往往希望得到抗癌治疗；而医生对于那些患者可以存活多久的估计更为精确。[7]该研究强调了医生和患者对疾病未来进展（常常）不 159
同的观点。研究者们发现，患者要求更多治疗的一个主要原因是，医生要么没有给他们提供关于他们病情的足够信息，要么没有提供那些引导他们选择舒适护理、放弃侵袭性干预治疗的信息。尽管许多医生告诉患者关于不治之症的“真相”，但他们这样做时会采取各种方式，未必会泄露死亡将近的事实。他们常常用患者无法理解的方式“说实话”，例如，通过谈论患者对即将采用的治疗可能会出现的反应，而患者往往会主观地认为，那种治疗会通往痊愈，或者至少使病情得以稳定。[8]那项研究和其他几项研究都强调，减少只会延长痛苦和死亡的无效治疗，医生与患者耐心沟通是一个重要的解决方案，但是这些研究没有考虑“选择”对有些患者来说意味着什么。选择停止侵袭性治疗，就像对辛西娅·格拉芙那样，可能意味着积极主动地决定“死去”。一些患者要求停止化疗或者其他治疗时的确做了这种选择。许多其他患者，包括格拉芙女士没有这样做。尽管罹患晚期疾病，忍受持续的疼痛和极度的虚弱，活下去的欲望仍然非常强烈。如果我处在辛西娅·格拉芙的境地，我可能也会做出和她一样的选择。

第 3 个月末：到此时，医务人员把格拉芙女士称为“异类”，因为她在医院的滞留时间长得不正常，光这一点就很麻烦。她的病情无法进展。在第 3 个月末的一次肿瘤科巡视中，医生和护士们又一次提出了那个问题：“治疗的目标是什么？”有人回应说：“没有目标，只是把她留在这儿直到她死去。有时候，她会稍有好转；当出现什么症状，她就要求治疗。”另一个人说：“她总是在发号施令。”一些医生和护士越来越沮丧，因为他们无法控制她的疾病，又无法实行他们认为的善终方案。[9]

巡视后，我再一次会见了格拉芙女士。她靠许多枕头支撑着坐在床上。我问她：“你好吗？”她回答说：“你知道，我有很多恐惧、很多害怕的事。但是我的家人每天都来看我，这很好。我睡得很多，这也很好。”她的头发比我两周前见她时长出了一点。她定定地坐着，不做任何不必要的移动。她带着一种内在的安静，这种安静是我以前在那些将死之人身上见过的，映射出一个宁静、内敛的自我。就好像
世界的全部意义都包含在她的身体里、在她的生命里、在那一片刻 160
里。她似乎已经从自己俗世的肉体中退了出去。

2 个星期后：格拉芙女士的姑妈一直仔细关注着她不断恶化的身体状况，发现她的意识时而清醒，时而模糊，于是她姑妈做出了一个积极的决定，停止一切静脉营养供给、输液和抗生素。因为格拉芙女士需要越来越大剂量的止痛药，她大多数时候已不再是清醒或者警觉状态了。她无法进行对话，甚至几分钟都做不到。护士和医生们重申，由于她的主要器官没有染病，所以即使没有生命支持手段，她的死亡也将是缓慢的。疼痛是医务人员和家人最关心的问题，一位疼痛顾问被请来，看是否能够更好地控制。

在她生命尽头的这些日子里，格拉芙女士的意识仍然是时有时无的。格拉芙女士的家人清楚表示，他们希望她在去世时处在无意识状态，他们要求护士确保这一点。在她离世前 12 小时，医护人员给格拉芙女士用药以减轻她可能感受的任何疼痛，并确保她处于无意识状态。她离世时，家人陪在她的床边。

医生们的当断不断：杰克 · 卡特

入院到第 10 天：杰克 · 卡特，84 岁，患有充血性心力衰竭。[10] 他因心脏病发作被送进了重症监护室。静脉用药恢复了他的血压，让他的病情保持稳定。这些药物不但救了他的命，[11] 对他来说，这就是他的生命支持系统，没有它们，他会立即死去。他还需要氧气。卡特先生的心脏病医生告诉我，大多数充血性心力衰竭患者都会在治疗后两三天内好转，但卡特先生已经在重症监护室里待了 10 天，病得太

厉害而无法下床。他没有好转，事实上，情况看起来更糟了。“他的心脏已经死了，”重症监护专家说，并告诉心脏科医生，“他在原地打转，没有好转迹象。我们该拿他怎么办？他不能永远住在这里。”心脏科医生想要给他做一次诊断性血管造影，[12] 看看是否需要进行血管成形术。[13]“我不想看着他死去，然后在尸检时发现我们本可以修复他的一条血管，”他告诉我说，“或许，我们有 25% 的机会真的可以做点什么，让他好起来。”另一方面，他不确定血管造影能不能发现
161 任何可以通过医疗技术修复的问题。重症监护专家认为，血管造影不是个好主意，因为用来看清动脉情况的造影剂有可能引起肾衰竭。两位医生都认为，卡特先生心脏的情况太糟糕，如果肾脏受损，他将无法忍受透析治疗。

心脏病医生和卡特先生很熟，在过去的 8 年里一直为他治疗。他告诉我，卡特先生看上去“比他的心脏年轻很多”，对生活充满热情。心脏病医生过去曾经和卡特先生讨论过生命支持治疗的问题。他当时说，他愿意接受插管，使用呼吸机，如果病情可逆，他也愿意接受心肺复苏抢救。如果病情无法改善，他则不想接受生命支持治疗。和大多数情况一样，那些笼统、假想的愿望无助于医生们摆脱目前的僵局。“我们现在进退两难，”心脏病医生说，“我们希望他能康复，我们在努力支持他，但是我们又不能停止给他输液。”

第 10 天：我在病房听着心脏病医生向他的患者解释，告诉他病情没有好转，他也不能这样回家去。他解释了血管成形术，以及它引起肾损伤的风险并告诉卡特先生他们没有把握发现能修复的问题。“我不能向你保证这一治疗没有风险，它可能会让你的情况更糟。你可能会心脏病发作或者中风。我们必须权衡利弊。这在某种程度上取决于你，取决于你想要怎样活跃的生活。就像打篮球，你需要进行加

时赛。你对此有什么想法？”

卡特先生问医生，如果他处在自己的情况会怎么做，心脏病医生说他不知道。“我不是 84 岁，我不知道怎么办。有些人 84 岁时会说他们已经活够了，另一些人会说他们想要继续活下去。”卡特先生告诉他，自己愿意冒风险接受治疗，希望自己能好转。他的妻子同意。

患者已经到了激进干预路径的十字路口，现在被困在那里了。如果医生无所作为，患者很快会死亡；如果治疗引发肾损伤，患者也会死亡。另一方面，如果治疗团队发现一处堵塞的血管并把它打开，卡特先生就能够回家并“活下去”，哪怕他不得不坐在椅子上度过余生。

心脏病医生和护士谈了微调卡特先生的用药问题——稍微降低各 162
种血管升压药的剂量，停用某些药物，保留另一些药物。医生想让卡特先生的情况在血管造影和可能的血管成形术之前尽可能保持稳定，这些治疗定在第 2 天早晨进行。他仔细审读着卡特先生的病历，寻找如何进行治疗的线索。如果他认为形势只是徒劳，就不会向患者建议这些治疗了。但是，因为他曾多次看到“即使只修复一条血管都能使患者回家过自己的生活”，所以他想努力一次。

值日班照顾卡特先生的护士，和其他护士一样向我解释说，像他这样的患者都是到医院来接受“对心脏的小调整”。患者接受一段时间防止心力衰竭药物的治疗。他们回家去，然后几个星期或者几个月后又回到医院。“人们往往要住院治疗好几次，”她认为，旋转门式治疗路径是常规途径，“然后才真正准备好面对死亡。他们需要住院好几次，事实上并没有好转。他们需要往返数次，一次比一次严重，直到那时候他们才会说受够了。”只有那时候他们才好歹“决定”是死去的时候了。她认为卡特先生还没有准备好。护士们反复告诉我，患者只有在***一定时间后***才能接受死亡。对于患有充血性心力衰竭之类使人虚弱的疾病的患者来说，***必须积极主动地选择死亡***。我从来没有听到医生使用这种语言。

卡特先生在因心脏病入院之前一直过着积极活跃的生活。他徒步旅行，打排球，做大量的志愿者工作。这位护士认为，他很久没有生过病，因此还没有做好死去的准备。当我问她，如果她是患者或者患者的妻子，她会怎么做时，她回答说不知道，一切取决于患者“想要”什么样的生活，他如何看待“生活质量”，以及他是否认为极度残缺的生命（坐在椅子上，不能走动，时刻需要补充氧气）是“值得”活下去的。

心脏病医生离开后，我和卡特先生交谈了几分钟。他口鼻上戴着一个透明的塑料氧气面罩，静脉注射管子连接着他和许多挂在床边杆子上的药袋，他还连着一个心脏监护仪，时不时地发出“哔哔”声。他看上去的确比实际年龄年轻很多，神志清醒，表情活跃。他有一双友好、明亮的蓝色眼睛，轻松地谈话。他没有谈及护士认为为了推进
163 治疗他需要做出的选择，相反，他谈论为什么医学也不是无所不能的，谈论为什么他觉得自己已经权衡了风险，并愿意接受血管造影。他指出，毕竟他现在什么也干不了。他告诉我，20 年前心脏病发作和这次复发后，他都对死亡的问题考虑了很多。

几个小时后，下午 3 点，医院牧师探望了卡特先生，后来我了解到，牧师听到了他不同的说法。卡特先生认为，他可能在治疗过程中或者治疗后马上死亡。他为家人担心。他的妻子和子女们都聚集在重症监护室外的候诊室里，同样担心他可能活不过这次治疗。他们都在哭泣。

4 点，值晚班的护士给心脏病医生打电话，因为卡特先生的血压突然下降。她对这位患者“决定”接受治疗很吃惊。和值日班的护士

一样，她说，同她护理过的许多患者一样，他本可以选择死亡。她也强调说，他之所以没有准备好做那个选择是因为他以前病得不够厉害，病的时间不够长。心脏病医生到达病房，简单地给卡特先生做了检查。他告诉护士，他不确定卡特先生是否能活过当天晚上。

大约 5 点，卡特先生的病情恶化。心脏病医生对他进行了一次叫作“复律法”的电击治疗，停止了危险的心律，使他的心跳恢复了正常的节奏。[14] 但这没有解决问题，之后不久，卡特先生的心脏停止了跳动。治疗团队实施了心肺复苏抢救，希望能让他的心脏复跳。在将近两个小时里，他们做胸部按压，使用电击，使用静脉血压药物，想让他恢复心跳和血压。“他想要激进性治疗。”心脏病医生事后解释说。卡特先生下午 6∶45 去世。

最后：第 2 天，卡特先生的日班护士含着眼泪表达对他的死亡感到震惊。在她看来，他在自己有机会主动选择死亡之前离开了世界。“或许他只是不想面对那个程序。”她推断着，希望把他看作一个积极主动选择死亡的角色。几天后，重症监护专家也对这一病例进行了反思。“回想起来，”他说，“我们需要早一些实施激进性治疗，没有当断则断，治疗方式不够激进，也花费了太多时间。”

医生们拖延了在激进干预治疗路径上的步伐。卡特先生在重症监 164
护室里待了 10 天，然后在一次紧急心肺复苏救治后死亡——这情景在医院并不算少见。当处在治疗路径上的十字路口时，医生早已经考虑了两个可行的选择：要么继续进行血管造影检查——从医学上讲这是唯一能做的事情了，也显然是激进干预路径的延续——要么询问患者是否“想要”离开这一治疗路径，终止他的生命。

当医生询问卡特先生对“怎样活跃生活”的看法时，他将决定死亡的责任完全放在了患者的肩上。尽管卡特先生回答说，他愿意继续接受治疗，他同时也感到犹豫不决，于是他把问题推回给了医生，问医生如果“处在我的情况你会怎么做”——就是说，如果医生也躺在重症监护室的病床上，被拴在维持生命的药物上会怎么办。他的问题也很常见。患者经常询问医生，他们是否快要死去了。卡特先生清楚地知道临床医生了解生理衰退的生物学真相，他想让他的医生说出那个真相。尽管医生做出了回答（我不是 84 岁，我不知道怎么办……），但，这是一个针对错误的问题给出的错误回答，因为那个问题迫使患者为是否选择死亡担负责任。而那个回答，按照医疗体制的需要，没有让事务得以进展，也没有为患者提供清楚的引导，以便让他能够“控制”自己的死亡。此外，医生的回答没有消除患者对任何“决定”担负责任的压力。同家属一样，医生们也想规避批准死亡或被看成“导致”死亡带来的负罪感和个人责任。如果，就像护士们建议的那样，卡特先生“没有准备好选择死亡”，他也没有得到医生的提示、允许或引导来选择死亡。医生决定为治疗做准备。

许多人可能会说，卡特先生没有得到“人道的”或者“有尊严的”死亡方式是因为他是在重症监护室长期滞留后，又在剧烈的心肺复苏过程中（或者之后马上）死亡的，死亡时身上还插着各种管子和机器。这种观点以其抽象的形式，想让患者认真地绘制自己的死亡路线（最好是以一种直线的、迅速的线条绘制，好像这是可能的似的）。它想让医生遵从患者的意愿。但是，和许多住进医院、病情危重，处在激进干预路径上的患者一样，卡特先生愿意待在这条路径上，不管后果如何。相反，对卡特先生治疗轨迹的一种不同解读或许能够显示
165 医生的行为的确是“人道的”，正是因为他没有引导卡特先生选择死亡，***没有***建议他现在就结束自己的生命。通过提供一种选择，并把最后决定权交给患者，可以说医生的行为是恰当的（按照美国社会自主

决策这一惯用语的含义）。

尽管医生非常清楚，稳定患者病情或者使之康复的概率非常低，他还是提出并决定继续进行最后一次可能稳定患者病情的治疗程序。但是在进行治疗之前，卡特先生曾有过一次心脏骤停，并实施了心肺复苏抢救，这是激进干预路径上患者死亡前的最后一步了。卡特先生早些时候曾经说过，如果他的病情被认定为可逆的，他愿意接受心肺复苏救治。他选择接受血管造影检查和可能的血管成形手术，而不是停止所有治疗。对紧急心肺复苏的需求只是遵行了已有的患者指令。实施心肺复苏尽管被所有人看作最无尊严的死法，但在医院体系内，它是医生和患者共同努力规避死亡时深思熟虑后选择的逻辑结果。在那一刻，心肺复苏是除了“选择”死亡之外唯一的选项。

家属的停滞不前：恩胡·温

背景：恩胡·温夫人的病情并不罕见，她女儿特兰夫人对她病情的反应也很寻常。温夫人，84 岁，此次入院 6 年前已被确诊为帕金森病，尽管现在回想起来，特兰夫人告诉我，她在确诊前很久就已经有了各种症状。确诊后不久，她很快就需要 24 小时家庭护理，特兰夫人为她安排了护工。但是，特兰夫人说她母亲仍然有好的“生活质量”。她可以出去参加家庭聚会，享受生活。然而，由于病情的发展，过去两年的生活非常困难。特兰夫人告诉我这些事情时，我们正坐在她母亲的病房里。她刚刚给温夫人洗了灰色长发，把头发披散开搭在枕头上，温夫人正在睡觉。这是一个温暖的日子，特兰夫人打开电扇吹干她母亲的头发。温夫人通过鼻插管呼吸。透过盖着的被单我可以看见她的手已经严重萎缩。

在住院前的几个月里，温夫人无法行走，需要三四个小时来给她

166 喂每一顿饭。特兰夫人密切监督护工的工作，护工会用调羹把糊状的食物送进她母亲的嘴里，仔细地看着她吞下每一口。温夫人已经大小便失禁，她的身体状况和精神状态也在恶化。但是她仍然能和女儿进行互动。我在医院里见到她和她女儿前 6 个星期时，负责照料温夫人的家庭护工、医生、护士以及言语治疗师一致认为温夫人摄取的营养不足，需要往她胃里插一根饲管。[15]

温夫人接受了常见的低风险、低技术含量的胃管插入程序。但特兰夫人告诉我，从那时起，她母亲就一直问题不断，尤其是反复出现的反流和发烧。[16] 特兰夫人骄傲地说，在插胃管之前的两年里，她母亲从来没有住过院，也从来没有出过问题。

从入院到第 7 天： 插入胃管 6 个星期后，特兰夫人把母亲送进了医院。温夫人因吸入她自己的分泌物而得了肺炎，此外，胃管也被意外移动了（用医学语言说，叫移位了）。住院后，医生治疗了她的肺炎，建议用插入空肠（即小肠）的管子（J 管）代替胃管，避免食物回流以及可能出现的将食物吸入肺里的情况。

这一治疗手段需要进行全身麻醉，特兰夫人和她一大群家族成员争论对患者进行这一手术是否恰当。他们最后决定接受手术。“这是一个非常非常艰难的决定，因为我们知道她是一个高风险手术患者。”特兰夫人告诉我。她非常擅长将自己的认知方式快速翻译成美国医疗保健提供者容易理解的语言，她解释说，作为佛教徒，作为亚洲人，他们的决定不是基于生活质量之上的——“我母亲过去两年里的日子根本谈不上生活质量。”家人只想延续温夫人的生命。另一方面，他们不想做任何引起疼痛和痛苦的事情。之前他们决定，如果温夫人无法自主呼吸，不使用呼吸机；如果她的心脏停止跳动，不接受心肺复苏抢救。除此之外，她的生命应该得到维持。特兰夫人解释了这些决

定，又补充了一些其他情况想让我对她本人有所了解：她父亲曾是一 167
位受人尊敬的佛教徒。她35年前从越南来到美国。她骄傲地说，她年幼的孙辈都说越南语。她有一个残疾表亲，她负责照顾了很多年。她自己也在一家专业卫生保健机构工作，是专门请假来照料母亲的。她白天、晚上大部分时间都陪在母亲床边。

第7天：温夫人入院第2天接受的手术并不复杂，但自从手术后，温夫人的情况一直不太好。她没有像治疗团队和家属希望的那样恢复到以前的身体状态和精神状态。负责治疗她的医生们在她病历中写道："临终护理""痴呆，慢性植物状态"以及"持续恶化"。医生们对特兰夫人说，她母亲的病情在恶化，她抗不过这场肺炎。尽管有J管，但她还在吸气，所以不能通过它进食。温夫人此刻通过静脉管接受抗生素、营养物以及吗啡，而这些不能无限期地连续使用。

特兰夫人筋疲力尽。当她不在医院时，她会安排曾在家里照顾温夫人的护工前来，坐在她床边。她告诉我，同时也是在表达她的信念和矛盾心理："我母亲是一个战士。她想活下去。我非常了解她的内心想法。所有这些关于生活质量的讨论都毫无意义。她想活着，就算以这种状态活着也行，因此她才这样努力挣扎着呼吸，因此他们才给她使用吗啡，让她呼吸得容易一些。可是，我不知道。或许他们应该给她更多的吗啡，直到她停止呼吸……我想让她活着，但我也想让她感到舒适。"特兰夫人的兄弟正从位于另一座城市的家里赶来。特兰夫人说她母亲在等着死亡——等着她儿子来看看她。

现在，手术后6天了，医疗团队想停止温夫人各种抗感染的药物，让她继续走向死亡。他们认为，她没有意识，但知道已经到了疾病的末期。他们觉得没有理由延续她的死亡过程，这或许会造成她的痛苦。他们想创造一种舒适的死亡。医院社工告诉特兰夫人，医务人

员想在她兄弟到达医院时同家属会谈。特兰夫人很熟悉那些可预测的
168 （也是被期待的）医院治疗路径，委婉地问道："他们为什么要与我们会谈？我们已经为她设定了放弃心肺复苏状态，也不需要插管治疗。如果她能出院，我打算接她回家。我能应付。我重新安排了一些护工。我母亲以前在家里没有输氧设备，但是这次我们都置办好了，我也学会怎么使用了。这不是问题。所有问题我们都讨论过了，没有再次会谈的必要。他们为什么要面谈？是因为他们想告诉我，如果他们摘下氧气罩，她会更快地死去；戴着那个面罩就是在延续她的生命。它和呼吸机一样。如果你拿掉那个面罩，她可能只能活几个小时、几天或者几个星期，但是她会很快死亡。因此他们想再次进行会谈。"她用平淡的语气说。特兰夫人很清楚，治疗团队把她看成一个让她母亲走向快速死亡的障碍。

隐性的医院政策多数情况下会让家属绘制患者的死亡路线，即使他们阻碍事务的进展（关于撤走生命支持治疗的问题，尽管没有法律条文，但是医院有很多显性的指导方针）。家属和医疗保健提供者一起表演一场微妙的舞蹈，在其中，医务人员允许家属为危重患者发声，倾听他们的声音，实现他们的治疗愿望；与此同时，又引导家属沿着医务人员认为恰当的路线前进。

与温家的会谈定在温夫人做生意的儿子到达医院之时。我同病例管理人、患者的儿子和女儿站在温夫人病房外面，这时，社工过来告诉我们，她得为我们的会谈找到一个房间并找钥匙开门。几分钟后，她返回，引领我们到了护士站附近一个没有窗户的小房间，里面空空荡荡，没有任何装饰物。没有足够的椅子，那位社工和病例管理人去找了一些。他们带着椅子回到房间，恰好这时医生也到了。大家迟疑了片刻，各自决定坐在哪个位置，特兰夫人指着她身边的一个椅子让

我坐在那里。“你来支持我。”她说。医务人员与家属之间的敌对基调就此确立了。我和特兰夫人及她的兄弟坐在桌子一边。医生、社工和病例管理人坐在另一边。

会谈按照医务人员与家属沟通的标准模式开启：医务人员谈了他
们了解的患者的真实情况，概述了事情进展的恰当过程，家属应该理
解、同意，并“执行这个程序”。医生是一位来自中国的移民，他先 169
回顾了患者的病情。他很体贴，考虑周到，尽最大努力描述患者的
情况。

医生：我们移除了胃管，但是你母亲的肠管也出现了问题，我们正用抗生素为她治疗。她已经在重症监护室住了一两天了，插了管。她的肺炎还有，炎症就是无法消除。她还在断断续续地发烧，呼吸也更吃力，更快，更浅了，因为她的肺部没有足够的氧气。我很抱歉，从基本上讲，她情况不好，我想让你们了解真实的情况。这种情况对大家都很难，对专业医疗人员也很难。恐怕她很快会死亡。她已经有几次差点就要死了，我们没有办法继续治疗她的病情了。恐怕她还会继续吸入异物——她自己的分泌物，就算他们不间断地往外抽吸也不行。至于她的营养情况，我们希望肠管会起作用。但同时，我们还在为她提供静脉进食——这是生命支持措施。我们可以短期这样做，但无法长期坚持。在我看来，这不是对她最好的方式。她不能与人交流。我们可以让她短暂地活着，即使有最好的护理，她也随时会死亡。对她面临的困境没有好的治疗办法了。我的建议是，我们应该保持她的舒适，让她的嘴巴不要干裂；我建议减少氧气输入，她现在接受的是14升——这真的很多；然后停止使用抗生素，让她入睡吧。一切顺其自然。我很抱歉。她度过了完整的一生。现在她已经非常接

近生命的终点了，已经没有任何生活质量可言了。大多数像她这种情况的人到现在都已经去世了。

温夫人的儿子：生活质量？

医生她对自己身边的环境没有意识。她没有任何表现，不能以任何有意义的方式做出回应。

特兰夫人：有时候，很少有的时刻，当她睁开眼睛，当她听见我说话时，她的眼睛会转向我。所以我们不能说她完全没有意识。我相信她能认出我的声音。

儿子：如果你们不停止任何治疗，她能活多久？

医生：我不知道。几天，几个小时，几个月。或许你只是在让
170 她的肉体活着，但是她的胃肠道不工作了，她无法吸收养分。抗生素也降不了她的体温。

儿子：她很痛苦吗？她没有意识，就像你说的。

医生：她没有接受止痛药或镇静剂治疗。

社工：你是担心她的舒适程度吗？

儿子：我主要想知道她是否还活着。她有意识吗？她痛苦吗？

医生：呃，她的肉体是活着的，你们在维持着让它活着。她的意识已经微乎其微了——这是一种持续性植物状态。[17]意识状态也是分等级的。

特兰夫人：但是，她这种状态已经有好几年了。

医生：就痛苦而言，我认为她并不感到疼痛，但我也不能肯定。即使我们尽一切努力，我也不知道她能活多久。大多数家庭不会让亲属靠管子进食活着。

儿子：你有什么建议？

医生：让一切顺其自然。

儿子：那是什么意思？

医生：停止管饲和抗生素，只给她输一点氧气让她舒适，用一点吗啡止痛。让事情顺其自然。即使有现在这些治疗，我认为她也只能活几天了。

儿子：我们还有几个家庭成员没来，我们需要全家人见面商量一下。

医生：她处在生死之间的等候地带。无论我们如何干预，她都会死亡。

儿子：让她保持舒适，这一点很重要。（医生离开房间，去回应寻呼机上的呼叫。）

病例管理人：那是当然，这就是我们想做的。

特兰夫人：这么说我们不能谈论出院的问题了？

社工：医生的工作是告诉你医学上的情况和他的建议。

特兰夫人：她必须住在医院里吗？

社工：这是个艰难的决定。发烧是个问题。我们在家里能处理这个情况吗？你必须接受过训练才行。

特兰夫人：我们说的是她去世前一段很短的时间，她会死亡，不管我们做什么，那是他说的。对吗？

社工：是的。如果你们停掉这些治疗中的一些，或许，我们就能更准确地预测。但是如果你们保留所有的干预治疗，我们无法预测。你们无论做什么决定，我们都会照办。

特兰夫人：你们很着急吗？有压力吗？她还有家人。（转向她兄 171
弟）你现在能做决定吗？如果我们停止所有治疗，她会死的——对吗？她还有兄弟姐妹在世。可能他们会认为那样做不对，这是个重大的决定。

社工：你们需要多少时间？

儿子：最多两三天。

特兰夫人：她的一个妹妹在法国，一个弟弟在纽约。你得知道这是一个艰难的决定，这是一个关乎生死的决定。他说如果我们继续所有治疗，她会死得慢些；如果我们停止所有治疗，她会死得更快。

社工：从法律上讲，子女是近亲，可以做决定。

特兰夫人：我是她的法定监护人。但，这还是关乎生死的决定啊。

社工：（努力表示尊重家属对形势的理解方式）：我知道，从文化角度讲，你们一家需要共同做出决定。

特兰夫人：不仅仅是文化上的问题——这是关乎生死的问题。

社工：如果你们需要更多时间做决定，保留在这里的所有治疗，把她带回家也是一个选择。

特兰夫人：但是即使你们培训我，我也不可能达到医生或护士的水平啊。

社工：大多数人的做法是把患者送到另一家机构去，我知道你们不想送她去别的机构。

特兰夫人：我真的感受到你们给我的压力了。

社工：我感觉到了。但是几天后，我们需要知道你们决定的结果。

特兰夫人：最后还是得让我做决定。（社工重述了患者的病情，再次提出了是否继续药物支持，以及家属是否想带她回家或者送到别的机构的问题，然后宣布会谈结束。）

特兰夫人：我们想让她回家。

社工：我们不是有意给你压力，但是我们需要足够的时间帮你们在家里准备好一切，如果你们想这样的话。

房间里所有的人都可以感知到特兰夫人承受的“决定”撤走母亲所有生命支持治疗的压力。一旦医疗人员坚信死亡迫近或者无法避免（即使死亡时间无法准确预测），就会启动死亡过渡，启动的速度对医 172
院系统来说很重要。特兰夫人拒绝“决定”终止治疗，阻碍了治疗路径上事务的正常进展。

会谈结束了，大家站起来离开。特兰夫人告诉我，她得离开医院一会儿。她不确定医务人员接下来会怎么办，但是她打算让她的大脑休息一下，不去考虑这件事——至少在她傍晚回来之前不想它。那位社工说，总得有人担负重任给患者家属施加压力，这次轮到她了，但是她不介意。做病例管理人的护士去看望了温夫人，温夫人的情况很明显恶化了。病例管理人认为患者很快就会死亡。

2 个小时后，特兰夫人给我留下一条电话留言。她一边哭一边说：“我母亲刚才在 7:30 去世了，她优雅地走了，没有让她的孩子们做任何决定。”

对医生而言，温夫人在任何有意义的层面上都不算是活着（她没有任何表达能力），而这一“真相”通过她所有的身体迹象都能体现出来，包括她明显的无意识状态。对他来说，温夫人的总体情况——临近死亡——胜过了若有若无、难以捕捉的意识行为。但是对于患者的女儿来说，温夫人还生动地活着——她甚至是***优雅地***死去了。面对母亲的病情，患者的儿子想知道“***生活质量***”和“***顺其自然***”在实际操作中的定义，只是因为医生引入了这两个概念。他需要知道她的状况是否能被归为***生命***的类别里。对痛苦的任何归因都将来自这一认定，正如他关于终止生命的任何决定一样。医生表达了那个模棱两可的观点——虽然不确定患者还有***生命***，但家属仍然让患者（或者至少是让她的肉体）还***活着***，这是医生做的一件***很反常***（甚至可能让人痛苦）的事情。患者的儿子对参加会谈的人们说，如果医务人员要把主动终止他母亲生命的责任推给家属的话，他们需要所有家属都集合起来，得到他们对这一重大选择的支持。医务人员和家属之间关于患者病情和推动事务进展的类似会谈是医院事务进展规则中的标配。这次会谈和我观察过的许多其他会谈一样，以典型的含糊其词而结束，这种含糊其词诞生于事务进展必要性与医院责任问题相结合之时：“请（我们要求你们）顺利地向前推进，但是，如果你们拒不配合，我们
173 将会（只是因为我们必须）优先考虑你们的选择。”

临终的负担

按照一些医务人员的说法，辛西娅·格拉芙被要求——尽管耽搁了很久——为她自己的死亡做准备。杰克·卡特被间接询问过他对终止所有生命支持治疗的意愿。在医院里批准自己的死亡——根据医院事务进展要求的时间节点——算是自杀吗？这算不算接近自杀的行为？医院里停止生命救治的压力与危重患者在家里，远离机构压力而主动决定“按时”终止他们自己的生命相比，二者之间有什么不同的道德实质和不同的道德结果吗？不考虑他们临终时住在哪里，大多数人不想——或者说不能——故意地选择终止自己的生命。疼痛和对自己将死的意识都不会改变这一事实。格拉芙女士和卡特先生都是被医务人员希望推动他们继续前行的压力带到了那个选择面前，而他们两人都对那个选择说不。两个人都无法迈步跨过那道门槛，走向死亡（温夫人的女儿也无法替她母亲走这一步）。事实上，护士、社工和医务人员都感到有责任帮助格拉芙女士“准备”死亡，但没有人

成功。

生死之间的那个缓冲非常脆弱，可以随时随地根据他人的意愿快速轻松地移除，一个了解、体现、***经历***这一事实的人会有什么样的体验呢？只有通过管子静脉输入的抗生素和营养物维持着辛西娅·格拉芙的生命。离开那些辅助措施，她的身体无法维系它的***生命力***。面对那些决定和他人的权威，她极度脆弱。她知道自己靠别人的维持活着，而那种活着的状态也岌岌可危；如果想继续活着，她就必须用一种清楚、威严的声音说话。她不能把活着或者她想活着的愿望看成理所当然的事情。然而，靠生命支持手段活着对她并不像对于医务人员一样预示着死亡的临近。那为什么应该预示着死亡呢？她的生命靠医药支持这一点不是她“准备”受死，“选择”死亡的理由。[18] 只要她意识足够清醒，她都会用尽全力痛恨和抵制所有医务人员让她启动自己死亡程序的建议和暗示。她不像他们那样在等待她的死亡。她只想好起来回家去，而她周围的人都在等待。

当家属认为亲人“生”与“死”悬在微妙的平衡中时，安乐死的
幽灵和自杀的幽灵就会结伴而来，盘旋在他们周围。给予许可停止生 174
命支持治疗和帮助另一个人死亡之间的界线到底应该划在哪里呢？我遇见的大多数家庭都强烈抵制把他们的亲属移出生死之间的模糊地带，搬进一个清楚可辨的死亡层面。家属们满怀希望（有时候确信）医学技术和经验能够挽救生命，所以他们不愿意了解它常常会失败的真相。即使家属被告知，技术支持只能维持患者的生理功能，不能维系***生命***，除非并且直到他们确信一种疾病会导致死亡，否则停止医学支持的压力可能被看作等同于或者类似于公然谋杀。许多等待都是家属把杀人和停止治疗联系在一起的结果。菲斯·沃克尔的大家庭顶住了终止治疗的压力足够长的时间，直到他们更加确定她永远不会***重获***

生命为止。多萝西·梅森的儿子顶住了压力，直到多位医务人员告诉他，他的母亲真的即将死亡。[19]温夫人的女儿抵制“是时候了”的说法，直到她母亲去世——预料之中，然而没有料到那么快——才罢休。

从家属把“不太可能”和“从来没有”解读为“或许”这一点，我们可以看出，医务人员所说的话和患者及家属所听到的不是相同的内容。此外，医生使用的生物学、疾病、人体语言和他们选用的词汇都浸染在推动事务向前进展的机构义务中。患者和家属常常是不说话的，而当他们开口时，也经常是充满了痛苦、希望和恐惧。他们不总是用医务人员能听到的方式讲话，也无法整合疾病、治疗和事务进展的需求。患者和家属要从医生那里得到引导，然而医生通常又不知道该如何跟他们谈死亡。另一方面，医生要看患者和家属，了解他们想听到和知道些什么，但是患者和家属所表达的又不总是有助于医务人员想要或者感到他们需要做的事情。

这种说与听的双重困难或许是我称之为含糊其词的问题中最为尖锐的矛盾了——医生提供的互相冲突的指示和解释，无论是多么无意而为之的。[20]据我观察，含糊其词有两种形式，这两种形式在医务人
175 员、患者和家属参加的所有会谈和见面中都显而易见。第一种形式体现在事务进展的必要性中，可以简要地用下面的方式说明：“不着急，但是现在得作个决定（最好是能推动事务向前进展）。”一位医生督促卡罗尔·琼斯的家人马上决定是否撤下生命支持治疗，而另一位医生催着签署在她心脏骤停时放弃心肺复苏救治的指示。当第一位医生看到家属面对那些任务如此焦虑，他又放弃了，告诉他们不必马上做出那些决定。医生和护士一起经过几次谈话，最终说服多萝西·梅森的儿子，批准实行放弃心肺复苏指令，让他那位瘦弱、痴呆、重病

的母亲免受心肺复苏救治之苦。但开始时，他不得不先仔细考虑放弃心肺复苏与谋杀之间的关系。让特兰夫人允许医护人员以最快的速度停止温夫人的生命支持手段时，她所承受的压力是我见到的极端事例之一。但是医务人员感到他们应该尊重特兰夫人的犹豫，如果温夫人持续徘徊在生死之间的门槛地带，而不是在医患会谈之后不久离世的话，医护团队可能会帮助她在家里准备生命支持护理。在任何情况下，当事务推进因家属所表达的需求而受阻时，***等待***就会出现。

第二种形式的含糊其词在恩胡·温和菲斯·沃克尔的家庭会议中很明显。它围绕着生命的神秘性、简单定义生命终点的困难性以及这两个概念之间关系的模糊描述。这第二种形式出现在医生解释生理衰退、治疗无益及患者濒危时所使用的语言中。它的表现形式如下："你母亲事实上并未（或者完全）死亡，或者还没死亡，但是她也不算活着"，或者"她并不是真正地活着，但是我们能让她稍微多活些时间"，或者"他不具有有意义的生命，但是我们可以继续照顾他"。尽管我从未听哪位医生说过这些语句，但家属常常会听到类似的、互相矛盾的、模棱两可的用词。

当与生命支持机器强加的复杂情况结合起来时，医生们的此类说法就助推了那个模糊区域的产生。从实践意义上说，"生"与"死"在这第二种形式的含糊其词中融合了起来。生命还在，但是对医生来说，那种生命的状态表明的是死亡的临近和向死亡的过渡。家属看着没有反应或者依赖机器和管子的患者，听着关于患者情况模棱两可的 176
解释，根本不知道该如何看待这个区域。因此他们宁肯不承认它的存在。他们被要求做决定，但是，对于那个他们亲眼可见的***人的生命***，他们有太多的疑问。他们不能就自己被要求做的事情毫无顾虑地遵行医务人员的引导。这就阻止了事务的进程，导致所有人停滞不前。

II.“再等一等看”：老年人的不确定状况

尽管用官僚术语来说，现在没有人是老死的，但是，当有年老亲属入院治疗后，家属仍然必须面对老年和疾病结伴而来的问题和它们二者之间复杂的关系。他们必须想象亲属要么因为年老和疾病的结合而濒临死亡，要么患上无论年龄大小都可以治愈的病症。接下来，他们就必须做选择。然而，有时候，选择行为会停滞不前，并且在家属看来，这种停滞似乎会拖延很久很久，患者既没有幸存下来的势头，也没有死亡的迹象，就这样徘徊在生死之间的模糊地带。医务人员和家属都不知道接下来该怎么办，因此双方也都不会催促着继续或者反对某种特定的行动。然而，即使当他们对该采取的行动困惑犹豫，医务人员也总是想要在延续生命一侧犯错误，他们会向着稳定治疗方向行动，如果可能，会对患者做进一步的诊断。我从未见到哪个家属会阻碍这种行动，而且事实上，在当时不知所措的情况下，我无法想象有人会对那种行为方式说不。只有到后来，当医务人员和家属回顾事情经过时，他们才会想到本该做出其他选择，让患者更早地摆脱那个令人不安的灰色地带。

为晚年身体机能衰退的人选择治疗方案，以及在死亡临近或受欢迎时确定什么样的治疗算是过度治疗的问题都是基于对老年本身固有的不确定情况的困惑和争论之上。当一个人年老衰弱，药物控制疾病和规避死亡的能力总是会遭遇患者不可阻挡的衰退，然而这种衰退又发生在一种“没有人是老死的”这一医院文化中。多萝西·梅森，营养不良，患有严重的肺炎和晚期阿尔茨海默病，因遭受呼吸窘迫被紧
177 急送到医院。在那里，她在重症监护室里靠呼吸机存活了 12 天，之后

还是死亡了。她的子女本以为，尽管她极度虚弱（她的情况是由于年老、痴呆和营养不良合并造成的），她仍然能够从肺炎中得以康复。他们要求实施那些护士认为不恰当的侵袭性治疗方法。朵拉·帕克，因呼吸衰竭而身体虚弱，也被送进了重症监护室，暂时推迟死亡，但是她接受的治疗只是让她停留在临终状态，而医疗保险的支付方案又使她在护理院和医院之间来来回回。人们不允许她死亡，而她却又太虚弱无法康复。恩胡·温，患有晚期帕金森病和阿尔茨海默病症，在已经到了各种疾病的末期，即将走到生命终点时被女儿送到了医院。尽管知道她的母亲即将离世，女儿还是挣扎着通过饲管要让她活着。在较早的时代，这 3 个女人是不会被送进医院的，尽管她们的状况可能与具体的疾病有关。

下面 2 个故事揭示的是家属和医生面对老年的不确定状况及它与疾病之间关系的方式，也揭示了因这种不明确状态（尤其是当患者含糊其词或者沉默的时候）而产生的等待是什么样子的。正如我们已经看到的那样，身体衰退是由疾病引发还是由疾病和年老联合引发——以及这两种可能性是否预示着死亡——这一点在患者入院之初是不得而知的。这种先见的缺失给等待增加了一种道德焦虑的维度：患者的生命是在以正确的方式，“自然地”走向终点吗？死亡的正确时机已经到来了吗？或者，我们是否应该不顾患者的状况，为延续生命拼一把？在第一个故事中，家属和医生都不确定该往哪个方向行动——该去找到疾病根源，管饲患者，还是该帮助患者死亡。对患者进行了 4 个星期的治疗后，他们移除了饲管；患者两个星期后死亡。在第二个故事中，尽管医生认为给患者插上饲管——借此维持生命——是恰当的做法，但家属痛苦纠结于插管和后面故意拔管是否符合道德。在这一病例中，患者在拔管后一直处在那个模糊地带。在这 2 个故事中，家属因等待而感到的痛苦与患者的高龄有关，因此，他们的等待，其共同特点是对老年患者延续生命治疗与促进患者死亡之间深刻的矛盾
178 和思考。

因生长停滞而进退两难：格丽塔·阿德勒

背景：格丽塔·阿德勒，84 岁，当她的儿子不在镇上时，她因营养不良和“生长停滞”被收进了医院。***生长停滞***是临床医学中的一个描述性术语，不是一种诊断，它介于正常的老年和疾病之间，用来对晚年衰退的模糊诱因进行标记和做出反映。对于没有标准衰退速度的老年人来讲，它可以指代下列现象中的任何一组：虚弱、疲劳、食欲不佳、营养不良、情绪抑郁、社交孤立、身体损伤、认知受损，以及——笼统地说，身体不适。对医生来说，它可以作为需要寻找器质性疾病的征兆。但是，尽管生长停滞可能是由未经诊断的疾病引起的，它也可能出现在高龄者、临终者身上，并没有可具体诊断的疾病原因——只是新陈代谢、内分泌或其他衰老过程的结果。它可以伴随正常的（尽管很难定义）衰老而来。[21]

入院：医院里负责治疗阿德勒夫人的医生告诉我，阿德勒夫人是一个一直处于“衰退”中的“高功能”患者。她患有椎管狭窄[22]和下肢无力症。她不能走路，亦不能进食。她在服用抗抑郁药物来治疗抑郁症并刺激食欲，她遭受剧烈疼痛。简单说，她状况不好。她家里的护士感觉她在决定死去。医院的治疗团队为她滴注吗啡以减轻她的疼痛，而吗啡让她昏昏欲睡。现在她需要保持清醒，这样医务人员才能够“给她补充营养”，这是医院对发育停滞通常的对策。那位医生还告诉我，面对阿德勒夫人生命的终点，她的家庭处在一种“过渡时刻”。从一开始，医生就举棋不定——是要找到病因所在，对症治疗

让患者活着，还是要帮助患者和家属让她死去。这种持续的紧张是阿德勒夫人整个住院治疗期的特点，这对于年老体弱患者来说很常见。

第 2 天：我会见了阿德勒夫人的儿子，一位中年专业人员。我们详细地谈了他母亲的生活、她的疾病、他对她的照料、对她福祉的深刻关注，以及他感受到的既要照料母亲又要工作和抚养四个年幼孩子的压力和内疚心理。我问什么原因导致他母亲入院治疗，他回答说，这是一系列挫折之一，是持续了几年的疾病和衰退的一部分。他说，如果从这次住院开始讲，就等于从故事的中间断开了。4 年前的一次 179
中风是“这场身体衰退的真正开始，但也正是那次中风调动起了她身体里储备的最非凡的力量、韧性和决心。她不得不重新学会说话以及所有的生存技能”。她数次进出医院，自从那时起，她变得越来越虚弱，每次住院治疗后的反应也越来越差。他强调说，她还患有很多慢性病。

在家里，阿德勒夫人有段时间不吃饭，脱水越来越严重，人越来越虚弱，意识越来越不清醒，越来越没有方向感。她的病情吓坏了那些有偿护工，他们无法让她进食，于是他们给她的医生打了电话。阿德勒夫人的医生觉得她需要住院治疗，就让她入院了。阿德勒夫人的儿子告诉我，在她前几次住院期间，医生们努力说服他不要把母亲带回家，而是把她送到护理院去。每一次他都拒绝了，他说，他认为护理院里的日常活动和对话无法对他母亲形成足够的刺激，能让她参与生活。“有一群音乐人每周来家里……我们给她办了 85 岁的生日派对，她还弹了钢琴。她还有那种能力。”他强调说，医生们没有看到过她的那一面，因为在他们的面前，他母亲的一切都“虚弱无力……她想让人修复一切。她的医生会说：‘你疼吗？’她会说：‘是的。浑身都疼，除了我的睫毛。’他们会有一些很难处理的问题……她正感受到一种生理上和生物学上的压抑……医生看到了，也的确是真实的。”

在我们交谈的过程中，阿德勒先生试图确定他母亲营养不良的状况是不是他母亲自己决定的，“放弃生命，即使那是一种被动的决定……如果是她有过这个决定，她用很多方式做过这个决定，她说过”。但是他不确定，他觉得无法进食可能是因为她身体上的问题。“很有可能是因为她无法消化蛋白质的结果。如果那是她无法进食，导致她越来越虚弱，然后无法吞咽，以及所有其他问题的原因，那么，那就根本不是她的决定，那是被动发生在她身上的情况。如果我们能阻止这种情况，她就可能有更多的时间。但是，每次她丧失点什么，都会离死亡更近一些。”

他的困境是该怎么办，该从哪些治疗开始着手，如果还能治疗的话。他这样解释：“医生提供了一个可能性，就是饲管。尽量给她提供足够的体力。这只是一个选择。另一个选择是什么也不做。在我看来，在她这种特别敏感，浑身都疼的状态下给她插管真的是一种侵
180 害。我们甚至都不知道她想要什么，所以我不想那么做。但是，我也不想说‘什么也不要做’，因为我们真的不知道现在是什么情况。我和她曾经谈过该怎么办，该采取哪些非常规的措施，可是我还是没有足够的信息。不管怎么说，这都是个可怕的决定，但我没有足够的信息来让我考虑不帮助她。因此我和医生今天早晨决定选择中间路线，设法刺激她的食欲，看看她是否能开始进食，从而恢复一点体力。或许接下来她就能谈一下她的感受，说说她想得到多少治疗。”

数天后：诊断检查显示有感染，治疗小组、阿德勒夫人和她儿子同意进行治疗。阿德勒夫人的主治医生告诉我：“她感到疼痛。他们做了血液培养，结果呈阳性。她染上了心内膜炎[23]，正在接受抗生素

治疗。因此她还是被临时插上了鼻饲管，因为不能在使用抗生素治疗的同时停止进食。她需要食物改善身体。你要么进行全面治疗，要么不做任何治疗。患者同意接受治疗，却是被动同意的。”然后医生看着我，委婉地问道：“我们在干什么？这次治疗停止时，她还是会停止进食。她希望死去。当我问她感觉如何时，她说：‘我唯一想做的事就是想象我的葬礼。’”医生在病历中写着，阿德勒夫人愿意接受抗生素治疗和鼻饲管进食。

我和阿德勒夫人短暂地见了两次面。由于药物作用，她有些兴奋，极度虚弱，昏头昏脑。她努力想和我对话，但几分钟后就迷迷糊糊睡着了。她甚至没有精力进行简短的社交寒暄。

第 28 天：阿德勒夫人明天将出院，转到一家护理院去。她接受静脉注射抗生素治疗和鼻饲管进食已经 4 个星期了，口服的止痛药代替了静脉注射吗啡。她仍然很虚弱，极度嗜睡，对自己周围的环境没有意识，无法交谈。

社工告诉我，在过去的 4 个星期里，她本人、住院医生、阿德勒夫人的儿子以及其他的家属成员进行了 4 次会谈，讨论阿德勒夫人的治疗方案和如何进展。社工说，她认为所有的会谈都令人不安，因为每次参加会谈的医生不同，每个医生又以不同的方式处理“这是她
生命的终点吗”这个问题。一位医生支持拔出饲管，“让一切顺其自 181
然”。她说。另外几位医生不支持这种选择。两位医生提出用腹部永久性饲管代替临时性的鼻胃管。到第 4 次会谈时，阿德勒夫人的儿子明确表示，他不想在母亲的体内安放永久性饲管。一位医生后来告诉我，患者本人也不想安放永久饲管。

第 29 天：阿德勒夫人出院，转入护理院，没有安放任何饲管，尽管她儿子清楚地知道，如果不进食，她将会死亡。

2 个星期后： 阿德勒夫人在护理院离世。她去世后，我同照料阿德勒夫人最多的住院医生交谈，问他如何看待发生的一切。他说："当我第一次见到她，我简直无法给这位女士检查。她无法告诉我她的病史。她痛得很厉害，她只是一个劲地哭，喊着：'不要碰我，不要给我翻身，我不能翻身，我太疼了，让我自己待着。'"在他看来，阿德勒夫人显然没有得到足够的疼痛控制。当听她亲口说，如果心脏停跳，她不想接受心肺复苏时，医生给她使用了吗啡点滴。"对那种非癌症患者，你知道，许多医生是不会跨越那道线的。如果我们什么也不做，她会死的。我感觉，患者需要的是控制住自己，感觉自己可以信任某个人。于是我和她达成协议，我会持续为她提供吗啡，这样她得到它就不需要乞求，然后我们让她摆脱疼痛，以便重新评估她的状况。"他说，他和患者的儿子讨论过这一策略。"我想让他知道我为他母亲提供了不间断的静脉吗啡滴注。那样做的一种可能性就是她可能会死亡，但是我会尽量将滴注调到适当的剂量，为她止痛，同时让她活着。"他继续说："我完全可以做到这一点。但是我的确感到医院制度会对我给非末期疾病患者使用吗啡的行为提出质疑。"[24]

那位医生回忆说，在接下来的几天里，他努力劝说阿德勒夫人进食。因为她当时发烧，医生决定进行一些医学化验，血液培养的结果呈阳性。"实际上，她得的是链球菌感染，一种可能非常亚急性的感染，并且发展缓慢，这可能就是导致她浑身疼痛、自我放弃、无法进食和其他症状的原因。说实话，我非常震惊。作为一名医生，你总是
182 想：'至少我开启这些化验是件正确的事情。'但是我真的没有想到情况是那样的。她的确患有心内膜炎。我以为她快要死了，因为放弃，只是放弃，只需要给她一点帮助，给她一点吗啡就行了。我的本意不是让她死亡，但是当我看见她，我感到她在很大程度上已经自我放弃

了，她也遭受了太多心痛，我以为她会在内心深处扣动扳机。因此，在我离开几天回来时，我吃惊地发现她还活着，还染上了医学疾病心内膜炎，需要静脉抗生素治疗。”

这位医生指出，如果你要用抗生素治疗感染，就必须进行全面治疗，从而解释了将饲管放进拒绝进食、要求死亡的人体内的荒唐做法。对于长期缺乏蛋白质、营养不良的人来说，全面治疗包括饲管进食。他说：“给一个不想吃东西的女人插鼻饲管似乎真的很野蛮。如果她当时说‘不要治疗感染了，我不接受鼻饲管’，那将会是清楚传达她想要什么的明确信息。”但是，医生说，患者同意接受抗生素治疗和鼻饲管。

最后，阿德勒夫人接受了 28 天的治疗。当我提醒那位医生，阿德勒夫人出院 2 个星期后去世了，他说：“我们有什么收获呢？”但是，他无法回答自己的问题。我们交谈快要结束时，我再次问他：“那么你为什么要让她入院呢？”他思考了一会儿，说：“为了帮助她死亡……在潜意识里，或许我让她入院是因为她在决定如何死亡这个问题上需要一些帮助。生长停滞，无人能阻。”

命中注定的活死人：伊芙琳·巴克

住院期，入院到出院：伊芙琳·巴克，87 岁，因中风住院。在住院部待了六天后，她被移送到康复病房，在那里，她的病情没有好转。她需要全面的身体护理，无法说话和吞咽。家属和医务人员都不清楚她是否听得懂他们的话，也不清楚她是否能够交流。对家属而言，最大的问题是她的生活质量。这是她现在想要的生活状态吗？她的家属一直在质疑巴克夫人是否想这样活着——不能下床，无法交流。她曾经是一位专业人士，一位作家，全国知名，也曾告诉她的家

183 人永远不想成为他们的负担。她的女儿和儿子正纠结是否应该停止营养支持，如果这样做，“如何让她有尊严地死去？如何结束她的痛苦”？他们正在和医务人员对话，商量是否以及如何从道义上通过终止利用饲管进行的治疗来辅助她死亡。如果他们决定带她回家，他们该如何护理她，同时允许她走向死亡？社工已经就临终关怀的作用和实用性与他们谈过几次。

一位社工向我强调，巴克夫人并没有致命疾患。她的医生不想停止营养支持——她还不会死去。医生正尽一切努力了解巴克夫人自己怎样考虑下一步的康复和人工管饲问题。当治疗小组和家属都开始清楚地看到患者的康复没有进展时，这位医生在病历的治疗进度表中记录了她为评估巴克夫人对治疗的观点所做过的尝试：

（第 21 天）内科：此刻非常清醒。问她我们是否应该放弃——她摇头否定；问她我们是否应该不懈努力，从而恢复尽可能多的生理功能——她点头肯定。我将这事告诉了她的女儿，她女儿怀疑她是否真的听懂了我的话。我督促她女儿问她同样的问题。

（第 22 天）内科：清醒。忍受鼻饲管进食。体重约 105 磅。没有水肿，状况无变化。我在等待家属关于安放 PEG（永久性饲管）[25]的决定。

（第 23 天）内科：起床坐在椅子上。努力说话，今天发出了声音。给我的印象是她不想继续接受饲管进食。

（第 23 天）牧师服务：家庭会议后和患者女儿会谈。我们讨论了撤下她母亲饲管的伦理道德意义。她将和医生商量此事，她将和护工谈她母亲出院的各种计划。我将继续跟进。

（第 24 天）内科：如上所述。我相信她的丈夫作为近亲，将不得

不做出决定。我仍然不确定患者的想法。有时候是肯定，有时候是否定。 184

护理院，第一个月末：住院一个月后，巴克夫人出院，转入一家护理院。她在那里住了一个月后，我和她的子女进行了一次对话。女儿先开口，告诉我她母亲的衰退是从大约 3 年前开始的。尽管一直到 80 多岁，她母亲都是一个行为敏捷活跃的人，之后却变得“颤颤巍巍，很容易摔倒”，不得不放弃了开车，开始使用手杖；做什么事情都需要很长时间；她不再去杂货店，因为肿胀的脚踝，她无法轻松地爬楼梯或者坐在剧院里；她得了房颤和高血压。她女儿总结巴克夫人入院前的状况说：“她在某种程度上都失去了优势，这让她很不开心，但是，精神方面没有问题。”然后，她中风了。为了描述中风对巴克夫人生活的影响，家人详细地介绍了作为她那个时代的一位女性，她所从事的杰出且具有开创性的职业生涯，以及她是如何成为她的家庭和社区的智慧源泉。她的女儿说：“因此，当中风剥夺了她与语言有关的一切时，也就剥夺了她的存在。”

我又问及住院的事情，巴克夫人的女儿从入院后第三四天被插入她母亲体内的鼻饲管开始讲起来。“医生说我们应该插一根鼻饲管，我说：‘好吧，我要和我父亲讨论一下。’我父亲说：‘那是种激进干预措施还是***那是种激进干预措施吗***？’我从来没见过这样的情况，甚至从来没有想过这样的事情，因此我很难弄清楚这究竟是个什么样的措施。”她说，这对医生来说根本不是什么难题。“她（医生）对我说：‘你想要这样做是因为你不知道接下来会发生什么，你也说不准她能恢复到什么程度，如果不这样做，你以后会内疚。’她这么说没错。”巴克夫人的儿子补充说：“但是没有人和我们讨论其他的选择……我们本想说的是‘请稍等，让我们考虑一下。我们可以选择不这样做吗？那样做有什么利弊呢’”？患者女儿详细谈了巴克夫人没有笼统的嘱咐，也没有专门针对人工管饲的指示。但是她女儿毫不含糊地声称：“她最不想要的恰恰就是发生在她身上的情况。”

巴克夫人入院第23天与医务人员的那次会谈对她女儿来说是一个尤其令人难忘的糟糕时刻：“我们到了那里。我曾几经跟医生说过：‘你从这一切中预测到了什么，你如何看待这一切？’她说：‘我认为
185 她可能学会吞咽，不过她也一直会有吸入异物的危险。我认为她可能会通过某种方式进行交流，但是不会很频繁。我认为她有可能从床上下来，坐到椅子上。’——但是她不清楚这些需不需要别人帮助。当我把这些告诉康复团队，他们说，他们认为那是一种乐观的说法。我向她询问这些的一部分原因是他们不断施加压力要给我母亲安放胃管——我感受到来自护士们的压力，他们说：‘这种鼻饲管很不舒服。你真的应该同意拔出鼻饲管，因为对她来说很不舒服，把饲管安在腹部就舒适多了。’”

巴克夫人的子女回忆说母亲住院期间得到了医院良好的护理。但是，他们强调说，决定都是他们自己做的，因为他们必须考虑母亲的生存状况。他们和父亲一起决定，无论什么情况下，他们都不会同意安插胃管，不管受到多大压力也不让步。事实上，他们想取下鼻饲管，并且不用任何管子代替它。他们同牧师谈了这事，仍然不确定停止营养支持是不是“一件符合道德的事情”。当他们得到牧师的支持，决定停止管饲治疗，他们通知了医生。患者女儿继续说：“然后，我们开始着手努力了解接下来该怎么办。我的想法是——我们不能把她送到我父亲家里——把她接到我家里去，为她安排24小时护理，临终关怀，让她走掉。所有人都同意。”巴克夫人的儿子补充说：“医生

说那可能需要一个月时间，大约 4 个星期。她（医生）改变了主意，赞同我们的想法，也很支持我们。”

“我开始给人们打电话，”患者的女儿继续说，“开始为她安排 24 小时护理，诸如此类的事情。那是周五的早晨。周五下午我接到语言治疗师的一个电话留言，说：‘好消息，她能够吞咽了。’”患者的儿子插嘴说：“我们俩对视着，好消息？我们已经准备好让临终关怀人员到家里来，4 个星期后，她的痛苦就结束了。”女儿补充说：“你一下子陷入了一种可怕的境地，你会想：‘你如何算是一个好人，她好转到可以吞咽了，你竟然不感到欣喜？’然而，这一切意味着什么呢？”她说：“一位员工说‘现在，我想让你们找个时间，我们见个面，我会教你们如何喂你们的母亲’——我们还是有吸入异物的危险——好像这是我最大的荣幸。而我不想喂我的母亲。我们感到自己
就像两面人，到医院去，看着护士和康复员工，尽力让他们陶醉在自 186
己的喜悦中，而心里却在想：‘这对她来说是在延续一种可怕的情况，会延续多少个月，多少年？’我走到一边，说：‘她这下惨了。她注定接受她最不想要的结局。’就这样，我们去了那里，看着大家在走廊里欢呼雀跃，除了我们。”

在她住在护理院的一个月里，巴克夫人学会了吞咽，因此她不再有将异物吸进肺里的危险了。但是，她还是不会说话，身体一侧瘫痪，按照她女儿的说法，她每次下床都会表示极度痛苦。巴克夫人不能做出语言反应，家人也不确定她的听觉和视觉如何。巴克夫人的儿子说：“她很沮丧……自我放弃……认知能力大不如以前……不太活跃。”

巴克夫人的女儿告诉我，事后看来，如果他们早点知道可以选择拔出鼻饲管，或者从一开始就不要插管，他们可能当时就做了这样的

选择。“一直以来，我们都是这样想的，‘我们对这些（治疗）都不熟悉，让我们给它最好的机会’。”和很多其他家属一样，她这样反思。如果还有生的希望，没有人会选择死亡。面对选择的后果——无论选择生，还是选择死——家人都不禁要问，他们自己是否做的正确。巴克夫人的女儿说：“但是，现在回想起来，我不确定那（给它最好的机会）是不是正确的选择。或许那就是结束一切的时机。我想，与插上鼻管希望有好转的机会相对照，没有人考虑到这样做会带来一种活死人状态的风险。”谈话结束时，巴克夫人的女儿总结说：“人们问：‘你母亲怎么样了？’我真想说：‘她好像很舒适，她没有陷入疾病危机，就她的思想而言，她早就不在了。’我母亲还在吗？不，她中风那天我就失去了我的母亲。”

饲管和模糊地带

生长停滞可以描述一种处于生死之间模糊地带的生命形式，而饲管，和呼吸机一样，可以让人们在那个地带存在很久很久。正如呼吸机对无法自主呼吸的患者进行稳定体征，挽救生命的治疗一样，饲管可以通过鼻子、腹部或者肠道插入，对患者进行着另外一种治疗，这种治疗针对的是那些因虚弱、营养不良、机能衰退，走向死亡而进入
187 那个灰色地带的患者，或者那些以不确定的方式失去生命火花的患者。[26]饲管是低科技、简单易行的治疗手段。如今在美国，它是对高龄患者生理衰退需要“做点什么”的一种实用性医学反应手段。它已经成了一种普通的治疗手段，用来应对虚弱——无论这种虚弱是由于明确诊断的疾病，还是由无法进食或没有食欲，或者死亡前自然的身体征兆引起。1995 年，美国有 121 000 位老年人（其中大约 30% 患有阿尔茨海默病[27]）被插上了饲管，这一数字持续增加。与我交谈过

的欧洲人都认为使用饲管作为对老年衰退的治疗手段非常奇怪——是对死亡的一种“不自然的”逃避，是痛苦的诱因。饲管的那种特殊用途绝对是一种美国现象。

10 多年来，医学界一直在激烈争论为体弱、痴呆或严重失能的老年人提供人工营养是恰当的医疗护理、人道主义护理，还是无效治疗或不负责任的资源分配，这一争论至今没有定论。[28] 许多美国家庭都将面临是否为虚弱的父母或其他亲属安放饲管的决定。一些人，比如温夫人的女儿，把饲管进食看作一种养育亲人的基本行为，而不是一种治疗或者可以谈判决定的程序；另一些人，比如治疗阿德勒夫人和巴克夫人的医务人员，则把它看作一个全面治疗方案的必要组成部分；还有一些人，比如朵拉·帕克和巴克夫人的家人，把饲管看作一种不自然的激进医疗行为和一种否认死亡的技术手段；此外还有一些家属，类似于阿德勒夫人的儿子——他们没有肯定地将管饲归入基本的食物来源，也没有把它归入强制性治疗方法，他们不确定管饲对他们的亲属是最好的还是最糟糕的。一些医疗服务实践分析者强调说，以这种方式让越来越多的老年人活着的成本越来越高，他们声称收容靠饲管活着的人其成本超过了饲管带来的任何“生活质量”上的益处。最近的医学分析显示，饲管对于患有晚期痴呆症的人是不恰当的。[29] 然而，家属和医生仍然会要求和容忍它们的使用。

由饲管引发的故事提出了责任何在的问题，患者本人通常不能决定饲管的使用。事实上，很多——如果不是大多数——接受饲管的人都不知道这一治疗程序是何时发生的，也不知道自己胃里放置了一根 188
永久性饲管，无法反对或批准这种干预手段。而家属，一旦得知这一治疗程序的存在，就不想因自己“选择”让亲人因无法进食而死去，从而产生负罪感。医生们觉得必须告知家属这一选择的存在，肠胃病专家也积极回应同事们的插管要求。对饲管的***需求***是由技术上的要求以及推动医疗保健服务的政治经济力量创造出来的。它们的使用反映了医疗实践的组织方式，以及一种道德主张胜过另一种道德主张的力量。

和许多与我交谈过的患者家属一样，阿德勒夫人的儿子和巴克夫人的女儿都不知道他们的母亲想要什么样的治疗，尽管他们都知道她们想怎样活着。泛泛设想的"不要激进措施"的生前嘱托根本不适用于解决迫切问题——是否要抗击感染，是否接受管饲或者是否实行康复措施，以及持续多长时间。阿德勒夫人的儿子苦苦挣扎，想了解他母亲缺乏食欲是出于自己的意愿还是疾病导致的结果。他希望对此的了解能够帮助他决定自己作为她的代言人应该如何行动。他同意在母亲接受感染治疗时暂时对她进行管饲，但是他没有把这当作一种永久性方案，用来解决她生理上的缓慢衰退问题，并且在他母亲出院之前，他已经让医生取下了饲管。

回顾阿德勒夫人的住院情况时，医生的陈述也证明，当面对发育停滞和缺乏患者明确、持续性指示时，医生的角色是模糊不清的。他应该治疗感染，这种治疗将包括营养支持，还是应该帮助患者死亡？阿德勒夫人的医生医治了她的疼痛，也知道吗啡可能会因疏忽结束她的生命（或许那正是她想要的），他还医治了她的感染，目的是延续阿德勒夫人的生命。

巴克夫人的女儿和医生努力想弄明白在住院期间"她想要什么"。但是管饲在患者住院早期就开始了，不管他们是否有能力从她那里辨识出一个答案，因为医生不知道未来情况会怎样，并有责任确保没有死亡的中风患者活得足够长，从而达到某种程度的康复。然而，"考虑到她现在和将来的生活质量如此低下，我们为什么还要对她进行人

工管饲”？在巴克夫人病情稳定下来，没有好转，处在那个模糊地带 189
时，这个问题对她的家人来说成了一个核心问题。经过康复团队的勤奋努力，巴克夫人能够吞咽、进食，继而***活下去***。但是，她女儿却非常痛苦，她母亲将经历什么样的活死人生活，又将忍受多久呢？

Ⅲ．共识和预感：观望着等待

我观察过两种等待情况的几十个实例——第一种，对事务进程的阻碍；第二种，由于患者的不确定情况，使得患者、家属和医务人员都无法带着信念选择治疗路径。但是，除此之外，医院里还有另外一种同样常见的等待，这种等待类似于早年的那种等待。在这第三种等待中，医生宣布死亡不可避免，同时患者或家属也认为这是最终的必然结果——是解脱不可逆或灾难性疾病带来的痛苦的最好方法。接下来，***等待死亡***，这种让人警觉、让人全神贯注的活动就发生了。这时，死亡就不再是问题了。

我目睹过的最容易让人接受的死亡是一个年轻人的守夜，他带我进入他 97 岁外祖母的普通病房。尽管她没有意识，他还是向她介绍了我。他想让我见见她。她看上去好像在平静地睡觉。他告诉我，她很快就会死去，他会待在她床边直到她走掉。他不想采取任何其他的方法。外祖母在他母亲死后把他养大，他会和她待在一起，表示他的感谢和尊重。她一直住在自己的房子里，直到 3 天前，她给他打电话，说需要帮助。他开车送她到医院，进了急诊室，在那里，一位护士告诉他，她心脏病发作，不要指望她活下去了。和多萝西·梅森不同，尽管也被送进重症监护室 2 天以便监控她的心脏情况，但是这位年轻人的外祖母没有插管。她稍有好转，医务人员就将她移送进普通病房等待死亡。她没有接受生命支持治疗，只注射了吗啡。她的外孙在她床边坐了 3 天，耐心地等待她预料中的死亡。[30]

190 下面的 4 个例子显示了等待死亡的各种方式。在每个故事里，患者相对容易地向死亡前进，因为医院体系内没有人采取行动来抵挡死亡。在第一个故事里，患者故意地离开了激进治疗路径，等待自己的死亡。他身边的每个人都同意并支持他的决定。第二个患者和他身边的人们花了数个星期等待他的死亡。第三个和第四个故事里，死亡的时间是按照医务人员和家属的理由来控制的。

勇敢的等待：爱德华·哈里斯

偶尔会有患者宣布自己死亡的时间到了，医院里的每个人都会做出安排来进行反应。爱德华·哈里斯决定死亡的时间到了。他 60 岁，饱受一种进行性退化疾病之苦，在过去的 12 个月里 12 次因与他病情有关的医学危机住院治疗。每次从医院回到家，他的女儿说，他的情况都变得更糟糕，各种机能也不断退化。他还患有末期肾病，他的生命一直靠在一家门诊诊所一周 3 天的肾透析维持着。哈里斯先生是一位离婚的农民，以前一直从事体力劳动。他意识到自己要被送到一家护理院，在那里，他将继续接受透析治疗，身体机能将逐渐丧失。几个月前，在被送往医院的路上，他还接受了心肺复苏抢救，他当时就说，他已经受够了。

入院到第 4 天：哈里斯先生从急诊室被接到了重症监护室；四天后，他决定停止透析，这也使他必死无疑。他的医生告诉他，毒素将在他体内堆积直到他陷入昏迷，在睡眠中死亡。（“不是一种糟糕的死法。”几位医务人员这样告诉我。）每个人——他的女儿、重症监护室的护士们和他的医生们——都尊重他的决定。他请求医生帮助他尽快结束生命，但是医生说他不能那样做，尽管他可以保证哈里斯先生没有痛苦地死去。医务人员预测他会在2个星期内死亡，一位护士说可能只需要几天时间。医务人员将他移到普通病区一间安静的病房，在那里，他的女儿和许多朋友可以无限制地来看望他。在他换病房那天，我第一次见到他，他毫无表情地告诉我，他不想因更多的疾病和失能慢慢衰退。他正在处理他的财产问题，为死亡做准备。他害怕。

第4天：他在普通病房的护士告诉我，哈里斯先生不是无代码状 191
态的患者。我知道他是在重症监护室里被更改成了“无码状态”，于是我翻看了他的病历，让护士看医生在进度说明中写的“无码”。她告诉我，在她所在的病区，患者必须有一张注明具体指令的黄页附在病历前面，否则哈里斯先生一旦发生心脏骤停就要接受心肺复苏抢救。她走到一个柜子前，取出一张黄色的表格，将它附在病历前面，说她将找到那位医生，让他签字。（我为医院官僚制度的复杂性感到惊讶。）

病区的社工专门询问哈里斯先生的女儿，是否了解她父亲的决定所隐含的意思。她说她了解。她一直每天两次大老远开车到医院陪伴她的父亲。他们没有太多的交谈。社工和她谈了葬礼的安排事宜。

第5天：医疗保健组每周对病区进行巡视时都会讨论每个患者的护理和出院事宜。一位护士提出了哈里斯先生要在哪里离世的问题。社工问，他是否愿意在家里去世，家里是否有人可以照顾他。巡视结束后，那位社工询问哈里斯先生他想在哪里度过他最后的日子。他说他愿意待在医院里，因为他需要护理照顾。（他的女儿告诉我，她也希望他留在医院里。）社工问他是否有什么要说的，他说：“没有，但是，我害怕。”当天晚些时候，社工告诉我，他们可能会开始给他滴注吗啡，这样他就可以留在医院里。要待在这里，他必须接受某种可以报销的治疗才行。不过，她又很快补充说：“我们也需要考虑他的疼痛和舒适感。”

我从照顾哈里斯先生的护士那里了解到，他每 8 个小时接受小剂量的吗啡注射。他没有疼痛感，她说，但是他“必须接受点什么治疗才能待在这里”。她问过他是否同意接受注射，他说他同意。我走进他的病房，他热情地问候我，紧紧抓着我的手，就像一个小孩子，直直地看着我。我们简短地聊了聊，过了一会儿，他闭上眼睛后，我抽出手，离开了病房。我对那位护士说，我不知道她是如何做好这份工作的。她说，她感到很幸运，因为许多死亡发生时她不在场，然后又说：“我是名导游。我会让他们的旅程愉快。我确保铺好红地毯，给他们一只手，让他们可以握着，如果他们愿意，可
192 以和我交谈。”我问，她认为哈里斯先生会是什么样的情况。她说，可能在他失去意识时开始滴注吗啡，他根本不会感到疼痛。对于癌症患者更难，她说，他们有时候会挣扎，不肯屈从于麻醉剂，不想撒手离开。但是，对于哈里斯先生，他会中毒；他会昏昏沉沉，进入昏迷状态。他可能活一两个星期，不会再长了，因为他什么都不吃了。

第 12 天：爱德华·哈里斯停止透析 8 天后死亡。没有人想到他会在今天死亡。护士告诉我，他要求注射吗啡的时间比平时早了一点，她给他注射了。她认为那的确让他舒适、放松了些。他要求见牧师，牧师来看望了他，和他聊天，一起唱了歌。注射最后一次吗啡 6 个小时后，也就是见过牧师 2 个小时后，他死亡了。护士说：“他只是睡过去了，没有再醒来。这很美……他的血压下降，一个小时内离

世。”社工深受触动，惊讶于患者的等待，说：“他怎么会有这样的勇气坐在自己的病房里等待死亡，就那么等着。”

“这一切什么时候结束”：艾伯特·德雷斯勒

当我在病房里见到艾伯特·德雷斯勒时，他已经在医院里住了3个星期了。他患有胃癌，并自我介绍说他得了不治之症，但是今天感觉很好。他结束了化疗和手术，但不能离开医院，也不想离开医院。他说，现在重要的事情是让其他人为他的死亡做好准备，但他不知道死亡什么时候到来。德雷斯勒先生72岁，刚刚退休。他正坐在床上，神志清醒，将注意力和他那双有穿透力的灰色眼睛集中在我身上。他插着鼻饲管，这使他的喉咙很不舒服，说话困难，他吮吸了一口棒冰来缓解喉咙的不适。抛开管子、棒冰和病号服，我马上就能感觉到他在生病前曾经有着强硬的个性。

第22天：我回到医院看望德雷斯勒先生，他说，在过去的5个月里他的体重减轻了40磅，精力匮乏。我们聊了一会儿后，我问他现在对他来说哪三件事情是重要的。他毫不犹豫地回答——他的家人，他的健康和未来，还有他的工作和志愿者活动。他曾经是一位中学数学教师，提前退休成为一家私人基金会的主席。我后来从他的家
人那里了解到，他深受每一届学生的爱戴，也深受整个社区居民的喜 193
爱。他说他想和儿子、女儿好好谈谈，他感觉现在他需要给他们一些支持。“毕竟，”他说，“在短时间内，他们会经历一场震惊。眼下，健康是一个烦琐的工程，因为我被悬在其中。这是描述现状的最好方法。因为我悬在其中，所以这个问题就很重要。”然后，他指着床头杆子上悬着的一袋营养液说：“在那儿，我需要它，那种白色的东西。把它停了，我就会饿死。”横亘在他视野里的首要问题，是他还能活

多久。他很重视在自己死亡时不能有疼痛。他与家庭医生大多数的谈话都是关于“未来会给我带来什么情况”。

一星期后：德雷斯勒先生在考虑是否要回家去。“我意识到，我不可能在接下来 6 个星期里一命呜呼。”他说。一位家庭护理护士来解释了临终关怀，以及所有静脉管线、饲管和机器在家里如何操作。他担心机器上的蜂音器会让他妻子发疯的，对他的护理可能让她不堪重负。他无法下定决心。他的妻子罗斯站在他病房外面的走廊里告诉我：“无论他想怎样，只要他头脑清醒。那是他的决定，即使他想要停止管饲都行。”她好像在直面他的死亡，很平静的样子。他的弟弟和妹夫也都在那里，讨论着是否要举行大型追悼会。

入院后 6 个半星期：德雷斯勒先生已经决定留在医院里。一个负责护理他的护士说：“看上去，他只有一两个星期的时间了。”病例管理人和出院计划员都曾试着计算，把他送回家提供临终关怀护理是不是对医院和家庭来说都更省钱。估算了设备、药物以及家庭护理的成本之后，他们一致认为，德雷斯勒先生在医院里再住 2 个星期左右的话，两种方案的成本差不多，在医院里甚至更低些。他已经开始每 6 个小时接受一次吗啡注射止痛。我正和他聊天，这时他妻子和家庭医生走了进来。他们邀请我留下，因为虽然德雷斯勒先生昏昏欲睡，他还是很喜欢有人陪着，有人说说话。医生询问他疼痛的情况。德雷斯勒先生用耳语一样的声音回答，按照 1 到 10 度的疼痛划分，以前有 7 度，现在大约有 6 度。医生说他们用吗啡贴剂或许能更好地控制疼痛——有时候有效，有时候无效。或者，他可以尝试持续的静脉吗啡
194 滴注，低剂量的。德雷斯勒先生说：“我会考虑的。”医生问他体重有多少。他回答说：“151 磅。”医生问他以前的体重有多少，德雷斯勒先生说：“195 磅，我永远也恢复不到那个重量了。”他叹了口气，看

着他的妻子，他的妻子伤感地回望着他。

接下来的一天：德雷斯勒先生告诉我，他每天都变得虚弱。他不多说话，也很少说完整的句子。他说他现在不想要太多的刺激，也不读书不看电视。他常常打瞌睡。

第 2 天：当我走进病房去看望他时，德雷斯勒先生坐在床上，看着窗外。我说，他看上去很平静，他说是的，他很平静。我问他是否感觉到死亡已经近了，他毫不犹豫地回答："没有。"当护士进来给他注射吗啡时，他开了个玩笑。他已经要求医生降低吗啡的剂量，因为疼痛已经减轻了。（他的护士告诉我，晚期癌症患者的疼痛感具有高度可变性，当死亡临近时患者未必会感到更大的疼痛，它可能会出现消长情况。）现在，他妻子和子女花大量时间陪在他身边，许多朋友和亲属都来看望他。我问他，人们来探望他是好的、坏的还是不好不坏的，他说："不好不坏。"

晚些时候，当我与德雷斯勒先生的家庭医生交谈时，他告诉我永远无法预测死亡会在什么时候发生，但是他认为，德雷斯勒先生可能活不过这个周末。他的腹部到处都是肿瘤；他可能会得肺炎，因为他没有身体活动，免疫系统已经瓦解了。"他每况愈下。他的家人这个周末会来医院，他可能会等着对他们说出必须说的话，或许，他根本没有精力坚持到那一天。"我又回去看望德雷斯勒先生，几分钟后，医生也走了进来，拉了把椅子坐到床边，握着德雷斯勒先生的手，用很大的声音说："德雷斯勒先生，你能醒一醒和我说话吗？你在睡觉吗？"德雷斯勒先生睁开眼睛，说："是的。"

医生：你痛吗？

德雷斯勒先生：不。

医生：你需要多一点还是少一点吗啡？

德雷斯勒先生：少一点。

医生：好的。我将把剂量从3毫克降到1.5或者2毫克。（德雷
195 斯勒先生点了点头。）

医生：你在想什么？

德雷斯勒先生：这一切什么时候结束？

医生：我不知道，我不是预言者。有些事情我们可以做，我们可以停止你的TPN，就是你从管子里得到的食物。如果我们停掉它，就会加速你的死亡。你想让我停了它吗？

德雷斯勒先生：是的。

医生：你还在接受抗生素治疗来控制你的肺炎和其他问题，我们也可以停止它。（德雷斯勒先生点点头，医生开始轻声哭泣。他努力想忍住眼泪，但眼泪还是流了下来。）

医生：我会想念你的。（沉默了片刻）罗斯在哪里？

德雷斯勒先生：她在附近。

医生：好的，我会给她打电话，和她协调一下让家人来这里。你想在家里还是在医院里离世？

德雷斯勒先生：在医院里。

医生：你想让家人来这里吗？

德雷斯勒先生：是的。

医生：我们可以现在就停止你的食物或者等到家人都到达这里。（德雷斯勒先生点点头，医生深情地抚摸着他的头和手。）好的，我去找罗斯。

医生离开病房，我靠近病床，试探着问德雷斯勒先生想不想谈

谈——停止营养和抗生素这件事。他说："那样做好像是正确的。"然后给了我一个大大的微笑，并伸出一只手。我握着他的手好几分钟，他慢慢睡着了。当我试图松开手时，他说："握得太紧了？"他想让我留下来，我很感动，就说："不紧，正正好。"几分钟后，他的弟弟和儿子走了进来，我松开了他的手，说："我走了，你好好和家人聊聊吧。"很快他弟弟就走出病房和我一起站在走廊里。他在哭，说这是他第一次感受到死亡的逼近。

3 天后，入院后第 7 个星期：在一个星期天早晨 5 点，德雷斯勒先生在每 6 小时接受一次鼻饲管进食和吗啡注射的情况下死亡。抗生素治疗在前一个星期五停止。病例管理人告诉我，他的住院时间长得异乎寻常。患者死亡前通常不会在医院里待这么久。"我们原以为他 196
在这里可能只待 7 天或 10 天。我们正准备让他回家去。"她说。她根本没想到他会在医院里待了那么多星期。"我们处境非常困难，"她继续说，"既要做患者的代言人，提供最好的护理，但又必须在体制的约束下进行。有时候真的很难，但是，这就是我的工作，我不得不做的事情。"她说，如果她赢了彩票，她就建一个附属于医院的临终关怀科，甚至愿意以志愿者的身份在里面工作。像德雷斯勒先生这样的患者就可以从医院直接转到这个临终关怀科里去。这样的患者就不需要想象他们的家人该如何在家里护理他们了，也不需要想象在医院里去世还是在家里去世对他们自己、对他们的家人更好些，然后还得做决定。

对家属的医治：彼得·罗塞蒂

等待死亡并不总是像德雷斯勒先生和他周边的人表现的那样，以被动期待的方式发生。死亡，当它在数小时或者数天之内发生时，可以被故意促成，或者（至少短暂地）被延迟。对“控制死亡”和“有尊严的死亡”的需求，事实上是一种控制人何时死亡的需求，这种需求是现代医学和现代（或许尤其是美国）社会特有的生命规划和生命管理策略的一种表达。在***等待死亡***的时空里，家属、医生、护士有时候通力协作来安排死亡时间——来加速它，或者延迟它。

一旦宣告死亡即将来临，一些专门来到患者床前等待死亡的家属就会希望这种等待尽快结束。他们想让***死亡过程***加速进行。他们让医生和护士加速患者的生理死亡，因为他们把生死之间的转变等同于真实存在的痛苦和身体上的疼痛。此外，他们自己的等待似乎也是令人难以承受的。在这种情况下，医生和护士经常会提到“医治家属”是他们处理濒危患者工作中一个重要组成部分。一些医疗专业人员想让家属对患者的死亡尽可能产生没有焦虑，没有负罪感，尽可能“美好”的感受。那些持此种观点的人可能会为患者使用吗啡或其他药物，未必会加速死亡，但却是给家属的一种暗示，他们是认真的医疗专业人员，在尽一切努力减轻疼痛和痛苦。医生和护士们都告诉过我
197 他们永远无法真正知道一个没有反应的患者是否正“遭受痛苦”，但是，那些负责医治家属的人说，家属不得不在很长时间内“生活在”他们亲人临终的体验中，因此，专业医疗人员的一个责任就是缓解他们情感上的不适。正如在给濒危患者使用吗啡的问题上，医生之间存在着一系列不同舒适度和行为方式一样，在医治家属问题上，医生和护士之间也存在着不同的做法。

入院，第 1 天：我在重症监护室里会见了 84 岁的彼得 · 罗塞蒂的家人。“这一家人基本上是在举行死亡守夜仪式。”重症监护室的一位医生这样告诉我。罗塞蒂先生 3 个星期前轻度中风，短暂地住过院，然后就转去了一家康复机构。昨天他本应该回家去，但是当他快

准备好时，他再次中风，这次情况很严重。他昏迷不醒，被送回了急救医院。罗塞蒂先生的家庭医生听说他再次中风很惊讶，通知家属说，患者遭受严重大脑损伤，没有复原的可能性了。罗塞蒂先生被连在心脏监控器上，通过鼻插管接受氧气和小剂量的静脉吗啡滴注。他60岁的妻子和儿子及两个年轻的成年孙女陪在他床边，他们告诉我，他们也都对发生的一切感到震惊。“这一切太突然了，”他妻子说，“他以前很健康。没有迹象表明会发生这种情况。他不是会中风的那种人。我们不想延长任何情况。”她补充说：“我希望这一切结束。看着他这样太难了，看着他受罪太困难了。”一个从外地赶来的孙女边哭边说：“你不知道该怎么办，该去哪里。看着他这样，我简直就像在地狱里，但我又不想到别处去。”

今天早晨，我从护士那里得知，值夜班的护士要求一位医生留下一个“开放的”吗啡使用指令，这样她就可以使用她认为足量的吗啡来缓解患者的不适。在她看来，现有的剂量指令，2.5到5毫克，不足以缓解患者的疼痛。医生增加了剂量，但每隔数小时不能超过8毫克。和我交谈的早班护士说，一些医生对开出大剂量吗啡治疗感到不舒服。“你能看出来什么时候你需要让患者更舒服一些。”她说。她希望她可以使用大剂量吗啡，基本上可以“杀死”患者，从而快速终止患者和他家属的“痛苦”。[31] 198

在罗塞蒂先生进入重症监护室第一个整天的早晨，我和他的家人一起坐了好几个小时。他们不想离开病房，他们都同意“调高”吗啡滴注的剂量来加速死亡。他们轮流坐在罗塞蒂先生的身边，抚摸他的头发和脸庞，握着他的手。有人时不时哭起来。他儿子说：“我知道临终关怀医院对吗啡的使用更灵活。”隐含的意思是在其他场景，吗啡可以，也会被用来加速死亡。下午早些时候，一位医生告诉护理罗塞蒂先生的护士，吗啡的剂量“现在可以调高了”。护士来到病床前，询问罗塞蒂先生怎么样了。家属们问她可不可以“调高吗啡剂量”，她照做了。那位护士强调说，他的呼吸频率已经降低，有时候长达10 秒钟没有呼吸。然而，这种情况可能会持续到她下次值班，可能在 12 或者 20 小时之内他不会死亡。我离开患者床边去和她交谈，她告诉我，家属需要休息一下。他们希望在他去世时能在场，但是他们需要出去；他们从今天早晨 6 : 30 开始就一直待在医院里。她认为如果患者这样持续几个小时，家属一直待在医院对他们不好。她说医务人员正设法为他在重症监护室外面找一间独立的病房，来安置他的家属，但是现在还没有合适的房间。“我们在尽一切努力，”她补充说，“给他翻翻身，让他保持舒适。”

他们的家庭牧师来到医院，在床边祷告，和家属说了几分钟。他没有待很久。他离开后，罗塞蒂先生的一位孙女说：“那样挺好的，你感觉自己在做点什么。”患者的儿子说他很高兴他们有个信仰，那个孙女反对说：“但是钓鱼对他来说总是比做弥撒更重要。”

那天下午晚些时候，罗塞蒂先生的妻子说：“我不敢相信我现在所做的这些事。两天前他还好好的。”她抚摸着丈夫的前额，重复着“睡觉吧，睡吧”。她又对我说：“我很高兴家人都陪着他。”罗塞蒂先生的儿子告诉我：“我们已经关掉了监控器。看着它们，我们无法忍受。”他们一家人满怀期待地坐在床边，目不转睛地看着罗塞蒂先生，感觉他每次呼吸都可能是最后一次。下午快过去时，我站起身离开，罗塞蒂先生的妻子对我说：“我们会挺过去的。”

罗塞蒂先生当天夜间死亡。一个月后，我联系了他的一个孙女，她仔细思考了自己祖父临终住院时她的感受。她回忆说，护士们非
199 常非常有同情心，尽一切努力让她的祖父和家属感到舒适。“但是，”

她说，“那个等待的过程实在令人沮丧，让所有人都情绪枯竭。我们想要一切快点结束，这样他就不必再遭罪了。”医务人员说家属看到他们所爱的人死去时会假想濒危的人“非常痛苦”，而事实上，真正“痛苦”的人是他们，患者的家人。

被延迟或被加速的死亡：达芙妮·斯特拉达克斯

有时候医治家属意味着推迟死亡，以便让患者在家属赶到医院时仍然“活着”，让他们能够与他“道别”。在这种情况下，医生会使用手里可用的工具来暂时推迟死亡，直到家人都集合在患者床边，然后，他们会转变策略，开始加快，或者至少允许患者死亡。

第 4 周，星期三：我会见了达芙妮·斯特拉达克斯的两位家属以及她的肿瘤医生。斯特拉达克斯夫人病情刚出现恶化现象，并且“很快地走下坡路”，那位肿瘤医生告诉我说。他认识她很久了，10 年前就给她医治癌症。他刚见过她的丈夫和弟媳，了解到斯特拉达克斯夫人的弟弟和子女将于星期五从外地赶到医院。肿瘤医生正计划通过输血和药物让患者活着，直到他们所有人都有时间赶来看看她。斯特拉达克斯先生告诉我，这是他妻子第 3 次癌症复发。她已经在医院里住了 3 个多星期了，医生们一直设法稳定她的病情。“我们也有时间思考、喘口气，”他说，“这样很好。”患者的弟媳说：“她的病情急剧恶化，她很痛苦。医生准备努力让她活到星期五，到那时，他们就会停止所有治疗。”斯特拉达克斯夫人 65 岁。

昨天，肿瘤科的社工在斯特拉达克斯夫人的病历中写了一张便条：“丈夫和弟媳今天说他们想让患者死在这里。她仍然处于全码状态，我们可以明确一下她的代码状态吗？”社工采取这种便条的方式要求肿瘤医生马上在病历表中写上放弃心肺复苏指令。护士和社工经常通过病历中的便条与医生交流沟通。[32] 今天，会见斯特拉达克斯夫人的家属后，肿瘤医生在病历中写下了“放弃心肺复苏”。肿瘤科的
200 护士们松了口气。[33]

第 4 周，星期五：此时斯特拉达克斯夫人的意识时有时无，她被转移到了大厅另一头一个单独的房间里。她的家属都到了，围在她的床边等待她的死亡，他们希望死亡尽可能快地到来，因为他们都在场了。医生成功地确保患者***活到***了她的家人到来的时刻。现在，他很清楚家人的意愿，在病历中写道：“家属要求尽快解脱患者的痛苦，要求按规定增加吗啡剂量来达到这一目的。家属感到她恶化得很快，希望把舒适作为首要选择。”

星期六到星期二：斯特拉达克斯夫人的丈夫一次次告诉医生，他认为妻子在遭受疼痛，希望医生增加止痛药剂量。肿瘤科医生也持续回应家属的感情需求。尽管他或许能，或许不能评估患者的疼痛感。星期六，他还是在病历中写道：“仍然疼痛。家人期望她早些离世，希望增加舒适治疗手段。”接下来的 3 天，他慢慢增加吗啡的剂量，家属在一边看着，希望“这一切快点结束”。家属成员轮流在床边守护，没有一个人愿意长时间远离医院。星期二，医生停止了静脉输液，终止了所有实验室化验工作。[34] 斯特拉达克斯夫人当晚死亡，全家人陪在她床边。

尽管那种阻碍事务进程的等待和不确定性的等待都很常见，医院里还是到处可见像这最后 4 个例子那样的病床边守夜现象。只有当死亡被指明，成为意料中的结果，当***等待死亡***的空间被创造出来，家属才能在后来谈论时将亲属的死亡描述为“善终”。

等待是医院必不可少的一部分，是官僚制度规定的；等待也是患

者、家属，偶尔包括医生不能做“决定”，从而阻碍事务进展时创造
出来的。等待可能来源于几件事情：对机构规定的事务进展的阻碍和
抵制，老年人本身具有的不确定情况，以及一种不受干扰的警觉性期
待。公众讨论关注的焦点相对集中——只关注患者和家属如何陷入由
医生指令和对“不需要的”技术的使用而决定的医疗体系，只关注患
者和家属如何挣扎着去阻断那些提倡激进性治疗的医院逻辑。这种观 201
点通常不承认这里描写的导致等待现象的其他重要原因——第一，家
属和患者“需要”及时做出关于死亡的决定；第二，围绕死亡必然性
的那些模棱两可，有时躲闪推诿的语言；第三，老年人和疾病之间关
系纠缠不清的历史渊源。医院文化这些特征中的每一条都在日常医疗
实践中得以延续，并促成了等待现象的产生。加在一起，它们支持着
被许多人认为有问题的各种死亡方式的存在。 202

注释

1. Albert Jonsen, *The Birth of Bioethics*, New York: Oxford University Press, 1998, p.53, p.259.
2. 标准静脉泵，用于输送药物。
3. 瘘管是两个中空器官（比如肠道和膀胱）之间的管道或通道。它通常是由感染、炎症过程或者疾病引起的。
4. TPN 代表完全胃肠外营养。它是指通过静脉注射途径提供所有营养物质（维持生命所需要的所有东西）。
5. 一位医生告诉我，医生们经常按照他们认为自己如果处在患者位置上愿意忍受的程度来做出关于生活质量的判断。
6. Jane Weeks et al., “Relationship between Cancer Patients’ Predictions of Prognosis and Their Treatment Preferences”, JAMA, 279, 1998, pp.1709–1714. 作者们声称：“确切地说，认为自己会存活至少 6 个月的患者更愿意选择生命延续治疗而不是舒适治疗的比例是那些认为至少有很小的机

会（小到 10%）自己活不过 6 个月的患者的两倍多。”这种关联性在那些对自己存活六个月持乐观态度的患者中最为明显，尽管医生的估计与他们自己的估计相反（p.1712）。

另外一些研究也发现，患者往往会高估自己存活的可能性。例如，L. A. Siminoff, J. H. Fetting, M. D. Abeloff, “Doctor-patient communication about breast cancer adjuvant therapy”, *Journal of Clinical Oncology* 7, 1989, pp.1192–1200; R. N. Eidinger, D. V. Schapira, “Cancer patients’ insight into their treatment, prognosis and unconventional therapies”, *Cancer* 53, 1984, pp.2736–2740。

7. Nicholas Christakis, 在 *Death Foretold*（Chicago: University of Chicago Press, 1999）一书中显示，医生总是过高估计患者存活的时间长度，然而，对癌症的医学预后被认为相对来说比对其他病情的预后更加准确。见 Joanne Lynn et al., “Prognoses of Seriously Ill Hospitalized Patients on the Days before Death”, *New Horizons* 5, 1997, pp.56–61。

8. 研究者们曾记录了 20 世纪后半叶，医生们围绕着“实话实说”和透露癌症的不治预后问题的态度变化。一直到 20 世纪 70 年代，对美国医生的调查显示，他们近乎一致倾向于“保护患者”，不让他们听到死亡将近的消息（Donald Oken, “What to tell Cancer Patients—a Study of Medical Attitudes”, *Journal of the American Medical Association* 175, 1961, pp.1120–1128）。到 20 世纪 70 年代中，医生的态度和处理方法出现了巨大转变，当时的调查显示，绝大多数医生声称“透露实情”是他们常用的策略（D. J. Novack et al., “Changes in Physicians’ Attitudes toward Telling the Cancer Patient”, *Journal of the American Medical Association* 241, 1979, pp.897–900）。最近，人类学家已经表明，美国医生披露真相的做法是多种多样、细致入微的。他们发现，实话实说也是不全面的，是分阶段进行的，不是一个单一的“事件”，而是基于患者提出的问题和要求的。他们得出结论说，完全彻底地披露真相永远是不可能的，医生也认为那样做是不具有治疗性的（Kathryn M. Taylor, “Physicians and the Disclosure of Undesirable Information”, in *Biomedicine Examined*, ed. M. Lock and D. Gordon, Boston: Kluwer, 1988, pp.441–463; Mary-Jo Del Vecchio Good, et al., “American Oncology and the Discourse on Hope”, *Culture, Medicine and Psychiatry* 14, 1990, pp.59–79）。另见 Kate Brown, “Information Disclosure, I. Attitudes toward Truth-Telling”, in *Encyclopedia of Bioethics*, rev ed. Warren

Thomas Reich, New York: Simon and Schuster, 1995。

9. 一位读过这份关于格拉芙女士报道的医生说，他对那些认为自己应该“操纵一切”的医生和护士感到气愤。他强烈地认为，在这个病例中存在一个目标——就是要按照她的意愿让她活着，同时要让她保持舒适。

10. 充血性心力衰竭是美国人死亡的主要原因之一，由它引起的死亡尤其难以预测。Institute of Medicine, ed., *Approaching Death: Improving Care at the End of Life*, Washington DC: National Academy Press, 1997, p.105. 另见 Lynn et al, “Prognoses of Seriously Ill Hospitalizaed Patients”。

11. 那些被称为血管升压剂的药物是肌肉收缩药物，可以增加动脉平滑肌松弛层的张力，从而恢复血压。John F. Murray, *Intensive Care*, Berkeley, University of California Press, 2000, p.39.

12. 也叫作动脉造影，血管造影是一张血管的照片，准确地说，是一根或多根动脉血管的照片。要进行动脉造影，需要向动脉血管里注射一种射线无法穿透的液体（叫作“着色剂”），从而可以看见动脉血管。这一技术被用来显示动脉血管里面的情况。冠状动脉造影用于观察向心脏注血动脉的内部情况。

13. 这是一种将一个小气球穿进冠状动脉血管并充气，以便清除堵塞物的医疗程序。

14. 对我来说，“心脏复律法”这一按照计划进行的治疗程序和紧急心肺复苏之间的分界线非常细微，对医生来说也是如此。一位医生解释说，心脏复律包括对心脏进行相对低强度的电击。它通常比全面的紧急复苏使用更少的电能，也不包括心肺复苏的其他步骤，比如静脉注射给药或者用机械呼吸机提供氧气。然而，两种程序的目的常常是相同的：恢复心跳和心律，或者纠正危险的心律。在两种情况下都会将电极应用于患者胸部以输送电流。心脏复律是心肺复苏过程中的一个常规步骤，被用于出现危及生命的心律时。但它也是一个独立存在的治疗程序。当它被用来处理非危及生命的病情时就不会被当作心肺复苏程序的一部分。

15. G 管或者胃管用于插入胃中。J 管则是用于插入空肠。二者都是“肠内营养”的方法，有别于完全胃肠外营养或者“肠外营养”（参见注释 4）。医学界对此的观点各不相同，但是一些人认为 J 管引发饲液回流到胃部和食道，然后进入肺部而引起异物吸入的可能性更小些。

16. 最近的研究显示，晚期阿尔茨海默患者的饲管造成的问题多于缓解的问题，并且也无助于生命的延长。参见注释 29。

17. 对于持续性植物人状态的定义既复杂又问题重重。参见第八章。
18. 之前她得到医学手段支持，没有死亡。前一次住院的积极结果可能使她更倾向于认为自己能够再一次回家去，***活着***。
19. 通常情况下，当超过一位专业医务人员告诉他们死亡无法避免，无论有没有生命支持手段死亡都会很快到来时，家属才会同意终止生命支持技术的使用。
20. 感谢 Philippe Bourgois 引起我对这一点的关注。
21. Alan Coleman and Guy Micco, personal communication. “生长停滞”这一术语从儿科学潜入了老年医学领域，就像它渗透进了所有医学领域一样。最开始时，它被用来描述那些没有按照 20 世纪早期为儿童发育制定的标准成长的新生儿和婴儿。人们期待儿童能够按照特定的速度生长发育。***生长停滞***指的是一种笼统的状况，低于正常水平，没有具体的诊断，一种次最佳健康状态。另见 R. B. Verdery, “Failure to Thrive in Old Age”, *Journal of Gerontology* 52A, 1997, M333–M36; C. A. Sarkisian, and M. S. Lachs, “‘Failure to Thrive’ in Older Adults”, *Annals of Internal Medicine* 124, 1996, pp.1072–1078。一位医生告诉我，“生长停滞”在临床医学中已经成为一个完全贬义的术语了，就像“病油子”一词，用来指代那些医学已对其无能为力的老年患者。
22. 这是一种随着年龄增长，脊柱退化导致的下椎管变窄，它可能是无症状的，也可能导致腿部的疼痛和虚弱无力。
23. 心脏瓣膜的严重感染。
24. 医生指的是吗啡的“双重效应”。它会使呼吸减慢，因此可能引发死亡，同时它也可以减轻疼痛。见第四章注释 51。
25. 用于输送液体和营养的永久性胃管。
26. 饲管，和机械呼吸机一样，可以被看作激进性的生命支持手段，也可以看作普通的治疗方法。生命支持程序和技术的含糊特性在第七章中阐述。
27. M. D. Grant, M. A. Rudberg, and J. A. Brody, “Gastrostomy placement and mortality among hospitalized Medicare beneficiaries”, *Journal of the American Medical Association* 279, 1998, pp.1973–1976; L. Rabeneck, N. P. Wray, and N. J. Petersen, “Long-term outcomes of patients receiving percutaneous endoscopic gastrostomy tube placement”, *Journal of General Internal Medicine* 11, 1996, pp.287–293.
28. M. O. Hodges and S. W. Tolle, “Tube Feeding Decisions in the Elderly”,

Clinics in Geriatric Medicine 10, 1994, pp.475–488; J. Kayser-Jones, "The Use of Nasogastric Feeding Tubes in Nursing Homes", *The Gerontologist* 30, 1990, pp.469–479; C. L. Sprung, "Changing Attitudes and Practices in Forgoing Life — Sustaining Treatments", *Journal of the American Medical Association* 263, 1990, pp.2211–2215; Joanne Lynn, ed., *By No Extraordinary Means: The Choice to Forgo Life-Sustaining Food and Water*, expanded ed., Bloomington: Indiana University Press,1989.

29. T. E. Finucane, C. Christmas, and K. Travis, "Tube Feeding in Patients with Advanced Dementia: A Review of the Evidence", *Journal of the American Medical Association* 282, 1999, pp.1365–1370; Muriel R. Gillick, "Rethinking the Role of Tube Feeding in Patients with Advanced Dementia", *New England Journal of Medicine* 342, 2000, pp.206–210.
30. 我不知道是什么特殊情况使得那位 97 岁的老妇人在没有经过数日生命延续治疗的情况下走向死亡的。
31. 然而，一位医生告诉我，更高剂量的吗啡很少会"杀死"患者。
32. 病历中没有书面指示，科室的护士就不得不在患者出现心脏骤停时尝试对她进行心肺复苏抢救，尽管事实上她在主动选择死亡。
33. 这一事件发生前几天，我亲眼见证了肿瘤科的一次心肺复苏抢救。在一位患者心脏停止后，8 个人冲进他的病房，花了大约 20 分钟努力让他"复活"却没有成功。那个人被确诊为绝症，有些人认为他很快就会死于疾病。一位肿瘤科医生说："我们本应该一个月前就让他走掉。"两名护士、另一位医生和一位社工说，他们"做了太多"。"或许，"那位社工说，"如果更多的人看到这些，就会少做一些无用功。如果这个患者活下来，他的状况（从神经学角度讲）也不如以前了。"一位医生说："如果是非常严重的疾病，也许他们就不会进行心肺复苏抢救了，因为即使病历中写着全码状态，从医学上讲也没有进行的必要了。但是，如果患者不会马上死亡，他就会被认定为'全码状态'。"
34. 按照机构惯例，诊断工作经常持续到患者死亡，输液也是如此。

第三部分

应对患者状态的政治策略与修辞技巧：“痛苦”“尊严”与“生活质量”

我在那里头一年的 11、12 月份，许多人都死在重症监护室里。一周之内，我参与装袋和标记了 5 具尸体，翻转他们冰冷的身体，洗净上面的渣滓和血迹，用胶带把他们封装在白色塑料裹尸袋里，听着他们的身体撞击金属推尸车发出的沉闷的“扑通”声。想象一下用铅笔提起一块湿布，这就是挂在骨头上的已经死去或者垂死的肉体的样子。有时候，我也会参与持续一小时甚至更久的心肺复苏抢救，那是与死神这个残酷收割者徒劳而绝望的战斗，它盘旋在病床上方，几乎可以触摸到它。为了获得罕见的、奇迹般的胜利，身体被无情地亵渎。偶尔当我们到达时人已经死亡，急救的（心肺复苏）努力就只是例行公事，那是官僚政治的一部分：你们会会心地对视一下，但还是会继续进行，这样就可以填好相关的表格。

我开始相信，对我们的患者和他们所爱的人隐瞒可怕的细节其实
是在伤害他们。用委婉语指代心肺复苏充其量也是蹩脚的做法；问患 203
者家属是否“希望尽一切努力”是一个引导性的、有内涵的问题——一个欺骗性的问题。他们当然想尽一切努力！但是，如果你准确地解释可能会发生什么情况……当患者没有近亲时，对他的治疗常常更人性化一些。当继续进行治疗已是徒劳时，医生会独自做出决定停止激进性治疗……所有的药物和大多数治疗将会继续；我们只是想避免使用除颤仪，不必折断患者肋骨及向患者喉咙强插呼吸管。当死亡来临，我们会知道时间到了，允许患者有一个从这个世界向另一个世界温和的过渡。

这些事没有人想去讨论。讨论这些丑陋的事情是不礼貌的。因此，我只与那些处于同样被摧残的精神状态的同事们谈论它们。一些有经验的护士提出建议：不要把这个话题带回家；将注意力集中在临床方面；剩下的事情需要被忽略不计，或者留给家属去应付。一位

有着 20 多年与死亡打交道经验的肿瘤科护士给出的建议是："不要在患者或者他们的家人面前哭；他们流下的眼泪已经够多了，不要再加上你的这一份。家属不需要你哭，他们需要你提供身体上的护理和舒适。让他们负责流泪哭泣；递给他们一张纸巾，继续做你的工作。"在我的日常工作中，我几乎每天都会用到这条建议。

我了解到，大多数医生都尽最大努力为患者服务，不是为了收费，而是为了打赢与死亡和判断打的赌。这些判断来自患者的家属，他们对医学知之甚少，甚至一无所知，却非常了解诉讼威胁的力量。一些医生有着根深蒂固的道德意识，在任何情况下都表现得仁慈又有智慧；另一些医生就像软木塞，漂浮在家属情绪波动和突发奇想的浪潮上，任由他们成为一切事情的决策者。有时候，会有令人不安的家庭关系，这本应该使人们对他们（亲属）替患者做生死决策的权利产生极大的怀疑。他们常常会盲目地坚持尽全力救治患者，以减轻自己与目前无法出声的患者之间关系不良所带来的内疚心理。

每次值班，一个月又一个月，我体验着、呼吸着弥漫在整个科室
204 空气里和墙壁上的痛苦、生命和死亡。有些痛苦是必要的、可理解的，例如，年轻的母亲和她精力充沛的灵魂奋力求生，只为继续养育子女，去上大学，再到海边看一次夕阳西下的美景。然而，很多痛苦似乎是根本没有必要的，例如，80 多岁的老人接受了侵袭性救治，事后却被发现有生前遗嘱；或者对身体虚弱和 / 或者患有慢性病的患者进行了侵袭性手术，而这些人没有机会挺过那些对他们身体和灵魂具有侮辱性的治疗手段。

这种情况持续了 2 年，直到一个阴雨绵绵的 2 月，我和丈夫住进了海边的一家旅店，我以为我会很放松，很开心，可是那天晚上，我梦见了那些我目睹过他们死亡的患者，我曾经为他们擦洗、装袋的尸

体。我一个一个看着他们的脸，认出了他们的灵魂，让他们一个个走掉，随着海水漂走。我一下子醒过来，清晰地记得梦里的每一个细节，我的灵魂感觉非常平静。我们的工作建议我们不能投入太多情感，并且与患者之间构建一面坚固的隔绝屏障，但是现在看来，事与愿违。那天，我得到的教训让我在日常工作中尽量去了解患者并展示真正的同情心。要成为一个真正的人，你必须勇敢地体验生命，直面死亡需要勇气。当一个人死亡，在场的每个人都会受到触动，无论他们愿意还是不愿意。现在，我让他们的灵魂进入并从我的内心穿过，认识到他们的逝去，然后有意识地让他们离开。

—位重症监护室护士在接受作者采访时所写　1997 年 205

第六章

设计死亡

透过官僚的时间镜头，我们仔细观察了医院的各种治疗路径，以及它们如何让死亡以特定的方式发生；透过等待的镜头，我们探索了那些濒危患者的脆弱，看到了他们如何挫败和延迟死亡过程。我们也看到，死亡是无法想象和选择的，也是可以预见而根本不会被当成一个问题的。现在，我们转向关于患者状况的辩论，以及作为这些辩论基础的修辞手段。对于尊严、痛苦和生命质量的讨论在美国社会普遍流传，它渗透在医院文化中，组织医务人员和家属看待患者的方式，决定该对患者采取什么措施。在面对任何一位患者时，如何解读这 3 个词语都是一件可以谈判的事情。在这个谈判过程中，这些词语本身变成了镜头，透过它们，那些关于控制死亡的决定在做出和执行之前会得到审视。[1] 对患者的未来所担负的核心责任也在这些审视过程中发生转移，转移的方式以及转移给谁，都是谈判内容的一部分。

本章描述的是医疗团队和家属之间的相互作用，他们一起为重症监护室里的安吉拉·斯通商定了一个确切的死亡时间。和通常情况一样，这位患者的生活质量成了问题的关键。一位重症监护医生简洁地把谁可以授权终止生命支持治疗的谈判描述为“策略性的，而不是伦理道德性的”。[2] 事实上，它们是双重意义上的策略性谈判。首先，医生必须对家属的愿望做出反应，对他们的含糊其词以及面对推动事务进程的机构压力做出反应——他们被困在这两种要务之间。因为患者的自主权和这种权利延伸至家属已经成为一种正常化的事实，也因为 207

存在发生诉讼的可能性（无论多么微小），因此，医疗机构允许家属，并要求家属为那些因疾病而无法自己发声的患者代言——无论他们是否知道“患者本人想要什么”。

医生在家属影响力政治架构中工作，当死亡的来临一目了然时，他们就面临着决策难题，是让患者“马上死亡”（通过控制药物和机器的移除来实现），还是让患者“晚些死亡”（即使有生命支持的情况下，通过心脏骤停或者多器官衰竭实现）。卡罗尔·琼斯、多萝西·梅森、菲斯·沃克尔和恩胡·温的病例都显示了在决策场景下医生和家属之间的紧张关系。在那些病例中，我们看到，医生们并没有像家属们有时候认为的那样做出“生死抉择”。也就是说，他们并没有权衡是要批准一个***生物学上有生存能力的人***死亡，还是要通过医疗技术使这个人恢复到可以自我维持的生存状态。[3] 相反，当医生认定治疗和机器设备只是在维持（只是临时性地）一个不可能脱离这些手段而存活的尸体时，他们可能决定停止生命支持手段，然后努力劝说家属让患者死亡。这样一来，医生就变成了一个仲裁者，决定着何时终止生命——这种生命已经被看作***无生命***状态。在我观察过的需要做这种决策的近一半病例中，家属都必须被说服才行。

这种谈判的第二种策略意义关系到评估生命质量是否存在、未来在多大程度上还会存在，以及如何通过安排一种特定的死亡方式来获得尊严。家属和医务人员必须共同解读生命质量和患者临终时的尊严，并就“患者想要什么”达成共识，即使他们无法确保无误。然后，通过他们对这位危重患者完全不同的情感，以及医院系统的各种要求，家属和医务人员必须就死亡时间达成一致意见。正如我们在杰克·卡特和恩胡·温的病例中看到的那样，生命质量这一修辞及其在解读患者病情时的使用常常在关于是继续还是放弃生命支持治疗的辩论中发挥作用。卡特先生的医生和护士想让他想象自己想要的生活质量，以便让他能够“决定”是要继续进行一种有风险（但是可能会延 208
长生命）的治疗，还是“选择”死亡。温夫人的女儿因医务人员关于生命质量的谈话而感到沮丧，认为那无关于她母亲的昏迷状态。她想让母亲活着，不管生命质量与她的状态有什么关联。然而，她不想让母亲“遭受痛苦”。有时候，就像接下来的故事那样，那3个词语中的一个似乎总是在病床边的讨论以及关于死亡时间的谈判中占着主导地位。对于安吉拉·斯通来说，生命质量成了设计和实现她死亡的主要修辞手段。（对于第七章讲述的接受生命支持治疗的患者故事，尊严和痛苦是最经常被使用的操作术语。）正如我们将会看到的那样，在为时2个星期、分为2个阶段的治疗过程中，斯通女士的医生们将决定她死亡的责任从患者转移到家属身上，然后又转移回去。这两次责任转移都是通过对斯通女士的尊严和生活质量这一修辞手段的使用来实现的。那种修辞手段业已变得如此普通，如此自然，以至无论医生、医疗团队还是家属、朋友，都没有质疑过它的使用以及它在形塑死亡时间方面的强大力量。

语言建构并提升意义。医生使用***生命质量***这一词语，以及***有尊严的死亡***和***足够多的痛苦***这些同样含义丰富的观念，故意在某些特定的时刻来影响家属（以及医疗团队其他成员）理解患者体验的方式，来证明自己行动的正当性。这些词语作为一种陈词滥调在医院和社会中广泛流传，对于它们的含义人们都心照不宣。一位医生向我暗示，尽管医生们有意图地使用***生活质量***这个词语，他们可能并非经过深思熟虑。他指出，尤其是***生活质量***和***有尊严的死亡***这两个术语是医生对那些难以考虑或表达的复杂情感的简略表达方式。这两个术语借着生命伦理学对医学行为的影响而得到广泛使用，它们的含义也在神学和哲学中被激烈争论了将近 40 年。[4] 医生提到***生活质量***这个术语来证明可以合理地终止一个临近死亡、有意识的生命（即使是靠着生命支持手段活着，就像杰克·卡特那样），或者终止一个或许可以自我维系，但已经没有意识的生命（就像恩胡·温那样）。同一位医生告诉我，***没有生活质量***还可以用来表达医生的恐惧，对于处在一种没有明显意
209 识或者自我维系能力的境况的恐惧，对于像那样***活着***的恐惧。医生使用这一术语的意思是，他们会拒绝（至少在假设的情况下）对他们自己进行类似的治疗。他们使用***没有生活质量***这一词语也表示他们希望家属采取一种合理化行为来推动事务的进展。

生活质量不可能被捕捉，被定义或者被评估，它不具有经验基础。在一项针对医生对患者生活质量的考虑以及这种考虑如何决定治疗决策的研究中，研究者们向 205 位医生提出了对一位具体患者的管理问题。[5] 患者是一位 69 岁男性，慢性肺病“急性恶化”。他从未表达过自己对生命支持治疗的观点，也没有对他的医生谈起过生活质量问题，医生们也从来没有问过他这些问题。没有关于如何应对需要机械呼吸机，以及其他确保生命的支持性治疗情况的事先计划。当患者的病情出现恶化，医生们被迫做出决定，是对他进行紧急插管救治从而用机器和药物维系他的生命，还是不插管抢救从而允许他死亡。将近一半的医生选择不插管抢救，声称生活质量是他们做出这一决定的主要原因；他们认为这位患者的生活质量已经够差了，无法承受进一步的激进治疗。相反，将近三分之一的医生倾向于对患者进行插管抢救，他们也提到对生活质量的考虑是他们做出选择的理论依据。那一组医生认为患者的生活质量足够好，可以延长他的生命。研究者们指出，生活质量指的是一组基于不同感知之上的模糊且可变的属性，它“已经演变成为在许多临床情况，包括生死攸关情况下使用干预手段

的一个标准”。[6]

一些生命伦理学者和医生曾经提出，生活质量指的是患者对生活的主观满意程度。[7]另一些人则坚持认为，生活质量是一种由观察患者病情并能够结合患者生活背景来思考的外人做出的评估。[8]在任何一种意义上，它都仍然是一种模棱两可的观念。一位哲学家深思熟虑地建议，这个观念必须按照它的使用来判断。他参照个人特征、照顾他人的目标、一个人与其环境之间的互动状态以及一个人及其生命的道德价值仔细研究了这一术语的使用情况（作者认为，这种使用从伦理意义上讲很麻烦）。[9]

作为一种观念，生活质量常受到的困扰还来自另一个众所周知的
词语和根深蒂固的观点——生命的神圣性——这一词语曾被一些评论 210
家用来表示人类生命本身在某种程度上就是圣洁的、神圣的、神一般的。在这种情况下，生命，无论处于什么状况，都应该被待以最大的尊重和敬畏。它永远不可能通过生物学或任何其他科学框架得到完全的理解，因为它的神圣性将会一直超越理性的调查和功利性的判断。[10]至少从 20 世纪 60 年代开始，随着学术性生命伦理学的兴起，生命的神圣性已经被重新定义为世俗概念，如今，它指的是要重视对个体、自主自立的人的尊重。[11]然而，***神圣性***和***质量***一样含义模糊不清。神圣性可能表达的是一种立场，即生命由于其固有的珍贵性，应该不惜一切代价加以保护。[12]但它也可以用来争辩，人类的生命不应该受屈辱（比如，无限制地使用生命支持技术）或者有些情况将生命降低到不值得生存的程度。[13]

转移选择死亡的责任：安吉拉·斯通的生活质量

54 岁的安吉拉·斯通，患有严重哮喘，住在重症监护室里整整

一个月了。随着她滞留时间的延长，安吉拉·斯通的生活质量包含的内容以及理解她生活质量的方式发生了改变。我第一次听到医疗团队、家属和朋友讨论她的生活质量，是在她入院 12 天后家属和医务人员的首次会谈上。在那次会议上，她异乎寻常低下并且不断下降的生活质量得到了确认，但有趣的是，人们没有对此做出明确的判断。那些形成这种生活质量低下的特征被叠加起来，被简单地作为事实罗列了出来。几乎不能归为斯通女士自己的主观评价——只有一位朋友说的一句话，她说安吉拉几个月前在一家护理院里曾说过，自己的生命“没有尊严”。除此之外，她的生活不得不任由他人拼凑而成，事实也确实如此。他们感到，她的生活是“一场斗争”。“她的生活一直在走下坡路，”他们说，“不管她怎么努力。”她那严重的病症不可逆的可能性极大。到她入院第 28 天时，人们在对斯通女士生活的共同了解之外增加了一项判断。医务人员一致同意，她没有生活质量，她糟糕的生活质量是允许她死亡的理由。鉴于她所遭受的所有问题，他
211 们感到，死亡，要比继续活着更加人性化。

从入院到第 11 天：我是在一天早晨的重症监护室查房过程中听说安吉拉·斯通的。她患有哮喘，非常严重，以至不得不放弃自己做秘书的工作。她的肺脏遭受严重损伤。她无法清晰地思考，也无法集中精力。她至少有两年时间没有做支付自己的账单和照料自己的事情了。在此次入院治疗前的几个月里，她不得不搬出她的公寓，住进了一家护理院。在那里，她的身体机能变得越来越差，直到最后，在无人帮助的情况下无法下床。她情绪低落，慢慢失去了活下去的意愿。后来有一天，她在哮喘发作后又经历了一次心脏骤停。她在护理院里接受了心肺复苏抢救，被带到了医院，接在了机械呼吸机上。心肺复苏恢复了她的心跳，但却导致她的大脑功能严重恶化。

安吉拉·斯通还遭受着因长期使用强力类固醇药物和因心脏骤停而缺氧带来的各种副作用。她还有中毒性休克综合征。[14]护士和医生与她交谈时，她没有反应。一位医生告诉我，患者的神经状况是“制定治疗目标”的关键性因素，而斯通女士这种毫无反应的情况已经持续了好几天。她的父母已从外地赶来。他们都 80 多岁，已经有几年时间没有见过女儿了。

第 12 天：斯通女士的主治医生是一位内科医生，多年来一直在照顾她，他召集患者父母和每天来探视她的朋友开会。之所以开会是因为患者被卡住了，既没有恶化，也没有好转。她徘徊在一种无意识的停滞状态中。负责患者住院护理的内科医生在推动事务向前进展（遵守医院的规章制度）方面承担很大的风险，因为，他最终不仅要为她的护理工作负责，还要为选择一条每个人都能接受的治疗路径负责。他必须为这次住院的故事安排一个结局，一个家属和医疗团队都接受的结论，而且他必须及时地做好这项工作。在这些情况下，医生就有一个分三部分的工作目标，其特点是固有的紧张关系：要尊重患者在重病情况下选择的“自主权”；当患者的“选择”无法分辨时，遵从家属的意见（如果可能的话），以便让家属表达患者的意愿（如果他们知道的话）；为这位患者选择一条最终被每个人“选择”的治疗路径。这个难以捉摸的目标经常是医疗团队成员要求与家属会面的原因，在这样的会面时，他们将走一条尊重和控制，遵从与操纵的微 212
妙路线。

第一次会面。第一步：如果患者无法发声，由家属担负责任

第 12 天，下午 5 点：除了斯通女士的父母、她的内科医生和她的三位朋友，今天的面谈包括医院里两名参与斯通女士治疗最多的专科医生——一位肺病专家（肺科医生）和一位神经科专家，以及一位呼吸科治疗师、医院社工、精神科医生和斯通女士的病例管理人（一名受过培训的护士，她在患者入院前协调过她的一些护理工作）。我们聚集在远离重症监护室的一个小房间里，坐在一张大桌子四周。那位内科医生确定了日程和基调。在为时一个小时的会面中，每个人都被告知了患者的身体状况、近期的生活经历和她的性格特点。内科医生提出家属和朋友考虑为斯通女士做决定的问题，尤其是她的父母越来越清楚地了解了女儿如今的失能程度。会面的主题是斯通女士基于现状实现康复的可能性——以及什么样的康复问题。

内科医生：安吉拉没有填写健康保险永久授权表格，所以她无法告诉我们任何信息。我们所知道的情况是她的问题很严重：哮喘，无法行走，多处小骨折；她的身体越来越虚弱，无法照顾自己，无法做决定；她还遭受良性脑瘤的发作影响。安吉拉曾经在护理院待过，努力想强壮起来，努力要决定自己的生活。但是她还是越来越虚弱。发生了什么事？她遭受了一次心脏骤停，以及中毒性休克综合征。她接受了心肺复苏，被抢救过来并被送到这里。[15] 她的血压已经改善了；感染也正在接受处理，她已经不接受抗生素治疗了；然而，她还是需要呼吸机，大多数时间处于昏睡状态，没有反应。很难把她的老问题和新问题分别开来。

肺科医生：她的双肾出现损害大约 10 天了……至于她的呼吸，我们正设法调低呼吸机频率，来看看她是否能自主呼吸。但她不能。她的治疗在过去的几天没有任何进展。我认为可以撤走她的机器，
213 但是，最好的情况也需要花几个星期的时间，因为她的哮喘和整体的虚弱。这是乐观的情况。问题是管子。我们必须给她做气管切开术。这对患者来说更好些，更舒适些。目前她还没有苏醒，无法

交谈。

朋友：安吉拉将要永远通过那个管子呼吸吗?

神经科医生：我认识安吉拉3年了，她有多种神经系统的问题。她的脑部有一个良性肿瘤，这导致了癫痫发作和其他的并发症。有些问题是慢性的，一些问题已经得到了医治。她睡眠时呼吸不畅，她的睡眠呼吸暂停又使她的思考能力更糟。现在，她并不是处于昏迷状态，但是也几乎是昏迷了。这一点，加上开始时她就大脑受损，她经历过一次心脏骤停，她的肾功能和癫痫又使她的大脑功能问题更复杂。现在，她接受的药物太多，哪一种我们都不能停用。2天前她比现在的反应更多一些。她睁开过眼睛。今天情况不好。此外还有肌肉无力的问题，这也加重了她呼吸困难的症状，因此她不能脱离呼吸机。（这时，肺科医生更详细地解释了斯通女士为什么如此虚弱的原因。）

内科医生：（对神经科医生）她有多大可能清醒过来?

神经科医生：很难说，但是2天前她的反应还好。

患者母亲：她睁开过眼睛。一切取决于从现在起她的情况如何。

患者父亲：我今天和她说话时，一听到声音，她的眼睛开始睁开。

患者朋友：控制癫痫的药物是苯妥英钠吗?（内科医生和神经科医生各自谈了他们更换癫痫药物的原因。）

内科医生：安吉拉在过去几年里出现了越来越多认知上的问题。这些药物会削弱她的认知功能。

精神科医生：我认识她大约一年时间，给她看过精神抑郁。即使她有诸多精神抑郁的原因，但为她治疗总是值得的。我试过几种抗抑郁药物，调节她的情绪。我也和神经科医生谈过一些策略，让她更多参与自己的康复。

内科医生：她的抑郁情况越来越严重，她也随之变得越来越被
214 动，这使得她整体的情况更糟糕。我们真的希望她的情绪能改善。（安吉拉的父亲询问了她在护理院的治疗情况。）

内科医生：她需要全身心地参与进来，但是她拒绝了。她不想参与自己的治疗护理。

父亲：我们以前从来没听说她拒绝治疗这件事。

社工：积极的一面是，她有一个良好的支持体系，这可能都要靠你们为她做决定——如果她不能决定的话。

内科医生：还有她如果好转以后要住在哪里的问题。她的问题清单比大多数人都长。但是我们认为她还没有走到终点。现在必须做出重要决定。我们需要问一下，她愿意连接在呼吸机上活一两个月吗？如果她的心脏停跳，我们需要让它恢复吗？这是我们现在面临的问题。因为她从来没有给我们明确的指示，我们需要了解一下她是否表达过任何意愿。

神经科医生：她说她累了，说过很多次——好几次——还说“我还能忍受多少”。

朋友：有一次她曾经说：“这种生活没有尊严可言。”（安吉拉的父亲询问了呼吸机的问题。肺科医生给予了解答。）

父亲：这个机器还在帮助她呼吸吗？

肺科医生：是的。她 80%—90% 的呼吸是机器帮助进行的。

母亲：她离开我们太久了，我们现在根本不了解她。

神经科医生：没有迹象显示她是否能够好转。

病例管理人：我曾经多次和她谈到生活质量问题——住在公寓里还是住在别处。她从来没有和我谈到呼吸机的问题。我们谈论她

像战争一样的生活，以及她不能住在公寓里。每一分钟她都需要能量才能活下去。她从没说过她不想斗争下去了。（转向患者的父母）你们养育了一个顽强的女儿。她独立、聪明，也很倔强。

父亲：我们尽量一周打一次电话，有时候打两次。我们能够感觉到，她的情况一周比一周差，精力越来越不足。

病例管理人：我认为有些事情你们需要考虑一下。她的情况一直在走下坡路，在过去 2 年里，她一直无法恢复到以前的状态。无论她多努力。 215

内科医生：她的下肢功能明显减弱了，她的身体也在逐渐变得虚弱。还有其他一些问题。她一直在接受最新的哮喘药物治疗，但是这些药物也引起一些问题。我没有听到任何人说起她不希望像现在这样。如果继续沿着这条路径治疗下去，我们需要进行气管切开术并插入饲管。

肺科医生：让我们假设，她不再会出现比现在更清醒的状态了。那是她想要的吗？

朋友：我觉得不是。她从来没有这样说过，但这是我对她的了解。

父亲：她的保险范围是什么？

病例管理人：她的保险没有限制，只要她留在急症医院里。如果她需要长期护理，社会服务部门就需要和你谈谈资金来源问题。（安吉拉的父母和社工讨论了医疗补助和附加社保问题。[16] 社工说她将开始相关的文书工作。）

内科医生：这可以在没有她同意的情况下进行吗？

社工：我想可以。（社工和病例管理人进一步讨论了患者的保险范围。）

内科医生：（***再次将讨论引向制定特定路径以推动事务进程的话题***）我需要回到刚才谈的地方。我没有听到任何人说“该停止一切了”，所以我需要知道从现在开始的一个月我们该何去何从。

肺科医生：这是我的工作。如果她的心脏停跳，我们要重新启动它，她的大脑功能可能会不复存在，她也无法离开医院。（神经科医生表示同意。）

父亲：（对内科医生）你也这样认为？

内科医生：是的。如果她的心脏停跳，我们任由它去，这样我会感觉轻松欣慰。如果做出这个决定，我希望每个人都对此感到内心平静。从法律上说，作为患者近亲，你们拥有权威，因此，在患者没有决定的情况下，我们束手无策。

母亲：我会同意。（安吉拉的父亲不同意。他提出了关于心肺复苏的问题。）

朋友：如果她醒过来，我们能知道她的大脑功能情况吗？

神经科医生：不能。（另一位朋友询问了气管切开术的问题。）

内科医生：在这种情况下，那是个优势，不是高风险。我想列
216 出最糟糕的情况。最后会发生什么。她将会出现各种并发症：院内感染性肺炎，她需要接受特殊的静脉注射，她的皮肤会破裂。她还需要更多的技术方面的东西。

朋友：你认为她有可能康复吗？

肺科医生：我不知道是否能指望她恢复到比住在护理院时更好的状态。或许我们需要6个星期才能让她脱离呼吸机。然后，她会非常虚弱；仍然有神经方面的问题；仍然有哮喘，需要6个月的康复治疗。我不知道她是否还能四处走动。乐观的情况是，她将在医院或者护理院里待上几个月。她不会比以前待在护理院时的情况更

好了。

朋友：请描述一下她的现状。

内科医生：在护理院时她就卧床不起了。她不能接电话，即使电话在床边。她很少坐轮椅到就餐区。

肺科医生：由于她思维模糊，她无法拿起电话或呼叫铃。

母亲：现在听到的事情，我们以前从来不知道。

内科医生：（看了看手表）我们得结束了。你们不需要现在就做出患者代码状态的决定。先思考一下，你们需要就开始抗生素治疗做出决定。你们可能需要在周末期间考虑一下。（肺科医生和神经科医生讨论了患者新陈代谢方面的问题以及他们是否认为她还能醒过来。）

父亲：我已经85岁了。我还能来回折腾几次呢？我们只能来到这里再回到家里去，仅此而已了。

内科医生：我明天需要和安吉拉父母谈她代码状态的问题。下周再讨论气管切开术问题。

大家站起身离开房间。当我和斯通女士的父亲一起走出房间时，他告诉我，这是他一生中面对的最艰难的事情。

内科医生本来想要确定的是，患者是否有过任何暗示，无论是书面的还是口头的，表示她希望医疗团队在她目前情况下如何做，尤其是她是否希望在出现心脏骤停时再次接受心肺复苏抢救。如果患者有 217
过清晰的意愿，家属可以传递给治疗团队，她的那些意愿将会得到执行，***只要这些意愿能够推动事务向前进展***，也就不会有任何道德上和实践上的困境了。但是，安吉拉·斯通没有留下任何指示。因此，治疗团队成员将他们的谈论目标转向描述她挣扎一般的艰苦生活，她的治疗问题，以及过去几个月她病情的发展轨迹，猜测未来几天事情将会如何发展。他们讨论这些问题，既是为了互相澄清她各方面的病情，又是为了引导家属和朋友为她选择一条治疗路径。但是他们关于她的病情和潜在发展趋势的一些说法是含糊不清的。神经科医生说，斯通女士并非处于昏迷状态，但是也“几乎”是昏迷状态。他不知道她是否能醒过来。肺科专家认为她可能会脱离呼吸机，但是或许不行，即使可以，她也可能需要好几个星期或者好几个月的努力。基于患者最近在护理院时拒绝和无力积极参与治疗的情况，每个人都质疑患者忍受长时间康复锻炼的耐力和她接受锻炼的愿望。没有人确信她有意志力斗争下去，活下去。在会面结束时，只有一条关于预后的真相浮现出来：肺科专家告诉大家，斯通女士无论如何都不会比在护理院时的情况更好了。

对于内科医生来说，出现需要为患者进行紧急心肺复苏情况的可能性很大，除非有什么可以阻止它。在会谈中间，他果断地将自己的观点从“她可能想要的”转变为“我们所面临的——我们是否想要启动心肺复苏”，这样将责任从患者（她无力承担）转移给了家属，催促他们考虑授权放弃心肺复苏。在医生的语言中，主语由***她***转变成了***我们***，这一转变标志着重塑如何处理患者病情的医疗责任的第一个关键时刻，也是重塑对斯通女士生活质量的共同理解的第一个关键时刻。内科医生希望避免再一次对患者实施心肺复苏，他知道那样做最多会让安吉拉·斯通回到无意识、依赖机器存活的状态。但是，斯通女士的父亲不想接受治疗团队的建议，没有做出这样的选择。他阻挠必要的决策行为。医生的反应是为他们制定了一份优先级列表——必
218 须在明天决定患者的代码状态，关于抗生素和气管切开术的决定可以等到下个星期。更艰难的话题——斯通女士活下去的意愿，她的尊

严，她的生活质量，这些都取决于她意识清醒的程度——也在这次会面中被提及，但是它们直到晚些时候才成为他人的责任。就目前而言，内科医生只寻求将决定某些治疗程序的责任转嫁出去。

插曲：了解安吉拉·斯通

第16天：安吉拉·斯通已经在重症监护室里住了2周多了，今天我在她床边花了些时间和她的父母聊天，努力从某些角度来了解她。她身材瘦小，躺在床上一动不动。她身上连着许多管子——给药的，输血的，进食的，导出身体排泄物的。最大的一根管子插在她的嘴里，连在呼吸机上。她侧身躺着，看上去像是在沉睡中。很难想象一个人怎么可能在这种环境中沉睡。重症监护室的隔间里充满了阳光和机器发出的“哔哔”声、“呼呼”声以及背景里工作人员的说话声。通往斯通女士隔间的门总是开着。护士们定期查看她的药物、静脉注射管、生命迹象和体位。她的父母都坐在她床边，他们和来来往往的医务人员交谈。斯通女士的母亲给我看一张4年前拍的照片，那是他们的女儿最后一次去看望他们。那是一个微笑着的女人的黑白照，大小可以放在钱包里。我看不出照片上那个活泼的形象和床上这个没有任何表情，几乎有些怪诞丑陋的患者之间有任何相似之处。斯通夫人告诉我，安吉拉自从上次看望他们回家后就生病了。斯通先生说，他刚和安吉拉的一位医生深入地谈了一次，医生告诉他，她不会一直保持这样。下个星期，她要么会好转，要么会恶化。他弯下身，对着女儿轻声说着话，告诉她，他和她妈妈很爱她，阿普里尔是她今天的护士。他告诉我她最后一次睁开眼睛的时间，她最近出现的症状是皮疹。斯通夫人说，看着安吉拉因癫痫而抽搐让她很难受。“过去的3年里她受了很多罪。”她说。

第17—20天：我经常和斯通女士的父母一起坐在她床边，陪着他们等，和他们聊天，我注意到，他们不向医务人员询问她的病情。他们根本不问任何问题，只有当别人和他们说话时才开口。他们好像
219 既不好奇，也不焦虑地想得到医学知识或者了解预后情况。他们不认为女儿快要死了，也不认为她会康复。斯通夫人说："我们每天都怀着希望，每天祷告。"斯通先生告诉我，他打算约见银行人员和律师来安排解决安吉拉的事务，他自己很难理得清楚。她没有法律委托书。他一直在和安吉拉曾经供职的公司福利办公室人员沟通。他非常耐心、镇定地把这些都告诉我。他从未表现出气愤、挫败或者悲伤的情绪。

第 20 天：斯通夫人说，医生刚刚来过，但是她忘记他说了什么。护士们在安吉拉身边，"一直都在，忙着做事情，我不知道做什么"。她问我，挂在床边杆子上的"那袋红色的东西"是不是血，我回答说是的。当她丈夫不在时，斯通夫人对我说，她不想让安吉拉受罪，她"想让这一切结束——你知道我什么意思。要么我们希望她好起来。我们不能坐在这里，干等着，没有尽头"。

在重症监护室外面的走廊里，社工告诉我，斯通女士的母亲"准备好让她走了，但是她父亲不同意"。她刚刚再次会见了患者的父母和几个朋友，会面的结果并不令人满意，因为他们没有一个人谈到死亡规划。他们没有向着停止生命支持手段的方向推进。斯通先生想再等等，她说。他没有什么具体的期待，他没有预料女儿会康复还是会死亡。社工给了他一份医疗补助表，如果斯通女士需要长期护理就得填好这张表格。患者有可能走上出院转入长期护理机构的路径，因此出院计划员需要为此做好准备。填写各种文书表格是斯通先生应付一切的方法，社工说，反正这些也都是需要做的事。除非她有医疗补助，否则离开急症医院，患者就无处可去了；只有医疗补助认证的护

理院才会无限期地照顾严重的慢性病患者（除非家人愿意私人支付）。社工不知道她住过的那家护理院是否愿意接回她这个靠医疗补助支付而不是私人保险支付的患者。

第 24 天：我来到斯通女士的床前，当时呼吸治疗师也在那里。重症监护室呼吸治疗师的一项工作就是监控患者使用呼吸机时的情况。氧气的压力和比例是否可以调低？患者需要得到机器的更多帮助才能呼吸吗？患者能够摆脱呼吸机吗？治疗师告诉我，斯通女士靠 220
呼吸机维持将近一个月了。她现在需要机器的全面支持——呼吸机 100% 承担她的呼吸。两个星期前，斯通女士还有一些自主呼吸。她需要进行气管切开术和长期的护理安排。但是，人性化的做法是让她死亡，治疗师说。她在护理院里不会有任何的生活质量，她在那里只能被困在床上，挣扎着呼吸，并且，尽管这已经是很低的程度了，但他怀疑她连原来的水平也无法恢复。各种药物也会带来诸多问题，他解释说。类固醇药物使她的皮肤破裂，导致褥疮产生。他弯下腰，离患者的脸只有几英寸的距离，他轻轻呼唤她的名字。她睁开眼睛，用一种强烈的、穿透性的目光直直地盯着他。那是对他的问候的唯一反应。我惊讶地发现，在她的目光中似乎有那么多的个性，那么多的“质量”（从一种独特的、个人化表达方式展现信息的意义上讲）——考虑到她的身体状况。似乎有个人从一个完全没有生命力的身体里向外看，这让我倍感震惊。整个住院期间，斯通女士曾经直视过来床边探望她的不同的人，与她目光相遇的每个人都在思考这种目光背后会有什么样的意志、愿望或思想。那种直视的眼神是来自安吉拉这个人吗？她在那里吗？还是这种直视只不过来自病情对她身体的影响？

斯通先生拿着一个收音机走进来，说医生建议使用它来刺激患者。他把它放在紧靠她头部的一个小桌子上，然后调到一个古典音乐台。他告诉我，他和妻子现在隔天来医院一次，不来的日子他们还得处理女儿的文书工作。

第二次会面。第二步：患者“重获”她的声音，以及责任的“重新分配”

第 28 天： 安吉拉·斯通已经在重症监护室里待了一个月。治疗团队确信他们已经对她无计可施了，她的病情持续恶化。两个星期前，在第一次会面时，他们还不完全确定是否已经对患者无能为力了，患者是否会出现好转的迹象。但是现在，医生知道得靠他为斯通女士的父母铺一条平坦的，或者说尽可能平坦的过渡之路，让他们可以直面女儿的死亡。他认为，现在是和家属再次进行正式会面的
221 时候了，并且“让尽可能多的人到场”。他计划——除非有人强烈抗议——为她的死亡做准备，用十分明确的言辞让她的家属和朋友知道，是时候撤走呼吸机、允许斯通女士死亡了。

斯通女士的日班护士一边在重症监护室里的一个空隔间把椅子摆成一圈，一边抱怨医院没有合适的地方安排医患会谈。斯通先生和我同时到达，他热情地问候我。斯通夫人和她女儿的两个朋友已经就座。所有的女士都眼泪汪汪。一位朋友说，他们今天早些时候已经和其中一位医生见过面了，他告诉她们，安吉拉不会康复了，“最好让她走掉”。否则，她将会无限期地“像这样”下去。当那位朋友说这番话时，斯通夫人一直在哭，她说：“是的，最好还是让她走吧。”尽管在我们坐在患者病床边的交谈中，斯通女士的父母也曾偶尔谈及她的痛苦，这是他们第一次公开说，这种痛苦对她和他们都已经到了难以忍受的程度。现在，这种痛苦被看作比死亡还要糟糕的事情。关于什么是“最好的”的说法也得到了患者母亲和朋友的认可，认为他们可以，或者说应该通过终止治疗允许患者走向死亡。护士用小纸杯给

患者父母拿来了果汁，这时社工和内科医生走了进来，向众人问好。

当所有人就座，内科医生第一个开口。他说神经科医生今天不能到场，但是他们关于安吉拉病情的观点一致。

内科医生：现在是时候从这个问题开始了，我们在哪里，过去的几周我们走到了哪里？安吉拉的情况几乎没有任何变化，精神状态没有改变。她会睁开眼睛，握一下别人的手，但是那都是无意识的。有人看到不同的情况吗？

父亲：偶尔，当我跟她说话时她会睁开眼睛，这是一种好转。但是，没有明显的改变。

内科医生：她更容易被声音唤醒，但是我们不知道她是否能识别那个声音。她一直不能听从指令。那不是真正的意识——尽管她没有陷入昏迷状态。此外，她的肺功能也没有改善。我们努力想让她摆脱呼吸机，但是不行。重症监护室两位肺病专家认为很难让她 222
脱离呼吸机。他们认为这将是一个持续好几个月，而非仅仅几天的提议。她的各种感染也已经得到了治疗——她已经不再接受抗生素治疗了；她也没有癫痫发作了；她体内的钠水平也处于正常范围；她现在接受管饲，但是她的蛋白质储备很少。其他医生认为，这种情况可能需要好几个月的时间，在接受气管切开术和饲管的帮助下，才有可能进展。因此我们现在需要做决定了。我感到内心坦然，我知道我的搭档们也都很坦然——包括神经科医生和精神科医生——我们认为已经尽了最大努力，我们也等待得够久。现在让她走掉，我内心很坦然。

母亲：她永远不可能有活跃的生活了？

内科医生：不会了。

父亲：如果我对医生（肺病医生）所说的理解正确的话，是哮喘引起了不可逆的肺损伤。她无法维持生活，她无法摆脱这个问题，对吗？

内科医生：是的。她的哮喘很厉害。她的大脑功能也有问题。癫痫、心肺复苏，那些东西都伤害了她的大脑。她的肺脏受损很严重。医生们对此的观点完全一致。我们所有人都认为她不可能恢复了。

父亲：哮喘再发作一次会摧毁她的其他系统——比如她的肾脏？

内科医生：其实，上次哮喘发作已经出现这种情况了。因此我们才对她进行了生命支持治疗。

父亲：（向他女儿的一个朋友）你有什么看法？

朋友：我认为我们应该让她走。

第二个朋友：我同意。

父亲：如果 K（另外一位朋友）在这里，她会怎么说呢？

朋友：K 认为她已经走掉了。

母亲：她会说，让她走掉吧（***她开始哭泣***），我也会这么说。这已经不是我们认识的安吉拉了。我个人认为，是时候让她走掉了。

父亲：“让她走掉。”我们究竟是什么意思？

内科医生：在这种背景下，它的意思是停止使用呼吸机。她正接受生命支持治疗。她其实已经离开很久了，因为在很多方面她已经很久没做任何事情了。我同意她朋友们的观点，她已经不在了。她一直没有做过任何决定。我建议今天不要采取行动。我们明天开始。X 医生明天会在这里，他会让她感觉舒适。如果她开始出现呼
223 吸急促，他会给她用一些药物。他会在这里。（内科医生指的是一

位专门的重症监护生，他在为濒危患者撤走呼吸机方面有丰富的经验。）

社工：你们提到过希望有一个精神仪式。（家属和朋友曾经讨论举行一次病床边的祷告。）我很愿意为你们联系（医院的牧师）。（她告诉斯通先生他需要决定邀请谁来参加祷告，不应该留下安吉拉一个人。斯通先生问安吉拉的朋友们谁会愿意参加，还应该联系谁。她们提到了不同的名字。一位朋友说她会给他们打电话。）

父亲：星期四怎么样？（距现在还有 2 天。）

内科医生：好的。

母亲：（哭着）这太难了。（她握住了丈夫的手。）

内科医生：我想安吉拉也希望我们这样做。我觉得这样想会有帮助，这不是你们的决定，也不是医生们的决定，是她自己，她不会希望靠呼吸机再活 3 个月的。

父亲：（第一次流泪）如果知道她要再回到护理院去，我无法乘飞机回家去。

母亲：（也哭着）我无法面对护理院。当我们和她通电话时，能听见和她同房间的患者的尖叫声。如果知道她要像那样活着，我也无法回家去了。

父亲：如果护理院是她的栖身地，而不是埋葬她的地方，我就不能留下她。我们打电话联系（牧师）吧。

内科医生：好的。

父亲：（神经科）医生上次和我们会面时非常坦诚。我很感谢。

内科医生：他的感觉和我的一致，这让我内心很坦然。（他站起来，和患者父母握手，表示他要结束这次会谈了。）谢谢你们能来。走出这一步很艰难，但，这是安吉拉想要的。

父亲： 你照顾了她很多年。这是最完整的医患关系了。

内科医生含着眼泪，我也一样，然后，他离开了病房。我们其他人在原地坐了大约 20 分钟。摆放椅子的护士回到病房，为我们又拿
224 来了一些果汁。斯通先生转向我，问道：“考夫曼博士，你有什么看法？”我回答说，我希望在安吉拉住院前就认识她。接下来，斯通先生穿过重症监护室去向他女儿道别。当他回来时，他拉住妻子的手说：“我们会熬过去的。”“是的，我们一定会。”她回答说。

斯通先生和夫人离开重症监护室后，我留下来和社工及斯通女士的护士谈论了患者即将到来的死亡。社工问护士拔掉呼吸机管子（或者关掉呼吸机）后，需要多少时间安吉拉才会死亡。护士说，有时候，关掉呼吸机后，患者可以活，就是说，可以继续呼吸很久。但是，她认为安吉拉不会出现这种情况。她希望呼吸管可以留在原处，留在她气管里，那样人们就不会说：“你们不让患者呼吸。”不过，她说，关掉呼吸机后，管子留在原处，看上去患者就像通过吸管在呼吸。“你可以想象是什么样子。我们给患者使用吗啡，这样家属就不必看着患者因没有呼吸管而喉咙里呼噜响，或者带着管子挣扎着呼吸而感到痛苦。”

在我当天晚些时候见到斯通女士的主治医生时，他说：“2 周前我们根本不可能走到今天这一步。”

大多数情况下，决定什么时候“是时候”终止生命支持治疗的是医生，而不是危重患者的家属。做出那个决定的基础是，大家一致认为已经束手无策，无法让患者出现哪怕一丁点儿的好转。有时候，当患者病情出现急剧恶化，所有“数据”都显示病情恶化时，那个决定

就会到来。在安吉拉·斯通的病例中，医疗团队知道她的病情会恶化，尽管并没有出现具体迹象显示患者在向死亡进展。经过在治疗路径上几周的停滞不前，第 2 次会谈中，斯通女士的主治医生将“有人知道她想要什么吗？”这一问题变成了“这就是她想要的”。当他说“她其实已经离开很久了，因为在很多方面她已经很久没做任何事情了”，他的意思是，她无论怎样都一直在向着死亡前进。斯通女士在重症监护室里停留了一个月后，她的医生赋予了她责任、意识、决策能力和行为意图。医疗团队、家属和朋友的工作就是跟随她的引领， 225
帮助她沿着她“选择”的，并且已经踏上的路走下去。

这种特定语言的使用赋予了患者能动性和对死亡的渴望，标志着这个故事中的第二个关键时刻。第一个关键时刻——医生把理解问题的框架从“她想要的”转移到了“我们所面临的”——是医生试图将行动的责任从患者身上转移到家属身上，希望他们能够授权放弃心肺复苏指令。在这第二个关键时刻，医生再次转移了责任的所在，这次，责任又回到了患者身上。在这两次责任转移中，他的语言体现了医务人员（通常是医生）如何在事务停滞不前时，重新构思责任的所在，使他们改变或者停止治疗。那位内科医生通过多重解释来说服家属接受他的决定：他们已经对患者无能为力；他们已经等待了够长时间，最重要的是，安吉拉“不会希望靠呼吸机维持 3 个月”；并且，事实上，她现在已经做好了死亡准备。当医生指出安吉拉不会想靠呼吸机活着时，她父母的情绪崩溃了，开始哭泣，并承认一场葬礼要比回到可怕的护理院及维持她本身极其恶劣的身体状况更好些。

当责任定位发生转变，人们转而解读患者的意愿时，我们常常会听到医生宣称“这就是患者想要的”。那种自我辩护之词和特定的语言有两个目的。对家属来说，它们可以减轻情感上的打击，减轻从通过侵袭性手段延长身体功能向确确实实地终结患者生命的转变的现实。第二，这一说法对每个人都意味着“选择死亡”的责任已经从医生和家属肩上移开，重新回到了患者的身上。在医院里，医生是唯一得到社会习俗允许的、可以积极参与用技术控制死亡的人员。在这种情况下，当斯通女士的医生说“这是安吉拉想要的”时，他消除了同行医生们身上的道德和法律责任。他授权重症护理医生安排死亡，但只是把他描述成***一个执行安吉拉意愿的技术人员。***

斯通先生建议将星期四作为死亡日，可以被解读为最终认同了医生的做法和推动事务向前进展的需要，或者，可以解读为对医生第一
226 个选择的星期三死亡日的反抗。如果反抗，他对女儿具体死亡日期的要求可能是他努力的方式，在当时似乎是唯一可能的方式，要维护自己对女儿命运的些许控制，显示一点为人父母的责任。在这种环境中，对具体死亡日期的“选择”一方面完全是武断随意的，但在另一方面，它也源于医生的实际考虑。他选择了第一个日期，让一位重症护理医生到场，控制患者明显的痛苦迹象，使死亡看上去好像平静而顺利，确保整个过程得到医学控制，从而让其他医务人员、家属或患者的朋友感觉不到他们通过医学干预手段加速或者延迟了患者的死亡。患者不会因医学技术而遭受痛苦这一点必须一目了然，她的死亡必须被安排得尽可能“自然”。将斯通女士的死亡推迟一天对内科医生或者医疗团队成员都没有任何影响，因此医生在这一点上对斯通先生做出了让步，从而避免了一场争论。

安排死亡程序

第 30 天：在重症监护室的早晨查房中，我得知安吉拉·斯通的死亡被安排在今天下午 1 点钟。斯通一家已经告诉过社工，安吉拉死

亡时他们不想待在她的床边。“我们不需要盯着医生，看着他在干什么。”但是他们确实想在移除呼吸机之前在她床前一起祷告。他们问床边的祷告是否将替代葬礼，社工向他们保证不会的，他们可以继续计划任何形式的葬礼。

当斯通女士住院期间负责照料她最多的重症监护师走进重症监护室进行早晨查房时，他告诉社工他今天太忙，1 点钟没办法赶到患者床边。他整个下午都有患者。呼吸治疗师问医生是否需要她做些什么，是否让护士开始给患者滴注吗啡，她建议说，或许，他不需要到场。他说不行，他需要赶来，确保斯通女士感到舒适，但是，他真的没办法在 1 点钟赶来。他要求社工同患者的朋友谈一下，看他们是否想在他为患者断开呼吸机的时候在场。但是，他现在还定不下时间。直到下午 4 点钟，他办公室里都有患者需要诊治。他说他需要一整块不受打扰的时间和安吉拉在一起。因此，必须等到当天晚些时候了。他需要实事求是，考虑他需要多少时间来为患者安排最合适的死亡 227
方式。

重症监护师离开了重症监护室，社工告诉我她自己想在关停机器时守在斯通女士的床边——“为了我自己的自我教育，为我自己揭开它的神秘面纱。”她离开了，去给患者的朋友们打电话。当天晚些时候，一位病例管理人在走廊里拦住我，向我打听斯通女士的情况和她的死亡时间。我把知道的情况告诉了她。她怀疑医生“是否知道该怎么做”。当我在社工联系过患者朋友后见到她时，她问我重症监护室里的死亡是如何安排的。我开始意识到，进行了 11 个月的观察之后，一些非医护人员开始向我询问重症监护室里控制死亡的情况。我了解到，即使在医院里，对危重疾病和死亡处理有着丰富经验的人，也并不是每个人都知道重症监护室里的死亡是如何被计划、被管理和被实施的。

下午 2：30：我看到斯通先生、斯通夫人和安吉拉的一个朋友离开医院餐厅。我们在走廊里停下，聊起来。他们看上去都很平静，很放松，尽管安吉拉的朋友看起来很伤心。我问他们是否举行过祷告仪式，他们说举行过了，一切都很好，五六位朋友来参加了。医院的一位牧师主持了仪式，社工也在场。斯通夫妇说，今天是安吉拉整个月最清醒的一天，那位朋友表示同意，说她好像认出了房间里的人。“她意识很清醒。”她说。安吉拉的状况似乎并没有让任何人感到不安，他们只是将她清醒的状态报告为她病情状态的众多变化之一。斯通先生和夫人要去安排殡葬事宜。我祝他们一切顺利，然后他们就离开了医院。

我来到楼上的重症监护室和社工交谈，她正站在安吉拉隔间外面。她告诉我，祷告仪式很短，大约 20 分钟。斯通先生准备了祷告词，牧师“很好”。在场的每个人都和安吉拉说了话，包括一位朋友，她站在她近前，说：“你知道吗，当我们在病房里转来转去，我真想悄悄溜走，因为我不知道说些什么。”这时，安吉拉笑了。社工说她为患者的这种反应能力感到震惊。所有人都觉得安吉拉今天下午比先前整整一个月都更清醒，她毫不含糊地对周围的声音做出了反应。
228 “整个仪式过程中我都在想，”社工说，“如果他们举行了一次告别仪式，而她却清醒过来了怎么办？这不会让她的父母很不安吗？”但是，她说，这种情况没有发生。

牧师来了，我们继续谈论斯通女士在祷告仪式中意识水平明显提高的问题。他说，他今天早晨在家属到达之前就来为仪式做准备，来看看安吉拉，他对她的清醒状态感到不安。他说，他甚至走进医院教堂，去单独思考这个问题。***我们在干什么？我们是不是在提前让她死***

亡？后来，他说，他“重新整理了一下思绪”，想起安吉拉在护理院里的严重失能，根本没有“生活质量”可言，而她现在连那种状态都回不去了。然后他对他们要做的事情感觉好些了。

在那个被认为更清醒的时刻，安吉拉·斯通代表的是关于“生活质量”和“生命神圣性”概念多重含义的那场旷日持久的辩论。她独特个性的标志似乎显而易见，就像她“精神”上的一些超然特征。在她的观察者们看来，那些品质特征存在于她日渐衰弱的肉体（内部）显得格格不入，她的身体状况需要终止对她的医学治疗。

当天值班的护士正做着她的日常工作，尽可能让患者感到舒适些。她还没有开始给患者滴注吗啡。她说，她通过小道消息，而不是从医生本人或直接交流中，听说医生大约 5 点钟才能到这里“安排死亡程序”。另一位护士评论说，那位负责撤走呼吸机的医生在安吉拉以前住院时就负责照料过她，她这次入院让他感到非常难过。他认识她大约两年时间了，这是他见过的最严重的哮喘病例。

当我下午 4 点钟在重症监护室大门口碰到斯通女士的内科医生时，我得知他已经听说她在祷告仪式上表现得比以往更清醒，那个消息似乎对他没有产生影响。

最后的时光

下午 5 点刚过：我和重症监护医生同时到达了重症监护室的大门口，我们一起走了进去。他情绪很好，说：“这一天，太忙了，一直没有人做我的后援。我是个替死鬼。”重症监护室里只有 4 个患者。一位护士正在照料安吉拉·斯通和旁边一个患者。另一名护士在另一
边照顾另外 2 个患者。里面很安静。医务人员 5 点钟结束工作都已经 229
离开了。通往安吉拉病室的门和帘子都开着。

坐在安吉拉床边的是她的老朋友谢丽尔，我在第一次医疗团队和

家属会面时见过她。她叫我的名字，和我热情地打招呼。她把我介绍给安吉拉的另一位朋友格雷丝。当我们在病床边交谈时，一位男士走了进来，解释说他是来给谢丽尔做后援的。他叫布鲁斯，他从未到医院探望过安吉拉。我们在交谈时，我注意到吗啡滴注开始了。

重症监护师让所有人从病床边离开，到护士站去，社工和牧师站在那里——尽管他们当天的工作已经结束了。在那里，医生向大家解释了他将做的事情。他不慌不忙，说得缓慢而仔细。他首先将给安吉拉用一些药物，等几分钟让药物发生作用。然后，他将"调低"呼吸机（减小氧气压力和流量），看看安吉拉如何反应。如果她变得烦躁不安，或者看上去不舒服，他会增加药物用量，并"将呼吸机调回原来的状态，直到药物发生作用"。然后，他会关掉呼吸机。他将在她嘴里安放一根"t 形管"让她通过管子呼吸室内空气。这个装置的功能类似于空气加湿器，使她的呼吸容易一些。医生说，安放了那个 t 形管后，她的气道会保持打开，对她来说容易一些，别人听不到任何"咕噜咕噜"声。他会在这里待足够长的时间，确保她的舒适度。他问大家是否有任何问题。谢丽尔询问了关于 t 形管的信息。社工问医生如何知道她是否不舒服。医生回答说，任何面部和身体的小动作都可能是不舒服的征兆。他还说，由于安吉拉有癫痫病史，他会给她用药来防止其发生。然而，在死亡临近时，她还是会出现抽搐的，而那种抽搐任何人都很难观察到，但是他会努力防止它的出现。他问大家是否还有问题。格雷丝在整个过程中都很安静。

医生继续谈到安吉拉在护理院里"糟糕的生活质量"。他还指出，安吉拉的父母不想在她死亡时待在这里，他"从哲学和实践角度"同意他们的做法。他说，如果他自己的家人即将死亡，他也不会愿意留
230 在病床边。他想要记住那个人活着时的样子。他用既轻松又严肃的语

气说，他自己不想以后死在医院里。大家都笑了。

安吉拉的朋友们又聊了一会儿。谢丽尔提到安吉拉一直病得很严重。大家开始开玩笑地评论她的房子有多乱，她如何从来不是一个持家好手；他们如何主动提出帮她打扫房子，但她总是拒绝，她如何把东西统统装进袋子里留着“以后”整理；她最后2年里如何精力不济，没办法清理房子。医生到达重症监护室后打电话联系的那位呼吸治疗师走了进来，站在安吉拉的床边，等着医生指示他用t形管取代呼吸机。

下午5:30：我们跟随医生回到安吉拉床边。一直沉默不语的格雷丝稍微离开了床一点，我和牧师以及社工站在床脚。谢丽尔站在安吉拉一边，拉着她的手。医生站在安吉拉另一边，贴近她的脸，用悦耳的声音说：“安吉拉，我现在要给你用一些药。它将让你想睡觉。你不会有事的。”安吉拉睁开眼睛，直视着他。这一次还是一样，无从知晓她的眼神后面有什么。她是有感情的吗？她明白或者感觉到或者直觉地知道将发生什么吗？这在我看来似乎是一个没有答案的问题。医生摸了摸她的肩头，站在靠她很近的地方，再一次轻声说：“一切会好的。”他正努力安慰她，让她知道可以信任他。安吉拉闭上了眼睛，不可能知道她是否明白了。她的意识状态深不可测。

呼吸治疗师将一些治疗设备从床边移开，准备好了t形管。安吉拉把头转向了另一边，睁开了眼睛，好像在看着一直拉着她手的谢丽尔。我注意到安吉拉的饲管还在，没有被取出来。

下午5:40：护士给安吉拉注射了一针吗啡和安定。她告诉我们她在做什么。医生解释说，安定会让安吉拉保持平静，防止癫痫，又重复说癫痫看起来会比较吓人。患者的病室变得很安静，很平静。每个人都在看着安吉拉。任何人说话都是轻声细语。我走过去站在医生旁边，问道："这事情对你来说艰难吗？"他回答说："什么事情艰难？""当患者睁开眼睛，并且看着你的时候，你的工作会更艰难吗？"他回答："不，不见得。当患者的眼睛闭着也同样艰难。一直
231 都很难。没有人喜欢这份工作。"他向离开床脚站在他旁边的牧师和社工解释说，他"并不是在加速这个过程。那不是我的工作。我的工作是让她舒适。我不知道需要多长时间"。如果他是科沃基恩医生，他说，他会给患者打一针，让她立马死亡。他不知道需要多久她才能停止呼吸。有些人需要好几天时间，他说。他认为，就她的情况而言，不会很久。但是他不能准确预言。

下午 5：45：医生调低了呼吸机的设置，和安吉拉的朋友们交谈。谢丽尔将一个小瓶子里的油或者水抹在安吉拉的手上、脸上和脖子上。医生走到呼吸机跟前，转动上面的控制钮，看着电脑屏幕，关掉了呼吸机。房间里的情绪是轻松的，整个重症监护室很安静。医生和护士一起关掉了其他几个监控器，让它们停止发出"哔哔"的声音。谢丽尔微笑着。

下午 5：50：医生让呼吸治疗师把呼吸机推开，"让安吉拉呼吸室内空气"。治疗师用几秒钟将 t 形管放进了她的嘴里，可以看见薄薄的雾气从一端冒出来。谢丽尔用手靠近安吉拉的嘴去感觉那雾气。安吉拉没有呼吸机的帮助，在自己呼吸。马上可以看出来，她的呼吸比有呼吸机控制时浅而不均匀。除了静脉滴注的吗啡，护士又给她注射了一针。医生告诉她："我们可以将滴注速度调到 100。"护士转动控制吗啡流量的旋钮。今天早些时候，在早晨查房时，这位医生说，他必须亲自到安吉拉的死亡现场，因为有些护士"对调高吗啡用量感到很不自在"。这位护士没有表现出对这一程序道德上的困难，但是，我着实怀疑为什么医生不亲自调整控制旋钮。[17]

下午 5∶55：安吉拉稍微动了一下，但只是几秒钟的时间。护士又给她注射了一针。吗啡的滴注量控制旋钮现在显示的已经高达300。我不确定是谁又调高了旋钮，医生还是护士。我问医生，安吉拉的呼吸是否在减慢，频率是否更低。他说，只是看起来好像两次呼吸之间间隔很长，那是因为我们都坐在这里盯着她看的原因。社工站在床边，摸着安吉拉的胳膊。牧师走了出去，站在病室外面。我站在床脚，斜靠在墙上，手里拿着笔记本，听见医生对社工说："用不了 232
多久了。"她问："你怎么知道？"他笑了笑，说："那是我的秘密。"格雷丝坐在病室隔间后面的一把椅子上，远离病床，似乎远离眼前的情景。布鲁斯站在床脚。谢丽尔扶着安吉拉的一个肩膀，粉红的颜色明显地从安吉拉的脸上慢慢退去。医生走进护士站，坐在凳子上。社工跟着他，说着话。布鲁斯拉了一把椅子坐到格雷丝旁边。

下午 6∶07：安吉拉的呼吸间隔越来越大，更加不均匀。我离开病床坐在医生旁边。社会上人们高度关注医院在患者死亡前进行的治疗，并且认为这些治疗持续"太久"，考虑到这一点，我问医生是否有任何方法本可以缩短安吉拉在重症监护室里停留的时间，本来是否可以在她住院期间更早一点做出撤走呼吸机让她死亡的决定。医生考虑了一下，然后说："不，不见得。"他解释说，2 个星期前，他也没有做好准备这样做，或许那时他还比较乐观。"但是那种决定是不可逆转的，你知道。"他继续说道，"从理论上说，她很年轻，她还有 30 年的生命。这就是为什么他们总是拼尽老命去挽救婴幼儿的生命——他们的整个生命才刚刚开始。"或许，上星期五他本可以做好准备。但是，2 个星期前不行，当然在她入院第 12 天，医生第一次与她的家人会面时更不可能。如果神经科医生当时说她没有康复的希望了，医生说，他可能回答说："一切结束了，让我们终止吧。"但是，神经科医生当时没有这样说。因此医生觉得没有做好结束一切的准备。他说："钱已经花了，感情上的痛苦……谁能知道呢？多等一两个星期，又怎么样呢？"他说他也不确定，但是，他认为艰难的部分是"做出决定以及和患者道别"。他认为"多几天或者一个星期"对家属来说并不重要。在我们谈话过程中，医生一直关注着患者的情况。他没有读任何东西，没有打电话，什么也没干。

下午 6：20：安吉拉的一位朋友给重症监护室打电话，谢丽尔离开病室去接电话。人们在病室进进出出，互相说着话。医生走到一张桌子边做一些指令，一边关注着安吉拉。

下午 7：00：我开始准备离开。我来到床边和安吉拉的朋友们告别，布鲁斯邀请我坐下来给他多讲讲我做的研究。我照做了，我们聊
233 了一会儿。

下午 7：15：安吉拉的内科医生走进来，向他未见过的安吉拉的 2 位朋友做了自我介绍。他看了看仍然运转的心脏监控器，然后向大家重复了几次"安吉拉似乎很舒适，她很舒服"。他告诉聚拢过来的朋友们，安吉拉的心脏非常强健，她不会立马死亡。可能会在午夜之后，或者半夜时分，他们可以随意离开。他们对他表示感谢，我离开了重症监护室。我在场的 2 个小时里，谢丽尔一直站在安吉拉的旁边，握着她的手。安吉拉的另外 2 个朋友也待在她的床边，或站着，或坐着，在病室里进进出出，到护士站打电话、接电话，要么互相说着话。他们从未离开重症监护室。

第 2 天早晨 9：00：我给重症监护室打电话，工作人员告诉我，安吉拉昨夜大约 11 点死亡。工作人员说，前一天夜里，大多数人包括医生，在我离开后不久都相继离开了，她感到安吉拉死亡时没有人在场很可怜。谢丽尔和布鲁斯一直待到 10：30，当他们离开

时，工作人员告诉他们可以随时打电话询问安吉拉的情况。没有人打过电话。监护室的工作人员给安吉拉的父母打了电话，告知他们安吉拉死亡的消息。她感到应该有人给他们打电话，也许最好由她来打。接电话的是斯通先生，背景是电视机喧闹的声音，当她告诉他安吉拉的死亡时间，他向他妻子喊道“安吉拉死了”，然后就挂断了电话。监护室工作人员感到很惊奇，他没有问任何问题，也不想多谈。

数天后：我再次与那位重症监护室工作人员交谈。她告诉我，重症护理医生对安吉拉的死感到很不安。他告诉她，做这件事很艰难，他希望不要再做这种事情。后来我问护士，对她来说给患者使用吗啡、调高滴注控制旋钮是不是很艰难的事。“不是。”她说，“一点都不难，尤其是在那种情况下。艰难的是相反的情况，比如，当护理就是在折磨患者，却还要继续对患者进行护理时，就像史密斯夫人那种情况（当时待在重症监护室的另一位患者）。那才是真正的艰难，我回到家里，会为一天所做的事感到心情沉重。”

在两次家属与医护人员会面之间的几个星期里，安吉拉没有任何生活质量这一点被频频提及；此外还增加了一种评估——死亡对她来
说更好些。呼吸治疗师指出她没有生活质量。他说，让她死亡是更人 234
道的做法。医生也判断说她的情况比死亡更糟糕，死亡要比无限期这样活着更好。到安吉拉入院第 28 天，家属与医务人员第 2 次会面时，她的朋友和母亲也同意了医务人员的观点。他们觉得不应该再允许她停留在一种缓慢恶化又无法预见何时终止的状态中了。当安吉拉的主治医生宣布“我们将要做安吉拉想要的事情”，他在众人之间确立了一种共识，即她的生活质量对她自己来说已经无法接受了。在

第 2 次会面时，他的语言告诉所有人，我们必须接受安吉拉对她自己病情的评估结果，最重要的是，我们必须同意她关于如何应对的判断。

这些话的真实性取决于在场的每个人是否***愿意***承认她的死亡是更好的结局——既因为死亡比她的生活质量更好，又因为死亡是她想要的。时机选择至关重要。尽管主治医生有责任创造语言来推动事务进展，但是患者家属、朋友以及整个医疗团队必须配合行动，要认可医生说法的完全正确性，要承认是安吉拉最终自己选择了死亡。这在安吉拉进入重症监护室一个月之前没有做出，也不能做出这种声明。这需要花时间表达出来，然后需要认同安吉拉的“生活质量比死亡还糟糕”这种观点，从而将责任先从安吉拉（她从未表达过自己对生命支持的观点）转移到家属身上，然后再转回安吉拉身上。只有当她的痛苦对所有人来说都显而易见，而且结束这种生活被认为是她自己的愿望和责任时，她的死亡才能发生。只有那个时候，才是死亡的正确
235 时间。

注释

1. 感谢 Vincanne Adams 帮助澄清这一点。
2. 在 Frederick Wiseman 于 1989 年拍摄的纪录片电影 *Near Death* 中，这一短语被波士顿 Beth Israel 医院里的一位急救医生所使用。第一章，包括第一章注释 31 中描述过这一影片。这一短语很有启发性，因为它让我注意到“伦理决策”是如何在一个各种差异性权利关系的复杂体制中进行的，在这个复杂的世界中，不同的参与者又面临着不同的风险。在这种意义上，它是一种政治活动，通过各种不同的修辞策略被组织，被谈判协商。
3. 描述这种差别的还有 Jacquelyn Slomka, “The Negotiation of Death: Clinical

Decision Making at the End of Life", *Social Science and Medicine* 35, 1992, pp.251-259。

4. 要了解那些辩论的全面历史，见 R. Jonsen Albert, *The Birth of Bioethics*, New York: Oxford U. Press, 1998。
5. Robert A. Pearlman and Albert Jonsen, "The Use of Quality of Life Considerations in Medical Decision Making", *Journal of the American Geriatrics Society* 33, 1985, pp.344-350.
6. 同注释 5，p.348。
7. 同注释 5。另见 D. C. Thomasma, "Ethical judgments of quality of life in the care of the aged", *Journal of American Geriatrics Society* 32, 1984, p.525; R. A. Pearlman and J. B. Speer, "Quality of life considerations in geriatric care", *Journal of American Geriatric Society* 31, 1983, p.113。
8. Pearlman and Jonsen, "Use of Quality-of-Life Considerations", 1985; Thomasma, "Ethical Judgments".
9. Bruce Jennings, "A Life Greater Than the Sum of Its Sensations: Ethics, Dementia, and the Quality of Life", *Journal of Mental Health and Aging* 5, 1999, pp.95-106.
10. Leon R. Kass, "Death with Dignity and the Sanctity of Life", in, *A Time to be born and a time to die: The Ethics of Choice*, ed. Barry S. Kogan,. New York: Aldine deGruyter, 1991; Kurt Bayertz, *Sanctity of Life and Human Dignity*, ed., Dordrecht/Boston: Kluwer, 1996. 另见 Ronald Dworkin, *Life's Dominion*, New York: Knopf, 1993。
11. Jonsen, *The Birth of Bioethics*, New York: Oxford University Press, 1998, pp.337-338; Daniel Callahan, "The Sanctity of Life", in Donald Cutler, Ed., *Updating Life and Death*, Boston: Beacon Press, 1969; Edward Shils, "The Sanctity of Life", in *Life or Death: Ethics and Options*, ed. Daniel Labby, Seattle: University of Washington Press, 1968.
12. 哲学家 Peter Singer 声称，现代医学实践使得那种传统观点不再成立。详见他的 *Rethinking Life and Death*, New York: St. Martin's Griffin, 1994。
13. 这一观点来自 K. Dan Clouser, "'The Sanctity of Life'：An Analysis of a Concept", *Annals of Internal Medicine* 78, 1973, pp.119-125。
14. 中毒性休克是由细菌感染引起的严重疾病。
15. 医生使用"成功地"一词的意思是患者没有死亡。

16. 补充性社会保障保险。
17. 一位读过这个故事的医生评论说：“调节静脉滴注吗啡剂量不是他的（医生的）工作。”他可能也不知道该如何调节。

第七章

生命支持

现在，关于透析的事情很微妙。我不想让他靠生命支持活着。如果他的心脏骤停，我不想让他接受心肺复苏；但是透析是上帝的决定。我不能决定停止它。

患者住院 2 周

在入院第 3 天，患者的妻子说患者患有末期肾病

最后在接受透析过程中死亡

死亡时间的选择是由事务进程中的巨大力量决定的，视患者情况，也是由用来解读患者生死意愿的特定修辞辞令决定的。正如我们已经见过的那样，那种修辞辞令是医院活动的一个正常组成部分，它服务于官僚体制的运行逻辑，推动事务向前进展。关于死亡如何发生这一故事的另一个特征存在于围绕着生命支持手段的那些具体事件、参与者和他们的动机——谁希望使用生命支持手段，以及为什么、何时、如何持续或终止它们；谁的声音被压制或被倾听，以及“选择”的不可能性，所有这些都是在对生命支持本身多种理解的背景下进行的。复杂的生命支持实践用另一种方式向我们解释了为什么“死亡问题”受到如此广泛的关注，以及为什么“有尊严的死亡”这个众人追求的目标如此难以实现。

在如今的医院世界，生命支持是重症医学的核心事实，这一事实推动并合理解释安排治疗的各种路径的力量、等待的不同面孔，以及

思考死亡和安排死亡时间的那些修辞辞令。***生命支持***所指的既包括具
236 体的治疗程序，也包括对这些治疗程序的各种不同的解读。***生命支持***这一词语本身从未在医院实践中被使用过，医疗专业人员根本不使用它。[1] 相反，它是流行在公众讨论中的一个词语，尤其指代那些许多人说的自己不想接受的治疗手段，如果它们只会延长死亡。

提倡自己控制死亡的报纸评论文章、流行书籍以及推动临终医疗对话和变革的组织，都认为技术驱动的美国医院系统是不必要地延长死亡这一问题的罪魁祸首，因为它提倡使用“不受欢迎”的生命支持措施。患者（和家属）的“痛苦”被医学界内外的许多人认为是“过于有侵袭性”的生命支持手段的直接结果。然而，医生们（尽管努力在医院官僚体制内自主工作，他们也非常清楚针对他们的社会批评）反复给我不同的观察视角。他们说，与公众观点相反，不想也不能对亲人“放手”的是患者家属，是他们想让亲属一直靠生命支持活着，超过（有时候远远超过）必要的时间，直到患者已经没有生命迹象可以支持。[2] 随着时间的推移，我观察到，他们双方说的都是对的，也都是有责任的。在一些情况下，医院员工和家属责任对等，双方都想使用生命支持治疗，希望患者作为一个人可以恢复某种水平的功能；在另一些情况下，双方都进行了同样数量的干预，以停止激进治疗路径的控制。[3] 有时候，模棱两可、沉默和逃避占据主导地位，医生和家属都不会极力要求采取或终止生命支持措施。不管***是谁***试图停止生命支持措施和抗拒死亡的治疗，不管***哪些***治疗被停止或避免，不管***什么时候***这些治疗被停止，或者它们***是否***真的被停止，生命支持一直是一个变化无常的现象，总是与策略以及对患者病情的描述辞令联系在一起。

在数家医院的重症监护室观察了一年多时间后，相对关于死亡问题的讨论，我却开始质疑生命支持这一观念，并试图辨别构成生命支

持的所有活动。机械呼吸机和心肺复苏——这些明显的、最令人恐惧的生命支持手段——观察起来都如此非同寻常，如此引人注意，以至很长时间以来，我都满足于让我的目光停留在那里。关于死亡问题的广泛讨论也限制了我，因为这些讨论主要批判的也是这两种活动。随 237
着我更多地了解为生命岌岌可危的患者提供的其他治疗，我逐渐变得更加困惑于生命支持实际上究竟意味着什么。我试图弄明白，那许多拯救生命的治疗方法是如何帮助维持生命或者延长死亡的。那些未必使用呼吸机和那些没有接受心肺复苏的人们的生命也依旧在重症监护室里被“支持”着。这种支持来自血管加压素、肾透析治疗或者其他治疗手段的组合，包括外科手术、抗生素、通过各种管子给药的液体和营养。所有这些东西都可能是生命支持。

当最终询问了一位经验丰富的重症护理护士之后，我才第一次明白了生命支持的偶然性本质。当我评论说机械呼吸机在我看来似乎是唯一一种明显的生命支持技术时，我们的对话开始了。她回答说：“我认为，在某个时间点，机械呼吸机***可以***算是一种生命支持，但我认为它不总是一种生命支持技术。不过，让我稍微解释一下。患有肺炎的患者来到医院。那是他唯一的病情，肺炎。但是，他因此无法顺畅地呼吸，累及他的整个呼吸系统，因此我们给他插上管子。这个时候，呼吸机是生命支持手段吗？在我看来不是，这只是一个帮他康复的辅助手段。如果肺炎是他的唯一症状，我们可以为他治疗，让他出院。但是，病情是会持续发展的，结果他可能最终使用了多巴胺或者其他血管活性药物——还是这样，取决于肺炎的发展情况。我们可能给他注射这种药物，因为我们还没有给他输液，或者他有低血压，只是我们还没有控制住感染。还是那句话，我感觉那只是一种辅助治疗方法，可以帮助他弥补一下。那是一个可以治愈的问题。

“事实上，有些时候，如果我们所尝试的各种治疗对那个患者都不起作用，它可以是生命支持手段，也不管它是否对患者有帮助。或
238 者，如果患者只是继续走下坡路或者维持现状——即使维持原状一段时间也可以。但是，如果患者开始走下坡路，然后你不得不回到原处重新评估所有那些东西，你会说，我们此时做这些事情是为了什么呢？但是，我不认为呼吸机自始至终都是一种生命支持手段。对有些患者而言，它是一种生命支持性治疗。对许多患者来说，它是一种让他们渡过难关，得以康复的治疗手段。对其他一些患者而言，它是一种毫无益处的东西，因为他们的基础病情已经进展到非常严重的程度了。或者说，他们因基础病情而受到了太严重的损伤。那是一个非常灰色的区域。我的意思是，如果你面对一个患有癌症转移的患者，你把他连在呼吸机上，他还能摆脱呼吸机吗？可能不行。但是，如果一个人患有肺炎，你让他使用呼吸机，他还能够摆脱吗？可能行。”

接下来，我询问她对肾透析的看法。“同样，我认为它与使用血管活性药物和呼吸机类似。我认为，有时候，它是一种有益的治疗方法。血液透析，任何一种肾脏替代疗法治疗末期肾病对有些患者都有帮助，可以扭转他们的肾功能。但是在某些特定的节点，这取决于患者身上发生的其他情况，它可能会变成一种生命支持手段，也可能不会，这取决于患者病情的发展方向。如果患者的肾脏在慢慢好转，如果他的肾功能慢慢恢复，那么它就是一种辅助治疗方法。如果患者情况不好，他的其他病情没有好转，那么我们所做的一切只是让他的电解质水平或多或少保持平衡，但是其他所有情况仍然没有变化，或者正在变得更糟，那么它就和其他手段一样变成了一种生命支持措施。关于透析，困难的事情是，在有些情况下，其他病情都能够得到扭转，唯独肾脏不行。那么你只能让患者每周透析 3 次。那么问题是，

这算是生命支持吗？

“这个问题有点主观性。我的意思是，我可以说，对这个使用呼吸机的患者来说，基于这些因素，它是一种生命支持手段。另一个人可能会插话说：‘这个人 75 岁了，你为什么认为呼吸机能够救他的命，为什么说这是生命支持治疗？’这样你会得到非常不同的观点。除非你有非常具体、客观的标准，否则这是一个非常主观性的问题。我认为这个问题很难，因为你永远不能让一群人达成共识。”

这位重症监护护士解释了实际病情进展、治疗程序和人体对疾病
和治疗的反应之间的关系，借此定义了***生命支持***。她把它建立在临床 239
医学对患者病情的“主观”判断之上。在某种意义上，生命支持可以被理解为两种东西——要么“支持”身体的各种系统功能，要么延迟死亡的到来。但是这后一种情况只有在回顾反思时才能看得清楚。

围绕生命支持存在好几种不确定性。第一种，那些声称只要不得重病，不到面临死亡的时候，就不想接受紧急生命支持治疗的人常常在死亡似乎即将到来时改变主意。家属通常也希望给他们的亲属“一个抗争的机会”，即使当他们知道或者估计患者“不希望接受生命支持”。此外，因重症入院的患者，他们的身体系统被各种医学手段支持着，对于自己将来愿意接受***哪些种类的生命支持***也常常改变主意。一些人做出与生病前的声明相反的决定，他们认为，鉴于他们的现状，如果对继续生存是必须的，那么呼吸机支持是可以接受的，尽管心肺复苏是无法接受的；另一些人则划出不同的界线，例如声称透析是可以接受的，或者可以接受管饲，但是，不能接受呼吸机。当他们所爱之人病情恶化时，家属也可能改变那条接受性的界线。第二种，生命支持变得模糊不定，是因为医务人员、患者和家属有时候很难界定一种特定的治疗程序或者一连串的治疗程序是

否算是生命支持，是否是患者想要的生命支持。多萝西·梅森的儿子、格丽塔·阿德勒的儿子，还有伊芙琳·巴克的女儿都因为不知如何归类他们的母亲接受的各种治疗而感到痛苦不已。最终，生命支持手段的使用要经过谈判、说服和硬性要求。家属可以决定使用多少种，使用哪些救命程序，也可以决定终止这些程序。尽管家属和患者对医学问题知之甚少，面对着各种不可能的选择；尽管医生们经常会在知道进一步治疗不会改善患者病情时试图控制患者的死亡时间，但是家属明确表达的关于希望患者得到什么治疗的愿望通常不会被忽略。

在本章的 5 个故事中，策略和生命支持的不确定性提供了又一个例子，来说明为什么即使一个生命濒临死亡，也很难停止对它的维持，为什么***尊严***存在于旁观者眼中，也说明***痛苦***如何在决定做什么时可能被认为是至关重要的，也可能不被看作重要因素。在前 3 个故事中，家属们决定多少生命支持手段算是足够；在最后 2 个故事中，焦
240 点转移到了作为决策者的患者身上。在第一个故事里，厄尔·莫里森的家人与整个医疗团队产生了矛盾，希望采用激进式干预治疗直到患者死亡。他们告诉医生，他们的立场来自他们的宗教信仰。这种情况下，“患者想要什么”被转变成了患者家属愿望的表达和医务人员的默许，家人的宗教信仰阻碍了医生们首选的治疗行动（这在城市医院里并不是一个罕见情况）。正如我们已经看到的那样，医务人员需要，也想要家属在治疗选择方面的引导；医务人员意识到有惹上官司的危险，因此也愿意听从家属为“患者想要的治疗”所做的代言。因此，医务人员很少会违背家属具体的要求。[4] 在第二个故事里，诺曼·柯兰的家人希望维持他生命的意愿和患者的意愿相矛盾。患者保留着自己的声音，但是他的家人却不断为他“代言”。然后我们就看到了患

者的“疼痛”和“痛苦”在围绕着生命支持的各种策略中并不总是起着重要作用。在第三个病例中，康丝坦斯·布雷迪的家人引领治疗团队停止治疗，尽管关于患者想要什么、哪些程序是生命支持以及是否做了正确的事情这些问题从来没有一个完整的决议。在第四个故事里，随着病情的恶化，沃尔特·科尔这位濒危患者关于自己愿意接受哪些生命支持措施的观点发生了改变。而在第五个例子中，患者凯西·刘易斯描述了自己是如何以及在何时“违背”自己先前宣称的愿望，同意使用生命支持手段。然后，她描述了那个选择对她的余生产生的后果。

宗教信仰可能会发挥积极作用，影响患者和家属决定想要什么或者他们为什么在生命支持方面采取某种特定立场。宗教信仰对生命支持决策的影响终究是变化不定的，它***可能***根本不会对医院治疗产生任何影响。我曾跟踪观察过的医院诊疗过程中，远远超过半数的患者和他们的家属在考虑想要什么或者在患者床边的活动中都未提及关于信仰、宗教仪式或者上帝的话题。另一方面，许多患者和家属***的确是***被“上帝的旨意”或者“上帝的决定”引导，希望对患者继续使用生命支持技术。厄尔·莫里森的故事展示的就是家属通过亲人漫长的住院治疗来解读上帝旨意的方式。莫里森一家是非裔美国人，都是天主教徒。本章开篇所引用的那句话是一位女士说的，她来自白人家庭，属
于一个社工描述中的“非传统基督教教派”。那位女士对我说：“我们 241
的生活遵行《圣经》的要求。”她不允许医生停止对患者的透析治疗，透析一直持续到她丈夫死亡。但是强烈的宗教信仰不是可以预测家属愿望的因素，偶尔，就像我们在皮特·罗塞蒂身上看到的那样，持有强烈宗教信仰的家属常常希望死亡“加速到来”。毫无疑问，信仰会影响死亡临近时所做的事，但是不同个人和家属对宗教信仰有着不同

的表达方式，无论宗教信仰存在与否，它本身都不能预测患者或者家属何时或者在哪里划下对特定形式的生命支持手段可接受度的界线，也不能解释他们改变主意的种种原因。

尊严一词在医院中已经被使用在濒危患者身上，尽管这个词来源于神学和生命伦理学，[5]但它在修辞和实践中都不是一个具有明确含义、得到医院系统内部及经历医院系统的每个人相似的理解行为原则。相反，这个开放性结构在医疗机构中自由通行，就像***生活质量***一词一样，是用来实现实用主义目的的潜在手段。当患者的病情剥夺了他的声音，医务人员和家属就有义务和责任决定，在实际治疗中或者在停止这些治疗时，哪些东西构成患者的尊严，以及如何对这个独特的人表达尊重。临床医生和家属关于促成或抵制激进路径的决定，他们拯救生命但同时又要帮助患者以最不糟糕的方式死亡的愿望，[6]以及家属的知情权和协商权，所有这些在面对被维持在生死之间门槛上的患者时，共同形塑了尊严实现的方式。

“我们选择让他活着”——尊严存在于旁观者眼中：厄尔·莫里森

自从厄尔·莫里森在一家门诊透析诊所接受心肺复苏的那一刻起，每个人都清楚地认识到，希望在紧急心肺复苏抢救到来之前停止对他的侵袭性干预治疗。选择已经做出，医务人员和家属之间的界线已经清晰地划出，但却不是以通常认为的方式。治疗团队想要趁着还有时间可以通过药物控制来营造他们认为的一种“有尊严的”死亡。
242 相反，家属却坚守道德高地，想要通过技术手段维持莫里森先生的生命。在他们眼里，少做了任何事情都是谋杀。治疗团队认为，停止生命支持治疗是维护患者尊严的事情；而家属希望继续进行支持莫里森先生宝贵生命的所有治疗。

入院：厄尔·莫里森，患有末期肾病，连续接受血液透析已经3年，在门诊中心进行透析时发生心脏骤停。他是“全码状态”，被送到了急诊室，在那里，按照医治他多年的医生的说法，他“再次心脏骤停，至少一次，可能是2次，并接受了总共3次电击复苏。最后陷入昏迷状态，被送进了重症监护室”。然后，莫里森先生被连上了机械呼吸机，离开呼吸机无法存活。

第4天：今天当我第一次见到莫里森先生时，几名护士重述了长期医治患者的医生曾给我的关于患者的简单介绍。他正躺在重症监护室的病床上，闭着眼睛。他看上去很虚弱，毫无生命力，但是没有人用***临终***这个字眼来描述他的状况，病历上也没有任何类似的字眼。神经科顾问写道：“患者在透析科时出现心脏骤停。他马上被实施了心肺复苏。然而，不清楚停跳多长时间。”如果莫里森先生没有接受心肺复苏抢救，他可能当时就死亡了。按照数位医护人员的说法，他现在“深度昏迷”。他的主治医生告诉我，他已经“陷入了植物人状态”。治疗他的心脏科医生说：“他已经脑死亡了。”尽管这些诊断存在差别，治疗他的整个团队，包括他的主治医生、一位心脏科医生、一位肾病专家、一位神经科医生、一位肺病医生和一位重症护理专家，都认为他不应该再接受任何生命支持治疗了，应该允许他死亡。

莫里森先生75岁，有着漫长的重病史：严重的冠心病、肺病、高血压、糖尿病。他有一个大家庭：他的妻子，许多子女，许多兄弟姐妹，兄弟姐妹也有很多子女。他们所有人都聚集在他的床边。莫里森先生的主治医生召集家属，告诉他们这个坏消息——他们的亲人处于“深度昏迷状态”，他对任何刺激都没有反应，包括剧烈疼痛。他 243
还有脑干活动，他的眼神游移，他没有脑死亡（这一点与先前诊断有矛盾），但是他“就我们所知没有意识”。医生说，家属应该考虑一下莫里森先生想要什么，然后罗列了他想采取的终止生命支持手段的四个步骤：在病历上填写“放弃心肺复苏”，从而避免在莫里森先生再次心脏骤停时再次接受心肺复苏抢救；停止透析治疗，借此允许肾脏衰竭死亡；慢慢减少直至停止对莫里森先生呼吸系统的氧气支持；将莫里森先生搬到重症监护室外的单人间，家属可以在那里聚集，让患者死亡时尽可能少用些医疗设备。家属说他们会考虑这些建议，需要咨询一下他们的天主教神父，达成一致后再做决定。

第 5 天：我陪同治疗团队进行重症监护室的早晨查房。重症护理专家、心脏科医生和肾病专家表达了他们共同的意见，鉴于他们对什么是适当的和人道的治疗持有的相同见解，他们一致认为，莫里森先生不应该再接受透析。神经科顾问对于事件发生的时间安排有着更灵活的观点，或许他想确保病历——是一份法律文件也是医学文件——包含详细的记录。他在莫里森先生的病历中写道：“我会建议在接下来的 24—48 小时内继续跟踪患者情况，以便确定他的病情是否真的在持续恶化，如果是这样，建议向家属提出终止生命支持。”

主治医生说：“他可能选择‘全码状态’（如果再次出现心脏骤停需要进行心肺复苏抢救），即使抢救也不会成功的，他会死亡。”[7]心脏科医生回答说：“但是他可能明天需要抢救，也可能从现在算起两年以后才需要抢救。”那位心脏科医生向我吐露，他不知道当医务人员一致希望停止治疗，但家属希望继续治疗时，医院是否有相关政策决定怎么办。当天晚些时候，另一位医生又向我澄清了情况。如果标准测试确定患者已经脑死亡，医务人员可以中止生命支持手段，无论家属有什么要求。（然而在这种情况下，医务人员有时候会一直等到家属“接受”患者的死亡。）如果像莫里森先生这样，患者处于昏迷状态或持续的植物人状态，医院行政部门不会明确允许终止生命支

持，除非家属（或者患者事先书写的文件）同意这样做，很少有医生 244
会不经家属同意就终止生命支持治疗。

数天之后：莫里森先生的主治医生告诉我，他很惊讶患者的家属宣布他们“一致同意继续实施所有的生命支持程序，包括患者再次心脏骤停需要心肺复苏抢救。我其实以为他们会非常同意我的观点，他可能不想继续这样下去，想要停止生命支持，那是我们应该做的。我们就此进行过很长的讨论，这个结果令我非常吃惊。家属咨询了他们的神父，‘选择让他活着’，如他妻子说的”。那位医生说，莫里森夫人尤其不能理解停止任何治疗的想法——她认为，那样做会加速他的死亡。“她就是那样看的——把它看作等同于安乐死。”他补充说。他告诉我，莫里森先生的妻子提出了一个理性、坚定的观点，也是一个“基于她的宗教信仰之上的观点——她说，这是天主教的事情。我认为这是值得商榷的。这一带有的天主教徒会说，这不符合天主教的立场”。他说，这一家人对预后的观点是很现实的。“只有一位亲属谈到了奇迹……他的妻子明白他快要死了，知道死亡随时会到来，她并不期待奇迹出现，但就是不能明确地走出那一步，结束他的生命。”他总结说：“关于这种放手，我们持相反的观点……最终，我只能说：‘我尊重你们的立场。我想这是你们关于他想要的做出的决定，我会支持你们的观点。’”

医院的其他工作人员对家属的立场没有这位医生这么慷慨大度，他们大多数人认为这一决定是被误导得出的，他们认为透析治疗和呼吸机支持应该马上停止。对他们来说，那些靠技术干预维持的微弱的生理迹象根本不足以算是***生命***，他们从医学角度确切地知道，莫里森先生的病情不可能好转了。“有些人（医院工作人员）用道德术语来谈论这件事，”莫里森先生的主治医生说，“认为我们对他做的事情不道德，就像患者妻子用的那些道德术语，说停止治疗是不道德的。”医生解释说，没有支持性技术，她丈夫不再具有足够的***生命力***继续存活。尽管莫里森先生的妻子接受医生的解释，但在她看来，那种状况
245 仍然不是一个主动杀死他的理由。

入院 2 周后：莫里森先生仍然住在重症监护室。他的主治医生召集了几位医院伦理委员会的成员、一些参与治疗的医生和几位家属成员会面，希望能够进行一次公开的讨论，解决医务人员认为是难以维持的医疗状况和家属的抗拒问题。主治医生的第一个愿望是，家属能够被说服，同意终止延续生命的治疗。如果不行，他希望医疗团队通过了解家属一方对现状的看法，能够更安心舒坦地为一个永久昏迷患者提供护理。这两个愿望都没有实现。会面之后，主治医生在莫里森先生的病历中写道：“一切还是老样子。伦理委员会成员同医生、家属、社工进行了讨论——讨论目的是给各方一个机会，表达对于继续治疗的观点 / 信仰。在场的所有人都认为，家属有权做决定，也都认为他们在做决定时是很认真 / 很真诚的；尽管不是所有人都认为他们的决定是‘正确的’。计划是继续进行所有治疗，我们会继续重新审视代码状态。”尽管我从医务人员那里了解到，他们认为，对莫里森先生继续治疗令人难以接受，因为那无论如何也不可能让患者康复；但是我也了解到，医院行政部门不会允许，也不会合法支持任何违背患者家属意愿的医生行为。

入院 3 周后：主治医生告诉我：“我一直摇摆不定，一方面，我很理解家属的立场，想要支持他们，心想那的确是他们需要做的决定；而另一方面，当我去检查这个人，这个***曾经***活着的人时，又为看到我们所做的事情感到很不舒服，让他以这种状态活着，感觉很不对劲。我的感觉是，你知道，许多情况都是投射，***我***可不想躺在重症监

护室里这样活着，隔天做一次透析，连着呼吸机，没有意识。”

被分配来照顾莫里森先生的医院社工告诉我，主治医生叫来了一位胃肠科医生，胃肠科医生拒绝向患者胃里插饲管，说那样做不会对患者有好处，只会延长死亡过程。凭良心说，他做不到。[8] 另一位胃肠科医生同意插管，但是要再等 2 周，因为他想等等，看患者的病情会出现好转还是恶化。社工对这些发展及其对患者出院问题的影响感到困惑。她不禁问道，第二位胃肠科专家是不是想等着让患者死去。 246
如果患者马上被插上胃管，她就可以让他出院，转到护理长期昏迷并依赖呼吸机的患者的机构去。没有饲管，“我们在出院手续的边缘等待。”她说。[9]

进入重症监护室一个月 4 天：我从重症监护室一位护士那里了解到，莫里森先生昨天做透析时又出现了心脏问题，透析治疗比平时缩短了 30 分钟，因为肾病专家感觉，进一步治疗结果没有保障。今天早些时候，莫里森先生出现一次心脏骤停。当时护理他的护士告诉我：“他接受了很长时间的心肺复苏，他们电击了他 10 次……通常他们或许会给一个人进行 3 次电击。”当时家人不在患者床边，抢救结束时被叫了来。他们来到病房，和医院牧师一起坐在床边，一起祷告，然后就离开了医院。

主治医生向我描述了患者的最后时刻，他的版本是：“莫里森先生在经历了一次漫长的心肺复苏后死亡——真正意义上的‘全码状态’。不是一种平静的死亡。但这很清楚是他至爱的家人为他选择的死法，因为他们要求尽一切努力让他活着。在我们对他实行的所有治疗手段中，这是最糟糕的，是我一直想阻止其发生的。患者家属尤其是他妻子知道我的愿望。我想，她和他们都考虑过我的建议，但是他们连这一点点都不肯放手——不肯签署放弃心肺复苏指令。莫里森先生死后，他妻子一来到重症监护室我就和她谈过。她含着眼泪感谢我、我们为帮助她丈夫活着所做的一切，她知道我们尽了最大努力。她和她的家人不得不接受事实，似乎我们为了让患者活着尽最大努力对他们来说是某种安慰。尽管我希望他以不同的方式死亡——更加‘平静’‘更好些’——但我不后悔顺从了他家人的意愿。”

听着不同医务人员对事情经过不同版本的描述，我再一次看清了医院修辞辞令赋予患者病情不同含义的方式。当我试图理解莫里森先生的住院治疗经过和接受的治疗时，我注意到，首先是主治医生，后来是重症护理护士，在描述患者状况时所使用的语言都是关于疾病诊断和生理紧急情况的医学语言和作为恰当反应策略的机构语言。死亡
247 从未被提及。谈到导致莫里森先生住院治疗的第一次心脏骤停时，没有一个人说“他差点死了”。心脏骤停既没有被当作他死亡的诱因，也没有被当作死亡的迹象。如果它被当成***死亡的诱因***，那么一个月的重症监护室治疗和医务人员对那些治疗的担忧就不会发生了。但是在门诊透析诊所背景下，***死亡***只是***可能性的死亡***，这个灾难性医疗事件是第一次心肺复苏抢救的起点。抢救程序之后，可能还活着但是已经没有了***生命***的患者开始靠着机械呼吸机稳定病情。他处于昏迷状态，可能会出现某种形式的康复。在那个时刻，医生和家属都希望莫里森先生会康复。

故事直到一个月之后，在主治医生解释说，莫里森先生“在经历了一次漫长的心肺复苏后死亡——真正意义上的‘全码状态’”时才终于结束。这次漫长又未成功的心肺复苏抢救被医生和家属双方都视为生死之间真正的转折点。莫里森先生直到抢救程序结束才被认定为死亡。事实上，这次戏剧性、不同寻常的抢救行动认可了莫里森先生的死亡，并使之合情合理化了，[10]（直观而激烈地）展示了与死亡

的抗争一直持续到了生命的最后时刻。那次异常漫长的抢救行动向心存感激的家属充分显示，医务人员在真正意义上遵行了他们“选择活着”的诉求。[11]

“请你帮助我死去，好吗？”——面临痛苦时不受欢迎的生命支持：诺曼·柯兰

和莫里森先生的家人一样，诺曼·柯兰的家属要求医生无限期支持和维系患者的生命。但是，在这一病例中，患者并没有因疾病而失去声音，他同意采用侵袭性治疗来延续他的生命。然而，接受那些治疗数周后，他宣布他想要死去。家属和治疗团队都不肯遵行他的意愿。我从未见过像柯兰先生改变对生命支持的看法后，患者与家属之间产生的那种紧张关系。像莫里森先生的情况一样，治疗团队没有试图说服家属对患者“放手”，因为不是所有团队成员都相信继续治疗对患者有益。治疗团队也没有努力解决或干涉患者与家属在生死选择上的冲突，从未和家属讨论过柯兰先生的痛苦是否能够或是否应该被忽略。相反，医生们将控制权交在家属手中。柯兰先生的痛苦得到了 248
除主治医生之外所有人的公开承认，但是却被他的子女看作是暂时性的。他的痛苦从来没有影响生命支持手段的使用。

入院：从入院第一天起，诺曼·柯兰的住院期最显著的特征就是他的病情岌岌可危，医务人员越来越坚信他不会康复到能回家去的程度，他的家属坚持让他活着。柯兰先生患有哮喘和严重的慢性肺病，在一次半夜哮喘发作时被医院收治。他的子女当时火速将他送到医院。当得知因为呼吸窘迫他需要使用呼吸机时，柯兰先生和他的子女一起决定接受呼吸机治疗。柯兰先生很虚弱，在家时已经吸氧好几个月了。他的子女告诉护士们，这次住院对他们来说是“一次双重打击”。他们还没有从一年前母亲的死亡中缓过来，不希望他们75岁的父亲也死去。每个人都认为，紧急的目标是控制患者的哮喘，并治疗快速诊断出的肺炎。大家的希望是让他尽快摆脱呼吸机。

柯兰先生多年的医生为我总结了患者在医院最初几天的情况：“一开始我们不知道他是否能熬过这次急性疾病发作。我的意思是，他刚入院时病得很厉害。我心里非常怀疑，负责照顾他的人都怀疑，他是否能活过住院的头几天。因为他的整体生理功能还比较令他满意，他过去也能够享受与子女和孙辈的天伦之乐，因此我们选择在开始时对他采用激进性治疗，也是因为他自己想要——我们在这个问题上观点一致，希望能够让他恢复到接近以前的生活状态。这就是对他治疗的最初评估和重点。我一开始就意识到，如果我们能让他熬过疾病的最初几天，他似乎就能得到康复，但之后我们将经历一个更加艰难的过程……一旦他熬过了，那么，这将变成一个更加困难的问题。那时候就更难以应付了。”

第1周：在柯兰先生住院第一周负责照料他最多的两名护士预测
249 他永远也摆脱不了呼吸机，因为他的肺病太严重。第7天，医生决定对他进行一次气管切开术，因为他知道这样对柯兰先生来说比呼吸机的管子插在嘴里更舒适些。借助一些特殊的瓣膜，一些患者尽管接受了气管切开术还是可以学会说话，每个人都希望柯兰先生在病情好转时能够进行交流。

第2周：治疗团队努力想让柯兰先生对呼吸机“断奶”，让他每天花更长时间脱离呼吸机。医生的目标是让柯兰先生能够整个白天不使用呼吸机，这样他就可以恢复在家里的生活，然后晚上使用BiPap氧气面罩[12]就可以了。然而，医务人员很快意识到，为柯兰先生设定的最初目标越来越遥远了。在早晨查房过程中，一位危重病医生告诉重症监护室团队：“他无法吸气。他只有出的气，没有进的气。他就像一个拉了引线的手榴弹。他随时可能走掉。家属不明白这一点，他们不停地说：‘你会好起来的，爸爸。’”一位肺病专家第一次在患者的病历中写道：“预后很差，可能无法实现呼吸机‘断奶’。”[13]

第 2 周周末：柯兰先生的儿子要求医院牧师促成与治疗团队的讨论。患者的子女都受过高等教育，也非常了解医疗事务，他们想从医务人员那里获得建议并了解所有事情的进展状况。柯兰先生的主治医生、一名护士、一名社工、一直为柯兰先生治疗的两位呼吸科治疗师，还有牧师参加了讨论。牧师后来告诉我，在她看来，柯兰先生的子女提出了一些深思熟虑的问题，但没有得到直接回答。他们问他们的父亲是否还能说出完整的句子，医务人员说他们不知道；他们问需要多久让他们的父亲摆脱呼吸机，如果还有这个可能的话，他们被告知可能需要两三个月，但也可能需要 12 个月；他们问他们应该计划让他们的父亲在医院待多久——再待两三个月？医务人员没有回答。他们问社工，他们是否应该调查长期护理机构。社工回答说：“你们不需要在适当时机到来之前做这件事。”他们问了医生几个假设性问题：如果他们的父亲需要手术怎么办？如果他的病情恶化怎么办？医生从来没有说患者的状况有衰退的情形。按照牧师的说法，死亡从来没有被当作一个公开的可能性提出来过。家属从医务人员那里没有得到他们应该开始讨论他们父亲生命终点的暗示，也没有得到开始思考死亡的提示。他们确实从医生那里听说——牧师对此很有把握——他 250
们的父亲极度缺乏免疫力，完全没有生命力，任何轻微的感染或新的病情都会给他的康复带来巨大的挫折。（后来，柯兰先生的儿子告诉我，医务人员没有给他提供任何有用的信息。）牧师反思道：“如果你去找汽车修理工，向他询问靠损坏的汽车部件还能继续开多长时间，你也不会满足于‘等我们到了桥边再过桥’这种答案吧。如果你对修理工关于你的车给出的这种答案不满意，你当然也不会对医生们关于你父亲给出的答案感到满意。”

第 2 天早晨：带领早晨查房的重症护理医生（该医生没有参加昨天与家属的讨论会）说：“柯兰先生的病情真的到了末期，他竟然能熬过来让我感到很惊讶。要从现在的情况看他的前景的话，他需要从这里转去一家护理院或者长期的护理机构。我敢打赌，在来这里之前，他的肺功能只有正常情况的 20%。他快要死了。已经没有办法了，无法修复。”牧师回应说：“家属还在做着非危机性决策。他们是很负责任的，他们在努力做着决策。”重症护理医生回答说：“我会鼓励他们多提问题。有时候，医生们不想回答。他们必须具体些，可以问，如果发生这种情况怎么办？如果发生那种情况怎么办？他们需要被告知他熬不过一次手术。”牧师后来告诉我，柯兰先生的子女告诉过她，他们很难谈论那些“如果发生的情况”，很难谈论一个包括更多并发症或者死亡的未来。他们说这让他们感到紧张。牧师告诉我，柯兰先生的子女认为“他们可以做技术上的微调来避免死亡，让他活着”。

我和当天值班的柯兰先生的护士聊了聊，他是一个年轻又体贴的小伙子。他说，柯兰先生前一天脱离呼吸机近 8 个小时；今天的情况不如前一天好，只脱离了几个小时。此外，他的皮肤那么薄，那么脆，每次触碰都很痛苦。“如果你看看他，他的皮肤都破损了，”那位护士说，“这是长期使用强的松的结果。他需要那种药物，但是就会产生这种严重的长期性副作用。”护士还是设法把柯兰先生放在一张朝向窗子的椅子上，这样他就可以看到外面的风景。当柯兰先生转向他，露出一个灿烂的笑容时，他感到很满足。“能看到令人愉快的东

西，能看到除了重症监护室里的家具和墙壁之外的任何东西，他都感到很高兴。”那位护士说。 251

第 3 周周末：出现了并发症。柯兰先生开始出现胃肠出血，需要好几次输血。因为他无法下床，皮肤又是如此脆弱，他又得了褥疮，[14] 随着住院期的延长，尽管有细心的伤口护理，他的褥疮面积还是越来越大，也越来越痛。他的护士告诉我，他浑身都疼，情况越来越严重。他的胳膊，这个除了头部之外唯一暴露在被单之外的身体部位，瘦得惊人。尽管如此，他还是会用尽力气，用手敲打病床护栏，以引起护士的注意。因为疼痛，他不能进行其他的移动。一些护士提到，他的疼痛没有得到很好的控制，于是一名疼痛顾问被叫了来。

第 4 周：柯兰先生开始告诉护士们——用口型示意每个字，因为气管切开术后他无法发出声音——他想死去，他永远都不想再经历这种疼痛或者这种治疗了。一位护士说：“今天早晨他把我叫过去，问我是否能给他点什么让他走掉，我说：‘你是说想死去？’他说：‘是的。’他想和医生们谈谈这件事。”

2 天后，柯兰先生向社工表达了相似的意思，用口型表示每个字：“请你帮助我死去，好吗？”她回应道（没有讽刺的意思），他是控制者（就是说他可以表达对治疗决定的意愿），他需要告诉他的家人和医生。当柯兰先生向他的儿子和女儿重复他的意愿时，他们告诉他，他会熬过这一关，并要求对患者进行精神病学评估。他的子女曾经在他妻子死后说服柯兰先生接受过心理治疗，他们认为心理治疗现在可能有好处。精神科医生在病历中写道：“印象是他并没有临床意义上的抑郁症状，但是他希望死去，因为他感到他的肺病不会明显好转了，他不想再忍受现在这种痛苦了。他非常清楚地表达了这种想法。他有能力为自己的治疗作决定。”数天后的一条提示中，精神科医生写道："此时，我还是不能说患者有严重的抑郁症。个人观点是，他没有罹患影响为自己做医疗决策能力的精神疾病。"

患者家属要求对患者进行精神病学评估是件很不寻常的事情。多数情况下，精神科医生们是被医院的医疗团队召唤，让他们评估患者是否患有临床意义上的抑郁症或者任何精神疾病，评估他们是否有能
252 力做治疗决定，评估他们因疾病、疼痛和痛苦而产生的忧郁是否会导致他们无法做出"合理的"决定，无法权衡具体治疗方法的风险和益处。医务人员希望做这种澄清的目的是，他们既可以努力尊重患者在治疗选择方面的"自主权"，又可以在他们决定继续或停止治疗方面有法律保护。过去 20 年进行的许多临床病例研究都描述过患者因对他们的病情和个人所处环境感到抑郁，进而要求终止生命支持治疗，允许他们死亡。[15] 关于希望停止生命支持治疗的患者的讨论，首先是由关注个人权利的媒体发起的，其次也是 30 年来对知情权和自主决策权关注的产物。因此，精神病学咨询主要关注的是，患者是否有能力对拒绝接受生命支持治疗做出深思熟虑的选择。[16] ***痛苦***——在这种情景下，指的是患者对他的病情和生活的痛苦体验——在医院日常谈话中，特别是在精神病学评估中，转化为对精神或心理能力及理性思考能力的评估。而能力本身的理解一直是通过影响医生行为的"法律棱镜"[17] 来进行的。

第 5 周：花了数天在柯兰先生、他的子女和他的医生之间进行了多次讨论之后，柯兰先生现在愿意尝试抗抑郁药物，但是，他说，只是为了让他的孩子们高兴。柯兰先生开始使用药物，但他还是继续重申他想死去。社工在病历中留言道："再次见到了患者，患者再次表达了死亡意愿。'这不是活着。已经受够了。请帮助我。'患者看上去有完全行为能力。患者很沮丧。'这是我的身体！'他说。"

后来，柯兰先生的医生回顾说：“当他第一次表达这些感受时，我不太确定我们要处理的是什么情况，你知道，他是否真的说了那些话。但是经过一段时间之后，很显然他是那样说的，并且他说的次数足够多，因此我们就能确信这就是他所说的……一旦我确信他真的表达了这些想法，我最初认为，那是因为病情长期迁延、没有沟通交流能力、不想继续像现在这样活着、没有明显的好转等情况让他无比沮丧，并开始和他及他的家属一起解决那些问题……但是我也意识到，
可以说我们处在一种从未有过的困境中。我们已经度过了他病情最危 253
急的阶段，他已经从那个阶段得以恢复，我们现在处在为他提供许多激进性支持性治疗的阶段。但是，如果我们停止了这种支持性治疗，按现在的情况，他不会马上停止呼吸进而死亡。我们面临的已经不是这种情况了……他已经到了不想在这个或者更低水平上活着的程度，并决定‘我不想这样了’。在这种特殊情况下，在疾病发展后期，他的一些决策权可能会真的已经被成为他代理人的家属剥夺掉，他们决定：‘这种状况的确不太好，但至少我们还拥有我们的父亲，即使他活着的状态令他很不满意。’我想，如果允许独立做决定，他可能不会像现在这样长久地接受如此激进激烈的治疗。”

第 6 周：柯兰先生的医生和医院社工开始为柯兰先生做安排，让他转院到一家专门护理依赖呼吸机的患者的医院去。因为他患有那么多需要时刻关注的严重疾病，他仍然需要住院。不过，他已经能在一天大部分时间里脱离呼吸机了，工作人员希望他能够进一步摆脱呼吸机。在他转院前几天，他的护士和我谈论了他的病情、他的沮丧和他的愤怒——柯兰先生在整个住院期间都很难与人沟通，他很多时候都遭受剧烈疼痛，他好几周卧床不起，他刚刚通过口型对她说：“我想快点死掉。”负责治疗柯兰先生的一位语言治疗师说：“有时候，他感

觉自己像一个斗士；有时候，他想放弃一切，干脆死去。”但是，他很不情愿地同意转到长期护理机构去，并同意在转院前安置一根永久性胃管。到此时为止，他的医生知道，柯兰先生永远不会彻底摆脱呼吸机了，必须住进一家可以满足他对呼吸机需要的护理机构，“这真的不是我们开始时追求的结果。”他后来告诉我说。

搬到新的医疗机构 2 周后，柯兰先生出现新的感染，最终死亡。

如果真的让他们划出一道界线，患者、家属和医院工作人员可能对何时、为什么以及如何停止生命支持治疗的问题划出全然不同的界
254 线。而那些差别都是“死亡问题”的一种表现。厄尔·莫里森的治疗团队一致认为继续进行支持性治疗是不恰当的，但家属就是不允许实行他们认为不道德的安乐死——两种针锋相对的观点。柯兰先生的情况更加复杂。他能够表达自己的意愿，也确实表达过；他改变了对生命支持的观点。在他漫长的住院期中，每个人都不清楚激进性治疗对稳定或者改善他的状况毫无用处。

柯兰先生在入院第 4 周时想要停止一切治疗，当时他无法忍受疼痛和那些侵袭性治疗手段。他的子女却对他的未来保持乐观，把他的痛苦看成是暂时性的，他们拒绝终止支持性治疗。护士和治疗师们看到并听到了柯兰先生的痛苦，却无权采取任何行动。社工只能告诉柯兰先生，他可以表达自己拥有的患者自主权。柯兰先生的主治医生也没有让他的痛苦对应该怎么办产生任何影响。相反，他主要关注的是柯兰先生陷入了一个临床上的“从未有过的困境”，他身体极度虚弱，不能离开呼吸机存活，如果能做点什么的话，就是调整对他的治疗。

或许，如果柯兰先生的医生们当时清楚地向家属说出患者机能衰退，即将死亡的预设，而不是一味含糊其词地回答他们的问题；如果

家属能够想象到他们父亲的死亡；如果柯兰先生自己在病情恶化时能够更坚持想要死亡的意愿，那么或许故事会有不同的结局。但是，家属想要延长柯兰先生生命的执念胜出了。

“你们要这样做多久？”——家属决定结束痛苦：康丝坦斯·布雷迪

在医务人员希望能挽救生命的治疗过程中，康丝坦斯·布雷迪的家属承认患者即将死亡。他们毫不犹豫地打断了激进性治疗路径；当生命支持手段停止时，他们平静地等待死亡。和治疗团队不同，布雷迪夫人的家属对死亡的来临没有明显的矛盾和犹豫情绪，他们最关心的是，通过避免让她活着时经历“疼痛和痛苦”来保护她生命的终结。

就布雷迪夫人的情况而言，生命支持包括的那些活动一直都很难界定。此外，对于那些挽救和暂时维持她生命的治疗程序的益处，不 255
同的参与者给出了不同的评估，也指出了不同的风险所在：医生和护士努力要稳定她的病情，尽管危机重重；患者生病前的意愿对于她丈夫和女儿来说至关重要；工作人员从不同角度考虑布雷迪夫人接受生命支持治疗后的生活状态。治疗太长还是太短都只能在事后进行评估。

从入院到第 2 天：康丝坦斯·布雷迪，84 岁，因剧痛来到急诊室时被诊断为膀胱破裂和胆结石。她的家人清楚，在危及生命的紧急情况下，她不想接受心肺复苏抢救，因此在她一入院时就在她的病历中写下了“放弃心肺复苏”指示。她马上接受了手术来修复膀胱。第 2 天，她出现了严重的心脏病发作，放弃心肺复苏指令被治疗团队当场修改，没有通知家属，这是常有的情况，这样就可以给患者使用救命的药物。按照重症监护室护士的说法："她的'无码状态'被修改成了'药物代码'，那就意味着，如果她的心脏停跳，他们会给她用药，他们只是不进行心肺复苏或者按压重击她的心脏。[18] 但是他们会治疗心肌梗死。那是你要做的。"心脏病发作后不久，布雷迪夫人被从普通病房搬进了重症监护室。

第 3 天：我到达重症监护室，发现布雷迪夫人周边的人都在忙来忙去。一位医生、一位护士、两位呼吸治疗师都在紧张地照料此刻毫无反应的患者，用面罩给她输氧，静脉注射药物，密切监控着所有机器，讨论她岌岌可危的病情，以及如何治疗最好。但是治疗团队所有成员都不清楚，这是否算是布雷迪夫人和家属在患者心脏病发作前所指的那种"危及生命的紧急情况"，为此，他们曾在原则上选择"放弃心肺复苏"。布雷迪夫人需要这些治疗手段才能活着。将医生采取的措施加在一起，从技术上说，它们并不是心肺复苏——然而它们却是使她活着的心肺支持，它们包括一些伴随心肺复苏程序的药物治疗。治疗团队努力不动用全面的心肺复苏手段来维持布雷迪夫人的生
256 命。他们试图"挽救"她的生命，同时要在心脏病发作后的抢救措施与心脏骤停发生时或发生后的不受欢迎的心肺复苏之间划清界限。

布雷迪夫人病情得到稳定后，工作人员在她病历中写下的备注首次表明，人们很难明确界定当时给予的治疗是否算是生命支持，也很难准确了解在她的情况下不想接受的生命支持包括哪些治疗手段："急性呼吸和心脏失代偿。需要静脉注射量的多巴胺，外部辅助通气……按照患者和家属要求，进行保守治疗。"

第 5 天：今天，布雷迪夫人陷入了昏迷，治疗团队一直认为她的预后情况很差。她已经被转到普通病房，接受常规吗啡滴注来缓解她的呼吸困难，减少不适感，为她的离世做准备。两天前布雷迪夫人接

受的是她想要的还是不想要的，是授权的还是未经授权的生命支持，不同的人对此有不同的看法。与她有 30 年合作经历的家庭医生告诉我，她 10 年前就写下了生前遗嘱，她不想接受激进性治疗。那份文件就在他的办公室里——他忘了把它放进她的病历中。他把她描述成一个非凡的女性，在这次住院前曾勇敢地忍受了许多年严重关节炎带来的疼痛。膀胱手术后的 12 个小时，她表现得很好。她的心肌梗死也得到了积极治疗。“是她的丈夫说‘让我们停止这一切吧’。我同意了。有时候，很难抗拒此时提出的一切。我以为她 48 小时之前就去世了，我很惊讶她现在还在呼吸。”他很高兴家属要求停止使用生命支持措施，但是作为家庭医生，对于重症监护室权限范围来说，他是个局外人，因此对于是否继续以及采取多长时间的激进性措施，他没有表态。对于这些事情，一位负责照料布雷迪夫人的护士向我做了更简单的不同概括：“她的生前嘱托被忽视了。她接受了 5 天的侵袭性治疗。那种情形是不应该发生的。”这位气愤的普通病房护士是治疗团队中唯一毫不避讳地谈论布雷迪夫人所接受的治疗种类和程度的人。

第 6 天：我和布雷迪夫人的女儿一起坐在她母亲床边。她在等着母亲去世。她轻松地交谈，尽管谈的不是她母亲的病情，不是她放弃侵袭性治疗的意愿，也不是她的意愿是否得到了尊重的问题。“这非
常艰难。我本希望她从重症监护室里搬出来后能够马上去世。可是， 257
她是这么强壮，到现在还没有走掉。这可能是她接受的最好的医疗了。我想让她得到些什么，吗啡。她遭受了很多疼痛，剧烈的疼痛，30 年了。我想让她现在不再疼。她不允许自己死掉，是因为她觉得她的丈夫不能照顾自己。我一次一次跟她说，告诉她放手走掉没关系，我现在负责来照顾他。不用担心。你可以放心走了。”布雷迪夫

人的女儿在床边坐了 8 个小时，直到她母亲的呼吸放缓，最终停止。她母亲的死亡是无法避免的，是毫无疑问的。

4 天后： 在布雷迪夫人心脏病发作后参与拼命“抢救”她的那位重症监护室护士想要回顾一下导致她死亡的那些事情。她告诉我，布雷迪夫人的丈夫和女儿想要停止所有治疗，那位女儿曾质问她：“你们要这样做多久？你们要继续进行这种侵袭性治疗多久？”那位护士告诉我，听到这些质问她吃了一惊，回答说：“有时候，如果我们觉得已经无能为力了，我们就会停止治疗。有时候我们继续治疗，患者会因此好起来。有时候我们继续治疗，但患者还是会死亡。”我了解到，那位重症监护室专家和家庭医生被患者女儿说服了，或者也同意她的观点，认为应该停止所有治疗。但是，心脏病医生非常不情愿停止使用血管升压素，因为他指出，心脏需要更长时间才能恢复。按照那位护士的说法，他说：“我们需要一两天时间让药物发挥作用。”但是由于来自其他所有人的压力，他让步了。护士关上了所有机器。但是布雷迪夫人却出现了复原，开始自主呼吸。周三，她被搬出了重症监护室，结果她却等到周五早晨才死亡。那位护士继续说道：“我想，如果我们当时让她持续使用血管升压素，再多使用 48 小时，她可能会更好些，[19] 她就有可能醒过来，病情好转。我们当时在努力避免让她成为康复医院里的患者，没有人想出现那种情况，她也不想那样。但是在当时，最好的事情就是终止药物的使用。”

3 个星期之后，那位重症监护室护士还在思考事情的发展方式，她仍然感到很不安，不知道治疗团队还有她本人是否做了正确的事情。“我那天工作非常努力，尽全力要让她活下去。我回到家，说：‘我所做的是错误的。我，我们，当时都不应该那样做。’但是第 2
258 天，当我们决定停止一切治疗时，我感到那天我所做的是正确的，停掉所有的管子和一切治疗。”她再次提到，心脏科医生不想停止治疗。“但是患者丈夫说停止治疗后，我们进行了讨论，他已经做出了那个决定，我们根本无法违背他的意愿让一切继续下去。”她认为治疗团队在家属的促使下做出停止生命支持治疗的决定是合理的。但是，她仍然对他们的行为感到内心不安。数月后，当我们再次对话，她仍然不确定布雷迪夫人是否本来可以活下来——可以过一种她自己和家人都认为的可以接受的生活——如果治疗团队坚持对她进行生命支持治疗的话。

患者自己掌控决策权：沃尔特·科尔

沃尔特·科尔的故事与诺曼·柯兰的故事形成了鲜明对比。***科尔先生想要的***自始至终得到家属、朋友及医疗团队的关注，而且重要的是，他对治疗的想法也一直在关于该做什么的讨论中占核心地位。科尔先生床边的每个人都看到他活下去的愿望，然后努力寻找并解读他关于可以接受哪些生命支持手段并不断变化的立场。他的住院经历提供了一个例证，揭示当假想的未来成为具体情况时，患者是如何改变主意的。

从入院到第1周：沃尔特·科尔，45岁，患有晚期艾滋病。他已经与这一疾病抗争了10年，曾经因其顽固的机会性感染和可怕的症状进行过很多次治疗，但是，以前他从未出现过危及生命的感染。当他连续数周持续衰弱之后，出现高烧症状，他的一个朋友将他送到了医院。他被诊断患有危险的低血压、呼吸衰竭、肺囊虫、脱水和各种机会性感染。一位朋友说，在他这次住院前的几个月里，科尔先生就感觉到“事情可能很快要到该终结的时候了”。他以前也曾病得很严重，但是现在，他的感觉不同以往，他担心自己可能不行了。

科尔先生想要接受激进性治疗，并愿意接受心肺复苏抢救，如果让他活下去必须那样做，如果那样做可以让他恢复到以前的机能水平。他想要活着。他是个演员、剧作家，在他的教会里很活跃，身边有很多朋友。医治他7年的医生在他入院那天和他进行了广泛的交
259 谈，问他是否愿意在必要的情况下接受呼吸插管治疗。他愿意。他被认定为全码状态，并接受了对所有症状的激进性治疗，但是他的病情对药物没有反应，他需要氧气面罩帮助呼吸。他说话的频率越来越低，也越来越吃力，无法下床。

第2周：当科尔先生想象他的未来时，他仍然把机械呼吸机和心肺复苏当作可能有效的干预手段——如果它们可以让他恢复到他想要的生活状态。他的几位朋友日夜轮流在医院陪伴他。对医院工作人员而言，这些朋友全天候的存在和对科尔先生的照料塑造了他的社会形象和他活下去的意志，也延续了他日渐虚弱的声音的影响力。朋友们非常努力去准确解读，然后表达他关于持续治疗的想法。和许多重病但有意识的患者一样，沃尔特·科尔只是在某种程度上知道他自己想要什么，因此，当发生危及生命的症状，在特定的治疗方法和路径的选择上就会出现困难。当那些观察他的人们觉得他似乎不知道该选择什么时，他的朋友就倍感压力，要向工作人员解读他的意愿。科尔先生的一位朋友告诉我："他的病情有恶化迹象，事情有点不明朗。一天晚上，他的呼吸变得非常困难，他很焦虑。护士问我：'他想要使用呼吸机吗？'我说：'呃，我知道他不想靠呼吸机活着。如果有合理的诊断，说他以后可以摆脱呼吸机，他会愿意使用呼吸机的。不是光靠它维持生命。'他以前一直这样说，真的，他是这样说的。但是，当他处在这种困境时，他又改变主意了。因此我不愿意绝对地说，他

愿意或者不愿意。”

第 3 周：科尔先生已经告诉他的护士，他不想使用呼吸机，但是他的病情恶化得很快，她很担心。当她每次试图给科尔先生翻身，他的血氧饱和度就会下降到很危险的水平。他仍然是“全码状态”。如果他无法得到足够的氧气并且停止呼吸，她将不得不要求治疗团队进行紧急心肺复苏，并为他插管治疗。她不想发生那种情况，因为她知道，那对他来说将是一种很残暴的死亡方式。她确信他熬不过一次心肺复苏抢救。她叫来了重症护理医生，努力想把患者从“全码状态”
改成“无码状态”。重症护理医生马上来到了科尔先生的床边。“如果 260
你想使用呼吸机就捏一下我的手指。”科尔先生没有捏。医生重复了一次请求，还是没有反应。“心肺复苏抢救呢？”科尔先生摇摇头表示不要。医生告诉科尔先生，他的血压在下降，他也无法获得所需要的氧气。医生又问了他几个问题，确保他处于清醒状态。“抬起你的右胳膊……好的，捏一下我的手指……好的。”然后，医生说：“我们会给你一些必要的东西让你保持舒适。”然后他去了护士站，在患者的病历中写下“不进行心肺复苏抢救”。那位护士明显地松了口气。科尔先生清晰地表达了个人观点，医生遵行了他的意愿。护士和医生就增加止痛和抗焦虑药物的用量谈了几分钟。那天下午，我问那位护士，如果科尔先生被插上管子，她认为会发生什么情况。“他可能会活下去，”她说，“但是以后将没有尽头，因为我们不可能让他摆脱呼吸机，他也不会有任何好转。那将会让事情推延得更长。”

治疗团队决定用 BiPap 面罩代替简单的氧气罩。后来，他的主治医生回顾了科尔先生对生命支持的立场改变：“在那个节点，我们开始看到，他对我们将如何对他进行激进性治疗有了矛盾的态度。尽管多次改变用药，调整了治疗肺囊虫的药物，进行了额外的化验检查，做了肺病咨询，所有这一切调整后，他仍然没有好转，因此他意识到，自己很可能会戴着呼吸机死去。他选择不要使用呼吸机，也不接受心肺复苏抢救。我很支持他的这些决定，因为我认为，使用呼吸机可能是一种折磨。因此他接受非常危险的最高流量、最高压力的氧气支持（通过 BiPap 氧气罩），等同于使用呼吸机，而又不是呼吸机，但他可以回应别人。他能够点头，稍微说几句话，他也能够用口型示意。”

在第 2 天早晨的重症监护室查房过程中，值日班的医生说：“其实他已经处在一种灰色地带了。但他还在接受肺囊虫药物，还戴着 BiPap 氧气罩，这不是真正的舒适护理。”一位护士同意他的观点，并告诉我：“他还在接受对肺炎的积极治疗，但是我们不会做其他侵袭性的事情。”科尔先生的主治医生来到重症监护室和科尔先生的朋友们交谈。随着科尔先生日渐虚弱，他的朋友们担负着越来越大的责任为他代言。医生感觉，让科尔先生康复到足以出院回家的程度最多
261 只有“5% 的机会”，因此她想“放手一搏”。科尔先生的朋友们同意让她用大胆激进的方法治疗肺炎。医生订购了一种新药。

第 4 周：科尔先生入院将近一个月了，他的整体情况仍然没有好转，他越来越虚弱。一位重症监护室护士向我解释说，他“通过 BiPap 面罩接受氧气飓风进入他的身体——30 升之多”，但是他得到的氧气还不足以维持他的生命。医生决定，是时候和科尔先生谈谈终止治疗的问题了，她想让尽可能多的人来到病床边见证这次对话。

我和医生以及患者的哥哥、朋友们一起进入科尔先生重症监护室的隔间。这是我第一次如此靠近他的病床。我从未在一个患者的房间里看到这么多的问候卡片、信件和照片。一面墙全部被卡片和便条覆盖了，另一面墙则挂满了照片——大多数照片都是科尔先生和不同朋友的合影。他曾经的活力和广泛的社交生活涌入医院病房，使我对他

的了解变得更加复杂，之前我只知道他是一个危重患者，执着于生命，被生命支持手段维持着。

医生拉了一把椅子到床边，拉起科尔先生的手。4 位轮流在床边照料他的朋友也都在场。医生开始说话，告诉科尔先生她一直在更换药物来医治他的各种病情，然而没有一种药物使他好转。“因此今天我来问问，我们现在走到哪里了？我们应该继续大胆的治疗还是应该停下来？如果我能知道你想要什么会更好。我想你康复的机会越来越小了。我想听你说，我应该少做一些，还是继续做现在正做的事情？这就是我要问你的问题，也是问你朋友们的问题。但是我知道，你的意识还在，你是负责做决定的人。我知道其他的问题还会出现，当出现其他问题时我们应该进行积极大胆的治疗吗？”她说这些话时，声音很轻柔，很缓慢，她很清楚这些话的重要性。她停顿了一会儿，然后说：“我想我就说这么多。你听懂我说的话了吗？”科尔先生很轻柔地说：“是的。”医生必须将耳朵靠近他的氧气面罩才能听清他的话。然后，她问道：“如果我们又遇到新问题，如果你需要新的输液，你想让我进行治疗吗？”科尔先生没有回答。“你是不是很累了？”科尔先生还是保持沉默。医生又尝试了另一种询问方式：“你想让我放慢用药，放慢各种治疗，让你非常舒适地离世吗？”房间里除了机器的声音，一片寂静。科尔先生没有任何应答。“我想你还没有明确的 262
答案。”医生总结说。

医生继续说：“有时候，人们会明白他们已经足够努力了，尽管他们想活下去，但是他们不想再痛苦、再挣扎。这就是我想知道的，你是否已经到了这个时候，你是否也不想再苦苦挣扎了。关于呼吸机的问题，你花了很长时间才做了决定，你确实做了一个非常好的决定。我已经到了一个节点，我知道从医学上讲，我已经竭尽全力了，我已经无能为力了。我不知道还能往哪里走。但是我愿意继续支持你，就像过去那样，看看是否能出现转机。”她沉默了片刻，然后将手放在科尔先生的肩膀上。“无论你做什么决定，我们都同意。我们都会支持你。”又安静了一会儿，当每个人都看着科尔先生，对他的任何交流迹象保持警觉时，医生说：“我想让你知道，大多数人都知道，自己什么时候准备好做出那个决定。我将继续支持你。我想让你知道，如果你不想挣扎，我可以让你非常舒适，你不会遭受任何呼吸急促。我可以让你非常舒适。我确信，你的朋友们将会在这里陪着你。我想这就是我想说的。我不想催促你做决定——可以等到你准备好了再做决定。”医生站了起来，又问了科尔先生最后一个问题：“那么，沃尔特，就现在而言，你想让我们继续做我们一直在做的事情吗？”科尔先生轻声回答说：“是的。”房间里的每个人都听到了他的回答。

医生从病床边走开，说：“我想谢谢大家。你们能在这里很有帮助。让每个人听到同样的事情。我们过一周会再次交谈，就像这样到病床边来，更新一下信息。”她离开了，科尔先生的 2 个朋友跟着她离开病床继续交谈。他们告诉医生，在过去的 2 周里，医疗团队非常出色，又谈了是否以及如何调整科尔先生的抗焦虑药物。医生重复说，沃尔特有决定权，她很高兴他能做出决定。“这样更容易些，”她说，“患者有反应能力，了解治疗方法，并能够做决定。当患者做好准备，决定就来了。”科尔先生的朋友们表达了对他病情的不同看法。一位朋友提到，他知道科尔先生已经接近生命的终点。另一位朋友还
263 不确定，并问医生是否能对预后说些有希望的话。

床边对话之后的那天：被派到重症监护室的医院牧师已经和科尔先生进行过几次简短的对话，他告诉我：“沃尔特·科尔是一个非常

属灵的人，积极参与教会事务。他因艾滋病接受了 10 多年的治疗。他在服侍上帝，他承诺活着就要服侍上帝，所以昨天他不愿意做离世的决定。他感觉上帝会帮他度过这一切，未必会恢复健康，但可能是死亡。他不想辅助这一过程，不想把死亡掌握在自己手里。”

第 5 周：按照承诺，医生再次回到病床边和科尔先生的两位家人及最亲密的朋友们讨论患者的生命支持治疗。“这一次，”医生后来为我总结会面情况时回忆说：“他的神志不像上次那么清醒。我尽可能让他清楚，一切都是徒劳的。我非常确信是拔掉插头、结束一切的时候了。是时候停止治疗，他实在太痛苦了。我在病房里向他的朋友清楚表达了我的观点，内心很平安。我想，这是我第一次必须向一个病得如此严重的患者本人说出这一点。通常，患者会处于无意识状态，你到病房里，告诉家属和其他人，他还能够回答说‘该是舒服的时候了’，对我来说那真的是头一次，我认为这对每个人都是不同寻常的经历。这是对每个人的致敬，对他的朋友们、对护士们、对医生们，因为每个人都非常乐意帮助他，不想用药物让他陷入无意识状态。就他的临终关怀而言，这其中有一个非常强大的部分，就是能够在病床边和他一起，尽管病得很重，但仍能让他参与自己的临终决策。”

科尔先生最亲密的朋友之一回忆了最后一次这种方式的病床边会谈：“所有医生都认为继续治疗徒劳无益。他的医生当时赢得了我完全的信任，当她说出这一点时，我相信她，信任她。沃尔特基本上无法进行交流了，但是我觉得他听懂了。医生介绍了病情后说，能做的最好的事情是让他感到舒适。他的确回应了。我问他：‘你希望更舒适一些吗？’他说：‘是的。’这一点清楚无误。他在进医院之前写过一份持久委托书：‘如果治疗无效，我不想继续治疗。’所以他以前是这样说的。他当时神志清醒，这一点非常重要。他们做出决定，让他

使用轻一些的面罩，以便让他更舒适一些。在更换面罩前，他们提高
264 了吗啡的用量。每个人都认为他会很快死亡。因此，从那个时间开始，他就一直处于无意识状态。不到 12 小时，他去世了。”

“他非常想活着，”科尔先生的朋友回忆道，“他真的，真的想活下去。我感觉即使到了最后时刻，在我们最后一次会谈时，他也不想死去。但是他已经接受了现实。他想，或许更早一些，当决定不使用呼吸机时，他就已经接受了现实。在那个节点上，他已经想到：‘如果我接受生命支持治疗，那就是生命的全部了，康复的希望几乎为零。因此，如果我接受生命支持，它只能让我的心脏继续跳动，让我的肺继续呼吸。’当你身体健康时很容易说‘是的，这就是我想要的’。当面对自己的死亡仍然能保持清醒的思维和情感，在你孤零零一个人，呼吸困难，仍然有勇气和力量说‘不，不要把管子插进我的喉咙’完全是另一回事。我为此真的非常敬佩他。非常有勇气。我认为那完全不是想死的愿望，或者，你知道，推动事情向那个方向进展。他非常想活着。但是他也准备好接受任何结局，包括死亡。”

对科尔先生住院治疗长度和治疗方法的观点不一。科尔先生去世几天后，一位重症监护室护士告诉我：“他们让那个人至少多活了一周到 10 天。”另一位护士说：“真让人困惑，一名选择无代码状态的患者却想得到全面医疗支持。我认为这种情况很少见。很长时间他一直处于不利生存的氧饱和度。[20] 但是从统计学角度看，他本来有离开这里的机会，因此我们才不断使用积极激进的方式治疗他。”第三位护士一边哭一边评论说：“我只希望我死的时候床边也能有这么多人陪着。”

科尔先生的医生和朋友非常努力地去了解他想要接受哪些生命支

持治疗。他们跨立于治疗程序和护理程序之间的一条界线之上，他们认为，那些治疗程序既“折磨人”又可能挽救生命，而那些护理程序既预示着未来的生命又预示着可能的死亡。科尔先生的一位重症护理医生曾说“这不是真正的舒适护理”，此话反映了由医院工作人员和科尔先生的朋友们设计的跨立那条界线的方法。只要科尔先生的声音足够强，能够表达自己为生命抗争的愿望，那种愿望就会通过仔细考虑的生命支持治疗得到尊重。在这种情况下，对患者“自主权”和
“控制权”的尊重意味着沃尔特·科尔的朋友和医生们让他负责决定 265
自己的死亡时间。辛西娅·格拉芙和杰克·卡特无法做出那个不可能的选择。诺曼·柯兰试图承担这个责任，却被挫败，被忽视了。沃尔特·科尔担负起了这个责任，表达了自己的选择，这是一件异常艰难的事情。考虑到美国医院对患者自主权的重视，科尔先生的死亡——接受了一个月的生命支持后死在重症监护室——已经是最好的结局了。

一个书架，一盏灯——把尊严当作生命支持：凯西·刘易斯

在我所认识的依靠某种形式的生命支持手段存活的所有患者中，凯西·刘易斯与支持她生命的各种系统有着最为复杂的关系，因为她体现了一种最独立的生命形式。她的生命力顽强，令护理体系疲于应对。她既是临终状态，又不是临终状态。以任何标准来衡量，她都完全有能力掌控自己的事务，有能力做决定，不是关于治疗的决定，而是关于她生活安排的决定。凯西·刘易斯在濒临死亡时能够清晰地说出自己选择生命支持的理由，这是不同寻常的。

第一幕发生在她出现无法呼吸的医疗危机时；第二幕发生在后来的急诊护理住院期间，当时她的病情稳定，却考虑要自杀，作为持续

的极度虚弱和失能的替代选择。但是**生命**，即使是非常虚弱的生命和被严重削弱的生理机能，还是赢得了胜利。当我见到刘易斯女士时，她被再一次推到了生命的边缘——不是被严重的疾病，而是被医疗机构的安全和消防条例。她的故事代表死亡门槛上一种不同类型的脆弱性。从生理意义上讲，她并非处在濒死状态，但是她清楚地知道医院机构的规则很容易压倒她脆弱的求生意志。医院——这个唯一能够维系她生命的地方的官僚制度，可以通过剥夺她的尊严感而杀死她。她保持自己身份个性的需求违反了医院的安全规则，她必须成为自己的辩护者。她的声音坚强有力，人们都听到了，但是她不知道自己的声音是否足够坚强有力，来支持一种有目的、有尊严的生活。

第 10 天：躺在床上，凯西·刘易斯回顾着自己在长期收治多数依赖呼吸机患者的专门病房的生活，她沉思着说，自己从 3 岁起就一
266 直生病。现在 50 多岁的她给我讲述着她遭受的严重头痛、疲乏、浑身疼痛和偶尔的认知障碍的一生，医生和各种替代治疗者都不明白她的所有症状。她长年累月在不同医生、针灸师、草药药剂师和各种行医者之间奔走，试图找到病名和治疗方法。当她 20 多岁时，她就出现了功能障碍。尽管如此，她还是上了大学和职业学校，独立生活，在一所公立学校做全职教师。大约 40 岁时，她被诊断患有狼疮[21]，这是一种结缔组织疾病，可能影响任何一个以及所有器官。她告诉我："我得的是非常非常严重的狼疮。也许 5 年前，没有人指望我会活下去。10 个月前，我的医生告诉我，我还能活 6 个月。我知道从某种意义上讲，他说的是真的，尽管我知道不是字面意义上的 6 个月。我想我非常仔细地注意到了我已经处于晚期这一信息。"

"在最后 8—10 年里，"她继续说道，"事情一件接一件发生，一

次次住院治疗，有时候能走路，有时候不能走路，有时候拄着双拐走路，再到后来，四五年前，真的到了依靠轮椅的程度，根本无法走路了。各种活动能力都越来越差。曾去做过好几次康复治疗，情况有所好转，也强壮一些，然后又恢复原样。所以生活的模式就是在家待两个月，然后到医院住好几个月。我还保留着我的公寓，”她说，“还依旧单独居住，这对我来说很重要，哪怕是有帮手也可以。四五年前，我不得不停止工作，和医疗保险及社会保险部门周旋，来获得不工作所需要的钱。就是那时候，我开始把自己当作完全残疾的人看待……然后，几个月前，我突发紧急情况，结果就到这里来了。我知道我不能再独立生活了，我知道我需要全天候护理。”

刘易斯女士以前出现过几次医疗危机，当时她因肺部出血、呼吸窘迫而被紧急送到医院，并被置于呼吸机上，帮助她呼吸，她得以存活。“有两三次我差点死了。”她告诉我。那些危机比较快地得到了解决，她总是能恢复自主呼吸，然后出院回家去。但是，她却因骨质疏松症、脊柱骨折及下肢瘫痪和麻木而变得越来越失能，需要更熟练的家庭支持。在她入院 10 天后，我们第一次见面时，在没有至少一个
人帮助的情况下，她已经无法翻身，无法坐起来；她通过气管切开术 267
造口勉强低声说话；一天大多数时间，她都需要呼吸机加压的空气来呼吸；狼疮的漫长病程影响了她所有的身体部位、所有的器官；她还有反复发作的肺病和严重的呼吸系统感染；她有糖尿病；她的双肾、胰腺和脾脏都感染了；她的骨头很容易断裂；她得了褥疮；她很疼；治疗复发性感染的药物和止痛药通过她胸部的管子灌进她的身体。我们这次以及后来的会面都必须仔细安排在每天她仅有的状态“好些”的一两个小时内，那时候，她才有精力说话，并且不需要医生、呼吸治疗师、护士、社工以及其他医务人员护理她。

刘易斯女士极度的身体依赖被一种非常独立的社会行为所抵消。她坐在床上，穿着自己的衣服，而不是医院的病号服。她面前的两张托盘桌上堆着书籍、笔记本和铅笔，她的手机和记事本放在旁边，地上摆着几大盆植物，一台唱片播放机和其他一些她家里的东西被摆在一个书架上。她在这个医院专门病房里创造了一个家庭办公室，一种家一样的环境。我是提前 2 天打电话预约了这次会面的。

刘易斯女士最近一次医疗危机使她的肺比以前受损更严重，她的整体状况非常危险。在医学和生命伦理学界以及公众讨论中普遍存在一种假设的观点，认为在医疗危机之前，一个人可以并且应该“决定自己想要什么”，而且重要的是，以后不会改变主意。而刘易斯女士最近一次与死亡擦身而过的故事与这一观点互相矛盾，她的话揭示了一种许多“死亡问题”分析者和观察者都没有领会的死亡现象学。

“处在那个时刻，我不得不做出那个决定，真的，尽管我有生前遗嘱，因为我当时是有意识的，”她解释说，“我必须做出决定，我想接受心肺复苏吗？我是否想要插管治疗？我当时不能呼吸，但是我清楚地记得我当时是清醒的。其他时候我没有意识，由医生来做决定。但是这一次是我，那让我非常害怕。我知道那是一个非常重大的决定。我之前，几个星期、几个月前，一直和我的医生谈论这个问题，所以我一直在想这个事情。在医院里，在无法呼吸的那一刻，医生让
268 我注意听他说的话，他说：‘你想让我们进行心肺复苏吗？’在那一刻，我只是审视了一下我的内心，并问自己，我想在这种情况下活着吗？随着时间的推移，也许会更糟？如果我还想出院的话，现在是大声说出自己观点的时候了。尽管我以为那是我想做的，我却没有那么做。我违背了我之前立的遗嘱，说：‘我想活着，请抢救我。’那是一个发自内心的决定。我知道在当时，那是一个正确的决定。自从那时

开始，我有过一些怀疑，但当时，我知道那样决定是正确的。后来，我感觉自己像一个真正的懦夫。[22] 我现在多多少少还有这样的感觉。因此，现在，我一直在处理那个决定造成的种种影响。”尽管如此，她还是选择保留“全码状态”。如果再次出现必须通过心肺复苏才能让她恢复意识的状态，她愿意接受心肺复苏抢救。

第 5 周：刘易斯女士仍然觉得，她必须为自己做出的自我保存选择进行辩护。她想要在医疗机构中创造出一种生活，一个家。她知道这个专门病房将是她最后的家，她一直拼命让它反映她关于家和自我的观点。她给我讲了一个关于一个书架和一盏灯的故事，这个故事记录了她为定义自己的存在所做的努力。在为家具而进行的斗争关系到生命本身，因为刘易斯女士知道，如果绝望情绪变得太过强大，她就有放弃活下去的意志的危险。“我不知道你对我的所作所为了解多少，但是我曾经和医院之间就我房间里可以有什么样的家具发生过一些争执，”她说，“那边曾经有书架（她指着如今空荡荡的墙）。尽管在买任何东西前我都提交了尺寸，并且得到了批准，但是，当书架真的搬到了这里，他们却改变了主意，说我不能用它们，说它们是个安全隐患……我知道会有这样的斗争，因为我不想在这里。我不喜欢待在这里。我之所以在这里，是因为别无选择……我在这里的经验是，我对任何事情都没有选择。所以我要努力争取最小的、最起码的决定权，比如对于一个书架，或者一盏灯。”

“你无法相信这盏灯引起的争执。”她指着一盏离她的床一臂之遥的落地灯。“人们都说这盏灯让房间看起来更加柔和，更加舒适。我为此感到很高兴，但那不是我要它的原因。我需要它，是因为我想控制我房间何时开灯、何时关灯。我想那是最低的自主权和生活质量了。这盏灯引起了许多争议，它可能随时会被拿走。眼下，我们算是

269 休战状态。所以，我正努力弄清楚，我是否能忍受这些对我生活的种种非难和束缚。我不知道我是否能忍受。我能用什么办法来表达我自己，即便不被欣赏，至少能够被容忍？”她继续说：“我需要什么、我在想什么，这很重要。我想我找不到既满足我对医疗和护理水平的需要，又能允许我拥有我想要的个人自由的那种地方……我记得几年前出现在我脑子里的一个时刻，我想到，我再也不会拥有私人时间了。我可能在护工和护士在我身边做这样或那样事情的间隙有几分钟时间，但是我永远不会有大块的独处时间了，因为我需要别人帮助。我不能独自翻身，我无法自己坐起来，并且这种情况不会再改变。”

医院专门病房的社工感受到一种不同的绝望。夹在患者对自我表达权利的主张和医院的规则制度之间，面对书架和落地灯之争，她感到束手无策。她告诉我，当她在急诊医院见到接受过心肺复苏抢救的凯西·刘易斯时，刘易斯女士正在考虑停止使用呼吸机和所有药物支持。她觉得，死亡是对她病情最好的解决办法。社工希望刘易斯女士选择另一个地方，在她不可避免地衰退时，可以在这个地方实现某种有意义的生活。社工给了刘易斯女士一个未来的愿景，在这个未来里，她可以成为她自己，为自己创造一种生活。经过了短暂的犹豫，刘易斯女士紧张地接受了她的建议。当刘易斯女士同意到她的长期病房里去“生活”时，社工感到很高兴。但是医院的安全规则胜过了社工维护刘易斯女士的能力。“回想起来，”那位社工告诉我，“我应该在她搬到这里来之前就先说明所有的安全问题。不过，如果她事先就知道不能使用她的私人物品，她当时可能就选择死亡了。”

凯西·刘易斯还有其他关于损失和生命支持的故事。当她搬到这个长期护理机构后，她不得不放弃自己多年的医生，因为他们不在这个城市工作。“我不得不放弃了我所有的医生多年来组成的医疗团队。那都是些可以很好合作，也能和我配合的人。现在，一夜之间，他们都不在我身边了。我对此毫无选择。要住在这里就不得不换医生，这
让我很沮丧。我和那些医生合作很长时间了，他们都非常了解我。都 270
是他们的功劳。现在我不得不从头再来——如果有时间的话，我不知道还有没有时间了。”

刘易斯女士努力地活着。“我不知道未来是什么样，”她承认，“医生们告诉我，我的病情稳定，但是我感觉不是这样。我觉得随时都会出现任何情况……我每天都有这种感觉，或者一天有好几次这种感觉。这是一种时间的悖论，从某种意义上说，我拥有世界上所有的时间。我不需要起床去上班。从另一种意义上说，我的时间随时会用完。我不能指望活很久。但是我确实不知道那意味着什么。”

11 个月后：死亡找上了凯西·刘易斯。社工告诉我：“她反抗得很努力。很长时间她都不想放手走掉。她和我谈，和牧师谈，和这里的人谈她对死亡的恐惧。行为治疗师专门通过梦境和艺术疗法引导她踏上旅程。终于，她感觉自己已经到达了终点。那个周末她出现了呼吸危机，呼吸衰竭。我们不得不送她到急症医院治疗。她从未决定放弃生命支持。她只是出现了呼吸危机，然后死亡。”在她漫长的住院期，负责医治她的一位医生说：“我们给了她 11 个月，我们的目标是一年。我们给了她能够得到的最好的生活。”

生命支持包含在病床边的人对医院治疗的解读和使用方式中，总是与那些参与者对患者病情的反应方式联系在一起。家属可能会促使医生决定采取延长生命的措施，像厄尔·莫里森和诺曼·柯兰的家人那样，也可能会叫停激进的干预治疗，就像康丝坦斯·布雷迪的家人

那样。对患者的***痛苦、尊严和生活质量***（或者缺乏对这些因素）的解
读是理解以及协商如何做的基础。有时候，那些术语被医务人员或家
属用来终止激进性治疗；有时候，它们又被用来促成延长生命的治
疗。这两种情况我都观察到了。此外，患者关于生命支持的感受和
需求的自我表达可能会被听到，但会被忽略（诺曼·柯兰），可能会
被寻求并被当作治疗行为纲领而得到尊重（沃尔特·科尔），或者可
能会反映一种自我生存决定与官僚逻辑主宰地位之间无法解决的斗
271 争（凯西·刘易斯）。最后，在住院治疗期间，当他们的健康状况恶
化，或者疼痛改变了他们活下去的意愿时，患者（或者他们的家属）
关于何时开始和终止生命支持措施，或者关于哪些治疗措施他们可以
接受的问题可能会改变主意。生命支持是由宗教信仰、自主决策权、
激进治疗路径的力量以及制度逻辑其他特征之间相互竞争的压力所决
定的，这些压力影响着该做什么的问题，通过关于患者病情的策略和
修辞辞令来执行。对生命支持的谈判方式是决定死亡方式和死亡时间
的重要因素。生命支持的易变性，加上它深层的文化根源——高科技
医疗恢复生命的承诺和死亡可以被阻止，可能也应该被阻止的普遍观
272 点，为医院内死亡如此麻烦提供了一个更复杂的原因。

注释

1. 感谢 Robert Brody 强调了这一点。
2. 参见 J.M. Teno, et al., “Medical care inconsistent with patient’s treatment goals”, *Journal American Geriatrics Society* 50, 2002, pp.496–500。
3. 在我的小样本中，患者的年龄和民族以及患者和家属的宗教信仰似乎对结果都没有什么影响。
4. 在一家医疗机构进行的一项关于正规医院政策与医生关于心肺复苏实际

操作之间关系的研究中，作者们发现，尽管政策允许医生不提供心肺复苏抢救，但大多数医生还是会主动对患者进行抢救，而不考虑其是否有益处。作者们得出结论，在所研究的医院里，对患者自主权的尊重普遍存在，而医生并不会统一行使他们的权力来拒绝为他们认为不可能受益的患者实施心肺复苏。Louise Swig et al., "Physician response to a hospital policy allowing them to not offer cardiopulmonary resuscitation", *Journal of the American Geriatrics Society* 44, 1996, pp.1215–1219. 在他的电影 *Near Death* 中，Frederick Wiseman 记录了医院工作人员类似的实践操作。

5. 见第六章注释 10。
6. 这一短语来自 Margaret Pabst Battin, *The Least Worst Death*, New York: Oxford University Press, 1994。
7. 在一项针对接受紧急心肺复苏的透析患者的研究中，95% 的患者死亡时在重症监护室接受机械呼吸机治疗。参见 A.H. Moss, J. L. Holley, and M. B. Upton, "Outcomes of cardiopulmonary resuscitation in dialysis patients", *Journal of the American Society of Nephrology* 3, 1992, pp.1238–1243。
8. 治疗是"无效"还是"有益"这一问题在生命伦理学讨论中显得很突出，并且不断在病床边被辩论。对临床医学上关于无效性的辩论双方的描述，见 Lawrence Sniderman, Nancy Jecker and Albert A. Jonsen, "Medical Futility: Response to Critiques", *Annals of Internal Medicine* 125, 1996, pp.669–674; Susan B.Rubin. *When Doctors Say NO: The Battleground of Medical Futility*, Bloomington: Indiana University Press, 1998; Laurie Zoloth-Dorfman and Susan B. Rubin, "'Medical Futility': Managed Care and the Powerful New Vocabulary for Clinical and Public Policy Discourse", *Healthcare Forum Journal*, March/April, 1997。关于胃肠病学专家感受到的对饲管放置的限制的讨论，见 Sharon R. Kaufman, "Construction and Practice of Medical Responsibility: Dilemmas and Narratives from Geriatrics", *Culture Medicine and Psychiatry* 21, 1997, pp.1–26。
9. 在更大的医疗保健体系中，莫里森先生也成了"一个安置难题"。如果患者还需要肾透析的话，那些接受长期依赖呼吸机的昏迷患者的机构通常也不会接受他们。
10. 参见 Stefan Timmermans, *Sudden Death and the Myth of CPR*, Philadelphia: Temple University Press, 1999。
11. 莫里森先生的初级保健医生同意我对事件的再现，并在事后指出，如果他当时更“强烈地支持”医院工作人员的意见，他应该可以多做些事情（通过停止一些治疗）让一切结束。

12. 这种装置的工作原理类似于呼吸机，但是没有管子插进气管里。医生把它叫作“非侵袭性机械呼吸器”。
13. *无法实现断奶*这一说法隐含的意思是，这个人将会终生连接在呼吸机上。
14. “褥疮”或者叫“压疮”，指的是由于缺乏移动和压力而使皮肤上出现的溃疡。
15. 参见 Jodi Halpern, *From Detached Concern to Empathy: Humanizing Medical Practice*, New York: Oxford University Press, 2001，来了解最近的讨论。
16. P.S.Appelbaum, C.W. Lidz, and A. Meisel，“Patients who refuse treatment”, in *Informed Consent: Legal Theory and Clinical Practice*, New York: Oxford Uiversity Press, 1987, pp.90–207; J. Katz, *The Silent World of Doctor and Patient*, New York: Free Press, 1984.
17. Halpern, *From Detached Concern*, p.101.
18. 第二章里的萨姆·马丁也处于类似的情况，只有心肺复苏的某些部分被授权实施。
19. 接受更多的血液，因此也接受更多的氧气。
20. 氧气饱和水平。
21. 系统性红斑狼疮。
22. 一位医生对我评论说，美国社会中预先指令的存在和对它的强调让人们为改变主意而感到内疚。

第八章

隐秘之地：作为一种生命形式的模糊地带

现在，“生活”成了一种问题，因为赋予它形式的新理解和新技术正在产生后果，而这些后果超越了传统世界和基督教传统所提供的哲学上的自我理解。也没有全新的政治或伦理词汇与之达成协议，和睦相处。

保罗·拉比诺 《法国基因》

医院的专门病房，就像接纳凯西·刘易斯的那种，主要是为长期
维护徘徊在生死之间模糊地带的患者而设计的，它们与急症医院形成
了鲜明对比。然而，在某种意义上，它们又是急症护理机构常规医疗
活动合乎逻辑的结果。这些专门的场所使得那些身体极度受损的人们，
通过生命延续 / 死亡延迟技术而长期*活着*。这些病房的显著特征是，
在那里，一切进展均告停止，官僚时间限制既不引导医疗专业人员的
工作，也不限制家属的选择。时间和时间的安排不像在急症医院里的
官僚制度要求的那么重要。等待——作为事务进展的一项活动，或者
作为事务进展的障碍——也变得无关紧要了。这些机构对于广大公众 273
来说是隐形的，也是现代急症医院组织方式的一个结果，或许是一个
难以避免的结果，因为现代急症医院的组织都是融合了重症监护医学、
机械呼吸机、饲管、针对一切病情总有办法的现实，以及患者和家属
的“选择”。这些专门病房是维持生命这一决定的产物——这些决定通
常是患者身在急症医院时做出的，大多数产生于重症监护室。当患者

病情得到稳定，但又不能摆脱生命支持技术而***活着***，他就被送到某个这种护理机构里去。在那里，死亡以无数种方式被带进了生命。

被稳定的病情带来的长期后果，这种进入生命的死亡状态，体现在这些机构工作人员特有的日常活动中，以及工作人员和家属、患者之间建立起来的各种关系中。一个人长期稳定在模糊地带会引起多种反应；观察对几乎没有反应的长期患者的护理显示，焦虑情绪、医疗目标、医疗人员的责任及家庭关系的特点都或多或少不同于重症护理医院和护理住院期较短的患者。对长期患者的反应以及他们的存在有时候给照料他们的人造成的困境，展示了一系列通过医疗程序组织***生***、***死***和***人***的方式。家属在急症医院面临的那些***不可能的选择***在这些机构中被***不可能的病情***所取代，这些病情恰恰又是由那个维持生命的决定造成的结果。就像医院里不可能的选择已经变成了一种常规，因此，在这些机构中，不可能的病情也成了一种常规。

在长期生命维护的背景下，***痛苦***、***尊严***和***生活质量***这些术语就流传起来，就像在急症医院里一样，用来描述和评估患者的病情，来确定对患者未来的责任。然而，在这些专门病房里，围绕这些术语的修辞策略绝少被用作提议死亡和为死亡辩护的工具。在那里，对这些术语的解读不是由推动事务向前进展的压力决定的，而是由**一个人**可以（似乎）无限期维持在模糊地带这一事实决定的。在描述患者的状况时，只有当有人想改变患者的常规时，***痛苦***、***尊严***和***生活质量***这些术
274 语才被用来控制和安排死亡。

I. 专门病区：没有治疗路径的日常，没有终点的生命

简单地说，我的观点是，这种专门病房之所以存在，是因为对大

多数患者来说，总有人在治疗过程中的某个节点要么不做决定，要么做出错误的决定。因此从学术和财政角度看，我看不出有什么理由做我们现在正做的事情。从情感角度看，我是说，我完全理解。我不能就这么随意地说："我们将拔掉所有这些患者的仪器插头。"

某医院专门病区的护士长

我观察的那家医院的专门病区距商业中心有 5 个街区的距离，里面住着数十位不同类型的处于长期或者永久性昏迷状态的患者，那里的患者代表着"有尊严的死亡"这一要求的阴暗面。他们的确没有死，然而他们又无法离开技术支持而活着。许多患者已经没有高级大脑功能，大多数人认为，他们对自己和别人都没有意识。他们接受管饲，使他们的身体状况多年来保持生存状态。许多人被连接在机械呼吸机上，使他们能够呼吸；另一些人接受气管切开术来缓解呼吸困难，防止窒息。这些人中大约三分之一的人因外伤或退化性疾病处于所谓的持续性植物状态（PVS），许多人需要呼吸支持才能存活。[1] 其余的人遭受各种各样其他病情的困扰，大多数都是严重的或者晚期的代谢或神经疾病，或者因大脑缺氧造成的急性损伤。并不是所有专门病区的患者都处于永久昏迷或持续性植物状态。一些患者是因为中风或者其他神经疾病而受到严重损伤或者陷入了昏迷；少数患者是清醒的，有完好的认知能力，也可以说话、使用轮椅，但是需要机械呼吸机来呼吸。

这一特别病区开业于 20 世纪 80 年代，当时只有 3 名患者。到 20 世纪 90 年代中期，患者数量达到了满额 32 人。1997 年，我在那里进行现场调研工作时，这一病区扩容到可以照料将近 60 位患者——无论是长期昏迷还是有意识，都依赖呼吸机。加利福尼亚有大约 45 处

类似的专门病区。在现场调查中，我了解到，由于高超的医疗和护
275 理上的关注，以及先进的技术，这种病区的患者可以在没有高级意识，连接在呼吸机上，借助气管造口及饲管的情况下“活”很长时间。1997 年，在我观察的这家医院专门病区处于昏迷状态的患者平均住院期为 5 年半，有两位处于植物状态的患者分别在这里住了 15 和 17 年。我了解到，大约一年一次，有“苏醒过来”的患者经过广泛的康复训练后离开医院回家去。在这一病区开放之后的 10 年中，只有 4 个家庭决定给他们昏迷中的亲属撤走呼吸机支持，允许患者死亡。

接纳永久依赖生命支持患者的医院专门病区和独立机构都是新近的发明。医疗保险和医疗补助系统为它们支付费用，并认为它们具有成本效益。1983 年，当医疗保险系统开始按照每个患者的诊断而不是按照实际产生的治疗费用[2]给急症医院提供报销补偿时，医院让患者使用呼吸机的时间超过数周就变得无利可图了。一些主要从事长期护理慢性患者的医院可以不受那些医疗保险条款的限制，这就使得专门护理依赖呼吸机的慢性患者的医院应运而生，专门护理这种患者的中心，其数量在过去的 20 年中也不断上升。在加利福尼亚，MediCal 系统（即州立医疗补助系统）于 1987 年创办了护理依赖呼吸机患者的专门机构。最主要的诱因是此类专门医院比急症医院里的重症监护室的成本效益更高，因此它们提供了一个经济上可行的选择，来安置和治疗那些生物学生命通过呼吸机和其他医疗技术得到“挽救”，但是没有这些机器的持续支持就无法存活的人。[3]

那些没有在急症医院死亡，但脱离只有医疗机构才提供的技术支持就无法存活的人，最终都从重症监护室被移送到了这种专门的长期病房。尽管没有人故意对它们的存在保密，尽管容纳它们的建筑物可能在建筑学上是独立的，这些专门病房完全存在于医院体系内部，因

此对一般人来说是隐性的。一般来说，患者是从急症医院转到这种专
门病房的，人们很少从家里直接到这种病房。医生和出院计划人员告
知家属这些病房的存在，并安排将患者转移到里面去。联邦医疗财政 276
安排，连同医院内部的转诊系统，以及文化上假定的对这种护理的***需
求***，都形成了一种环境，支撑着处于模糊地带的人们。

这种专门病房的存在本身就创造了确保维持患者生命的任务。毕竟，这些都是***医院的***地盘，被委托提供最好的医疗服务。这些专门病房是有秩序和按照常规运行的地方：监测患者的生命迹象，治疗他们的疾病，让他们感到舒适（如果可能做到，并能了解他们的感受的话），以及为他们提供感官和职业刺激以及社交互动。然而这些病房也是试验场所，在这里，医学知识在一个不寻常的患者群体中得到试用。大量的时间和精力花费在微观管理昏迷患者已经无法自我调节的身体上。新陈代谢和呼吸都不再自主发生，也不能被当成理所当然的事情；正常的生理功能都是通过仔细的、不间断的人工监控来产生和调节的。昏迷患者丧失了声音。医务人员和家属无法察觉患者对住院治疗或者延长生命策略的任何抵制态度。那些患者对自己的生存状态感受的任何痛苦也不为他人所知，在他们身上执行的任何活动都是在他们完全无意识或未经他们同意的情况下进行的。因此，尽管大量的精力和注意力都花在了解他们的身体和使之正常化及感到舒适上，但是患者在专门病房里被维持在模糊地带的感受从来没有被披露过。家属或朋友成了解读患者过去和现在的感受的工具。

这些专门病房产生于各种社会和经济条件，在这些条件下，呼吸器技术、医疗财政政策、需求的观念、患者的个人权利、自主权和选择权交织在一起；这些专门病房相应地又创造了多种效果。例如，关于正常生理功能与疾病之间关系的知识通过临床护理实践得到了拓

展。一种全新的患者群体和各种全新的患者种类都产生于这些专门病房，产生的方式包括专门的护理程序和关于昏迷及最低反应患者的各种问题：患者有主观意识（一种对自我作为人类主体成员相对于其他主体成员的认识），能动性（即在世界上进行本能的、有目的的、有意义的行动的能力）以及/或者自我认知的能力（关于在这个世界上
277 他是谁，对别人的感知，以及分辨二者之间差别的知识）吗？在关于生命终点和生活质量的讨论中，人们尤其会考虑主观意识与能动性之间的关系。关于医疗责任、患者及医生的自主权的讨论，因医务人员那些允许模糊地带的人健康茁壮的日常工作而变得更加复杂。这些专门病房培养出一种新的医疗—文化上的探索，因为这些需要监管的感染疾病的身体同时也是一些脆弱的依赖性的人。那些身体/人——至少在那些为这些专门病房的存在及其目的感到惊讶的人当中——引发了对社会和技术进步的意义，以及服务于这种进步的医疗目标的重新思考。

在这里，那个模糊地带是赤裸裸、一目了然的。如果*死亡*和*生命*都可以在一个昏迷的身体中无限延长，从而把死亡和生命混在一个无定形的模糊范畴里，定义这两者的框架又是什么呢？正如人类学家玛丽莲·斯特拉森所提出的那样，[4] 如果生命终止的事实——比如自然呼吸的结束——所提供的基础功能被生物医学技术的使用干扰破坏，那么延长生命或者说延长生命中的死亡的行为如何能被解释为符合道德的呢？

专门病房中的生活和工作

对我来说，专门病房感觉像一个医院（因为那里有设备和医务人员）和护理院（因为患者都是长期性的，床上都是手工毛毯，墙上挂

着私人照片和图画）的混合体。然而，呼吸机发出的不停的“呼呼”声、时断时续的“哔哔”声以及它们产生的再循环分泌物散发的有些刺鼻的气味弥漫在整个病区，表明这里与我之前去过的任何医疗保健机构都全然不同。医务人员的组成也不同于普通医院和护理院。医生并不总是待在这里，他们的声音并不主宰这里的日常工作。护士们——大多数都是有执照的从业护士和有资格的护理助理或助手——尤其以护理患者为荣。许多人在这里已经工作了很多年，并且喜欢在这里工作。患者的发烧和感染会马上得到治疗；褥疮很少发生，一旦出现也会很快得到改善。通过严格监控热量摄入和体重，患者的营养得到充足维持；肌肉紧张度和灵活性通过锻炼和运动疗法来监测。护 278
士工作的突出特点是不间断的忙碌，清洗众多没有反应的患者，调整他们的身体位置，清理气管造口管的分泌物，并通过管子给他们用药。一名娱乐治疗师给患者一对一治疗，为昏迷的患者提供感官刺激，让清醒的患者参与表达或互动活动。呼吸治疗师逐个探望每一个患者，评估他们的呼吸能力，和他们一起延长他们脱离呼吸机的时间。“生活质量”这一术语被提及的频率超过“尊严”和“痛苦”，但是这些术语的出现都不是为了引导日常工作的进展。

对一些人来说，专门病房是一个家，是一个护理、日常治疗与生活其他方面相结合的地方，无论患者是否经历过，是否承认或者欣赏生活的这些方面。对另一些人来说，专门病房是最后一站，一个他们可以居住或者被安置（取决于你自己的观点）的地方，度过最终衰亡前的那段时间，或者等到家属做出罕见的决定，停用呼吸机，让患者死去。

在这里，我能辨别出四种类型的患者。[5]第一种是一些老年人（昏迷的和清醒的），他们患有肺病和多种慢性病，本来在出现急性呼吸状况时会死亡，却被连上了呼吸机，通过医学手段得到了稳定。现在他们永远无法摆脱呼吸机，可能会无限期地住在专门病房里。第二种是一些年轻点的患者，处于某种无意识或部分意识状态。一次重创性事故或者脑损伤把他们带到了专门病房，在这里，他们可能会住上好多年。第三种是患有诸如多发性硬化或者肌萎缩性脊髓侧索硬化症等各种退行性神经疾病的患者，他们都依赖呼吸机，处于疾病的晚期。最后一种是一些被我描述为处于某种高层次意识边缘的患者。大脑受到外伤使他们中的一些人陷入了无意识状态。数月之后，他们重新恢复了足够的意识能力，可以在某种程度上做出反应和表达观点，然而他们的各种功能非常有限（一些人无法自己坐起来）。他们先前的身份似乎被遗失，被毁掉或者受到怀疑。他们对世界的参与似乎变成了过去的事情，他们依赖专门病房存活，并希望借助专门病房获得
279 进一步的康复。

一位 80 多岁、患有肺病的女士在专门病房里住了好几年，只是因为家里没有人帮助她护理气管切开的造口。她坐着轮椅，到活动室里参加节日派对和其他集会活动，在她自己的房间里看电视，经常有很小的孙辈来看望她。一个 30 多岁、由于车祸而陷入了最低意识状态的男性，被数位工作人员描述为拥有“很好的生活质量”。他躺在床上，连接在呼吸机和饲管上，每当有人靠近并和他说话，他的脸就会变得生气勃勃；他听到笑话就会咧开嘴笑，喜欢把自己的手指合拢在别人的手上，所有人都认为他具有“开朗”而“乐观”的性格。“他喜欢与人打趣逗乐。”护士助理告诉我。他的父母很溺爱他，他的“健康”状况很好——护理人员说，他“很强壮”，从来没有感染过。他曾经闭着眼睛、侧身躺着 10 多年了。一条自制的毯子盖在他身上。他床边的收音机一直播放着轻摇滚乐，墙上挂着他的家庭照片。这间

双人病房的一半是他的个性化卧室。

在这位完全清醒的老妇人和这位神经重度损伤的年轻人之间是遭受不同程度大脑损伤的患者。一位前一年遭遇车祸的患者，他姐姐每周一次陪他外出做生理康复训练，以防止他的肌肉僵化及四肢萎缩。她认为，只要她弟弟从医务人员那里得到更深入的治疗，他就能康复到足够好的程度，从而恢复某种功能生活。我见到他时，他已经在专门病房住了将近一年。一位医生和一位护士都告诉我，患者的姐姐根本不明白，或者说不相信他病情的永久性和严重性，他永远无法恢复她希望的那么多功能。我来拜访时，那位患者已经接受了气管切开术和饲管。必须有人帮助才能让他从床上坐到椅子上，很显然他无法自己大幅度挪动自己的身体。当他笔直坐着时，他会睁开眼睛；当护士来对他进行日常护理，跟他开玩笑或让他做一些基本的动作，如伸直腿或抬起头，他的目光虽从不移动，但也毫无反应。令我惊讶的是，当他姐姐来看望他时，他却表现得更清醒，更有生气。他直视着她，咧开嘴笑着。当他看到她站在门外和我交谈，他用食指向她示意，眼里带着顽皮的神情。他无法说话，也无法用其他方式交流，无法按照 280
姐姐的请求移动四肢。这让我（以及其他人）很难评估他控制自己身体及在这个世界中行动的能力。人们无法了解在多大程度上他的身上还能体现自我意识。然而，一位家人的出现却能激发他有意识的表达。

工作人员还给我讲述了一个患有唐氏综合征、心脏病及癫痫的年轻人如何用他阳光的性格“振奋了专门病区每个人”的故事。“他那么富有爱心，他提高了工作人员的士气。”他的肺受到严重损伤，他无法摆脱呼吸机。尽管如此，他神志清醒，很活跃地与每一个走进他病房的人进行交流，虽然只是用简单的方式，自己进食，而且能够戴着便携式呼吸机在病区四处移动。每当出现危及生命的感染或者心脏问题，他岌岌可危的健康状态就得靠被频繁送往急症医院的重症监护室来维持。他的家人已经将他设定为全码状态。医务人员曾不止一次告诉家属，心肺复苏抢救可能会“挽救”他的生命，但也会进一步损害他的心脏和肺，恶化他的认知状态。这些预后都没能使家属改变主意。

一旦病情危及生命，专门病房的大多数患者都会接受心肺复苏抢救。对于这些神经系统已经严重受损的患者来说，心肺复苏抢救措施能够恢复他们的心跳，但也可能进一步降低他们的意识程度。这些患者中只有大约四分之一的人被家人设定为“无码状态”或者放弃心肺复苏状态。我向数位护士询问，按照他们的观点，是否能确认这些患者或者他们家人的任何特点——年龄、宗教信仰、民族、移民状态——在他们决定把患者设定为“无码状态”时起着决定作用或具有影响力。他们都认为，那个群体没有人口统计方面的或者很容易识别的文化特征，也没有任何医学特征导致一种特定代码状态的选择。他们告诉我，对“无码状态”的选择完全是不可预测的。

因为患者在这里居留长达数月到数年，与他们保持联系并提供生理护理和感情支持的家属形成了自己的日常规律，这些日常规律又成了这个地方的一大特征。一位年老、清醒、依赖呼吸机的患者的儿子坐在他的床边，为他抽吸气管造口，一边大声读着一份中文报纸，一
281 边和说汉语的工作人员幽默地开着玩笑。他辞去了在自家饭店里的工作，每天 2 次开车一小时到医院里看望他的父亲。

一位中年患者的父亲曾经尝试着在他们位于农村社区的家里照顾儿子，可是无法独自应付。患者是一个 30 多岁的男人，几年前患上脑动脉瘤，需要大量的护理和呼吸机调节，他的余生可能都要住在专

门病房里。他的父亲几乎每天都到医院来和他一起做理疗运动。

几位患者的配偶和父母每天都在这里，或者至少是经常来这里，尽一切努力辨别，然后跟工作人员沟通患者的食物选择或电影偏好，对更好的床、更多的感官刺激及不同的药物的需求，如此等等。一些人非常了解患者的感染情况以及当前的医疗保健问题，并同医生、护士、社工以及呼吸治疗师共同讨论解决办法。你可以看到配偶和/或父母在病床边徘徊，请求医生“尽一切努力”让他们的亲人活着，包括反复的心肺复苏和送往重症监护室来击退死亡。另一些患者只是一周一次、一月一次甚至一年一次才有亲属或朋友到专门病房来，在他们的床边小坐片刻。至少三分之一的患者从未有人探视过；然而即使是这些患者的家属也会从遥远的地方为他们做“选择”。加利福尼亚州的法律规定，家属要决定他们的亲属是否要每年接受流感疫苗注射（大多数人都说要注射），医疗机构每年会给这些亲属寄送信件，要求他们重新审查患者的代码状态。一位社工告诉我，当家庭成员决定不注射流感疫苗，对她来说那就是一个信号，表明他们可能正走在终止对患者治疗的漫长道路上。她告诉我，从被动选择“不注射流感疫苗”到主动决定撤走呼吸机让患者死去，可能需要一年或者更长时间。

和加州其他许多城市的医院一样，专门病房里的人说着不同的语言。除了英语，这里患者的母语包括汉语、葡萄牙语、他加禄语、泰语和越南语。执业护士和护理助手有非裔美国人、菲律宾人、华裔美国人及欧洲裔美国人。医生、营养师及治疗师在数量上少于护士，种族差异性也较小。在工作人员中，对生命延长的哲学观点也大不相同，但是在护士群体中一直有一个主导性的主题：“不要干涉这些人。 282
让他们活着。他们没有打扰任何人。让他们在这里用这种方式活着。”

一位护理昏迷患者很多年的执业护士告诉我："在这里工作，你必须有一颗非常特殊的心。这让人难过。我们要决定谁？只有上帝可以作决定，家属可以作决定。我们不喜欢谈论这个。"当我问另一位护士，她如何能在这个地方工作那么多年时，她回答说："的确，在这里工作令人沮丧。但这是慈善工作。总要有人来照顾这些人，总得有人来做。"另一些护理人员认为，在抽象的道德意义上，让依赖呼吸机的昏迷患者活着是错误的。然而，他们也感觉这是一项要做的工作，他们致力于照顾这些患者。一位护士告诉我，在她看来，这里大约三分之一的患者都有"生活质量"。他们至少在一定程度上可以对话，他们也表达了依靠呼吸机活着的愿望。

在专门病房工作的医生们向我表达了完全不同的观点。他们谈到参与延续生命给他们带来的不适，那种生活对他们来说多半是"没有质量的"。他们告诉我，他们不会为自己或者家人做这种选择。但是，有一位医生在专门病房花的时间比其他医生更长，因此更熟悉个别的患者，他向我指出，某些特定的患者，尤其是那些认知清醒的患者，的确需要"好的生活质量"。他列举了那些尽可能按照患者意识水平量身定制的日常程序，经常探视他们的亲属，以及对那些态度可以辨识的患者来说，专门病房给他们的"家"的感觉。

日常维护

我陪同一位护士进行她的日常查房，她为患者们用药，抽吸造口，擦洗，调整位置。整个过程，她一直和患者们聊天，说笑话。她已经在专门病房工作了好几年，熟悉每一个患者的情况。当她靠近每张病床，她都和患者打招呼，询问他或者她今天怎么样，并告诉他们她将要为他们做什么。当患者移动——无论是迎接还是退避她的触碰——她都会平静地做出口头回应。

我看着她将一个高大而瘦削的男人从床上搬到一把椅子上，这真是个复杂而又充满悬念的动作。她把织带滑到他的身体下面，把他毫无生命力的身体放在吊索上，然后移动，再前后摇晃，直到他处在吊索正确的位置上。她全神贯注，用滑轮把他拉到空中，然后下降，把 283
他以坐姿放进椅子里。做完这一切，我舒了口气。患者看上去并没有感到紧张，在被移动的过程中似乎一直呆呆地盯着病房对面。

当我们从一张病床走到另一张病床，从一个房间走到另一个房间，护士一路给我讲述每个患者的情况。“弗雷德·杰克逊四五年前遭遇车祸。他接受肌肉收缩药物治疗。他同病房的病友因为吸毒过量被收治入院。他服用安定来减少癫痫发作。”她压碎一些药片，把它们和水一起放进患者的胃管里。她告诉我：“我必须依靠我的判断来决定使用多少水。今天我打算稍微多给他一点。”在另一位患者床边：“他明白你跟他说的话。有时候他会伸出手或者手指，试图让你停下来。有时候他情绪很不好。”她询问那个人他现在感觉怎么样，他通过在床上翻滚来回答。“你疼吗？哪里疼？”她一边往挂在静脉注射杆上的胃管袋里倒水，一边说，“我打算给你一些水，你渴吗？”

当我们靠近下一张病床时，她说要很快地抽吸这个人的管子，因为他很不喜欢这个程序。“可又有谁喜欢呢？”她巧妙地补充道。给他抽吸需要很“轻微”，她告诉我。我看着她将一根又细又长的管子从气管切开处插进他的喉咙，管子发出一种咕噜咕噜的声音，就像人们躺在牙医的治疗椅上，用小管子从嘴里吸水时发出的声音。但是这个声音要响得多。完成整个任务花了大约一分钟时间。当抽吸设备插进患者的喉咙时，他的脸扭曲了，也变红了，他全身僵硬。观察这个过程很艰难。整个过程中，护士都在和患者说话，说：“真棒，很好。”白色的液体冒着泡泡通过管子流出来。护士很快地重复了这个步骤三次；然后，她感谢那个人，告诉他做得很好。他的脸和身体彻底放松了下来。直到整个步骤结束时，我才意识到床边收音机里传来的脱口秀节目的声音，才注意到一些大幅海报——都是公园的风景图片——挂在病床四周的墙壁上。

无限延长的模糊地带：持续性植物状态

引领我到一些患者房间的医生解释说，在专门病房这一部分的大多数患者都处于持续性植物状态。他告诉我，那就意味着他们有“清
284 醒”的时候，有“熟睡”的时候。有些人能够用眼睛跟随你，但是他们的这种行为都是毫无目的性的，事实上，他们对人的接触毫无反应。然后他又描述了另一些患者的情况，尽管他们对周围的环境也没有清晰的意识，但比那些“完全”处于植物状态的患者“或多或少更警觉，更清醒”。还有些患者“被锁定在身体里”或者“可能被锁定在身体里了”，就是说，他们能够理解自己的处境，如果他们愿意，也可以通过移动一根手指或者他们的舌头做出反应，但是却无法移动他们的身体或开口说话。[6]他告诉我，还存在一些“灰色区域”，一些医学还不能归类的精神和身体状态，一些处于完全无意识和部分意识之间的区域。但是，无法通过无懈可击的定义来精确归类那些状态并不会干扰临床医生们的日常工作。与准确的诊断相比，他们更关心的是提供最好的护理和理解患者想要什么，如果他或者她能够说话的话。

专门病房的一位护士也表达了其他人的观点，她解释说患者们有“一种火花。还存在某种反应”。他们有一种“光亮”，或者他们有“光”。她告诉我，在她刚开始来专门病房工作时，她曾努力“科学地

归类”这些患者，试图了解他们和他们的病情。“当我刚开始在这里工作时，我曾经有一个小日志本，我会四处走动，巡回查房，我划分了五种意识状态，我努力把患者记在脑子里，所以我给他们做了编号——1 代表没有反应，5 代表完全清醒，但是这种编号不断发生变化，随着我查房时间的不同而改变。医务主任问我在干什么，我就告诉他，而他只是微微笑了笑。这样坚持了大约一个月后，我放弃了，因为那些变化根本没有规律，也没有原因。好像就是没有规律，要么就是我没办法把患者放进不同的类别里。无论多么努力，我就是办不到。他（医务主任）看到我的日志本落满灰尘，对我说：‘看来，你放弃对患者进行分类了。’我说：‘是啊。根本没办法分类。’他说：‘呃，我第一天就想告诉你了，不过你需要自己学习一些东西。’事情就是这样。因为你迟早会接收没有任何移动能力、没有任何反应的患者，那么你就不得不做一些令人讨厌的事情，比如给患者进行静脉注射，等等。突然间你会得到反应，你会看到以前没有看到的东西。或者，你说出他们的名字，你会看到先前没有看到的一点微弱的惊吓反射。肯定有什么反应。每个患者都有某种反应，无论诊断情况如何，285
他们都存在一定的人的属性。”

在医学领域里，自我这一概念总是与意识等同起来，[7] 但是需要多少意识才能成为一个人，才能活着呢？在美国社会和医学实践的背景下，提到人这一概念就会牵涉到意识这一概念。意识概念的含义植根于现代西方社会的哲学传统中，在定义***人的概念***时是无法避免和至关重要的。尽管当代医学避免在任何抽象和哲学意义上定义意识和人的概念，它还是将意识[8]“定位在”新大脑皮层里，在那里，通过使用神经解剖学和神经生理学技术，我们能够识别神经活动和皮层功能[9]的存在与缺失。多学科持续性植物状态专题研究组（the Multi-

Society Task Force on Persistent Vegetative State）由一群来自不同医学领域和机构的医生组成，他们于 1994 年公布了对 PVS（持续性植物状态）的定义，对不同无意识状态[10]进行了区分。从那时起，在涉及大脑功能损伤的医疗状况中，对意识的概念——是否存在，存在的程度，以及如何定位、如何观察或感知——就一直争论不休。

“持续性植物状态”在医学文献中被描述为一种“对自我和环境完全无意识的临床状况，伴有睡眠—觉醒周期，完全或部分保存了下丘脑和脑干自主功能……植物状态的区别性特征是一种无规律，却是周期性的按照昼夜节律的睡眠和觉醒循环，没有行为上可察觉的自我意识表达，没有对外部刺激的具体识别，也没有一致证据显示患者有注意力、目的性及习得反应的能力”。[11]它进一步的特点是“所有高级大脑功能的丧失，包括意识、感觉和忍受痛苦的能力。然而，维持存活的脑干和下丘脑活动仍然存在，因此这种患者在接受人工喂养以及在必要时的心肺支持情况下，可能会存活数年甚至数十年”。[12]

多学科持续性植物状态专题研究组清楚利落地将它与“昏迷”状态区分开来，认为两种状态共有的特点是无意识，就是说“整体或者完全没有知觉”。但是，患者“处于昏迷状态时没有意识是因为他们缺少清醒和感知能力；处于植物状态的患者无意识是因为他们尽管
286 醒着，却缺少感知”。患者昏迷时，“眼睛保持闭着的状态，但无法唤醒”。[13]

然而，事情并没有这么简单。对持续性植物状态的直接描述和在这些描述性陈述中指出的它与昏迷状态之间的简单区别，自发表以来一直受到争论和挑战。意识、行动徒劳和对终结生命的恐惧等问题尤为顽固地存在于这些辩论中。[14]对持续性植物状态和昏迷状态的诊断标准被临床医生们说成是有问题的，因此对误诊的恐惧时刻存在。各

项研究提出了关于预后以及准确诊断和定义一个病例为无法恢复所需要的时间长度的问题。[15] 伦理学家、律师和其他人群在医学文献中指责这些定义，因为它们缺少一致性及它们的道德模糊性。[16]

那些在临床上处于意识灰色区域的患者也处在临床和科学理解上的灰色区域。一项针对护理院神经科医生和医务主任对待护理持续植物状态患者的态度的研究显示，他们在以下问题上存在分歧：首先，持续性植物状态的患者是否还有意识，如果有，他们还有多少意识；其次，他们是否应该被认定为死亡。[17] 这些研究结果令人不安，因为它们揭示了对意识本质的困惑和对哪些要素构成**人**这一概念的矛盾心理。这些人被选为研究对象是因为他们被当作在观察和医治无意识或最低意识患者方面最富有经验的临床医生，他们报告了对意识和人格相互矛盾的评估意见。尽管按照医学定义，持续性植物状态的特点是缺乏主观意识，但为数不少的参与研究的医生认为，持续性植物状态的患者能体验到疼痛、口渴和饥饿，他们对自我和环境有一定的感知。为他们提供食物和液体会让他们感到更舒适。另一方面，几乎一半参与研究的医生把持续性植物状态患者看作已经死亡。

医生对于意识和生命本身的矛盾心理在他们表达的关于治疗的态度上得到了反映。研究主体中三分之一的人感觉植物状态患者的感染、糖尿病、高血压及其他疾病应该得到医治。受调查者中五分之四的人认为，给植物状态患者注射致命药物是不道德的；然而，大多数人认为使用植物状态患者的器官做移植是符合道德的行为，即使他们 287
按照医学的科学定义被认定为还活着。[18] 临床护理上的进步使延长具有最低意识和无反应患者的生命成为可能，却没能解决意识或人格构成的问题。[19]

法律在解读医疗行为并产生关于存续状态的法律定义方面的作

用刚刚开始涉及最低意识状态问题。在一份题为“‘近似持续性植物状态’：一种新式的医学—法律综合征？”的报告中，作者们重新审视了植物状态的定义和诊断标准，一致认为，关于包含持续性植物状态在内的诊断标准不存在任何医学共识，也没有可以引导对不符合持续性植物状态的最低意识患者诊断的标准。[20] 医学共识的缺乏促成了对持续性植物状态和锁定综合征之间中间类别的新的***法律***认可，这种中间类别被称为***近似持续性植物状态***，或者“最低”认知能力。在两起诉讼案件中，两位医学意义上不同的患者——一位具有最低认知能力的近似持续性植物状态患者，另一位处于持续性植物状态，毫无认知能力——在法庭上却得到了同样的处理结果，两个人都被允许通过停止生命支持手段而死亡。报告的作者们借此显示，医学分类如何受到法律决定的影响，并得出结论：“一类新患者已经出现，并在没有医学界任何共识的情况下得到了法庭的认可。”[21]

呼唤人格

在医院的专门病房，医务人员每周关于每个患者的讨论起着实验室的作用，在这里，工作人员的仔细检查为患者创造并保持一种健康状态。针对每一位患者的情况每月进行一次讨论。专门病房的医疗目标是让患者尽可能保持健康和稳定。这一目标的实现依靠的是整个医疗团队的技术、持续管理和仔细监控患者身体系统，并在可行的程度上监控患者的意识、认知状态、情绪健康和在病房的社交生活。在这些每周进行的会谈中，一个特定患者的身体、精神和自我意识都会得到评估，目的是减少急症的发生，创造和维护生存必需的生理功能，情绪上的稳定以及积极、适当的家庭关系网。***健康***，一直是个相对性

的、含义不明确的术语，在这种背景下就变得更加混乱。如果健康被 288
理解为维持生物学生命，如果健康是死亡的对立面，那么毫无疑问，这个地方就是要让人们尽最大可能保持“健康”。然而，如果健康指的是一种没有疾病的状态，或者（相对来说）是指身体器官和系统未受损伤的功能，又或者指完全自我调节的能力，那么这个病区的许多患者都缺乏健康。[22]

然而，从日常实践意义上讲，健康***的确***在这里得以实现。为了维持生理标准，大量时间和精力都花在对身体系统的详细管理上。专门病房里大多数人的身体都不再是***自然状态***，就是说，它们不再能够自我调节——新陈代谢和呼吸不再自动发生。员工必须通过持续的监控为患者制造那些平常的功能。工作人员还要小心地监控患者的认知和情绪状态。他们给患者提供抗抑郁药或者其他改变情绪的药物，如果他们认为这种干预可能会稳定或者改善一个患者的情绪，或者使患者少一些激动或更平静一些。对那些药物的反馈很难或者说不可能被识别，工作人员有时候质疑抗抑郁药物对多数时间无反应或完全无反应个体的作用。不过，精神药物被认为是完整医疗手段的一部分，可能对患者的健康有帮助。

与急症医院员工 / 家属一样，在专门病房工作的医护人员希望了解患者和家属想要接受什么样的持续治疗，尤其是对于那些不断衰退，接近死亡的患者。当一个患者的精神和身体情况恶化时，医护人员要监控家属对患者衰退的了解程度，以避免被认为进行了无效治疗（以及可能由此引发的诉讼），并促成及时和必要的对话，讨论如何以最好的方式承认死亡，并为之做好准备，这一点尤为重要。当讨论他们的亲人或朋友时，所有患者的直系亲属或亲密朋友都会受到公开邀请去参加员工会议。很少有人来，而一些人却一直都在。

在这种会议上，员工和亲属咨询的问题范围从实用性的、直接的（患者是否应该通过饲管接受更多或者更少的卡路里？家属可以带针灸师来医院吗？换一种不同的床会不会更好些？他必须被限制行动来阻止他拔出插管吗？我来探视她时，你能让她在椅子里坐着吗？）到
289 更困难的、长期性的（娱乐治疗师对工作人员："我们可以给他使用便携式呼吸机吗？这样他就能离开他的房间了。他太沮丧了，我们是不是应该给他试一下抗抑郁剂？"医生对家属："你儿子永远无法摆脱呼吸机。如果我们需要对他进行心肺复苏，之后他的大脑功能会更少。你想过这一点吗？"）。偶尔也会对患者进行详细的、更加复杂的评估——比如，一个处于疾病末期的患者是否想"继续这样下去"，或者，如何与不在场的亲属沟通治疗问题，或者如何阻止那些工作人员认定为无效治疗的请求。在对每个患者的病情汇报结束时，护士长会简单概括下个月的工作计划。

在意识似乎很渺茫或者几乎不存在的情况下，人本身主要是通过对身体及其调节的讨论而被提及。尽管一些感情痕迹，比如一个微笑或者痛苦的表情，有助于显示患者个体的某些东西，但对于人格的确定并不重要。人格的确定可以通过讨论很大程度上处于被动的身体和保持其各种生理系统稳定，免受感染的挑战来实现。医护团队在调节患者生理过程和系统使之正常化的同时也在创造着人。在这个地方，关于身体，关于那个被困在身体里的人，关于那个家庭里的人 / 医院里的患者的健康，那些可知的和重要的信息都是在医院的日常工作和医疗团队会议这个共享论坛中被发现和创造出来的。

1 号患者

护士：没有变化。

娱乐治疗师：没有变化。他的确有时候很平静，会微笑，不抗拒。你只能碰巧赶上这种时候。并不是出现在一天某个特定的时刻。

营养师：他的体重从五月份以来上升了一点，有便秘情况。我们需要多给他一些水吗？还是继续观察？

护士：他一直便秘吗？

第二位护士：不是，他出汗很多。

护士：好的。

营养师：我们先那样试试，看看效果如何。

护士：那么，我们会监控他的体重和液体摄入量…… 290

2号患者

护士：所有生命指征稳定。

理疗师：她左肩膀活动范围缩小了，不过这种情况在过去两三个月里有波动。偶尔她也会用那只手臂反抗。

药剂师：她有痛感吗？

理疗师：她没有暗示，但是她会看着你。

娱乐治疗师：她会给暗示的。

理疗师：她非常警觉，可以坐在椅子上，冲你笑。

娱乐治疗师：她非常清楚自己在一个新的房间里。

护士：他们都有睡觉/清醒的时候。我们努力评估各种状态出现的时间。有时候他们会反抗。有时候又会软弱无力，这都取决于他们睡觉/醒来的周期情况。（讨论了患者“半脱位的”拇指：是否要锻炼它，是否要为它做一个改良的夹板。）

理疗师：她的拇指其实已经萎缩了，你只能让它伸长一点点。

护士：要让她的手保持非常干净，她就需要洗澡，可是我们不能每天这样做……就营养情况而言，她很稳定。我们要监控她的皮肤、体重、拇指和周边的皮肤。

3 号患者

护士：没有明显的变化。

娱乐治疗师：她的眼睛是睁开的，但是不能跟踪目标；她有面部表情，有时候会把手移向面部。她仍然需要感官和社交刺激。

牧师：我总是觉得她害怕我。我从来没有和她接触。我会退后一点。

护士：我也有这种感觉。

药剂师：我们这个月开始给她用叶酸。

4 号患者

社工：依我看他似乎更警觉些了，在新的环境里微笑也多了（这位患者新近搬到了一个不同的病房）。

护士：10 年来他第一次对我有了反应。我问他喜不喜欢新房间，
291 他笑着点点头。

娱乐治疗师：可能他喜欢单人房间。

护士：我不知道是不是因为房间的颜色、灯具或者房间布局的原因。

第二位护士：从他的新房间可以看到各种活动，可以看到人，就不会感到那么孤单。

娱乐治疗师：他自己住一个房间，我还是有点担心。我想监控一下——他是否有社交孤立的危险？或许他并不喜欢独处。

牧师：我得到了相反的反应。当我走进他房间时，他转头看着

另一边，当我走到房间的另一边时，他又转头看着这一边。（大家都笑了。）

理疗师：他出现了一些改善。现在他的抵制情绪少了，开始允许别人护理他。他刚搬进新房间我就去了，他几乎是在微笑，我感到很惊讶。

5号患者

护士：她还是有点不舒服。

医生：你知道她的排尿量有多少吗？

护士：（去取单子）

医生：看样子她并没有出现多器官衰竭。

护士：（读了一些数字）

医生：她有结石，血液培养呈阳性。X医生已经和家属谈过，让他们决定要不要把她转到急症医院去了。她患有革兰氏阴性败血症，可能因为肾病的原因。不过只要她还有排尿……

护士：她的尿液呈茶色。（她从不同护士值班记录表上读出一些数字。）

社工：家属非常细心。他们都很配合，很亲切。一些人早晨来，一些人下班后来。是个非常和睦的家庭。

娱乐治疗师：她现在不睁眼，也没有反应。因此，无论我们之前有什么进展，本来就很小，现在也都消失了。

营养师：除了这些，她对管饲的忍受大体上还是不错的。

社工：（对医生）由我们还是你们和家属讨论她的情况？他们清楚现在的情况吗？

医生：家属清楚现在的情况。 292

每周例会是一个很重要的事情和过程，在此，通过务实的关注来分析患者自我意识和反应能力的存在和存在的可能性。身体系统和功能被修修补补，从而使生命能够被维系下去，无论你是否相信，处于这种状况下的**生命**是否能活下去。

人，疾病，进步：专门病房最有可塑性的类别

处于昏迷状态的存在体（beings）跨越并模糊了生与死、有机与技术、人工和自然之间的边界，挑战我们看待人、疾病和进步的方式。后面的这 3 个概念在专门病房通过所获得的知识和所采取的实践被改写，被操纵、协商。永久昏迷的患者想要摆脱那种状态只有通过死亡——一种鲜有人追求并且能够通过技术和临床手段避免的方式。或许这种专门病房昏迷状态的存在体就是人类学家克劳德·列维-施特劳斯所谓的随意拼凑制品。[23] 他使用这一术语描述在文字出现以前的社会中，神话是如何通过偶然收集起来的碎片拼凑在一起而形成的。任何可用的信息——宇宙观，关于环境和人类行为的知识，历史事件——都被用来解释它们自身和这个世界。在专门病房，各种碎片——关于技术的，关于医疗保险资金安排的，关于社会讨论的，关于各种身体护理的——汇合在一起，并以崭新的方式融入了日常生活。医疗专业人员和家属利用他们对生命、死亡和**人**的观念的了解，使用这些知识来向自己解释一种特殊的医学—文化世界，并在现实生活中应对他们参与创造的事物。

围绕着永久昏迷存在体的活动是一种文化实验，旨在了解和定义**人**是什么。在一个个体可以自由创造和塑造自我的社会里，事实上，在这个社会里，身份依赖于自我塑造的反射，[24] ***有意义的生命***与表达能力、告诉他人关于自我的重要事实的能力密切相关。乔治·赫

伯特·米德，米歇尔·福柯和其他一些人都向我们展示，在欧洲和北美社会中，个体的自我如何被理解为既是自我的客体又是自我的主体。[25] 自我决策权的产生是因为个体能够让自己与自身保持距离。各 293
类关系、事件及社会和历史程序对于自我而言被当作外部事务，被看作独立自主的事务。自我是有目的、有意识、不等同于肉体的。它有可能脱离社会，以实现真正的自由。这些特质支持着身为人的意义。[26] 当我们考虑处于昏迷状态的个体时，这些普遍的假设就被强制解除了。在围绕和帮助昏迷患者的实践中，那个理想化的、自由独立的自我，与永久被动的，不可能拥有自主、自由、表达意图的身体鲜明地并置在一起。陈旧而顽固的观点与新实践、模糊地带的生命的这种并置使得一些人倍感困惑，从而引发了诸如本章开头那位护士长所给出的评论。

专门病房什么事情也解决不了。就是说，没有出现自我和人的全新的、可以接受的形象，既能包含现代哲学意义上的独特的自我，[27] 又能包含那个身处医院专门病房里的、被束缚于技术因此也被束缚于社会的人。对于这种自我与人的分离只存在一种不安情绪，然而这种不安又很少会引起对这些专门病房的医学目标的实用性质疑——因为医学提供的观点是，通过利用科学发现和单纯靠坚持不懈，人类可以胜过自然。[28]

众所周知，慢性病扰乱了医学，也挫败了医学从业者，因为在大多数慢性病中，行动不会使病情向积极的一面发展，疾病的各种特点也无法克服。然而坚持不懈很重要，它既是试图推迟或阻止进一步衰退的手段，也象征着对医学最终会进步的希望。永久昏迷状态是一种最让医学界深感困惑的慢性病。首先，因为坚持不懈没有实际或者象征性的成果；第二，因为患者没有提供洞察力和心理发展的可能性。[29] 在一个“自我”依赖自身不断创造而存在的社会中，关于自身状况的洞察力，对“自我了解”的表达以及从自身状况获得的“个人成长”被认为是“忍受”疾病的必要条件。然而，不同于大多数慢性病患者，昏迷状态的患者不能自我解释。他或她不能影响自我，也
294 不能让自我客体化以便参与治疗并对治疗做出反应。从现象学意义上讲，他并没有体验他自己的状况，因此昏迷患者不是在“忍受”疾病。在专门病房，被强调的是疾病的社会特征——诸如人的关切、同情、责任和解释——而不是任何患者的个体特征，这些社会特征决定各种事件的发展，包括死亡时间。医疗护理持续存在，但是它已经远离了治愈和改善疾病的目的，也不再具备促进现代自主性和自我反射的作用。

对于医学进步的观点受到了严峻的挑战，这种挑战来自对“有尊严的死亡”的呼求和对技术的排斥。这些技术被认为干扰了“自然的”死亡，在患者最后数天、数周或者数月里引发疼痛、耻辱或降低了“生活质量”。专门医院里的昏迷患者也对进步的概念提出了挑战，但却是因为完全不同的原因。技术仍然被期待。但是，尽管最现代的技术和护理实践得到运用，却***没有任何结果***。没有沿着治疗路径的任何进展，并且通常没有症状改善的迹象。

可以肯定的是，科学进步的概念在一些家庭抱有的希望中占据突出的地位——就像我们在下面的故事中看到的那样，这些希望通过他们对昏迷患者的执着支持得以表达。然而，正如我们也会看到的那样，对另一些家庭和一些医疗从业者而言，技术的使用常常明显与进步脱节。尽管技术需求继续引导着高质量临床护理服务行为，但这种需求不再是正确行为的基础。

这种对历史和深远观点的挑战是造成伦理困境的一个重要来源，

这种伦理上的困境让一些人——也是一些身体——长年累月一直处在一种既不是完全活着（即具有主观性和能动性）又不是死亡的状况。临床工作人员投身于高标准护理行为，尤其要使用技术来解决问题，但又不赞成自己参与创造并维系处于灰色地带的存在体，他们对自己所处的道德困境有着极其清晰的认识。专门病房的医生们扮演着利用手头现成工具工作的修理工角色：他们利用体系内自己熟悉的部分（技术，自然科学，机械学解释，系统管理）来塑造一个他们熟悉的故事——提供优质的医疗服务。做到这一点后，尽管他们医治的患者可能永远不会好转，但是他们自己的行为仍然是合理的。 295

II.“有尊严的死亡”的阴暗面

死亡不是独立于人类意识而存在的一种东西或者一个事件；它只是一个简单的词语，指的是某种界限、界面、空间或分割点。

大卫·阿姆斯特朗 《死亡与死亡中的沉默和真理》

每次当我巡视专门病房，了解患者的一些情况，和工作人员交谈并跟随他们执行日常工作，我都会有所收获，会了解处于模糊地带的人是如何被制造、被关爱和被照顾的。我也看到了那些医学无法充分阐释的灰色区域如何成为围绕长期昏迷状态的临床上、社会及道德实践方面的核心问题。以下西尔维娅·佐藤、莫林·彼得森和保罗·伦齐克的故事，延伸一下，代表着成千上万徘徊在不可能状态中的社会隐形人的故事。它们代表着“患者和家庭直接控制生命终止和终结痛苦”这一要求的对立面，我发现，这一要求大多存在于抽象的、假设性的对话中。安置和用技术维持这种患者生命的专门病房的发展，以及投入照料他们的人员精力都验证了这个阴暗世界的力量。我花时间从专门病房中了解到，关于“有尊严的死亡”的讨论，尽管很普遍，但也不是无处不在；这种讨论也并未开始捕捉伴随主动决定结束一个生命的那种令人痛苦的道德责任感。

“这是我的责任，我的义务”——对人的不变的信念：西尔维娅·佐藤

西尔维娅·佐藤，65岁，已经在专门病房里住了5年。当我第一次见到她和她的丈夫时，她处于植物状态已经有一年了。她丈夫的责任感引导着他对妻子无休止的亲自照料，以及他对她的状况出现积极结果毫不动摇的希望——通过医学发现，富有同情心的治疗，以及他亲自参与确保她的存活——也引导着事务进展和佐藤夫人自己“为人所知”的方式。“他们应该带着同情心治疗患者，把他们当作人。”
296 佐藤先生告诉我。

我对佐藤夫人的了解来自我与她丈夫、社工、牧师和呼吸治疗师的谈话，也来自她的病历以及每周一次的员工会议。那些声音加在一起为我定义了佐藤夫人，创造出一份患病传记。它们也阐明了**人**的模糊边界，以及对这个人的观点是如何引导护理路径的。正如生殖技术改变了关于生命如何及何时开始、谁控制那个过程以及家庭是什么等的陈旧知识一样，呼吸机技术以及围绕着它的临床技能，也同样混淆了***正常的***生命终止、自然死亡概念和人格的含义。我在专门病房弄清楚的一点是，日常的治疗行为、护理和同情都是用来展示，因此也用来定义对***那个人***的医学目标和家属责任的。

我们见面之前的10年，佐藤夫人是一个健康的女人，一位全职法律秘书，和丈夫、子女、孙子女、兄弟姐妹及他们的家人一起过着

丰富的生活。一夜之间，她全身瘫痪，按照病历所记，被诊断患上“自发性颈髓出血”。在过去的10年间，她需要医疗机构护理才能存活。在她进入专门病房的五年里，她的丈夫每周3天、每天12小时陪伴或者帮助护士照顾她。

佐藤夫人刚来时，尽管她四肢瘫痪，需要通过气管切开造口帮助呼吸，但是她神志完全清醒，学会了如何说话，并且能够进行有效交流。在我们见面前的那一年，按照和我交谈的那位医院工作人员的说法，她遭受了一次“创伤事件”，出现了呼吸骤停，于是启用了代码状态。她的病历显示，护理人员发现她出现“斑块和发绀[30]，并且没有反应”。他们通过药物稳定了她的病情，然后把她转到了急症病区。两天后，当她苏醒，有了意识后，她开始出现不明原因的癫痫症状。癫痫症状停止后，佐藤夫人就没有反应了。病历上写着：“她的情况和植物状态相吻合……与她丈夫讨论，结果决定采用‘无码状态’，但是，此次讨论没有做出停止治疗的决定。讨论决定让患者恢复亚急性护理，于是她将接受持续的支持性护理，但不再接受心肺复苏，也不再进行急症住院治疗……患者没有康复的可能。”佐藤夫人再也没有恢复意识。从那时起，佐藤夫人一直处于生理机能稳定却毫无反应 297
的状态。

佐藤先生关于妻子现状的故事是以他们牢固婚姻的历史、他们的家庭生活和职业道德，以及他对护理她、维系她的生命所感受到的包罗万象的责任感为框架的。他告诉我：“自从她出现癫痫，我一直认为她可能会恢复过来。我没有失去信心，认为她不会回来了……我希望，我也在祈祷，这只是个时间问题，她会回来，事情会再次变得正常一点，恢复到她以前的样子。但是，不，我们根本没有放弃希望……我们1957年就结婚了。那是很多年的婚姻，你不会放弃的。

当你许下结婚誓言，你说过无论疾病还是健康都不离不弃。那应该是有意义的一句话。我就是这样感觉的。因此你不能放弃。现在，让我自己做事情很困难，因为我们总是一起做每件事情，甚至一起购物和逛街，只是为了在一起，因为我们两个人，都非常努力……我们从来没有想到我们会是这样的结果。我们从来没有做过接受生命支持的计划，没有任何类似的东西。她癫痫发作后，医生马上问我：‘当到达某种程度时，你打算怎么办？’这个问题很难回答。我不得不忍受。我觉得，那是一个比我现在所做的更大的负担。我根本没办法给出答案……我不希望这种事发生在任何人身上，但是我想，这些也都是生活的一部分。有些人过得很好，有些人过得很难。有些人的处境比我还悲惨，因为我还拥有她。”

我们不可能准确指出佐藤先生或者任何其他患者家属在亲属离开生命支持技术无法存活的情况下做出这种“选择”的根本动机。他对妻子病情的反应源自他在婚姻中承担的责任，以及受特定历史和文化环境影响的人生经历。佐藤先生是在一个农场长大的孩子，兄弟姐妹众多。他的家庭并不拥有土地，他们租用土地，佐藤先生孩提时代长时间在田间劳作，捡拾粮食。他的妻子也来自一个农耕社区。第二次世界大战期间，他们在西南部的日裔美国人营地里被关押 3 年，他把那个营地称为“集中营”。他描述那段经历时没有痛苦或强烈的情感，那只是他青春的一部分——刚被关押时他才 13 岁。营地的布局像军
298 营，到处是厕所和床铺，他说，还有一所“普通的”美国学校。他对当时的情况一无所知。他说，他经常玩得很开心——比如，去露天设置的剧场看电影。“你知道，”他告诉我，“我们都是美国良民，我们每天都会进行效忠宣誓。”他的妻子被关押在另一个营地。他们在战争结束后很晚才相遇。

“我不是个很虔诚的人，”佐藤先生告诉我，“我们年轻的时候常常去寺庙，尽管我们从来不知道法师在说些什么，因为他说的是日语。我们只是跟着别人。现在我更倾向于基督教，但是我没有受洗或者别的。我只是努力做个好人，做正确的事，根据常识，而不会跟随一本书或者别的什么。”他的妻子小时候是佛教徒，但现在是基督教新教徒，他说。[31]

发生呼吸骤停时，是激进干预治疗救了佐藤夫人的命，当时她是清醒的，尽管严重失能。当两天后的癫痫使她陷入了植物状态时，医生和佐藤先生讨论了他们所说的“那个选择”，就是停止治疗让她死亡。但是佐藤先生不肯做那个决定。急症医疗人员提出了终止治疗的话题，因为他们认为她有意义的生活已经结束，她作为一个活着的人的身份已经不在了。相反，专门病房的临床日常承认她的生命，尽管它只是一种没有主观意识，只能靠临床护理、不间断的干预和医疗监控才能维持的生命。护士们和佐藤夫人说话，就好像她是一个有意识的人。他们在床边与她轻松谈笑，他们温柔而积极地哄她“醒来”，这些都把她定义为一个人，尽管只是一个碰巧处于昏迷中的人。护士们的谈话可能掩盖了对她更深的认识，知道她是没有知觉的，也知道她相对更接近死亡，只是他们的行为掩盖了这一点。

佐藤先生坚定不移的希望和责任感将佐藤夫人定义为一个有价值的人，一个有潜在未来的人，一个通过爱情和生平历史与他和家人联系在一起的社会存在。正如他从她的生平历史、患病前的个性、他们的婚姻以及他们的家庭中所看到的那样，她*活着*——是一个完全的，尽管身体非常脆弱的人。尽管她侧身蜷缩在医院的病床上，没有反应也不能自主活动，连接在生命支持仪器上，她的眼睛似乎任意地开开合合，对她的丈夫，或许对护士们而言，佐藤夫人是一个完整的人——处于沉睡中——她可能会在某一天突然醒来，让所有人都大吃一惊。她是一个例子，显示了医院专门病房造就的这一类别的“人”
299 的有限性及其不断变化的本质。

对佐藤先生来说不存在道德上的困境。他感到对妻子的护理负有责任，也通过长期亲力亲为采取了相应的行动。他对某种有意义的恢复的持续希望植根于对那个曾经健康，并且在他眼中可能恢复的她的了解。同样道理，对于专门病房的工作人员而言，也不存在日常护理和接近佐藤夫人方面明显的道德困境。他们目前在每周例会上对她的讨论都是敷衍性的。他们只是讨论她身体状况的微小变化，她的护理中的具体问题，或者对这两者的预期情况。在前一个月，她的情况平安无事。护士长把她的情况描述为“总体稳定”。理疗师汇报说“她左臀部的血液流动有些许降低”。所有其他医生报告说“没有变化”。关于医学关注的焦点和目的这一更广泛的问题，隐藏在这种日常实践活动的表面之下，无人承认。

“是时候兑现她的书面意愿了吗？”——人格的易变性：莫林·彼得森

莫林·彼得森有知觉，可以自我解释，当她来到专门病房时她想要活着。现在，死亡将近，她已经没有反应。我注意到，即使现在正在辩论彼得森夫人的主观性参数，尤其是她是否遭受痛苦，但这些参数产生的方式也是以医学知识、医院语言和行为规范以及工作人员与家属之间的互动为框架的。[32] 对莫林·彼得森“生活质量”和“痛苦”的了解，在她停留在专门病房期间发生了变化，就像安吉拉·斯通的情况一样，这样她的死亡就可以合法化了。

在我见到彼得森夫人之前 4 年，她住进专门病房，原因是她患有进行性神经疾病，一位护士告诉我说。她是一个受过高等教育的职业女性，60 多岁，她能够通过气管切开造口说话和自我表达，她明白自己患有进行性疾病，最终会导致她的死亡。在她入院时，她经过深思熟虑写下了关于自己死亡时间的意愿。那份文件（医疗保健永久授权书）在她的病历中得到突出显示：

> 我不想医务人员努力延长我的生命，也不想要使用或继续生命支持治疗：（1）如果我处于不可逆的或者持续的植物状态；或者（2）如果我患上绝症，生命支持手段的使用只会人工推迟我的死亡时间； 300
> 或者（3）在其他情况下，如果治疗的负担超过预期的收益。我希望我的代理人在决定是否使用生命支持治疗时考虑减轻痛苦、生活质量以及生命可能得以延长的程度。

然而，我从不止 5 位工作人员那里了解到，尽管她的书面意愿表达希望停止那些只会延长死亡时间的干预治疗，彼得森夫人也曾清楚地反复表达过继续生命延长治疗的矛盾愿望，尽管她的病情不断恶化。她希望接受呼吸机，接受气管切开术，希望通过那些措施继续活着。现在她无法通过眨眼睛或者其他动作进行交流，工作人员对她希望继续以这种反应能力可疑的状态活着感到困惑。医护人员承认“她已经不是 4 年前的那个人了”。

尽管彼得森夫人生命垂危，每周例会上对她病情的讨论并没有预见她的死亡，但也的确开始关注为死亡做准备的必要性了。她病情的渐进恶化体现在她生理系统的不可逆性崩溃，尤其是没有吞咽能力、肌肉萎缩和越来越多的胸部问题。医生不禁大声惊叹：“她还能这样持续多久！”最重要的是，彼得森夫人被描述为“没有反应”并且*作*

为一个人已经“退化了”。她很少睁开眼睛，似乎也不再努力与员工或家人交流。工作人员和家属都无法解释她现在想要什么。

事实证明，这将是在彼得森夫人生前最后一次关于讨论她病情的例会，但并不是第一次有人提出终止对她的生命支持治疗的观点。彼得森夫人进入专门病房后不久，她的一个子女就给一位工作人员写信说：“妈妈的生活质量？我一直说，如果妈妈不能毫无痛苦地活着，我会同意做出终止生命的决定。”随后几年里，另一位家属也偶尔对社工提出过停止生命支持的话题，不过“没有采取任何行动”。至少一年前，兄弟姊妹中的一个也表达了关切：“让她活在一个没有反应能力的身体里是残忍的。”现在，在这最后一次例会上，让家属主动
301 回应的轮子终于启动了。

医生：上个月她耳朵有点出血；更重要的是肌肉逐渐、不可避免地衰退和无法吞咽唾液，她不再具有这个能力了；她胸部的问题也越来越多。我不知道她还能这样持续多久，但是凭借她得到的各种护理，或许还能维系一到两年。这是一个逐渐的、缓慢的恶化过程。（各位工作人员汇报了情况。）

社工：最近她的反应稍微多了些。我不知道这些反应的目的性如何。

娱乐治疗师：患者女儿一个月前发来一封电子邮件问：“我妈妈怎么样？”她很感激我们提供的医疗团队会议内容的信件。她女儿找到工作对彼得森夫人来说是一件非常重要的事情。我们以为她当时是为这事坚持活着，但是她到现在还在。

朋友：（定期参加讨论彼得森夫人病情的例会）这整整一周她都没有醒过。我们上次来看她，她自始至终闭着眼睛。她妹妹写信给

我说了对她流眼泪一事的担忧。因为她注意到她姐姐的眼泪了。我不知道她流眼泪是有目的的还是无意识的。

医生：这一直是个问题，因此我们没有停止抗抑郁药物的使用。我们不知道她在多大程度上不愿意与我们交流。在这种情况下流眼泪，当访客在场时，似乎完全是有意识的。

娱乐治疗师：在某种水平上，她已经退化了。很难给它下个定义。

医生：呃，我们已经尝试讨论这个问题好几次了。我们刚进行了一次年度回顾。或许我应该试着（给家属）打电话，看看他对此有什么看法。或许我们需要在这里进行一次对话。现在，在这个特定的时间，目前，这是她想要的吗？我们都知道她想使用呼吸机，想要活着。她告诉过我们。但是我们无法描绘现在的情形。这对我来说太难了，因为她以前一直说她想尽可能长久地活着。当然，她现在的生活质量不是大多数人想要的生活质量。（转向社工）或许我们应该试着让人们都到这儿来，讨论一下这个问题。

这次会议后数周，那位医生和社工成功地把患者家属集中起来，
讨论了彼得森夫人的病情，以及他们对她希望继续生活在极度衰弱状 302
态的感受。家属们关于患者预后情况的问题得到了解答，但是没有做出关于改变护理或者终止治疗和生命支持的决定。医生要求家属用书面形式表达——如果他们可以并愿意这样做——他们终止生命支持手段的愿望。几天后，医生收到一封过去 4 年一直参与彼得森夫人医疗的所有家属的签名信。

写给 X 医生：我们，莫林·彼得森的近亲，于（日期）会面讨论她目前的处境。我们同意，当她不能再代表自己积极参与决策时，

> 现在是时候兑现她的书面意愿，不再继续让她活下去。我们希望有一个单独的房间，在她离世时，让大家聚集起来，进行一个简单神圣的仪式。谢谢你的帮助。

2 天后，彼得森夫人的死亡“时间得以确定”。[33]

对西尔维娅·佐藤的丈夫来说，关于她这个人的各种事实从未改变。尽管佐藤夫人陷入永久性昏迷，他的希望和亲自护理都把她定义为一个有存活价值的人，并赋予了她一个包括可能恢复机能的未来。相反，对莫林·彼得森的家人来说，当他们得到她病情恶化的医疗信息，当他们和医务人员都认定她不能再表明自己的决定，或对自己的未来保持看法时，关于她的“事实”就改变了。两个启示改变了对彼得森夫人的解读：从一个希望接受生命支持的积极活跃有见识的人变成了一个可怜巴巴正遭受痛苦的、病情不断恶化的人，她遭受痛苦是因为她作为人的身份岌岌可危，以及随着进一步退化而受的罪。这两个启示一个是医生质疑，随着她的病情恶化到极点，彼得森夫人在技术支持情况下还能存活多久；另一个是一位家属也表示，希望终止她没有能动性的存在，终止她的痛苦。

当然，根本没有办法对这种患者的痛苦——既作为一种存在状态，又作为一种自我反射和接触世界的行为——做出评估。***痛苦***经常被归为昏迷患者的特征，而主观性和能动性却不是。就好像一个人被
303 认为在遭受痛苦只是因为她不再具有有意识的感觉和体验。不过，痛苦本身就是一种感觉，有意识的体验是许多痛苦概念的内在要素。然而，在病情不断恶化的情况下，这种不一致与识别患者的痛苦毫不相干，对家属关于怎么办的辩论也毫无影响。[34]

只有当莫林·彼得森无法再表达关于她是谁及她想要什么这些重要事实的时候，她才被认定可能或者事实上遭受着痛苦，而且在这个时刻，继续维持她生命的价值受到了质疑。4 年前，那个表示希望通过生物医学支持延长生命的、意识清醒的人给她缓慢地衰退到没有反应的状态提供了背景。当她病情的恶化进展到工作人员可以预见她即将来临、不可避免的死亡的程度时，工作人员和家属就会承认生命火花及自我表达迹象已经消失，这样，关于死亡的直白对话终于可以开启，对她死亡的安排也可以开始了。但是这种推定意义和价值，从而影响或决定行动的独特方式并不适用于所有患者。没有人说西尔维娅·佐藤在遭受痛苦，癫痫发作后失去表达***自我***的能力没有减少或改变她在丈夫或者护理人员眼中的身份。佐藤夫人主观性的缺失，她不能做自己那个人，都没有催生认识论框架的改变，也没有创造一个从保护生命到预备死亡的道德转变。在专门病房，主观性和能动性之间的界线是动态的，有着多种多样的解释。

有时候，就像莫林·彼得森那样，一个有自反性、有意识的自我被定位在患者体内；有时候，就像西尔维娅·佐藤那样，自我是通过员工和家属的解释被赋予患者的。

人是否还存在：保罗·伦齐克

偶尔会有家庭发现专门病房就像一种炼狱——一个强制解除他们亲属怪异病情的地方。对这些家庭来说，那个被医疗机构维持的奇怪的人毁灭了他们的世界。[35] 他们经历着一种显而易见的悲伤和痛苦，不知道如何对待他们的亲属，他们认为患者在模糊地带失去了个人身份，不知道如何面对这种可怕状态，该如何构建他们自己的生活，他们拼命寻找一种办法摆脱他们感到自己深陷其中的那个包罗一切、消耗一切的牢狱。我观察了 3 个家庭如何应对那种他们感到被困其中的艰难处境。在我的观察过程中，没有一个家庭解决了如何对待他们亲
304 属的难题。下面的故事就是这种情况的代表。在这个故事中，面对患者处于模糊地带的情况，医学目的这一问题被提到了表面，并在一场旷日持久的辩论中得到阐释，但是，没有人满意医学对于“可以做些什么”的务实回应。

背景：“人”与“生命”的关系

保罗·伦齐克，6 个月前因遭受头部创伤来到专门病房。医生召集家属和医院伦理委员会见面，讨论关于他后期治疗的不同意见，之后我见到了他的家人。我了解到，亲属们想停止伦齐克先生所有的治疗和生命支持措施，从而他可以也将会死亡。这一请求是有问题的，因为医生认为患者正在慢慢好转。对于遭受严重大脑损伤的人来说，哪些特征构成“好转”以及这种好转是否意味着恢复构成这个**人**的那些品质，都是富有争议的问题。那些属性是伦理咨询会诊时引起混乱和争论的根源。

在这个地方，伦齐克家庭的要求是不同寻常的，因为在这里，大多数家庭都要求尽一切努力保持他们昏迷的或者重病的亲属无限期活着。他们这种请求从实践和伦理角度看都是非常复杂的。从实践角度看，医务人员欢迎家属成员要求终止对昏迷数月或数年的患者进行生命支持治疗，他们非常仔细地确保所有家庭成员都达成一致（除非家属达成一致，否则他们不会采取行动）。工作人员充分利用自己的知识，非常努力地向家属解释停止治疗和技术支持对患者会是什么结果。家属被邀请随时到场见证治疗的终止过程——呼吸机被关停，同时其他治疗也不再继续，可以陪伴临终的亲人进行宗教仪式，也可以和工作人员进行讨论。每年只有少数专门病房的患

者会因这种规划安排而死亡。每年，专门病房的大多数患者都不会死亡。

美国各地出现许多关于“无效”治疗的讨论，是因为医生们知道持续通过技术支持***生命***不会以任何方式有助于患者状况的改善。[36]然而，在重症监护室和专门病房，家属对持续性生命支持护理的要求常常胜过医生对不可避免的生理衰退和无效治疗的知识。家属提起诉讼 305
的可能性一直存在。终止伦齐克先生的治疗是全然不同的情况。他并非处于完全昏迷状态——对于这一点所有人都认同——他的状况正在改变，至少从医学角度看，是在向好改变。从个别身体系统和特定生理过程的角度看，对他的治疗***在医学上***并不是无效的。尽管如此，医生也不能忽略伦齐克家人的要求。她需要关于如何进展的支持、建议和讨论。

从伦理上讲，这一要求是很艰难的，因为尽管伦齐克先生在病历中被明确描述为创伤事件后马上陷入无意识状态，但他的状况已经改变了。他现在不再***明显***没有意识了。他已经摆脱了深度无意识状态，进入了一个灰色区域——某种局部意识状态，医务人员对他的状况有着不同看法。例会上详细探讨的问题是患者模糊的实体身份；讨论突出显示医学没有微妙的词汇，只有识别和描述人格的笨拙手段。既然伦齐克先生不是植物状态，那么应该按照什么参数把伦齐克先生***作为一个人***来对待，来定义呢？作为一个人，他没有自我意识，没有自我认同，也没有能力在这个世界上采取有目的的行动，聚集在这间会议室的专业人员们不知道，他的生命怎么能算是有意义的呢？

保罗·伦齐克的状况引起了人们的担忧，担心对生活质量的解释在授权死亡中所起的作用，担心***人格***与***生命***的平衡（也因此担心随着死亡而丧失人格），还担心一位生命伦理学家所描述的“在一个人认定死亡前必须失去的东西”。[37] 这些互相关联的担忧来自对死亡的“高脑”[38] 定义和“全脑”定义的辩论，从事这些辩论的是 1980 年成立的一个总统委员会，其成立的目的是在全美国范围内创造一个统一的死亡定义。[39] 委员会成员的讨论集中在死亡定义是应该采用“高脑”定义，即一些人提出的意识的永久丧失；还是采用“全脑”定义，即强调机体的完全瓦解。岌岌可危地夹在死亡的“全脑”定义和
306 “高脑”定义之间的是人类生命的根本标准。委员会成员们选择了全脑死亡定义，尽管他们从未就人类生命基本标准达成一致。[40]

从那时起，转到“高脑”死亡定义的提议持续传播。这些提议的产生是因为一些神经学家、移植外科医生、照顾那些最低意识及无意识患者的医生、潜在的器官捐献者、生命伦理学家和其他人群特别关注哪些大脑功能是生而为人的重要属性这一问题。在这些提议中，自反性体验能力（即思考、感觉和与人发生联系的能力）对于人的属性是至关重要的，就如同个人身份的相关概念至关重要一样。[41]

关于缺失多少意识、人格、身体协调能力以及自理能力才能宣布一个人为死亡，以及应该由谁来宣布的辩论在学术界和病床边一直持续不断。[42] 下面的书面观点是 1987 年由持续性植物状态和最低意识领域的一位顶尖临床医生和一位律师共同写下的，表达了对意识作为人的重要特征的日益重视，以及它对宣告人死亡的影响：“我们的主要前提是意识是最重要的道德、法律和宪法标准，不是人类生命的标准，而是人类人格的标准……我们相信，所有意识的永久丧失和所有心肺功能丧失（死亡的心肺功能标准），以及所有大脑功能的丧失（死亡的神经学标准）一样，在决定一个人的道德和法律地位方面具有同样重要的意义。”[43]

他在遭受痛苦吗？他是“完全的人”吗？

会聚在会议室里的是 14 位代表着不同医学和保健专业的医务人员，以及要求终止治疗保罗·伦齐克的姐姐和姐夫。讨论是在医学、临床政策和西方哲学传统基础上进行的。当会议室的门关闭，我们就同医院的忙碌和嘈杂声隔绝了。随之一个悲剧性、情感上令人不安的故事逐渐展开并包围着我们，人们的语气也变得专注而凝重。召集这次会诊的医生最先开口，总结了导致伦齐克先生目前令人困惑状况的那些事件：6 个月前，伦齐克先生从位于三楼的公寓窗户摔了下来。他被送到了一家急症医院，伤情得到了稳定。因为他处于无意识状 307
态，需要呼吸机才能存活，因此被送到了这里。急症医院病历称他为“植物状态”；但是，长期护理科的工作人员认为，伦齐克先生刚到这里来时并非处于植物状态，因为他当时还有“有目的性”的动作。自从来到这里，伦齐克先生的情况有所改善，也更有反应。他有时候会做有意识的举动。他能够跟随指令，甚至可以在有人帮助的情况下走动。他烦躁不安。（我不清楚他们所提到的这种烦躁是一种情感状态，还是他受损大脑的一种生理症状。）已经对他进行了一次 CT 检查。他遭受大面积脑损伤，没有可矫正的病变。

医生继续说道，在急症医院，家属要求为他提供所有生命支持护理。当他转院到专门病房时，家属要求在出现心脏骤停时“不要激进干预”（不使用心肺复苏）。这两种要求都很正常。但是现在，6 个月之后，家属要求停止所有治疗，说，他不会愿意***像这样***活着。

像这样这一说法，按照医生的观点，就是一个**人**，显示出不断增加的精神反应和生理获益。医生没有要停止所有治疗的心理准备，包括喂食（从而允许患者死亡），因为伦齐克先生现在正在好转。医生

还说，如果家属认为患者死去会更好的话，他们就不会采取符合患者最大利益的行动。医生带着些许嘲讽指出，在她长期与专门病房打交道的过程中，这还是她第一次无法从伦理角度上按照家属的要求停止对一个患者的治疗。“通常的情况与此相反，”她说，“患者在这里待很久，待好多年，家属总希望在患者昏迷或者没有改善时继续进行治疗。”

在这些开场白之后，大家围绕着伦齐克先生现在是***什么类型的人***这一问题展开了自由讨论。他对别人还有多少反应，他还有多少自我意识？他的那些动作真的是有目的的吗？它们代表反射意识和对具体自我的感知，即一位人类学家所说的“肉体存在”的感觉吗？[44]照顾伦齐克先生的另一位医生评论道——与召集会诊的医生不同——他没有看到任何有目的的动作：“病历中的一些记录说，他的动作是有目的性的，另一些记录说它们不是。”他还指出，伦齐克先生不再依
308 赖呼吸机了。“对他的气管切开造口护理很少。可能很快，甚至在接下来的几周内，就可以为他安全撤走气管造口了。”他还说，伦齐克先生接受药物治疗焦躁情绪，他的手被袜带束缚，来防止他拔出气管造口的管子。一位神经科医生补充说，患者不能用语言交流，可能因为外伤患上了失语症[45]。他一直没有眼神交流。召集会诊的医生回答说，伦齐克先生确实与每天值班的工作人员有眼神交流，他还有过反应性的微笑。“感觉他能够跟随我说的话。我让他伸出舌头给我看看，他照做了。”

另一位医生询问了移除胃管的问题。召集会诊的医生回答说，没有人知道伦齐克先生是否能够自主进食，但是，如果没有气管造口管，他似乎是安全无虞的。在遭受创伤性大脑损伤（相对于缺氧性[46]损伤）的情况下，她继续说，康复是无法预测的，有时候发生在数月

甚至几年之后。患者可能会持续好转。社工补充说：“他的确有眼神交流，但是只是零星情况。语言治疗师还未能弄明白他的交流模式。当医生让他点头表示同意时，他点了头，轻轻地。但是他不能表达不同意。”

患者的姐姐之前一直保持沉默，此时，她用一段犀利的言辞把对话引向本体论问题的核心。是她提出了直接的问题：患者能体验生命吗？他是一个人吗？她说得很哀怨，会议室里所有的人都转向她，全神贯注地听着。她引领医疗专业人员去思考，患者也会感受到疼痛和痛苦，尽管他***完整的***人格已变得不确定。他姐姐坚持认为，患者自我的这些属性仍然完好无损。她也表达了她自己的痛苦、损失和与患者的同感体验。某种人格，或者更确切地说，是一个人的某些痕迹，她争辩说，可能还停留在医院的病房里，但是她的***弟弟***，作为一个有感觉、与她有亲缘关系、她能够识别其自我品质的人，已经不在了：
“在我看来他在受苦。他能怎么办？他的生活怎么样？我不知道什么
是对他——或者对我，才是最好的。我不知道我真正想要的是什么。
这取决于上帝。过去几个月我一直在服抗抑郁药，这件事让我非常沮
丧。所有家人都在等着上帝把他接走。我不想看着他这样。他不是活
着的人了。我对他说波兰语和德语。他什么都识别不出来。他说三种
语言，但是现在什么也听不懂。他看着我，却不知道我是谁。我已经 309
失去了他。我一直努力从这种抑郁情绪中恢复过来。如果我有权做些
什么的话，我也不知道我会怎么办——我完全理解你，医生。他无法
享受任何东西。他好像很痛苦。”

当然，医生及其他专业人员不会比其他任何人更好地理解和谈论身为人的那些本质特征、患者的生存状况，或者患者丧失关于医疗决策自我表达能力的影响。伦齐克先生的姐姐很显然和患者“共同受

苦”[47]，在这种情况下，她所表达出来的这种通情感受，使她比专业人员能更贴切地定义**人类**这一概念的参数：痛苦、识别力、能动性。她说完后，只有一位医生试图回应她提出的那个开放性问题：作为完整的人，一个个体的人究竟意味着什么？那位医生说：“从 CT 检查情况看，他已经丧失了许多脑组织。但是他以后还能够阅读吗？还能拥有有意义的生活吗？他会好转的，但那只是在除去气管造口管，还要一步步来。那不是一种有意义的生活。”[48]

患者的姐姐继续发表自己对于人格含义的看法，她提供了一些背景信息，融合了患者的状况及这种状况的源头，形成了他生活的背景，这样所有在场的人都能更充分地理解她让弟弟死去的要求。“他是从窗户跳下去的。他本来是想自杀的。他留下了字条。我们对此确信不疑。他以前也试图自杀过。他是天主教徒。他曾经和神父谈过。我不知道如果他的灵魂可以离开是否对他更好些。不死他就不能去天堂。他留下字条请求圣母玛利亚怜悯他。”神经科医生询问另一位医生，患者现在是否有情绪低落的迹象。“他的清醒程度不够，无法注意到抑郁症状。”这一回答徒增了伦齐克先生本体论地位的模糊性。

伦齐克先生的姐夫试图说明，他和妻子关于现在，在事故后 6 个月的时候停止治疗的原因。和所有面临这种“选择”的家庭一样，这对夫妻的决定是根据他们对各种因素的理解做出的，这些因素包括医疗状况和预后情况，对患者依靠技术手段存活条件下想要的安排的了解，以及他们在与医疗服务提供者关系中的权力差异。他说：“从一月份，我们就被给予希望，希望他能好转，我们觉得我们无权拔出那
310 管子，尽管医生几乎要求我们那样做。我们以前从来没卷进这种事情……如果他有机会好转，恢复到以前的样子，那就太不可思议了。”

一位一直没说话的医生问了一个问题，借此继续了解患者的为

人，“你能给我讲讲你的弟弟吗？”伦齐克先生的姐姐回答说：“是我把他养大的。他那时很小。他总是很难缠。我抚养他，就像我的儿子一样。我养大了他，尽管我也很年轻，因为我们的父母都要工作。他是个非常内向的人。不愿意多说话。”神经科医生问：“有没有他的哪位朋友能更好地谈谈他？”然后转向精神病医生，“自杀未遂过程中发生这种情况是否有所不同？”精神病医生回答说没有不同，神经科医生的第一个问题没有得到回答。

另一位医生快速总结道：“我想所有医生都不愿意在患者慢慢好转时停止治疗。今天在场的家属似乎也不确定是否要停止所有事情。”伦齐克先生的姐姐回答：“如果我听从我的大脑，我会说放手让他走。但是这太痛苦了。我真的是进退两难。我不知道该怎么办。”

召集会诊的医生试图让家属明白“放手让他走”有好几个组成部分：“停止护理分为不同程度，是一个循序渐进的过程。首先是放弃心肺复苏和对严重肺炎不予治疗。这些我都可以接受。他已经不再接受激进干预治疗了。但是下一个程度的终止治疗涉及两件事。如果你除去他的气管造口管，他会吸入异物染上肺炎，然后死亡。如果你拔掉饲管，他会在30天内死亡。”患者的姐姐，急切地希望从医生那里得到指导，回应说：“如果医生说是时候这样做了的话，就可以。我会感到内心平安。但我不是医生。或许我会死在他前面。这真让人沮丧。首先，我没有受过教育。我对医学一窍不通。”精神科医生插言道：“但是，如果医生说他会好转，你打算怎么办？”“我不知道，他看上去好像很痛苦。”她回答说。

在场的律师询问家属，如果伦齐克先生继续活着，谁来护理照顾他。一位医生补充说：“如果他更靠近（家庭住所）一些，去掉造口管，你会对继续护理的决定感觉好些吗？”“对我来说那不是个解决

办法。”患者姐姐回答。接下来，她强烈质疑这里提及又不确定的人
311 这个范畴变化多端的边界，悲伤地说：“他没有希望了。这个样子糟透了，让我感到沮丧。我知道他永远不能正常吃饭，正常思考了。他永远不会是正常的样子了。他是什么？一个动物？我希望医生可以替我做决定。”召集会诊的医生回答：“我已经说得很清楚了。我现在不能那样做。”伦齐克先生的姐姐回答：“我理解你的感受。”在我看来，那位医生似乎越来越能体谅家属的感受，于是提出了一个可能解决这种悲剧性困境的办法：“我愿意再等一个月，看看他是否停滞不前，然后就可以遵照他的持久医疗授权行事。”另一位医生向家属解释说：“那时候，医生们可能就会采取你们要求的措施。”但是神经科医生的话很快又使这种可能的情况复杂化了：“可能需要一年的时间才能看到进展。那就是从现在开始的 6 个月。”

协调这些伦理会议并掌握会议时间的医生让每个人对家属做一个散会前的总结。关于如何进展以及谁有权做终止生命决定的各种矛盾此时都得到了表达。

医科学生：好像现在没有人对停止所有治疗感到心安了。如果他真的到达了平台期，那么医生们对终止治疗也会感到舒服一些。

精神科医生：因为有一些好转，所以我们被要求等等看，注意观察。我想，如果我们再等等，大家都会感觉舒服一些。

一位护士：我觉得我们应该等待平台期出现，或者等一年，随便哪个情况先出现。

医院牧师：我倾向于等等看，因为科学不是万能的。这段时间我会依靠你信仰的权威来给你指引。

医生：（花了大量时间照顾伦齐克先生）我知道这对你们很困

难。我每次去看他，他都能做更多的事情，但是他就是没有交流。过去的 3 个星期里他没有任何进步。或许这是个平台期，或者一个临时的平台期。如果气管造口管可以取出来，他会更舒适些。或许到时候你们做决定时可以更清楚。此外，如果他可以搬到离你们更近的地方，你们可以更多地陪伴他，或许能了解他的感受，或许你们会自然而然地做出决定。312

医院社工：我们的工作不是纠正一次自杀未遂行为。那让人感到不舒服。我们都希望我们能够消除你们的痛苦。你们在其他医院时没有停止治疗，所以就得忍受这种遗憾。现在，如果打开一扇窗子，[49] 停止治疗似乎是恰当的，你们就需要采取行动，果断行事。

律师：（自称是一名律师，一个与医生想法不同的人）我想澄清一点，你们的确有权作决定。这个房间里的人不能代替你们做决定。我作为律师想要让你们相信，你们可以为他做决定。

另一位护士：（强调，尽管只是具体说明了律师的话）这是你需要做的决定。但又不是***你的***决定。你要为你的弟弟代言，他想要什么？你不是在为他***做决定***。你在***替他说话***。他想要什么？（然后）我们必须从（医疗保健永久授权书）表格入手。（她停顿了一下，补充说）我对等待表示担心。他将会更难死去了，尤其是如果他不能进食的话。

召集会诊的医生：我想再重申一下（律师）所说的话。如果你们确定的话，有一个医生可以写下指令。就我个人而言，现在我做不到。只有当我觉得这是下一步要做的事情时，我才能做。

伦齐克先生的姐夫开始说话，他说："似乎，如果大家都认为我们应该等等看——"他的妻子打断他说："让我们讨论一下。我不能作决定。”作为会诊协调人的医生有最后的话语权，他对患者家属说：“我本应该在会议开头就说这些话，现在我要说的是，这里不是一个负责作决定的团队。那是你们讨论后要做的事情。”他宣布散会。

我一直没有见到伦齐克先生，因此，对于这个**人**是否还存在，无法形成观点。就算是那些经常与他接触的人也不知道（就像从桌边会谈中可以明显看到的那样）他在多大程度上，或者是否对自己的意识状态是有意识的。[50]也就是说，他能够既思考这个世界上的事物，又能意识到自己在思考吗？他能够采取有目的的行动吗？他姐姐是否能够把他当作一个“个人”，当作“人类”，以及当作“完全活着”，这在一定程度上取决于医院工作人员收集这些知识的能力，而这种知识
313 在会诊时仍然深不可测。

不可能的解决办法

关于***像这样***活着的各种矛盾和令人不安的推理，在伦理委员会会议上占据主导地位。医疗专业人员似乎都认为，当患者出现“好转”时，没有人想要终止治疗，然而，召集会诊的医生紧随律师之后告诉家属，如果他们真的愿意，可以在别处找到一名同意停止治疗，让伦齐克先生死去的医生。我不知道在这种情况下，是否真的有一名“雇佣”医生会写一份命令要求停止患者的所有治疗。重要的是要记住，医生对危重或绝症患者进行治疗（或者不治疗）有着不同看法，因此也有不同做法。即使患者的愿望已经明确表达，也不存在标准化医疗方法来应对生命的终点。当患者的**人格**受到质疑，事情就变得更加含糊不清。伦齐克先生的病例说明的不是一系列（可能性的）医疗实践，而是一种不明确的立场，即对于任何依赖对**人**的构成品质清楚了解的事情，都完全不可能做出“决定”。

伦齐克先生的治疗预后也是模棱两可的。表达了不同观点的社

工认为，家属必须等待机会的“窗口”，这一窗口可能会以一个“平台期”的形式出现，或者是一段没有“好转”的不确定的时间。那个“窗口”将会向他们（以及其他所有人）显示一个在道德上恰当的时刻来停止治疗。但是，一个人如何知道那个平台期何时到来呢？或许，就像一位医生说的那样，伦齐克先生现在正处在一个平台期。然而，那位最了解伦齐克先生的医生考虑是否这“只是一个暂时的平台期”。神经科医生认为，尽管会有暂时的平台期，但再过 6 个月，好转就可能会出现。律师强调了家属自主决策能力，然而参与会诊的医疗专业人员似乎都在敦促家属服从医护小组达成的共识。最后，一位护士修正了律师的话，并提醒那对夫妇，根据“生前遗嘱”性文件的意图，他们应该只执行***他们所知道***的患者***在这种情况下***想要的东西，而不是他们想要的东西。也就是说，家属必须遵行患者的一些假设的愿望，而不是他们自己的意愿或者医护小组的共识。只有这位护士提出了对授权患者死亡前等待一段不确定时间引发的后果的担心。她 314
的话隐含的意思是，如果所有治疗被停止，也不给患者提供食物，然而，患者的意识水平又提高了，那会出现什么情况呢？会议室里没有人提到这一点。

家属知道伦齐克先生试图结束自己的生命。一方面，他的姐姐不想独自承担责任，割断一个正在康复的人与生命之间的纽带，而她与这个人之间又有着最深切的关系。另一方面，如果患者不再是一个人，也不能成为一个可以拥有有意义人际关系（用她的话）的人，那么她想允许他的自我毁灭能够得以完成，允许他开启的故事得以终结。那种终结至少会认可（甚至尊重）她弟弟的身份和能动性，会使他的生命完整，就像他想要的那样。[51]

伦齐克以为是他人生最后举动的行为却不幸把他带到了这个专门

病房。他姐姐的痛苦是因为她清楚地意识到患者及她本人——通过她的同情感受——被完全从生命***和***自杀的故事中剥离了出来。她以各种方式因患者这种模棱两可的状态而遭受痛苦：通过她的同情心，就是说，她“因另一个人的痛苦而感到痛苦”；[52] 通过她对患者痛苦的来源的了解，这种痛苦必须从他的人生轨迹来看待；通过她期待患者能够拥有作为***一个特定的人***的生活；还通过她对一个***生命***应该有的样子的期待。在医院伦理会议这个公共论坛上，当她和丈夫清楚看到患者作为一个能思考、有感情的人的身份变得极度模糊时，伦齐克先生的姐姐变得不知所措，无法独自授权终结这个悲伤的故事。如果她弟弟的身份不能得到恢复，或者永远处于被怀疑状态，她需要其他人支持她提出的终止治疗这一观点的恰当性和必要性。她的一部分想要实现她所了解的弟弟想要的结果，但是对她来说，只有在医院委员会或者她弟弟医生的支持下终止治疗在道德上才站得住脚。然而，她在委员会面前的请求没有得到一个毫不含糊的回应。

伦齐克先生的命运表明，专门病房的临床活动在维持生命的同时，也提出了一个关于**人**的可维持性和可恢复性问题——这个人作为一个能动成员，在世上具有可识别的特征；因为要让患者家属能够识
315 别患者，他们必须具备作为**人**的至少某些特质的公认的连续性。但是在专门病房，正如我们已经看到的那样，一个患者的活体可以存在，却没有***有生气的身体***，没有具体化的自我。一些人可能会用不同的方式来解释别人的自我，当它被视作与肉体分离时，认为它是活着的，具有能动性，非人类，或者已经死亡。在那些情况下，就需要当地医务执业者团体集合起来，尝试——作为一个集体——定义死亡在道德上的恰当性，定义那些辅助死亡的具体临床行动，以及，可能最重要的是，确定一个可接受的终止生命的时机。这个特殊伦理委员会关于

如何在患者处于灰色地带的情况下继续向前推进的考虑关注的是，面对生命的维持或者终止，什么才算是符合道德标准的实践，而对于这个特定的生命，那些象征和识别**人**及**人格**的属性已经无法轻易或清晰地被领会。[53]

对住在专门病房的有些患者来说，医学护理实现了部分转变——从受伤或受损的人格变成了一个**人**，他们的主观性和能动性，在或大或小的程度上是清晰可辨的，但仍有待解释。正如我们在西尔维娅·佐藤、莫林·彼得森以及保罗·伦齐克的病例中看到的那样，让一个意识受损的患者（需要生命支持技术）被认定为**人**的特征是千变万化、富有争议的，也是广受诟病的。但是，无可争议的是，专门病房大多数患者都是***不完整的人***，需要别人加以构建。这是一个进行医学治疗的地方，却包含着一种关键的缺失——即被安置在实体化的身体里的患者的缺失。那种缺失，在工作人员和家人与患者的日常互动中，在提及和暗示***生命***及**人**的属性的医疗团队关于护理的讨论中被最小化，被填补起来了。对伦齐克先生的姐姐而言，那种缺失是令人痛苦和难以忍受的。对我们而言，那种缺失使我们开始关注医院工作人员、家属、灰色地带的患者以及允许和造就灰色地带生存的更大的医院体制之间的新型关系。

被长期维持在灰色地带的人们是美国医疗保健服务纷繁复杂的事务次序带来的后果。医院专门病房的存在以及住在那里的患者把我们夹在中间，一边是关于绝症、身体退化及它们与死亡之间不可避免的联系的旧观点，另一边是新的，合法的，没有明确、公开表达其道德 316 基础的社会和经济力量。处于这些专门病房的人逼迫人们为他人做那些他们不希望自己必须接受的事情来直面那种紧张。

当行政指令要求“必须做点什么”时，医院工作人员、家属，有时候包括患者——在医院任何科室——都会转而求助于***生命质量、尊严***和***痛苦***这些修辞辞令。那种修辞手段及其协商使用是医学通过检查、治疗和决策来塑造人的过程中所担负的复杂伦理角色的一部分。如何看待住在专门病房的人只是人们看待住在任何医院病房里的濒危患者（有时根本不考虑他表达自己观点的能力）这一连续体的终点而已。柯兰先生的家属把他的痛苦看作暂时性的，确信他可以“熬过这个坎”，并认为他对于自己病情的态度会随着抗抑郁药物的使用而改善。在沃尔特·科尔、康丝坦斯·布雷迪、安吉拉·斯通以及莫林·彼得森的病例中，家人、朋友和医疗团队根据协商得到的对**人**的理解——在依靠生命支持和身体状况不断恶化的背景下——以及对那个人***想要的***安排的理解，选择了终结痛苦的时间。在任何医院环境中制造死亡的基本特征是那些政治策略和修辞，这些策略和修辞在死亡临近时出现在医院文化中，用来描述刻画**人**以及人的愿望，用来形成
317 关于如何行动的协商谈判。

注释

开篇引语：Paul Rabinow, *French DNA*, Chicago: University of Chicago Press, 1999, p.16.

引语：David Armstrong, “Silence and Truth in Death and Dying”, *Social Science & Medicine* 24, 1987, p.655.

1. 住在自己家里或者护理院里的处于植物状态的患者通常不需要机械呼吸机。
2. 参见关于医疗保险支付计划的讨论，及第一章注释 7。
3. Sandeep Jauhar, “As Technology Improves, More People Breathe with Machines”, *New York Times*, April 24, 2001, D7; S. S. Carson, et al., “Outcomes

after long-term acute care", *American Journal of Respiratory and Critical Care Medicine* 159, 1999, pp.1568–1573.

4. Marilyn Strathern, *After Nature*, Cambridge: Cambridge University Press, 1992。尤其参见 p.177–184。
5. 我对这个地方以及这个地方的患者的了解更多地基于员工的观点和行为，而不是以家属（或患者）为导向的。这是由于医院员工总是在场；患者家属大多数时间不在场，而患者大多数都无法交流。因此我最大的信息来源就是工作人员的知识和实践。
6. 参见 Jean-Dominique Bauby, *The Diving Bell and the Butterfly*, New York: Knopf, 1997，来了解一个锁闭综合征患者非凡的回忆录。
7. 对这一点的详细阐述，见 Deborah R. Gordon, "Tenacious Assumptions in Western Medicine", in *Biomedicine Examined*, ed. M. Lock and D. Gordon, Boston: Kluwer, 1988, pp.19–56。
8. 根据西方社会和西方医学仍然主要假设的对精神和肉体的基本划分。
9. R. E. Cranford, and D. R.Smith, "Consciousness: The Most Critical Moral (constitutional) Standard for Human Personhood", *American Journal of Law and Medicine* 13, 1987, pp.233–248; Antonio Damasio, *The Feeling of What Happens. Body and Emotion in the Making of Consciousness*, New York: Harcourt, 1999.
10. Multi-Society Task Force on PVS, "Medical Aspects of the Persistent Vegetative State (Part I)", *New England Journal of Medicine* 330, 1994, pp.1499–1508. 这份声明得到了美国神经病学学会、美国神经病学协会、美国神经外科医生协会、儿童神经病学学会和美国儿科学会的理事机构的批准。
11. 同注释 10。
12. Marcia Angell, "After Quinlan: The Dilemma of the Persistent Vegetative State", *New England Journal of Medicine* 330, 1994, pp.1524–1525.
13. Multi-Society Task Force on PVS, "Medical Aspects", 1994, pp.1500–1502.
14. Raphael Cohen-Almagor, "Some Observations on Post-Coma Unawareness Patients and on Other Forms of Unconscious Patients: Policy Proposals", *Medicine and Law* 16, 1997, pp.451–471.
15. 没有人知道有多少处于持续性植物状态的患者住在医疗机构之外及住在自己家里。此外，由于缺乏公认的诊断标准，全国范围内持续性植物状态的普遍程度尚不明确。然而，据估计美国共有 10 000—25 000 成年人和 4 000—10 000 儿童处于持续性植物状态，他们居住在私人住所和各种机构中（Multi-Society Task Force on PVS 1994）。

请特别参见 Keith Andrews, “egetative State—Background and Ethics”, *Journal of the Royal Society of Medicine* 90, 1997, 593–596; D. Bates, “Persistent Vegetative State and Brain Stem Death”, *Current Opinion in Neurology* 10, 1997, pp.502–505; Adam Zeman, “Persistent Vegetative State”, *Lancet* 350, 1997,pp. 795–799。

16. Christian J. Borthwick, “The Permanent Vegetative State: Ethical Crux, Medical Fiction?” *Issues in Law & Medicine* 12, 1995, pp.167–185; Christian J. Borthwick, “The Proof of the Vegetable: A Commentary on Medical Futility”, *Journal of Medical Ethics* 21, 1996, pp.205–208; A.A.Howsepian, “The 1994 Multi-Society Task Force Consensus Statement on the Persistent Vegetative State: A Critical Analysis”, *Issues in Law & Medicine* 12, 1996, pp.3–29.
17. Kirk Payne et al., “Physicians’ Attitudes and the Care of Patients in the Persistent Vegetative State: A National Survey”, *Annals of Internal Medicine* 125, 1996, pp.104–110.
18. 同注释 17；Eric Cassell, “Clinical Incoherence about Persons: The Problem of the Persistent Vegetative State”, *Annals of Internal Medicine* 125, 1996, pp.146–147。
19. 关于“人”的观念和脑死亡观点之间关系的讨论，见 Margaret Lock, “On Dying Twice: Culture, Technology and the Determination of Death”, in *Living and Working with the New Medical Technologies*, ed. M. Lock, A. Young and A. Cambrosio, Cambridge: Cambridge University Press, 2000, pp.233–262。
20. D. A. Cusack, A. A. Sheikh, and J. L. Hyslop-Westrup, “‘Near PVS’: A New Medico-Legal Syndrome?” *Medicine, Science and the Law* 40, 2000, pp.133–142.
21. 同注释 20，p.140。
22. Cranford and Smith, “Consciousness”. 作者说“医学不能保持和维持健康，因为对一个处于持续性植物状态的患者根本没有健康可言，他们只有处于最原始的植物功能状态的生命……对于没有意识的患者，健康是一个空洞的概念”（p.242）。
23. Claude Levi-Strauss, *The Savage Mind*, Chicago: University of Chicago Press, 1966.
24. 特别参见 Robert N. Bellah et al., *Habits of the Heart*, Berkeley: University

of California Press,1985; Michel Foucault, *The Order of Things*, New York: Vintage, 1973; Michel Foucault, *Discipline and Punish*, New York: Vintage Books,1977; Anthony Giddens, *Modernity and Self-Identity*, Stanford: Stanford University Press, 1991; and Unni Wikan, "The Self in a World of Urgency and Necessity", *Ethos* 23, 1995, pp.259–285。

25. George Herbert Mead, *Mind, Self and Society*, Chicago: University of Chicago Press, 1934; Michel Foucault, *Order of Things*; Foucault, *The History of Sexuality,Vol. 1. An Introduction*, New York: Vintage Books,1980; Gordon, "Tenacious Assumptions".
26. Gordon, "Tenacious Assumptions", 40; Wikan, "Self in a World".
27. Charles Taylor, "The Person", in *The Category of the Person*, ed. Michael Carrithers, Steven Collins, and Steven Lukes, Cambridge: Cambridge University Press, 1985, pp.257–281; Charles Taylor, *Sources of the Self, The Making of Modern Identity*, Cambridge: Harvard University Press, 1989.
28. Sarah Franklin, *Embodied Progress*, London and New York: Routledge, 1997; Sarah Franklin. "Making Miracles: Scientific Progress and the Facts of Life", in *Reproducing Reproduction*, ed. Sarah Franklin and Helena Ragone, Philadelphia: University of Pennsylvania Press, 1998, pp.102–117; Gordon, "Tenacious Assumptions"; Sharon Kaufman, "Toward a Phenomenology of Boundaries in Medicine", *Medical Anthropology Quarterly* 2, 1988, pp.338–354.
29. Arthur Frank, *The Wounded Storyteller*, Chicago: University of Chicago Press, 1995.
30. 发绀的意思是“蓝色”。指的是由于血液含氧量过低而使皮肤呈现出的蓝色。
31. 有些研究指向“宗教信仰”和“种族身份”，似乎它们都是些可以单独影响或决定临终“决策”的独立变量，这些研究忽视了那些概念在任何个人的经历中的复杂性及其得以存在的方式之间的巨大差异。作为定义标签，“宗教信仰”和“种族身份”都无法捕捉或预测这些可变结构在人的一生中如何被感知，以及它们对特定医学“决策”的影响方式。
32. 关于现代学科的形成和主观性的产生的研究成果非常广泛。米歇尔·福柯、尼古拉斯·罗斯和查尔斯·泰勒（还有其他许多人）的著作为医学社会科学领域许多新近工作（包括我自己的工作）提供了基础，这些新近的工作主要针对“理解和对待人的实践活动”进行研究（Nikolas Rose, *Inventing Our Selves: Psychology, Power and Personhood*, Cambridge, U.K.: Cambridge University Press, 1998, p.23）。

33. 让家属在那个特定的时刻聚集，医院工作人员可能想要对患者家属施加压力、进行诱导或者提出建议，告诉他们，现在就是患者生命终止的恰当时机。
34. 我很感谢一位匿名评论者指出了这个不一致之处。
35. Elaine Scarry, *The Body in Pain*, New York: Oxford University Press, 1985.
36. 20 多年来，关于哪些要素构成医疗中无效治疗的辩论一直很激烈。对这一辩论最近的评论和综述，见 Ethics Committee of the Society of Critical Care Medicine, “Consensus statement of the society of critical care medicine’s ethics committee regarding futile and other possibly inadvisable treatments”, *Critical Care Medicine* 25, 1997, pp.887–891; and P. Helft, M. Siegler, and J. Lantos, “The rise and fall of the futility movement”, *New England Journal of Medicine* 343, 2000, pp.293–296。另见第七章注释 8。
37. Robert Veatch, *Death, Dying, and the Biological Revolution: Our Last Quest for Responsibility*, rev.ed., New Haven: Yale University Press, 1989, p.30.
38. 原书英文表述为“higher-brain”，与之对应的为“whole-brain”。据上下文，这里“higher-brain”应指高级脑组织，考虑到与“全脑”对应、比较，故译为“高脑”。——译者注
39. President’s Commission for the Study of Ethical Problems in Medicine and Biomedical and Behavioral Research, *Defining Death: A Report on the Medical, Legal and Ethical Issues in the Determination of Death*, Washington DC: Government Printing Office,1981. 该委员会是为了回应哈佛大学医学院特别委员会对脑死亡的定义而成立的。哈佛特别委员会的影响在第二章有过讨论。
40. Martin S. Pernick, “Back from the Grave: Recurring Controversies over Defining and Diagnosing Death in History,” in *Death: Beyond Whole-Brain Criteria*, ed., Richard M. Zaner, Boston: Kluwer, 1988, p.59; President’s Commission, *Defining Death: Medical, Legal, and Ethical Issues in the Determination of Death*, 尤其参见 pp.38–40。

    总统委员会提出的死亡定义并没有远离普通的临床实践、公众态度以及当时的法律理解。参见 Albert Jonsen, *The Birth of Bioethics*, New

York: Oxford University Press, 1998, p.243。

41. Veatch, *Death, Dying*, p.27；另见 Damasio, *Feeling of What Happens*。

42. Robert M. Veatch, "The Impending Collapse of the Whole-Brain Definition of Death", *Hastings Center Report* 23, 1993, pp.18–24; Stuart Youngner, "Brain Death: A Superficial and Fragile Consensus", *Archives of Neurology* 49, 1992, pp.570–572; S. Younger et al., "Brain Death and Organ Retrieval: A Cross Sectional Survey of Knowledge and Concept among Health Professionals", *Journal of the American Medical Association* 261, 1989, pp.2205–2210; Margaret Lock, *Twice Dead*, Berkeley: University of California Press, 2002.; Gary Greenberg, "As Good as Dead", *New Yorker Magazine*, August 13, 2001, pp.36–41.

43. Cranford and Smith, "Consciousness".

44. Katharine Young, *Presence in the Flesh*, Cambridge: Harvard University Press, 1997.

45. 失语症是指因大脑损伤造成的说话能力或者对口头和书面语言理解能力的丧失。

46. **缺氧**的意思是氧气含量过低。大脑缺氧通常是由于流向大脑的血液不足造成的。缺氧性脑损伤的一个典型原因是心脏骤停后耽误了复苏抢救——如果心脏停止跳动几分钟，血液就不会流向大脑。

47. Drew Leder, *The Absent Body*, Chicago: University of Chicago Press, 1990, p.161.

48. 最近关于深度失能背景下"有意义的生活"问题的讨论，参见 Harriet McBryde Johnson, "Should I have been killed at birth? The case for my life", *New York Times Magazine*, February 16, 2003, p.50. Johnson 的文章是对饱受争议的伦理学家彼得·辛格的作品的回应。

49. 人们忍不住会把社工提到的那扇机会的"窗户"与伦齐克先生纵身跳下的那扇窗户相比较。 她使用的窗户这一词是富有象征意义的。它暗示着，或许将会有一个时刻，家属在医院工作人员的支持下能够再次将他推出一扇（象征性的）窗户。

50. Jean-Paul Sartre, *The Transcendence of the Ego: An Existentialist Theory of Consciousness*, trans. Forrest Williams and Robert Kirkpatrick, New York: Farrar, Straus and Giroux, 1956.

51. 身为医生和哲学家的 Drew Leder 提醒我们，"同情"（compassion）一词

"来源于拉丁语中的 cum 和 patior 两个词，这两个词放在一起可以从字面上翻译为'一起遭受痛苦'"。我们在谈到我们认为正在受苦的人时才会提到同情。因此，同情别人就是要"通过认同移情过程进入别人的体验中去"。Leder, *Absent Body*, p.161。

52. Emmanuel Levinas, "Usclcss Suffering", in *The Provocation of Levinas*, ed. R. Bernasconi and D. Wood, London: Routledge, 1988, pp.156–167.
53. 哲学家 Ed Casey 提出，构成**人**和**人格**的那些属性可能在任何情境中都无法确切描述和理解。

第九章

形成中的文化

人类学家的一个任务是展示“文化”的运作方式。我已经努力展示了死亡是如何在美国医院中被文化塑造和安排的，为什么那里的常规死亡形式和公众对它们的担忧无法轻易消除，以及医院体系制造的紧张关系是如何影响医生、护士、患者和家属的。我一直关注的医疗体系内的每个人，无论是局内人还是局外人，都必须对医疗机构设置的限制和要求做出回应，还要对死亡能够并且正在以众多方式被带入生命这一困难的当代现实做出回应。

模糊地带是当代医院文化的道德和生物技术前沿，它的存在要求体系中的每个人仔细考虑最脆弱形式的***生命本身***的价值。我讲述的许多故事都呈现了这一全新的前沿领域，以及它所提出的要求的例证——多萝西·梅森死亡前在重症监护室里度过的 12 天，莫里森的家属拒绝“选择”死亡带来的残酷结局，诺曼·柯兰的痛苦和他子女的希望，以及辛西娅·格拉芙、杰克·卡特、凯西·刘易斯，还有沃尔特·科尔都被催促着推动他们自己的死亡，却不能为自己做出那个不同寻常又史无前例的选择。围绕着西尔维娅·佐藤的生命和保罗·伦齐克含糊不清的病情的责任和令人痛苦的策略，或许正是对形成中的医院文化最辛辣的揭示。这种形成中的文化就是日常医疗行为的不完美结果，通过医疗机构和技术催生的最脆弱的生命形式体现 318
出来。

这里的 27 个故事描绘了患者们在医院里的旅程，即他 / 它们

（既包括患者也包括他们的旅程）因为医院关于时间管理和技术使用的命令而成形，并通过创造人和价值的修辞策略被人理解的过程。我努力想通过他们的实例来展示死亡问题为什么会存在，并一直顽固无解。这一顽固性提出了两个发人深思的问题，每个问题都为实践改革和进一步的人类学探索提供了机会。

第一个问题是，医院体系是否有能力对变革的呼声做出回应，从而让***医院里的死亡不再被认为是一个难题***。根据我的研究，答案是，尽管医疗体系部分地对变革呼声做出了回应，但是，只要人们发现自己的处境是不得不在生命延续 / 死亡推迟程序和允许患者死亡之间作选择时，死亡“问题”就会一直存在。只要生命支持技术和不同治疗路径存在，它们就会被需要，被选择。医院体系的逻辑决定身处其中的每个人如何首先理解那些挽救生命治疗的“正确性”，然后理解允许死亡降临的“需要”。姑息治疗，如今作为许多社区和大学医院的制度化特征，是一种引入另一条治疗途径的尝试，这种途径不延长患者的死亡，不强调家属的“决策权”，也不鼓励医务人员持续使用抢救策略直至患者死亡。姑息疗法在患者医院旅程的较早阶段就承认死亡的不可避免性和恰当性，表明临床医学改变了以往认为死亡可以并且应该被无限期避免的立场。然而，就算姑息治疗实施者和支持者怀着最大的善意，这里还是存在着那个问题：在危重疾病或者绝症的哪个阶段，人们应该停止生命延续措施，走向死亡呢？什么时候是死亡降临的恰当时机呢？

如今，死亡的特点是在不同治疗程序中做出选择。很多事情必须要做。不同治疗路径，做决定的压力，以及定义患者、使死亡时机合理化的语言，这些都不是独立的实体。它们不能够靠个体参与者或者靠机构法令被轻易消除或改变。当代死亡问题的每一个特点都是在过

去半个世纪里以现在的样子出现的，并有着复杂的历史。医院内死亡 319
将会继续被当作一个难题，准确地说，是因为它得以形成的丝丝缕缕都深深植根于那段历史中，植根于一系列根深蒂固又相互关联的假想观点中，这些假想包括：即使死亡即将来临，临床医学和生物医学也有力量战胜疾病和衰老本身；自我决定权作为伦理框架及行动框架占有主导地位；以及医学的力量可以并且应该被用来回应作为人的患者的身份和需求。

在 SUPPORT 这一里程碑式的研究项目发表其最初调查结果 5 年后，项目调研人员及其他人员在其提供的反思中承认，SUPPORT 项目研究者们最初的关注目光投错了方向。[1] 研究的初始目标是通过促进危重患者和他们的医生之间更好地沟通，了解患者对治疗的偏好，从而来改善他们双方关于治疗的决策。研究者们希望患者们能够表达“他们想要什么”，而医生们能够听见患者的声音，并按照他们的愿望采取行动。调研人员根据医学、护理、法律和生命伦理学文献内容，想当然地认为，个人的决定驱动治疗选择，因此也决定治疗结果，认为一项旨在微调医院内部决策过程的研究将会带来所有人认为的“更好的”治疗。研究的干预阶段对医患对话的广度和深度、“决策过程”、医生的治疗模式没有产生任何影响，此外，也没有产生“更好的”死法，这时，更多关于危重患者医院内死亡和医疗实践的研究如洪水般涌现出来。

SUPPORT 项目最初的研究结果于 1995 年公之于众，在一定程度上，它们激发了我进行一项小规模的人类学调查，这也是本书的核心所在。我想要了解，为什么医院文化不受 SUPPORT 项目干预的影响，我从个体患者的医院旅程中，从家属和医务人员的角度和经历中，从那种文化固有的等待和事务推进中，以及那里存在的紧张情绪、政治策略和修辞辞令的广泛社会基础中搜寻答案。事实证明，我的发现类似于 SUPPORT 项目研究者们 5 年后在对他们自己的研究结
320 果进行回顾反思时提到的观点。[2] 但是除此之外，跟踪研究个体患者的治疗进程和病床边不同参与者的体验，这种研究策略让我看到了 SUPPORT 项目研究者们没有描述过的医疗体系的特征。

首先，我看到，面对患者死亡时，主导医院工作的是治疗路径的力量，这些治疗路径处在一个相互竞争的目标体系之中——这些目标包括时间的压力，死亡过程的缩短，以及生命支持本身的各种含糊歧义。患者和家属通常没有办法看清医院世界的结构，尽管他们身在其中。其次，我的研究揭示，推动事务进程的政治策略和被生命伦理学制度化的修辞手段决定了关于“患者想要什么”的知识，并被用来描述患者的状况，包括他或她的存活程度。重要的是，我发现关于尊严、痛苦和生活质量的修辞手段决定了我们看待濒危患者身份的方式。第三，死亡被带进生命的状态现在已经被正常化，成了意料中的事，且涉及甚广。正因如此，它独自站在官僚制度改革之外，挫败了几乎每个人的想象力及选择某种未来的能力。

医院文化的这些特征作为背景在“发挥作用”，并且以无形的方式发挥作用。当然，它们对于医院工作人员来说是“无形”的，因为他们都忙于临床护理和尽推动事务进程的各种责任。它们对于危重患者和忧心忡忡的家属来说也是无形的，因为他们紧张地做着关乎生死的决定，或者陷在痛苦的挣扎中，拼命分辨患者想要什么，他是否正遭受痛苦，是否已经遭受了足够的痛苦。我的任务是让那些独立于医院体系之外的人、那些在其中工作的人，以及那些经历医院的人都看到医院文化的这些特征。我认为，如果这些特征能够得到广泛的认

识，那么，这种认识就有可能导致行为的重组。

考虑到面对改革尝试，死亡问题依然会持续存在，那么，医院死亡文化*正在*如何发展，以及向哪个方向发展呢？对今天医院文化的理解会让我们期待什么样的未来呢？这就是死亡问题的顽固性提出的第二个发人深思的问题。医学提供并且支持一种观点，即通过科学发现及运用，以及纯粹的毅力，人类能够战胜疾病，并且事实上也能够战胜自然。在许多领域，人们对医学的最新干预有着极大的热情——从 321
生殖技术到人工脏器，到基因疗法，到癌症、阿尔茨海默病、艾滋病及心脏病的治疗。事实上，生物科学和它们的临床应用似乎表明，对于许多绝症和晚期疾病，甚至对衰老本身的解决办法*可能*马上就要到来了。这种对最佳健康和长寿的追求与对实验性治疗，甚至对濒危患者的实验性治疗的广泛社会支持相结合，这些发展一起使人们对死亡将不可避免的到来这一点的基本接受和准备化为泡影。

自从 20 世纪 80 年代以来，关于衰老的生物学机制，细胞、组织和器官再生的生物医学研究呈爆炸式涌现。干预自然过程的生物技术正塑造着对于*衰老*是什么，什么构成细胞、组织和整个机体的*正常*衰老，以及如何评估*老年*问题的社会和科学理解。这一领域研究的最终目的是理解生物学衰老的基本机制，同时挫败或治愈晚年发生的疾病，例如，对端粒酶（即阻止细胞衰老的酶）和干细胞的研究以及克隆技术（可能会带来特定组织和器官的生长或对其的修复）。快速增加的人类基因组的知识，加上组织工程、药物生物工程的进步和通过基因控制细胞衰老的能力都助长了社会对医疗的期望，期望医疗能够改善健康，消除疾病，持续不断地延迟死亡。这种新的知识还引起了公众对临床应用基因技术“治愈”或者改变*自然*衰老的强烈兴趣。[3]

医学对治愈和稳定疾病的关注与近来对提高生活质量的关注之间的界限越来越模糊。随着它们对***生命本身***（而不是疾病）的分子过程的持续研究，以及对身体功能的干预和控制，今天的生物技术正在开创一种全新的医学类型。这种被一些人称为再生医学的新型医学被认为是部分治疗、部分预防、部分实验性的科学，它把人体——尤其是老年人体——同时看作一个患病的实体，一个修复的场所和一个改善
322 的空间。[4] 尽管它们现在还没有得到直接应用，将来，生物技术干预将会涉足关于生命延续，甚至是老年人生命延续的临床决策。它们已经助长了那种盛行的，尽管是错误的观点，认为人类的衰老，以及随之而来的虚弱，可以被消除或者被逆转。[5]

20 世纪，改善的生活条件和对传染病的治疗使得大多数美国人活到足够大的年纪，然后患上心血管疾病、癌症，出现退化性情况。20 世纪晚期和 21 世纪早期外科技术、药物和植入式装置的发现、发明和应用将会持续影响那些迟发性疾病，为那些能够获得最新治疗的人将死亡推向更远的将来。越来越大数量和比例的老年患者已经成为延长生命的医疗和外科技术的受益人。其中最广为人知的事例就是冠状动脉搭桥手术，这一手术对于 80 多岁的人来说是司空见惯的，对 90 多岁的人来说也算不上不同寻常。这一程序，连同一系列其他干预措施扩展了住院患者、非住院患者、家属和医生们已经接触过的常规的、安全的、被预期的生命延长手段的选项列表。因此，“选择死亡”变成了一个更加艰巨的挑战，仅仅因为避免死亡不再是一件了不起的事情，即使对老年人来说也是如此。

生物医学的成功形成并支持着我们关于***自然的***老年的观点。我们所生活的时代，既可以通过医疗技术（例如，降低血压、调节胆固醇

的药物，心脏手术，癌症治疗，器官移植）进行常规的、毫无疑问的生命延长治疗，也可以通过众多广受欢迎的干预手段改善调节生活质量（例如，特制药品，激素替代，髋关节和膝关节置换，白内障手术，整容手术）。具有讽刺意味的是，在这样的时代，人们却同时大声疾呼一种即使不能完全不用，也要尽量少用医疗干预的死亡方式。今天，***自然***死亡只是一种抽象的文化理想，在很大程度上被理解为一种在道德上或多或少中立的事件，不受技术干扰的影响。[6] 在一个对医疗干预需求永无止境的社会中，这种愿景变得越来越难以维持。这些需求出现在生活的更多领域，出现在身体更多的重要过程中，出现在越来越大的年龄层上——以求实现更好的健康、长寿和“最佳幸福状态”。 323

我们对于人类生命***自然状态***的理解，包括我们对疾病、衰老以及死亡的反应方式一直在被改造着，生死之间的模糊地带提供了一个最显著的实例，展现了在美国社会中，医疗科学和实践如何制造了现代的***自然状态***。要了解这一术语如今是如何被利用的，我们只要看一下正在进行的、围绕着应该如何“对待”自然的辩论中所使用的策略就行了——这些辩论有关于转基因食品，关于使用药物改变情绪、性能力或者体力，关于选择对某种胎儿进行流产，关于选择精子来得到某种特定的孩子，关于分离干细胞和胚胎用作科学实验，关于实验室复制 DNA，关于对人体组织进行综合改造以供移植，或者关于掠夺地球的地质和生物资源为少数精英分子谋取商业利益。[7] 自然是“一个具有漫长而又复杂文化历史的人类概念”[8]，从来都是与关乎命运和人类能动性的文化价值观，与身体在生死中的用途，以及包括人类在内的事物根本的内在品质纠缠在一起的。

在常规医疗实践和技术交汇的地方，***自然***可能以最赤裸裸的方式被揭示为一种文化建构。靠技术辅助的人类生殖，脑死亡者温暖并呼吸着的身体，移植器官和移植受体，以及被维持在长期昏迷状态的人们，这些都展示了***自然***和自然体在临床实践中是多么具有可塑性。这些混合形式展现了***文化和自然***不确定的最新体现形式；它们颠覆并重新定义了对***自然***的理解，使之包含各种支持它们发展与使用的文化发明，尤其是生物医学技术和社会经济结构。

人类学家玛丽莲·斯特拉森恰当地把当代形势定义为“当没有文化干预，大自然无法存在时，自然和文化差异的概念性崩溃”。[9] 因此脑死亡及持续性植物状态，举个例子，可以说代表了自然的新特征，靠临床（亦即文化）实践而成为现实并得以维持。脑死亡通过把死亡仅仅定位在大脑，重新定义了生命停止的生物学概念（那种生物学概
324 念我们已经理解了 100 多年）。持续性植物状态标志着一种新的生命形式——长期存在，通过技术得以正常化，没有（个体）主观性。持续性植物状态作为一个知识类别，把传统的生死概念从自然领域里抢夺出来，并将之安放在一个全新的***文化***位置上，在这个位置上，本来***自然的***东西必须小心严格地加以维护。本书所描述的那个模糊地带的所有形式都揭示了文化 / 自然之间模糊的界限，以及广泛推定的文化 / 自然二分法的消亡对患者、家属和医疗专业人员产生的多重效应。

在医院里，什么是***自然的***这一问题是可谈判协商的，而这一事实或许就是现代医院实践最根本的特征。我讲述的那些关于患者、家属和工作人员医疗旅程的故事揭露了那种谈判的一些普通形式。杰克·卡特，带着一颗“死去”的心脏被维持在重症监护室里；辛西娅·格拉芙腐坏的身体；伊芙琳·巴克，活着却“不在了”；西尔维娅·佐藤，“活着”却只能依赖呼吸机……这些患者以及其他患者的

医院旅程显示，生死之间的模糊地带是一种新的景观，在那里，自然必须通过文化得到维持，只为让***生命本身***存活下去。

自然“不存在于我们自己的发展中”[10]，被看作是与人和社会分离的，这一自然概念有一个基础功能。它为知识和事实提供一个情境，因此它也是一种道德要求，塑造人们对现实的认识，并证明做事方式的合理性。当自然不再被看作自然的，当它被看作生活和文化建构，它就不能再为好的或者正确的生活提供道德基础。[11]它不再能够作为指导概念与人类分离，不能将人类活动定位于其中，也不能按照它来比较和评估人类行为。不再存在做事情的自然方式。事物也不再有一个根本的、远离人类的本质。当自主性的愿景被炸毁，就像在医院里发生的那样，死亡进入了临床和官僚控制范围，维系道德观念的重要基础就被移除了。

在医院里，生物技术创造的条件和体制提供的选项决定了选择。在这里，另外一种旧观点也被颠覆了[12]，即人类生命有其自然极限。难怪选择变成了一种困境，让那些面临和治疗患者非自然化却被正常
化的身体的人进退两难，这些患者要么处于昏迷中，或者在重症监护 325
室里靠技术支持，或者处于疾病晚期只能被延缓却无法逆转，抑或是“生命火花”和“人格”的精髓已不复存在。在这种情况下，***选择***代替了***自然***，[13]但它是一种特定的道德选择：患者作为一个人的价值、潜能、痛苦、脆弱的***生命***都必须与死亡的舒适性和终结性相互平衡。在支持活死人状态的医院科室里做选择是如此之难（事实上，有时候无法作选择），这足以证明在一个自然作为强大道德仲裁者已经消失的世界里，道德准则也就不复存在了。自然已经被选择的权利和义务，被诉讼的阴影，被控制的欲望，被时间的压力，被疾病和***死亡***的量化，被关于无效性的辩论所取代。

死亡已经进入了选择范畴，如今，我们无法逃避地从控制力、质量和及时性角度来看待死亡。技术和官僚制度扩展了选择的范围，但只是以我们已经看到的那些特定的方式。个人主义的修辞辞令使选择变得既有价值又必不可少。我努力向读者显示，医院体系如何组织和限制我们的选择过程，从而造就特定的死亡方式和特定的活死人形式。对我们所有人来说，这种文化形成过程中存在的危险是我们参与的这种被正常化、被自然化的事务次序的特征：围绕着官僚政治的潜在力量来组织死亡，从而以越来越多的方式将死亡带进生命，身体具有（几乎）无限的可塑性和可维持性，众多的修辞手段使我们能够把作为完整的人的患者要么看作活着，要么看作即将死亡。

我认为，只有通过广泛承认我们自己参与的——并且认可的——当代事物秩序被自然化的过程，变革才有可能实现。死亡文化不会一成不变。它，和所有文化形式一样，将会形塑现代社会的其他特征，并被其他特征渗透、影响，这其中的一个重要特征就是，我们下一步
326 要为之奋斗的关乎生命终点的政治策略和伦理道德。

注释

1. Joanne Lynn et al., “Rethinking Fundamental Assumptions: SUPPORT’s Implications for Future Reform”, *Journal of the American Geriatrics Society* 48, 2000, S214–221.
2. SUPPORT 研究项目在第一章中就做了介绍。在他们五年后的反思中，研究者们意识到，首先，引导住院患者医疗过程的不是个人“偏好”或者共同的决策，而是机构的模式和日常规范，以及当地特有的医疗保健体系中提供健康服务的安排。第二，在面临死亡危险时，许多患者不会或者不能发表关于“他们想要什么”具体治疗手段的“偏好”。一些确实表明偏好某些特定治疗的患者后来又改变了主意。重要的是，患者和家属

都无法想象出特定症状未来会出现的下一种特定状况，并评估在那些症状下“生”和“死”哪个更好些，然后在生与死之间做出选择。研究者们发现，患者和家属都不想担负这种决策责任，他们“常常会推迟或逃避选择”，或者他们只是简单地按照通常的医院惯例去做。此外，患者和医疗提供者都不想谈论死亡，事实上，死亡在大多数情况下都不会被讨论，造成的一个结果就是放弃心肺复苏指令直到患者死亡前不久才会被写入病历。第三，也是最具讽刺意味的是，鉴于对患者“决策权”的极度重视，研究者们发现，住院患者的实际选择范围受到了极大限制；事实上，患者的选择范围只限于对放弃心肺复苏指令的时机选择了。最后，“按照他们——或者其他任何人——认为接受死亡并在家里接受治疗是恰当的这种意义，参与研究的大多数患者都不能被归类为***濒危患者***，相反，他们被认为，如果治疗成功的话，有很大的机会离开医院并在一段时间里维持良好状态。”参与研究的患者中大多数人都有不确定的诊断结果，“病情足够严重，面临死亡危险，但状况又足够好，经过恰当治疗有存活更久的希望”（同注释 2，p.S218）。

3. Titia de Lange, “Telomeres and Senescence: Ending the Debate”, *Science* 279, 1998, pp.334–335; Andrew Pollack, “The Promise of Selling Stem Cells”, *New York Times*, August 26, 2001, sec 3, p.1; Richard A. Miller, “Extending Life: Scientific Prospects and Political Obstacles”, *The Milbank Quarterly* 8, 2002, pp.155–174. 关于遗传科学对衰老的（潜在）影响的流行书籍，见 Stephen S. Hall, *Merchants of Immortality: Chasing the Dream of Human Life Extension*, Boston: Houghton Miflin Company,2003; and Nicholas Wade, *Life Script: How the Human Genome Discoveries Will Transform Medicine and Enhance Your Health*, New York: Simon & Schuster, 2001。
4. Sherwin Nuland, “Medicine Isn’t just for the Sick Anymore”, *New York Times*, May 10, 1998, Week in Review, 1; Thomas B. Okarma, “Symposium, Human Primordial Stem Cells”, *Hastings Center Report*, March-April 1999, p.30; Lisa Sowle Cahill, “The New Biotech World Order”, *Hastings Center Report*, March-April 1999, pp.45–48; President’s Council on Bioethics, *Beyond Therapy: Biotechnology and the Pursuit of Happiness*, October 2003, http: // www.bioethics.gov/reports/beyond therapy; Carl Elliot, *Better than Well: American Medicine meets the American Dream*, New York: Norton,2003.
5. R.N. Butler, et al., “Is there an antiaging medicine?” *Journal of Gerontology:*

Biological Sciences 57A, 2002, pp.B333–338; S. Jay Olshansky and Bruce A. Carnes, *The quest for immortality: Science at the frontiers of aging*, New York: Norton,2001. 但是请参见 Aubrey D.N.J. DeGrey et al., “Time to Talk SENS: Critiquing the Immutability of Human Aging”, *Annals of the New York Academy of Sciences* 959, 2002, pp.452–462 来了解关于“逆转”衰老的启发性讨论。

6. Nancy Johnson et al., “Towards a ‘Good’ Death: End-of-Life Narratives Constructed in an Intensive Care Unit”, *Culture, Medicine and Psychiatry* 24, 2000, pp.275–295.
7. 除了治疗目的之外，对人体“正常的”和“自然的”运行进行干预的政策的最新事例是总统生命伦理委员会（the President’s Council on Bioethics）的报告。
8. William Cronon, ed. *Uncommon Ground: Rethinking the Human Place in Nature*, New York: Norton, 1996, p.20. 自然被认为既是我们的一部分，又与我们分离，我们对自然的描述和理解都与关于上帝、命运、人类能动性、文化、社会、科学和身体的概念联系在一起。参见 Peter Coates, *Nature: Western attitudes since ancient times*, Berkeley: University of California Press,1998; Bill McKibben, *The End of Nature*, New York: Random House,1989; and Carolyn Merchant, *The Death of Nature*, New York: HarperCollins,1990。
9. Marilyn Strathern, *After Nature*, Cambridge: Cambridge University Press, 1992, p.174.
10. Cronon, *Uncommon Ground*, p.34.
11. Strathern, *After Nature*; Phil Macnaughten and John Urry, *Contested Natures*, London: Sage, 1998, p.30.
12. 在其他临床领域（如辅助生殖）和新的基因科学中，它也同样被移除了。
13. Sarah Franklin, *Embodied Progress*, London and New York: Routledge, 1997, p.166.

附录A

关于本研究的说明

人类学实践

1994年，我参加了加利福尼亚大学欧文分校人文研究所一个关于死亡的多学科工作组。那里的几位同事提议说，让一位人类学者来研究患者如何在医院里死亡，更笼统地说，研究患者走到生命终点时医院里都发生了什么，是非常重要的。他们为这个研究项目播下了种子，这个项目是关于医院死亡的民族志，同时也是一篇报告，一次文化探索和解读。民族志作为一种文献形式，在人类学领域以外少有人了解，除了晦涩难懂，它还是不断变化的。当然，在我自己的人类学研究生涯中，民族志的构成发生了巨大变化。人类学家克利福德·格尔茨简洁地把民族志描述为一种“在场”的记录，旨在确立对事物现状的权威，并（根据最新发展）承认人类学接触的主观性领域。[1]格尔茨指出，民族志看上去总是“有些像实验室报告，但至少也同样类似于浪漫小说”[2]，这就很难向社会科学和人文科学之外的人描述和定义它们。在它们现代的具体形式中，民族志看上去可能部分像调查性新闻报道、哲学沉思录、文学批评、传记以及/或者回忆录。

从传统角度说，民族志的基础是去过某地，并在那里度过大量时间，在尽可能大的程度上，浸润在当地社区的语言和日常生活中，以描述和归纳人类学者在那里接触的文化知识和社会实践的各种特征为目的。今天，人类学者通常仍然会去一个特定的地方（或者多个地方），但是他们也会寻找位于别处和任何地方的个人、机构、社会潮流、各种知识和事件，只要其与自己的研究项目有关联，通过这种方法来补充他们在当地了解到的信息。他们可能也会“去”非物质性的地方（报纸、小说、互联网、科学杂志、政府报告、档案馆）寻找与
327 文化研究对象有某种概念关系的信息。因此，人类学者现在会利用一个被扩展的领域，因为许多当代研究对象并不只位于一个地方，也不是只在一个地方才能接触到。研究对象——诸如科学家的行为、医患关系、生物医学技术的社会影响、关于生死的讨论、新的生命形式、新的家庭形式、围绕生殖和生命延续实践混乱的伦理道德——都“位于”许多种地方。因此无论是研究对象还是细致入微的人类学者都无法完全理解这些同样经历着快速变化的主题。[3]

民族志是书面报告，是故事，是对人类学者观察到的及研究领域里发生的事情如何和为什么发生，以及是对人们说的和做的事情的解释。然而，民族志不是任何实证主义或字面意义上的“真理”，因此，民族志不是“真实的”。它们不是现实事件、人、关系或者行为的精确刻画，也无意做这种精确刻画。相反，它们是对社会现象个人的、有见识的陈述，经过了人类学者主观的和个人经历的解释和过滤。因此，民族志是“部分性真理”[4]，是根据人类学者的经历和研究项目的目标从概念上塑造、从主题角度进行组织安排的。

本书的研究是在医疗机构内部，针对死亡是如何发生的这一主题，通过观察、对话和采访来进行的。我所在的地方具有鲜明的文化特征，我在那里待了数年，和内部人员交谈，（在可能的程度上）参与了那里的日常工作，我也尽我所能了解了我希望调查的社会实践。我的研究反映了人类学者所从事的传统工作。然而，我的研究还涉及对死亡“问题”广泛的、具有独特美国特色的讨论，美国医疗保健服

务系统断裂的本质特征，以及那些现在与死亡相关的医院实践的社会文化及政治根源。因此，我的研究涉及更广泛的“领域”，也是我调查的更大目标，位于医院围墙之外，存在于医疗保健体系及其组织结构中，存在于支持个人主义和生物医学进步的那些强大又根深蒂固的价值观和传统中，也存在于那些构成病床边理所当然的日常医疗活动中。因此，我调查的目标既是明确界定的，也是开放性的。我努力去理解医院工作人员的工作以及死亡被制造的方式，我也想要描述治疗路径、事务进程、等待、医院里的时间安排，以及患者的病情为什么以特定的方式被安排策划。

人类学调查研究的传统起点是试图从“本地人的角度”来理解这个世界。[5] 最近，人类学研究也转向了社会生活中那些新兴的、紧急的事物（例如，人们对用生物医学干预手段开启那些“风险”的文化反应，基因知识的影响，医院、诊所或者科学实验室之间的经济和结 328
构安排，艾滋病研究的政策等）。民族志基于对日常和普通事物的关注，这些日常和普通事物指的是社会生活的组织，各种关系的结构，对事物的共同理解，以及个体行为得以发生的道德世界中所共有的东西。无论是传统的还是新兴的人类学研究都不验证各种假设，也不提供一种因果模式。调查结果不是通过对特定的、脱离了背景的离散变量清晰明确的陈述，而是通过对日常和普通事物的具体描述，通过对社会过程和变化进行解释而获得的。重要的是，调查结果取决于人类学者如何理解调查主题对研究对象的意义，以及这些意义如何随着时间而改变。

通过人类学实地调查，数据得以收集，一个由行为者、行为、机构、权力关系和道德立场组成的社会世界得以被理解。人类学实地调查把人类学者进行社会分析的方法与其他行业使用的方法区别开来。

它与社会和行为科学使用的方法论之间的区别在于，它既是一种收集信息的技术手段，也是一种解释问题的视角。实地调查是种劳动密集型工作。它通常需要长期全职或广泛参与被研究的群体、个人、机构、事件或社会现象。

信息主要以现场记录的形式进行收集，而这些现场记录又混杂了日记，观察笔记，对背景、人、活动的描述，理论性和方法论方面的思考，面谈记录，对话及对它们的反思，以及探索各种事物对“本地人”和人类学者的意义。现场记录可以通过其他信息收集手段得到补充，如民意调查、人口普查数据、问卷调查、档案材料，以及任何似乎与理解研究主题相关的方式，从媒体报道到流行文化，从文学到科学不一而足。不存在收集人类学信息的单一方法，也没有规定的脚本或技术来规定多少信息或者什么样的信息是必要的和重要的。

实地调查经验和人类学事业不仅是由计划决定的，也是由偶然和意外塑造的。在现场，特定的事件、过程、人或者调查路线总是比其他事物更能引起人探索的兴趣；数据的某些特定特征，或者现场调查经验的某些特征，似乎对手头研究的主题更加重要。因此，人类学者必须选择如何分配他的时间，以及哪些主题、事件或场所值得详细关注。无论研究目标是什么，随着人类学者在现场所花时间的增加，它常常会发生改变，或者扩大范围。当我开始进行这个研究项目时，我没有预见到，我大约一半的时间会花在观察重症监护室里的活动上。我当时也不知道那个收治长期依赖呼吸机患者的专门病
329 房的存在。但是，参与了许多医院病房的日常工作后，我发现，关于延续生命的两难境地与公众对死亡问题的讨论在这些地方表现得尤为突出。

书面文本是一种媒介，通过它，民族志可以将实地调查实践与时

间的重构和文化世界的再现结合起来。[6] 格尔茨（连同其他人）仔细研究过文化再现的复杂环境，并总结了当代人类学的核心张力——这种张力产生的原因是一种（从 20 世纪 60 年代开始的）转变，即从假设可能存在某种客观性转而明确表示文学过程对理解文化现象的影响。他强调“从大体上为自传式的经历中创建明显的科学式文本”[7] 的困难性。他指出，如今这一领域的一个挑战是要创造出一种作品，“它既是一种亲切的观点，又是一种冷静的评估”，亲密性和客观性之间张力的一种平衡，或者对二者的推测。[8] 如今的人类学还面临着额外的挑战，尤其是人类学者和研究对象二者都受到超越任何划定“领域”的社会变革的影响。[9]

民族志同时也被政治所协调和驱动，人类学者一直处在与研究对象群体和个人的权力关系中。那些关系常常决定着人类学者接近人、文件、信息和幕后活动的程度，那些关系还影响着见证和解释现象的方法，以及民族志的目的。人类学者的阶级、种族和文化背景、年龄、教育经历和自我理解，正如人类学者选择参与的积极程度一样，也都对人类学事业产生影响。人类学者的政治身份和活跃程度都在塑造文化阐述方面发挥着重要作用。

因此，人类学实践不是直截了当的。一个动机明确的人类学者会去体验文化世界、权力结构、个人生活，并决定描绘哪些实践活动、哪些信息、哪些场景以及忽略哪些，决定哪种细节应该被强调，使用哪种写作风格和惯例，谁应该发声，谁应该发声最长久，在哪里寻找，以及如何表达意义。如今的民族志从对所有这些问题的高度意识中获得信息，人类学者们努力参与，然后用创新的方式描述他们自己的现场经历和他们的“数据”；同时，又保留人类学传统上某些特定的概念、方法和敏感性。

研究的进展情况

本书所依据的人类学研究得到了两个阶段的资助。国家老龄化研究所（the National Institute on Aging）支持了从1997—2000年第
330 一阶段的研究，国家护理研究所（the National Institute on Nursing Research）支持了从1999—2003年第二阶段的研究。在研究项目得到资助之前，我花了一年时间非正式地会见了不同医院的医生和护士，与他们讨论研究围绕死亡的医疗实践的可能性。我选择了三家社区医院作为我的研究场所，在每家医院，我都与对研究项目极有兴趣的工作人员取得了联系；这几家医院所服务的人群覆盖了多元化的民族、社会阶层以及医疗保险范围（包括没有医保的情况）。本研究项目的所有观察都未曾在加州大学任何一个教学医院中展开。

本研究得到了加州大学旧金山分校机构审查委员会（以人为研究对象）的批准，也得到了我开展观察和走访的三家医院的许可。我最初的工作是结识成人医疗科室的医生、护士和社工，并向他们解释我想跟随他们的日常工作，旁听员工和医疗团队会议，从他们那里了解哪些患者患有绝症，可能会死亡。在医生、护士或社工向他们解释一位人类学者在医院里研究绝症患者、决策过程以及患者和家属对住院治疗的反馈之前，我从未擅自接近任何患者或家属。当每一个个人同意与我见面后，我总是安排医院工作人员亲自对我进行介绍。

整个1997年，然后从1999年中到2000年中，我每周花费大约30小时待在医院里，收集构成本书核心的那些数据。我总是随身携带笔记本，把我见到的和听到的大部分情况记录下来。每天好几次，

我把自己关在自助餐厅的后面或者空着的家属候诊室里，在我的笔记本电脑里填充我能记得的尽可能多的细节。我逐字记录（在可能的程度上）家属与医院工作人员会面时以及治疗团队会议上的书面笔记。在得到许可的情况下，我在同医生、护士、社工、其他工作人员以及患者和家属进行一对一会谈时使用过录音机。那些对话发生在医生办公室、护士办公室、午餐室、医院自助餐厅或者医院里的安静处所，后来被逐字转录成了文字。

从 1996 年一直到 2003 年，我在自己的大学和 3 家医院里参加过医学查房、伦理会议，以及与本项目广泛相关的主题讲座。在医院之外，我经常与医生、护士、社工、医学专业学生、护理专业学生、以前的住院患者，以及亲属死在医院里的人们进行非正式交谈。无论走到哪里，当我一提到我的研究主题，人们就开始给我讲述他们自己与医院内死亡相关的故事。我也广泛阅读与本书主题相关的医学、护理、生命伦理学方面的文献资料，并利用人类学、社会学和历史文献获取更多关于现场调查、医疗、护理、护理院、患者、死亡、衰老、生物医学与技术、伦理道德、理性和情感的 331
信息。

本研究项目基于医学人类学的两个具体理论。第一个理论指出，医疗实践和对它的各种不同反应都是社会事业，植根于各种各样的文化活动并受其影响；第二个理论认为，医学——作为艺术、科学和官僚形式——如今是一种最强大的框架结构，用来理解身体、理解人、理解死亡，最重要的是用来理解该怎么办。

保密性

我已尽最大努力保持我进行这项研究的医院的匿名状态，也对我会见过的患者和家属的身份进行了保密。为了这一目的，书中所有名字都为假名；我已经删除或者更改了可能泄露个人身份的识别性特征；我没有透露各家医院的名称。在一些情况下，我更改了医疗专业人员或患者家属的性别。在一个病例中，我改变了患者的性别。然而，需要指出的重点是，这里描述的人，没有一个是“合成的”角色，这是人类学者为保持匿名性而经常采用的策略。

实事求是的陈述

没有人能够精确地描述实时发生的一个事件的众多层次，我不得不对描述哪些患者的故事，突出每个故事的哪些细节进行选择。鉴于这一解释，这里描绘的所有事件据我的了解都是准确的，[10] 所有的引述都是以录音对话或者我的逐字笔记为依据的。

我所观察到的，我在本书中所描述的，没有一件事超出了人们认为的普通事件的范围。我没有观察过，因此也没有报道任何不合法或者极度不寻常的事件。在我进行观察的几年里，我从未遇到任何一起严重的医疗事故或者渎职事件，也没有见到任何能够被视为渎职的行为。本书的一个目的是让医院大门后面平常发生的事情——那些平凡的、日常的、常规的和标准的行为——引起大众更广泛的关注。因此，从我成百上千页记录中选取了那些能够代表发生在许多美国医院里的事例，来展示患者身上会发生什么情况，事情是如何进展的，如何做决定或者不做决定，医疗体系如何运作，以及医院工作人员和家属都说些什么。许多医疗专业人员会从中认出他们自己医院运转的方式以及他们自己那些模棱两可的实践活动和感受。
332 许多家属也会发现那些呼应他们自己关于住院治疗以及死亡经历的故事。

注释

1. 可能算是美国当今顶级资深人类学家的克利福德·格尔茨写道："人类学家使我们认真对待其论述的能力与真实的表面上的或者概念上的精确没有太大的关系，而与他们使我们信服其所说的是他们实际渗透（或者，如果你喜欢的话，也可以说被渗透）进了另一种形式的生活，以这种或那种方式真正'到过那里'（been there）的结果的能力相关。"（Clifford Geertz, *Works and Lives: The Anthropologist as Author*, Stanford: Stanford University Press, 1988, pp.4–5）
2. 同注释 1，p.8.
3. George E. Marcus, *Ethnography through Thick and Thin*, Princeton: Princeton University Press, 1998; Paul Rabinow, *Essays on the Anthropology of Reason*, Princeton: Princeton University Press, 1996. 另见 Akhil Gupta and James Ferguson, ed. *Anthropological Locations: Boundaries and Grounds of a Field Science*, Berkeley: University of California Press, 1997。
4. James Clifford, "Introduction: Partial Truths", in *Writing Culture*, ed. James Clifford and George E. Marcus, Berkeley: University of California Press, 1986, pp.1–26.
5. Clifford Geertz, *The Interpretation of Cultures*, New York: Basic Books, 1973.
6. John Van Mannen, *Tales of the Field: On writing ethnography*, Chicago: University of Chicago Press, 1988; Clifford and Marcus, *Writing Culture*; Ruth Behar and Deborah A. Gordon, eds. *Women Writing Culture*, Berkeley: University of California Press, 1995; Marcus, *Ethnography through Thick and Thin.*
7. Geertz, *Works and Lives*, p.10.
8. 同注释 7，p.15。
9. Marcus, "The Uses of Complicity in the Changing Mise-en-Scene of Anthropological Fieldwork", Chapter 4 in *Anthropology Through Thick and Thin*, p.118.
10. 心理治疗师、小说家、民族志新手 Amy Bloom 在反思她如何为自己的书 *Normal: Transsexual CEOs, Crossdressing Cops, and Hermaphrodites with Attitude*（New York: Random House, 2002）进行研究时，捕捉到了"部分真相"的人类学含义，以及细节被准确描绘的方式。她说："我选择了和

谁交谈，引述谁的话，描写谁，忽略谁。而他们选择我们在哪里见面，他们说些什么，把我介绍给谁，向我展示哪些照片、伤疤和文章。我想说实话，他们也一样，而当我们对要说出来的真相不加选择的话就不可能做到实话实说，那样简直就等同于说谎。”（*New York Times*, November 18, 2002, B1）

一位读过本书某个章节早期版本的医生对我说：“你知道，莎伦，你并没有完全弄错事实。但是你让事情脱离了发生的背景，扭曲了事情真相。”

附录B

关于多样性的说明

尽管种族、民族和文化多样性的其他方面在关于医疗服务的任何研究中仍然是非常重要的考虑因素，但是它们并不是——无论单个来讲还是加在一起——影响死亡如何产生的最主要因素，甚至连一个主要因素都算不上。我观察到的多样性元素在形塑死亡方面所起的作用进一步支持了我的一个最重要的发现：影响死亡如何产生的是医院体系本身的结构，连同医院工作人员实践活动的政治策略，而不是任何别的事物。毫无疑问，一个人的身份和政治身份塑造他在世界中的行为方式，尤其是在面临关键性选择情况下的行为方式。然而，身份标签，特别是这一标签的赋予者不是行为人自己时，从来都不代表引发某些特定行为的单方面的、决定性的“诱因”。这一点在患者生命垂危的医院里，当医院体系的组织特征如此有力地影响事件发展时尤其明显。在我观察了数百名住院患者，并跟踪他们当中100多人的住院经历时，我发现患者病历中罗列的，或者医院工作人员告诉我的，患者的民族身份和宗教信仰都不具有预见性。它们都没有预示患者或者他们的家属对选择停止生命延续治疗的抵触和拒绝；它们也没有暗示，患者对至死接受侵袭性治疗的渴望程度，或者停止激进干预手段的意愿。英语的流利程度、社会阶层或者对美国医疗服务文化的内幕消息，这些因素本身也都不能很好地预见患者或家属“想要”什么。所有这些“标签”中，没有一个描述了独特个体的价值观和动机，而我观察的正是一个个独特的个体。

例如，那些认为自己“有坚定信仰的”人有时候想要让生命尽可能延续；有时候，当他们意识到不可能康复时，又想停止各种治疗。那些认为自己或者生病的亲人是“离经叛道很多年的天主教徒”，有
333 时候在死亡将近时也想让神父到病床边探视；“不遵行教规的”犹太人有时候希望在他们垂危的亲人床边举行宗教仪式。受过高等教育的专业人士，受过教育和没受过教育的公民，老一代移民和新移民都一样，有时候想要生命支持手段持续到超过医院工作人员认为恰当的时间。有一件事情是可预测的：来自各行各业的人们都抵制做不可能的选择。

在美国，现在人们在获得医疗服务、接受治疗、健康结果及预期寿命方面所存在的种族和民族差异都有了详细记录，同样被详细记录在案的还有一个事实，即种族主义被制度化了，穷人只能接受更少和更低质量的医疗服务。[1] 此外，在过去 10 年间，无数研究都支持如下观点：在人们（无论是健康的还是患有绝症的）声称希望接受的生命支持手段方面，尤其是“临终决策权”的相对重要性方面，存在着民族差异性，有时是非常重大的差异。[2] 但是，至少有一项描述 4 个不同民族群体（欧裔美国人、非裔美国人、中国移民和拉美移民）临终选择的比较研究显示，所有的群体中，一些人想要控制医疗决策权，一些人更倾向把决策权交给医疗专业人员。[3]

本书并不是要研究多样性本身如何影响人们在死亡临近时对美国医院行为的反应。我没有集中精力去关注患者和家属的民族、阶级或宗教信仰差异如何影响他们对事件的解读或他们的医疗选择。按照种族或民族群落识别研究对象是非常不可靠的，社会科学的大量研究显示，当那些分类被用来解释选择或行为时都是有问题的。[4] 作为一个整体，美国的人口比以往更具有民族多样性。人口中 20%（5 600 万

人）由第一代居民组成。[5] 在我进行研究的加利福尼亚都市区，由于这个州独具特色的广泛差异性，我们不可能对其人口进行简单分类，尤其不能按照人口普查类别分类。

民族身份远远复杂于美国人口普查显示的 5 个（现存的）类别——黑人、白人、亚洲 / 太平洋岛民、美国原住民 / 因纽特人以及拉美人。例如，“拉美人”一类没有区分来自农村背景和饱受战乱国家的新移民，第三代墨西哥裔或古巴裔美国人，受过大学教育的专业人员，说非英语的人，以及那些在本国属于中产阶级却在美国从事工人阶级工作的人。“亚洲人”一类也没有区分农村背景的柬埔寨难民，城市背景的越南人，菲律宾移民和他们出生在美国的子女，第三代、受过高等教育的华裔和日本裔美国人。再比如，“白人”包括英国人、希腊人、法国人、意大利人、爱尔兰人、波兰人、黎巴嫩人、伊朗人、俄罗斯人以及印第安人。 334

没有一个用来标明种族、伦理或宗教信仰的标签能够捕捉到一种关于重疾的观点或者对住院和死亡的反应；没有哪一个术语能描述人们面对医院临终治疗时感受到的那种困惑和矛盾，以及对延续生命的那种迫切要求和冲动。关于面临绝症和死亡必须做出选择时要做什么，想要什么，当然也不存在任何单一的、明确的、“天主教的”、“犹太人的”、“非裔美国人的”或者“白人的”立场，无论穷富，无论男女。

我还发现，单一的标签常常不足以用来描述“家属”，我在会见的许多家庭中都遇到了民族和宗教多样性情况。那种多样性没有解释病床边出现的观点和行为，却使其变得更加复杂。一位非裔美国人患者的前妻和现任妻子共同对他的治疗做出决定。前妻是一位非裔美国人，现任妻子是白人。两人都带着子女守在病床边，希望参与决定他的死亡时间。那个家庭的成员有天主教徒、基督教新教徒和浸礼会教徒。是让患者依靠生命支持活着，还是移除呼吸机允许患者死亡，家庭成员对此观点各不相同。一位华裔美国人患者经过两年的草药治疗，最终因晚期癌症来到医院。她的非裔美国人伴侣曾经乞求过她使用现代医学来治疗。当死亡临近，她的伴侣，一位医疗专业人员，不得不决定如今已经昏迷的患者是否“想要”接受激进干预手段。她的兄弟，以及兄弟的白人妻子，对于该做什么感到非常矛盾，但是他们也都希望能参与做决定。一位 50 年前从德国移民来美的老妇人，到医院探视她的有她的第一任丈夫——一位富有的德国移民，还有她的第二任，也是现任丈夫——一位来自中美洲的年轻很多的砖瓦匠。两个男人为是否接她回家等待死亡争论不休。一位非常虔诚地信仰天主教的意大利裔美国患者，娶了一位不信天主教的爱尔兰裔美国人，当他陷入昏迷时必须由妻子为他代言；关于宗教信仰在他生命中的作用，他的 3 个成年子女的观点互相矛盾，因此，对于如今该怎么办也无法达成共识。来自美洲、亚洲、欧洲等地的老年患者有时候由众多直系、旁系的孙子女照看，他们流利的英语和受教育程度使得他们成为主要的“决策者”，尽管他们生活在一个不同于他们祖父母辈的文化世界里。

撇开家庭内部的民族或文化多样性不谈，任何家庭的成员常常持守不同的宗教仪式，信仰的程度也不尽不同，对于上帝与生命延续技术的关系也持有不同的观点。家庭成员常常对所期望的生命支持手段的使用范围和持续时间产生争执（这是常常被医疗专业人员提及的令人沮丧的一点），而他们的争执可能与他们亲属病历中注明的“宗教
335 信仰”没有任何关系。

直到最近，人们很少关注医生的民族和宗教信仰，以及医疗专业人员尤其是医生的身份如何影响“医患交流”和医疗决策。在过去

10 年里，美国医生们的人口统计数据发生了很大变化，更多的女性、少数民族和移民医生在都市中心开业。[6] 我同非裔美国人医生、墨西哥裔美国人医生、华裔美国人医生，以及从亚洲和欧洲来美国工作的医生们交谈，并跟踪参与他们的日常工作。我在他们中间发现在使用吗啡、饲管、放弃心肺复苏指令和侵袭性生命延续护理方面的一系列不同方法。然而，我无法从我的对话和观察中分离或者刻画出民族、宗教信仰、移民身份或者性别（作为独立变量）在医生个体选择生命延续手段中发挥作用的程度。

在医生当中，医院文化的规则和规范（在医院里，专家之间互相尊重和对职权范围的尊重方式，推动事务进展的需要，以及他们时刻提防诉讼的工作风格）在引导各种死亡发生方面所起的作用远远超过“多样性”的任何一个特征。同样道理，对于家属和患者而言也是如此，尽管他们必须服从的是一套不同的医院规则和规范。 336

注释

1. Institute of Medicine, *Unequal Treatment: Confronting Racial and Ethnic Disparities in Health Care*, ed., Brian D. Smedley, Adrian Y. Stith, and Alan R. Nelson, Washington, DC: National Academy Press, 2002; Mary-Jo DelVecchio Good et al., “The Culture of Medicine and Racial, Ethnic, and Class Disparities in Health Care”, in *Unequal Treatment*, pp.594–625（CD–ROM）.
2. Leslie J. Blackhall et al., “Ethnicity and Attitudes Toward Patient Autonomy”, *Journal of the American Medical Association* 274, 1995, pp.820–825; Gelya Frank et al., “A Discourse of Relationships in Bioethics: Patient Autonomy and End-of-Life Decision Making among Elderly Korean Americans”, *Medical Anthropology Quarterly* 12, 1998, pp.403–423; Sheila T. Murphy et al., “Ethnicity and Advance Care Directives”, *Journal of Law, Medicine & Ethics*

24, 1996, pp.108–117; H.M. Spiro, M.G. McCrea Curnen and L.P. Wandell, *Facing Death: Where culture, religion and medicine meet*, New Haven: Yale University Press, 1996; Catherine M. Waters, "Understanding and Supporting African Americans' Perspectives of End-of-Life Care Planning and Decision Making", *Qualitative Health Research* 11, 2001, pp.385–399.

3. Theresa S. Drought and Barbara A Koenig, "'Choice' in End-of-Life Decision Making: Researching Fact or Fiction?", *The Gerontologist* 42, Special Issue no. 3, 2002, pp.114–128.
4. Barbara A. Koenig and Jan Gates-Williams, "Understanding Cultural Differences in Caring for Dying Patients", *Western Journal of Medicine* 163, 1995, pp.244–249; Barbara A. Koenig and Elizabeth Davies, "Cultural Dimensions of Care at Life's End for Children and Their Families", in Institute of Medicine, *When Children Die: Improving Palliative and End-of-Life Care for Children and Their Families*, Washington DC: National Academy Press,2003, Appendix D; Margaret Lock, "Education and Self Reflection: Teaching about Culture, Health and Illness", in *Health and Cultures: Exploring the Relationships*. ed. R. Masi and L. Mensha, Oakland, Ontario, Canada: Mosaic Press, 1993, p.139; Rayna Rapp, *Testing Women, Testing the Fetus*, New York: Routledge, 1999.
5. Koenig and Davies, "Cultural Dimensions of Care".
6. Good, et al., "Culture of Medicine".

参考文献

Achenbaum, W. Andrew. *Old Age in the New Land: The American Experience since 1790.* Baltimore: Johns Hopkins University Press, 1978.

Adelman, R. D., et al. "Issues in the Physician–Geriatric Patient Relationship." In *Communication, Health and the Elderly.* Ed. H. Giles, N. Coupland, and J. M. Wiemann. Manchester, Great Britain: Manchester University Press, 1990, 126–34.

Ad Hoc Committee of the Harvard Medical School to Examine the Definition of Brain Death. "A Definition of Irreversible Coma." *Journal of the American Medical Association* 205, no. 6 (1968): 337–40.

Agamben, Giorgio. *Homo Sacer.* Stanford: Stanford University Press, 1998.

Aiken, L. H., et al. "Hospital Nurse Staffing and Patient Mortality, Nurse Burnout, and Job Dissatisfaction." *Journal of the American Medical Association* 288, no. 16 (2002): 1987–93.

American Medical Association et al. *Physician and Public Attitudes on Health Care Issues.* Chicago: American Medical Association, 1989.

Andrews, K. "Vegetative State—Background and Ethics." *Journal of the Royal Society of Medicine* 90, no. 11 (1997): 593–96.

Angell, M. "After Quinlan: The Dilemma of the Persistent Vegetative State." *New England Journal of Medicine* 330, no. 21 (1994): 1524–25.

Anspach, Renee R. *Deciding Who Lives: Fateful Choices in the Intensive-Care Nursery.* Berkeley: University of California Press, 1993.

Appelbaum, Paul S., Charles W. Lidz, and Alan Meisel. "Patients Who Refuse Treatment." In *Informed Consent: Legal Theory and Clinical Practice.* Ed. Paul S. Appelbaum, Charles W. Lidz, and Alan Meisel. New York: Oxford University Press, 1987, 90–207.

Ariès, Philippe. *The Hour of Our Death.* New York: Oxford University Press, 1981.

Armstrong, David. "The Patient's View." *Social Science & Medicine* 18, no. 9 (1984): 737–44.

———. "Silence and Truth in Death and Dying." *Social Science & Medicine* 24, no. 8 (1987): 651–57.

Arney, William Ray, and Bernard J. Bergen. *Medicine and the Management of Living: Taming the Last Great Beast.* Chicago: University of Chicago Press, 1984.

Arnold, Robert M., and Stuart J. Youngner. "The Dead Donor Rule: Should We Stretch It, Bend It, or Abandon It?" *Kennedy Institute of Ethics Journal* 3, no. 2 (1993): 263–78.

Balint, Michael. *The Doctor, His Patient and the Illness.* London: Pitman Medical Publishing Co. Ltd., 1957.

Barry, Robert Laurence, and Gerard V. Bradley, eds. *Set No Limits.* Urbana: University of Illinois Press, 1991.

Bates, D. "Persistent Vegetative State and Brain Stem Death." *Current Opinion in Neurology* 10, no. 6 (1997): 502–5.

Battin, M. Pabst. *The Least Worst Death: Essays in Bioethics on the End of Life.* New York: Oxford University Press, 1994.

Bauby, Jean-Dominique. *The Diving Bell and the Butterfly.* New York: Knopf, 1997.

Bayertz, Kurt. *Sanctity of Life and Human Dignity.* Boston: Kluwer, 1996.

Beauchamp, Tom, and James Childress. *Principles of Biomedical Ethics.* New York: Oxford University Press, 1979.

Beecher, H. K. "Ethics and Clinical Research." *New England Journal of Medicine* 274, no. 24 (1966): 1354–60.

Behar, Ruth, and Deborah A. Gordon, eds. *Women Writing Culture.* Berkeley: University of California Press, 1995.

Bellah, Robert, et al. *Habits of the Heart: Individualism and Commitment in American Life.* Berkeley: University of California Press, 1985.

Binstock, Robert H., Stephen G. Post, and Laurel S. Mills, eds. *Too Old for Health Care? Controversies in Medicine, Law, Economics, and Ethics. The Johns Hopkins Series in Contemporary Medicine and Public Health.* Baltimore: Johns Hopkins University Press, 1991.

Bishop, Schuyler. "When Doctors Go Too Far." *New York Times,* February 27, 1999.

Blackhall, Leslie J., et al. "Ethnicity and Attitudes toward Patient Autonomy." *Journal of the American Medical Association* 274, no. 10 (1995): 820–25.

Bloom, Amy. *Normal: Transsexual CEOs, Cross-Dressing Cops, and Hermaphrodites with Attitude.* New York: Random House, 2002.

———. "Writers on Writing: Trading Fiction's Comfort for a Chance to Look Life in the Eye." *New York Times,* November 18, 2002.

Blumenthal, Herman T. "The Aging-Disease Dichotomy Is Alive, but Is It Well?" *Journal of the American Geriatrics Society* 41, no. 11 (1993): 1272–73.

———. "The Aging-Disease Dichotomy: True or False?" *Journals of Gerontology: Medical Sciences* 58A, no. 2 (2003): M138–45.

———. "The Alzheimerization of Aging: A Response." *Gerontologist* 35, no. 6 (1995): 721–23.

———. "Milestone or Genomania? The Relevance of the Human Genome Project to Biological Aging and the Age-Related Diseases." *Journals of Gerontology: Medical Sciences* 56, no. 9 (2001): M529–37.

———. "A View of the Aging-Disease Relationship from Age 85." *Journals of Gerontology: Biological Sciences* 54, no. 6 (1999): B255–59.

Borthwick, Christian J. "The Permanent Vegetative State: Ethical Crux, Medical Fiction?" *Issues in Law & Medicine* 12, no. 2 (1996): 167–85.

———. "The Proof of the Vegetable: A Commentary on Medical Futility." *Journal of Medical Ethics* 21, no. 4 (1995): 205–8.

Bosk, Charles L. "Professional Ethicist Available: Logical, Secular, Friendly." *Daedalus*

128, no. 4 (1999): 47–68.

Bowker, Geoffrey C., and Susan Leigh Star. *Sorting Things Out—Classification and Its Consequences.* Cambridge: MIT Press, 2000.

Brackenbury, H. *Patient and Doctor.* London: Hodder and Stoughton, 1935.

Brock, Dan W. "Advance Directives: What Is It Reasonable to Expect from Them?" *Journal of Clinical Ethics* 5, no. 1 (1994): 57–60.

Brody, Howard. "Causing, Intending, and Assisting Death." *Journal of Clinical Ethics* 4, no. 2 (1993): 112–17.

———. *The Healer's Power.* New Haven: Yale University Press, 1992.

Brown, Kate. "Information Disclosure." In *Encyclopedia of Bioethics.* Ed. Warren T. Reich. New York: Simon & Schuster, 1995, 636–41.

Bruner, Edward M. "Experience and Its Expressions." In *The Anthropology of Experience.* Ed. Victor W. Turner and Edward M. Bruner. Urbana: University of Illinois Press, 1986, 3–32.

Buntin, M. B., and H. Huskamp. "What Is Known about the Economics of End-of-Life Care for Medicare Beneficiaries?" *Gerontologist* 42, special issue no. 3 (2002): 40–48.

Butler, R. N., et al. "Is There an Antiaging Medicine?" *Journals of Gerontology: Biological Sciences* 57, no. 9 (2002): B333–38.

Cahill, Lisa Sowle. "The New Biotech World Order." *Hastings Center Report* 29, no. 2 (1999): 45–48.

Callahan, Daniel. "Morality and Contemporary Culture: The President's Commission and Beyond." *Cardozo Law Review* 6 (1984): 223–42.

———. "The Sanctity of Life." In *Updating Life and Death: Essays in Ethics and Medicine.* Ed. Donald R. Cutler. Boston: Beacon Press, 1969, 181–251.

———. "Setting Limits: A Response." *Gerontologist* 34, no. 3 (1994): 393–98.

———. *Setting Limits: Medical Goals in an Aging Society.* New York: Simon & Schuster, 1987.

———. *The Troubled Dream of Life.* New York: Simon & Schuster, 1993.

Capello, C. F., D. E. Meier, and C. K. Cassel. "Payment Code for Hospital-Based Palliative Care: Help or Hindrance?" *Journal of Palliative Medicine* 1 (1998): 155–63.

Capron, Alexander. "Report on the President's Commission on the Uniform Determination of Death Act." In *Death: Beyond Whole-Brain Criteria.* Ed. Richard M. Zaner. Dordrecht: Kluwer, 1988.

Carmel, Sara, and Elizabeth J. Mutran. "Stability of Elderly Persons' Expressed Preferences regarding the Use of Life-Sustaining Treatments." *Social Science & Medicine* 49, no. 3 (1999): 303–11.

Carson, S. S., et al. "Outcomes after Long-Term Acute Care: An Analysis of 133 Mechanically Ventilated Patients." *American Journal of Respiratory and Critical Care Medicine* 159, no. 5, pt. 1 (1999): 1568–73.

Cassel, Christine K., John M. Ludden, and Grace M. Moon. "Perceptions of Barriers to High-Quality Palliative Care in Hospitals." *Health Affairs* 19, no. 5 (2000): 166–72.

Cassel, Christine K., and B. C. Vladeck. "ICD-9 Code for Palliative or Terminal Care." *New England Journal of Medicine* 335, no. 16 (1996): 1232–34.

Cassell, Eric. "Clinical Incoherence about Persons: The Problem of the Persistent Vegetative State." *Annals of Internal Medicine* 125, no. 2 (1996): 146–47.

Charcot, Jean-Martin. *Leçons cliniques sur les maladies des vieillards et les maladies chroniques.* Paris: A. Delahaye, 1867.

Childress, J. F. "Ethical Criteria for Procuring and Distributing Organs for Transplantation." In *Organ Transplantation Policy: Issues and Prospects.* Ed. James F. Blumstein and Frank A. Sloan. Durham, NC: Duke University Press, 1989, 87–113.

Christakis, Nicholas A. *Death Foretold: Prophecy and Prognosis in Medical Care.* Chicago: University of Chicago Press, 1999.

Christie, Ronald J., and C. Barry Hoffmaster. *Ethical Issues in Family Medicine.* New York: Oxford University Press, 1986.

Clifford, James. "Introduction: Partial Truths." In *Writing Culture: The Poetics and Politics of Ethnography.* Ed. James Clifford and George E. Marcus. Berkeley: University of California Press, 1986, 1–26.

Clifford, James, and George E. Marcus, eds. *Writing Culture: The Poetics and Politics of Ethnography.* Berkeley: University of California Press, 1986.

Cloud, John, and Harriet Barovick. "A Kinder, Gentler Death." *Time,* September 18, 2000, 60.

Clouser, K. D. " 'The Sanctity of Life' ": An Analysis of a Concept." *Annals of Internal Medicine* 78, no. 1 (1973): 119–25.

Coates, Peter A. *Nature: Western Attitudes Since Ancient Times.* Berkeley: University of California Press, 1998.

Cohen, Lawrence. *No Aging in India: Alzheimer's, the Bad Family, and Other Modern Things.* Berkeley: University of California Press, 1998.

Cohen-Almagor, Raphael. "Some Observations on Post-Coma Unawareness Patients and on Other Forms of Unconscious Patients: Policy Proposals." *Medicine and Law* 16, no. 3 (1997): 451–71.

Cole, Thomas R. *The Journey of Life: A Cultural History of Aging in America.* Cambridge: Cambridge University Press, 1992.

Cranford, R. E., and D. R. Smith. "Consciousness: The Most Critical Moral (Constitutional) Standard for Human Personhood." *American Journal of Law & Medicine* 13, no. 2–3 (1987): 233–48.

Cronon, William. *Uncommon Ground: Rethinking the Human Place in Nature.* New York: Norton, 1996.

Curran, W. J. "Governmental Regulation of the Use of Human Subjects in Medical Research: The Approach of Two Federal Agencies." *Daedalus* 98 (1969): 542–94.

Cusack, D. A., A. A. Sheikh, and J. L. Hyslop-Westrup. " 'Near PVS': A New Medico-Legal Syndrome?" *Medicine, Science and the Law* 40, no. 2 (2000): 133–42.

Damasio, Antonio R. *The Feeling of What Happens: Body and Emotion in the Making of Consciousness.* New York: Harcourt Brace, 1999.

Danis, Marion, et al. "A Comparison of Patient, Family, and Physician Assessments of the Value of Medical Intensive Care." *Critical Care Medicine* 16, no. 6 (1988): 594–600.

———. "A Prospective Study of Advance Directives for Life-Sustaining Care." *New*

England Journal of Medicine 324, no. 13 (1991): 882–88.

———. "A Prospective Study of the Impact of Patient Preferences on Life-Sustaining Treatment and Hospital Cost." *Critical Care Medicine* 24, no. 11 (1996): 1811–17.

———. "Stability of Choices about Life-Sustaining Treatments." *Annals of Internal Medicine* 120, no. 7 (1994): 567–73.

Dantz, Bezalel. "Losing One's Bearings at the Life-Death Border." *New York Times*, December 7, 1999.

de Grey, Aubrey, et al. "Time to Talk SENS: Critiquing the Immutability of Human Aging." *Annals of the New York Academy of Sciences* 959 (2002): 452–62.

de Lange, Titia. "Telomeres and Senescence: Ending the Debate." *Science* 279, no. 5349 (1998): 334–35.

Dey, A. N. "Characteristics of Elderly Nursing Home Residents: Data from the 1995 National Nursing Home Survey." *Advance Data from Vital and Health Statistics* 289. Hyattsville, MD: National Center for Health Statistics, 1997.

Diem, Susan J., John D. Lantos, and James A. Tulsky. "Cardiopulmonary Resuscitation on Television—Miracles and Misinformation." *New England Journal of Medicine* 334, no. 24 (1996): 1578–82.

Dragsted, Lis, and Jesper Qvist. "Epidemiology of Intensive Care." *International Journal of Technology Assessment in Health Care* 8, no. 3 (1992): 395–407.

Dresser, Rebecca. "Confronting the 'Near Irrelevance' of Advance Directives." *Journal of Clinical Ethics* 5, no. 1 (1994): 55–56.

Drought, Theresa S., and Barbara A. Koenig. "'Choice' in End-of-Life Decision-Making: Researching Fact or Fiction?" *Gerontologist* 42, special issue no. 3 (2002): 114–28.

Dworkin, R. M. *Life's Dominion: An Argument about Abortion, Euthanasia, and Individual Freedom*. New York: Knopf, 1993.

Ebell, M. H., et al. "Survival after In-Hospital Cardiopulmonary Resuscitation. A Meta-Analysis." *Journal of General Internal Medicine* 13, no. 12 (1998): 805–16.

Eidinger, R. N., and D. V. Schapira. "Cancer Patients' Insight into Their Treatment, Prognosis, and Unconventional Therapies." *Cancer* 53, no. 12 (1984): 2736–40.

Eisenberg, M. S., and T. J. Mengert. "Cardiac Resuscitation." *New England Journal of Medicine* 344, no. 17 (2001): 1304–13.

Elliott, Carl. *Better than Well: American Medicine Meets the American Dream*. New York: Norton, 2003.

Emanuel, Linda. "Advance Directives: What Have We Learned So Far?" *Journal of Clinical Ethics* 4, no. 1 (1993): 8–16.

Engel, G. L. "The Need for a New Medical Model: A Challenge for Biomedicine." *Science* 196, no. 4286 (1977): 129–36.

Engelhardt, H. Tristram, Jr. "Redefining Death." In *The Definition of Death: Contemporary Controversies*. Ed. Stuart J. Youngner, Robert M. Arnold, and Renie Schapiro. Baltimore: Johns Hopkins University Press, 1999, 320–31.

Estes, C. L. "Cost Containment and the Elderly: Conflict or Challenge?" *Journal of the American Geriatrics Society* 36, no. 1 (1988): 68–72.

Ethics Committee of the Society of Critical Care Medicine. "Consensus Statement of the Society of Critical Care Medicine's Ethics Committee regarding Futile and Other

Possibly Inadvisable Treatments." *Critical Care Medicine* 25, no. 5 (1997): 887–91.

Faber-Langendoen, K. "Resuscitation of Patients with Metastatic Cancer: Is Transient Benefit Still Futile?" *Archives of Internal Medicine* 151, no. 2 (1991): 235–39.

Faber-Langendoen, K., and D. M. Bartels. "Process of Forgoing Life-Sustaining Treatment in a University Hospital: An Empirical Study." *Critical Care Medicine* 20, no. 5 (1992): 570–77.

Fairman, Julie, and Joan E. Lynaugh. *Critical Care Nursing: A History.* Philadelphia: University of Pennsylvania Press, 1998.

Finucane, T. E., C. Christmas, and K. Travis. "Tube Feeding in Patients with Advanced Dementia: A Review of the Evidence." *Journal of the American Medical Association* 282, no. 14 (1999): 1365–70.

Flory, James, et al. "Places of Death: U.S. Trends Since 1980." *Health Affairs* 23, no. 3(2004): 194–200.

Foley, G. E., et al. "The Closed-Chest Method of Cardiopulmonary Resuscitation—Revised Statement." *Circulation* 31 (1965): 641–43.

Forbes, W. F., and J. P. Hirdes. "The Relationship between Aging and Disease: Geriatric Ideology and Myths of Senility." *Journal of the American Geriatrics Society* 41, no. 11 (1993): 1267–71.

Foucault, Michel. *The Birth of the Clinic: An Archaeology of Medical Perception.* New York: Vintage Books, 1975.

———. *Discipline and Punish: The Birth of the Prison.* New York: Pantheon Books, 1977.

———. *The History of Sexuality, Vol. I: An Introduction.* New York: Vintage Books, 1980.

———. *The Order of Things.* New York: Vintage Books, 1973.

Fox, Renée C. "The Evolution of American Bioethics: A Sociological Perspective." In *Social Science Perspectives on Medical Ethics.* Ed. George Weisz. Philadelphia: University of Pennsylvania Press, 1991, 201–20.

Frank, Arthur W. *The Wounded Storyteller: Body, Illness, and Ethics.* Chicago: University of Chicago Press, 1995.

Frank, Gelya, et al. "A Discourse of Relationships in Bioethics: Patient Autonomy and End-of-Life Decision-Making among Elderly Korean Americans." *Medical Anthropology Quarterly* 12, no. 4 (1998): 403–23.

Frankl, David, Robert K. Oye, and Paul E. Bellamy. "Attitudes of Hospitalized Patients toward Life Support: A Survey of 200 Medical Inpatients." *American Journal of Medicine* 86, no. 6 (1989): 645–48.

Franklin, Sarah. *Embodied Progress: A Cultural Account of Assisted Conception.* London and New York: Routledge, 1997.

———. "Making Miracles: Scientific Progress and the Facts of Life." In *Reproducing Reproduction: Kinship, Power, and Technological Innovation.* Ed. Sarah Franklin and Helena Ragone. Philadelphia: University of Pennsylvania Press, 1998, 102–17.

Freeborne, Nancy, Joanne Lynn, and Norman A. Desbiens. "Insights about Dying from the SUPPORT Project. The Study to Understand Prognoses and Preferences for Outcomes and Risks of Treatments." *Journal of the American Geriatrics Society* 48, no. 5 supp. (2000): S199–205.

Garcia, J. "Double Effect." In *Encyclopedia of Bioethics*. Ed. Warren T. Reich. New York: Simon & Schuster, 1995, 636–41.

Garrow, David J. "The Oregon Trail." *New York Times*, November 6, 1997.

Geertz, Clifford. *The Interpretation of Cultures: Selected Essays*. New York: Basic Books, 1973.

———. *Works and Lives: The Anthropologist as Author*. Stanford: Stanford University Press, 1988.

Giddens, Anthony. *Modernity and Self-Identity: Self and Society in the Late Modern Age*. Stanford: Stanford University Press, 1991.

Gillick, M. R. "Rethinking the Role of Tube Feeding in Patients with Advanced Dementia." *New England Journal of Medicine* 342, no. 3 (2000): 206–10.

Glaser, Barney G., and Anselm L. Strauss. *Awareness of Dying*. New York: Aldine, 1965.

———. *Time for Dying*. New York: Aldine, 1968.

Glendon, Mary Ann. *Rights Talk*. New York: Free Press, 1991.

Gluck, M. E., and K. W. Hanson. *Medicare Chart Book*. Menlo Park, CA: The Henry J. Kaiser Foundation, 2001.

Good, Mary-Jo Del Vecchio, et al. "American Oncology and the Discourse on Hope." *Culture, Medicine and Psychiatry* 14, no. 1 (1990): 59–79.

———. "A Comparative Analysis of the Culture of Biomedicine." In *Health and Health Care in Developing Countries: Sociological Perspectives*. Ed. Peter Conrad and Eugene B. Gallagher. Philadelphia: Temple University Press, 1993, 180–93.

———. "The Culture of Medicine and Racial, Ethnic, and Class Disparities in Health Care." In *Unequal Treatment: Confronting Racial and Ethnic Disparities in Health Care*. Ed. Institute of Medicine. Washington, DC: National Academy Press, 2002, 594–625.

Goodwin, J. S. "Geriatric Ideology: The Myth of the Myth of Senility." *Journal of the American Geriatrics Society* 39, no. 6 (1991): 627–31.

Gordon, Deborah R. "Tenacious Assumptions in Western Medicine." In *Biomedicine Examined*. Ed. Margaret M. Lock and Deborah Gordon. Dordrecht: Kluwer, 1988, 19–56.

Gordon, Deborah R., and Eugenio Paci. "Disclosure Practices and Cultural Narratives: Understanding Concealment and Silence around Cancer in Tuscany, Italy." *Social Science & Medicine* 44, no. 10 (1997): 1433–52.

Grant, M. D., M. A. Rudberg, and J. A. Brody. "Gastrostomy Placement and Mortality among Hospitalized Medicare Beneficiaries." *Journal of the American Medical Association* 279, no. 24 (1998): 1973–76.

Gray, G. W. "The Mystery of Aging." *Harper's*, 1941, 283.

Greenberg, Gary. "As Good as Dead." *New Yorker*, August 13, 2001, 36–41.

Groeger, J. S., et al. "Multicenter Outcome Study of Cancer Patients Admitted to the Intensive Care Unit: A Probability of Mortality Model." *Journal of Clinical Oncology* 16, no. 2 (1998): 761–70.

Gupta, Akhil, and James Ferguson. *Anthropological Locations: Boundaries and Grounds of a Field Science*. Berkeley: University of California Press, 1997.

Hackler, J. C., and F. C. Hiller. "Family Consent to Orders Not to Resuscitate: Reconsidering Hospital Policy." *Journal of the American Medical Association* 264, no. 10 (1990): 1281–83.

Hall, Stephen S. *Merchants of Immortality: Chasing the Dream of Human Life Extension.* Boston: Houghton Mifflin, 2003.

Halpern, Jodi. *From Detached Concern to Empathy: Humanizing Medical Practice.* New York: Oxford University Press, 2001.

Hamill, R. J. "Resuscitation: When Is Enough, Enough?" *Respiratory Care* 40, no. 5 (1995): 515–24; discussion 24–27.

Harrison, Tinsley Randolph, et al. *Principles of Internal Medicine.* Philadelphia: The Blakiston Company, 1950.

Hayflick, Leonard. *How and Why We Age.* New York: Ballantine Books, 1994.

Helft, P. R., M. Siegler, and J. Lantos. "The Rise and Fall of the Futility Movement." *New England Journal of Medicine* 343, no. 4 (2000): 293–96.

Hilberman, M., et al. "Marginally Effective Medical Care: Ethical Analysis of Issues in Cardiopulmonary Resuscitation (CPR)." *Journal of Medical Ethics* 23, no. 6 (1997): 361–67.

Hillier, Teresa A., et al. "Physicians as Patients: Choices regarding Their Own Resuscitation." *Archives of Internal Medicine* 155, no. 12 (1995): 1289–93.

Hodges, M. O., and S. W. Tolle. "Tube-Feeding Decisions in the Elderly." *Clinics in Geriatric Medicine* 10, no. 3 (1994): 475–88.

Hoffman, Jan C., et al. "Patient Preferences for Communication with Physicians about End-of-Life Decisions. SUPPORT Investigators. Study to Understand Prognoses and Preference for Outcomes and Risks of Treatment." *Annals of Internal Medicine* 127, no. 1 (1997): 1–12.

Hoffmaster, Barry, ed. *Bioethics in Social Context.* Philadelphia: Temple University Press, 2001.

———. "Can Ethnography Save the Life of Medical Ethics?" *Social Science & Medicine* 35, no. 12 (1992): 1421–31.

Holstein, Martha. "Alzheimer's Disease and Senile Dementia, 1885–1920: An Interpretive History of Disease Negotiation." *Journal of Aging Studies* 11, no. 1 (1997): 1–13.

Homer, P., and M. Holstein, eds. *A Good Old Age: The Paradox of Setting Limits.* New York: Simon & Schuster, 1990.

Hood, Ann. "Rage against the Dying of the Light." *New York Times*, August 2, 1997.

Howsepian, A. A. "The 1994 Multi-Society Task Force Consensus Statement on the Persistent Vegetative State: A Critical Analysis." *Issues in Law & Medicine* 12, no. 1 (1996): 3–29.

Huskamp, Haiden A., et al. "Providing Care at the End of Life: Do Medicare Rules Impede Good Care?" *Health Affairs* 20, no. 3 (2001): 204–11.

Institute of Medicine. *Approaching Death: Improving Care at the End of Life.* Washington, DC: National Academy Press, 1997.

———. *Unequal Treatment: Confronting Racial and Ethnic Disparities in Health Care,* Committee on Understanding and Eliminating Racial and Ethnic Disparities in Health Care. Washington, DC: National Academy Press, 2002.

Ivy, Andrew C. "The Brutalities of Nazi Physicians." *Journal of the American Medical*

Association 132 (1946): 714–15.
Jauhar, Sandeep. "As Technology Improves, More People Breathe with Machines." *New York Times,* April 24, 2001.
Jecker, N. S., and R. A. Pearlman. "Ethical Constraints on Rationing Medical Care by Age." *Journal of the American Geriatrics Society* 37, no. 11 (1989): 1067–75.
Jennings, Bruce. "A Life Greater than the Sum of Its Sensations: Ethics, Dementia, and the Quality of Life." *Journal of Mental Health & Aging* 5, no. 1 (1999): 95–106.
Johnson, Harriet McBryde. "Should I Have Been Killed at Birth? The Case for My Life." *New York Times Magazine,* February 16, 2003.
Johnson, Nancy, et al. "Towards a 'Good' Death: End-of-Life Narratives Constructed in an Intensive Care Unit." *Culture, Medicine & Psychiatry* 24, no. 3 (2000): 275–95.
Johnston, S. C., M. P. Pfeifer, and R. McNutt. "The Discussion about Advance Directives. Patient and Physician Opinions regarding When and How It Should Be Conducted. End of Life Study Group." *Archives of Internal Medicine* 155, no. 10 (1995): 1025–30.
Jones, G. K., K. L. Brewer, and H. G. Garrison. "Public Expectations of Survival following Cardiopulmonary Resuscitation." *Academic Emergency Medicine* 7, no. 1 (2000): 48–53.
Jones, James H. *Bad Blood: The Tuskegee Syphilis Experiment.* New York: Free Press, 1981.
Jonsen, Albert. *The Birth of Bioethics.* New York: Oxford University Press, 1998.
Karetzky, Monroe, M. Zubair, and Jayesh Parikh. "Cardiopulmonary Resuscitation in Intensive Care Unit and Non–Intensive Care Unit Patients: Immediate and Long-Term Survival." *Archives of Internal Medicine* 155, no. 12 (1995): 1277–80.
Kass, Leon R. "Death with Dignity and the Sanctity of Life." In *A Time to Be Born and a Time to Die: The Ethics of Choice.* Ed. Barry S. Kogan. Hawthorne, N.Y.: Aldine, 1991, 117–45.
Katz, Jay. *The Silent World of Doctor and Patient.* New York: Free Press, 1984.
Kaufman, Sharon R. "Construction and Practice of Medical Responsibility: Dilemmas and Narratives from Geriatrics." *Culture, Medicine & Psychiatry* 21, no. 1 (1997): 1–26.
———. *The Healer's Tale: Transforming Medicine and Culture.* Madison, WI: University of Wisconsin Press, 1993.
———. "Toward a Phenomenology of Boundaries in Medicine: Chronic Illness Experience in the Case of Stroke." *Medical Anthropology Quarterly* 2, no. 4 (1988): 338–54.
Kayser-Jones, J. "The Use of Nasogastric Feeding Tubes in Nursing Homes: Patient, Family and Health Care Provider Perspectives." *Gerontologist* 30, no. 4 (1990): 469–79.
Kleinman, A. "Moral Experience and Ethical Reflection: Can Ethnography Reconcile Them? A Quandary for 'the New Bioethics.'" *Daedalus* 128, no. 4 (1999): 69–97.
Knauft, Bruce M. *Genealogies for the Present in Cultural Anthropology.* New York: Routledge, 1996.
Knaus, W. A., et al. "The SUPPORT Prognostic Model. Objective Estimates of Survival for Seriously Ill Hospitalized Adults. Study to Understand Prognoses and Prefer-

ences for Outcomes and Risks of Treatments." *Annals of Internal Medicine* 122, no. 3 (1995): 191–203.

———. "Variations in Mortality and Length of Stay in Intensive Care Units." *Annals of Internal Medicine* 118, no. 10 (1993): 753–61.

Koch, K. A., H. D. Rodeffer, and R. L. Wears. "Changing Patterns of Terminal Care Management in an Intensive Care Unit." *Critical Care Medicine* 22, no. 2 (1994): 233–43.

Koenig, Barbara A. "Cultural Diversity in Decision-Making about Care at the End of Life." In *Approaching Death: Improving Care at the End of Life.* Institute of Medicine. Washington, DC: National Academy Press, 1997, 363–82.

Koenig, Barbara A., and Elizabeth Davies. "Cultural Dimensions of Care at Life's End for Children and Their Families." In *When Children Die: Improving Palliative and End-of-Life Care for Children and Their Families.* Institute of Medicine. Washington, DC: National Academy Press, 2003, appendix D, 509–52.

Koenig, Barbara A., and Jan Gates-Williams. "Understanding Cultural Difference in Caring for Dying Patients." *Western Journal of Medicine* 163, no. 3 (1995): 244–49.

Kogan, Barry S., ed. *A Time to Be Born and a Time to Die: The Ethics of Choice.* Hawthorne, NY: Aldine, 1991.

Kolata, Gina. "Living Wills Aside, Dying Cling to Hope." *New York Times,* January 15, 1997.

Kübler-Ross, Elisabeth. *On Death and Dying.* London: Tavistock, 1969.

Leary, Joyce Coletta. "Emotional Boundaries: The Physician's Experience of Patient Death." Master's thesis, University of California, Berkeley, 2002.

Leder, Drew. *The Absent Body.* Chicago: University of Chicago Press, 1990.

Lederberg, Marguerite S. "Doctors in Limbo: The United States 'DNR' Debate." *Psycho-Oncology* 6, no. 4 (1997): 321–28.

Levinas, Emmanuel. "Useless Suffering." In *The Provocation of Levinas.* Ed. Robert Bernasconi and David Wood. London: Routledge, 1988, 156–67.

Levi-Strauss, Claude. *The Savage Mind.* Chicago: University of Chicago Press, 1966.

Lo, Bernard. "Improving Care Near the End of Life. Why Is It So Hard?" *Journal of the American Medical Association* 274, no. 20 (1995): 1634–36.

Lo, Bernard, G. A. McLeod, and G. Saika. "Patient Attitudes to Discussing Life-Sustaining Treatment." *Archives of Internal Medicine* 146, no. 8 (1986): 1613–15.

Lo, Bernard, and Lois Snyder. "Care at the End of Life: Guiding Practice Where There Are No Easy Answers" (editorial). *Annals of Internal Medicine* 130, no. 9 (1999): 772–74.

Lock, Margaret. "Death in Technological Time: Locating the End of Meaningful Life." *Medical Anthropology Quarterly* 10, no. 4 (1996): 575–600.

———. "On Dying Twice: Culture, Technology and the Determination of Death." In *Living and Working with the New Medical Technologies: Intersections of Inquiry.* Ed. Margaret Lock, Allan Young, and Alberto Cambrosio. Cambridge: Cambridge University Press, 2000, 233–62.

———. *Twice Dead: Organ Transplants and the Reinvention of Death.* Berkeley: University of California Press, 2002.

Luce, John, and Thomas J. Prendergast. "The Changing Nature of Death in the ICU."

In *Managing Death in the Intensive Care Unit.* Ed. Randall Curtis and Gordon D. Rubenfeld. New York: Oxford University Press, 2001, 19–29.

Lunney, J. R., J. Lynn, and C. Hogan. "Profiles of Older Medicare Decedents." *Journal of the American Geriatrics Society* 50, no. 6 (2002): 1108–12.

Lutz, Catherine. *Unnatural Emotions: Everyday Sentiments on a Micronesian Atoll and Their Challenge to Western Theory.* Chicago: University of Chicago Press, 1988.

Lynn, Joanne. *By No Extraordinary Means: The Choice to Forgo Life-Sustaining Food and Water.* Bloomington: Indiana University Press, 1989.

———. "Caring at the End of Our Lives." *New England Journal of Medicine* 335, no. 3 (1996): 201–2.

———. "Learning to Care for People with Chronic Illness Facing the End of Life." *Journal of the American Medical Association* 284 (2000): 2508–11.

———. "Serving Patients Who May Die Soon and Their Families: The Role of Hospice and Other Services." *Journal of the American Medical Association* 285 (2001): 925–32.

Lynn, Joanne, et al. "Capitated Risk-Bearing Managed Care Systems Could Improve End-of-Life Care." *Journal of the American Geriatrics Society* 46, no. 3 (1998): 322–30.

———. "Defining the 'Terminally Ill': Insights from SUPPORT." *Duquesne Law Review* 35, no. 1 (1996): 311–36.

———. "Perceptions by Family Members of the Dying Experience of Older and Seriously Ill Patients." *Annals of Internal Medicine* 126, no. 2 (1997): 97–106.

———. "Prognoses of Seriously Ill Hospitalized Patients on the Days before Death: Implications for Patient Care and Public Policy." *New Horizons* 5, no. 1 (1997): 56–61.

———. "Quality Improvements in End of Life Care: Insights from Two Collaboratives." *Joint Commission Journal on Quality Improvement* 26, no. 6 (2000): 254–67.

———. "Rethinking Fundamental Assumptions: SUPPORT's Implications for Future Reform." *Journal of the American Geriatrics Society* 48, no. 5 supp. (2000): S214–21.

Macnaghten, Phil, and John Urry. *Contested Natures.* London: Sage, 1998.

Marco, C. A., et al. "Ethical Issues of Cardiopulmonary Resuscitation: Current Practice among Emergency Physicians." *Academic Emergency Medicine* 4, no. 9 (1997): 898–904.

Marcus, George. *Ethnography through Thick and Thin.* Princeton: Princeton University Press, 1998.

———. "The Uses of Complicity in the Changing Mise-en-Scène of Anthropological Fieldwork." In *Ethnography through Thick and Thin.* Princeton: Princeton University Press, 1998, 105–31.

Marik, Paul E., and Michelle Craft. "An Outcomes Analysis of In-Hospital Cardiopulmonary Resuscitation: The Futility Rationale for Do Not Resuscitate Orders." *Journal of Critical Care* 12, no. 3 (1997): 142–46.

Maslin, Janet. "Fredrick Wiseman Views Life and Death." *New York Times,* October 7, 1989.

McKibben, Bill. *The End of Nature.* New York: Random House, 1989.

Mead, George Herbert. *Mind, Self and Society from the Standpoint of a Social Behavior-*

ist. Chicago: University of Chicago Press, 1934.

Merchant, Carolyn. *The Death of Nature: Women, Ecology, and the Scientific Revolution.* New York: HarperCollins, 1990.

Miles, Steven. "Death in a Technological and Pluralistic Culture." In *The Definition of Death: Contemporary Controversies.* Ed. Stuart J. Youngner, Robert M. Arnold, and Renie Schapiro. Baltimore: Johns Hopkins University Press, 1999, 311–18.

Miller, Franklin G., and Joseph J. Fins. "A Proposal to Restructure Hospital Care for Dying Patients." *New England Journal of Medicine* 334, no. 26 (1996): 1740–42.

Miller, Richard A. "Extending Life: Scientific Prospects and Political Obstacles." *Milbank Quarterly* 80, no. 1 (2002): 155–74.

Miranda, D. R. "Quality of Life after Cardiopulmonary Resuscitation." *Chest* 106, no. 2 (1994): 524–30.

Moskowitz, E. H., and J. L. Nelson. "The Best Laid Plans." *Hastings Center Report* 25, no. 6 (1995): S3–5.

Moss, A. H., J. L. Holley, and M. B. Upton. "Outcomes of Cardiopulmonary Resuscitation in Dialysis Patients." *Journal of the American Society of Nephrology* 3, no. 6 (1992): 1238–43.

Muller, Jessica H. "Anthropology, Bioethics, and Medicine: A Provocative Trilogy." *Medical Anthropology Quarterly* 8 (1994): 448–67.

Muller, Jessica H., and Barbara A. Koenig. "On the Boundary of Life and Death: The Definition of Dying by Medical Residents." In *Biomedicine Examined.* Ed. Margaret Lock and Deborah R. Gordon. Boston: Kluwer, 1988, 351–74.

Multi-Society Task Force on PVS. "Medical Aspects of the Persistent Vegetative State (Part I)." *New England Journal of Medicine* 330, no. 21 (1994): 1499–1508.

Murphy, Sheila T., et al. "Ethnicity and Advance Care Directives." *Journal of Law, Medicine and Ethics* 24, no. 2 (1996): 108–17.

Murray, John F. *Intensive Care: A Doctor's Journal.* Berkeley: University of California Press, 2000.

Nascher, Ignatz Leo. *Geriatrics.* Philadelphia: P. Blakiston's Son & Co., 1914.

National Commission for the Protection of Human Subjects of Biomedical and Behavioral Research. "The Belmont Report: Ethical Principles and Guidelines for the Protection of Human Subjects of Research." Washington, DC: U.S. Government Printing Office, 1979.

Novack, D. H., et al. "Changes in Physicians' Attitudes toward Telling the Cancer Patient." *Journal of the American Medical Association* 241, no. 9 (1979): 897–900.

Nuland, Sherwin B. *How We Die: Reflections on Life's Final Chapter.* New York: Knopf, 1994.

———. "Medicine Isn't Just for the Sick Anymore: The Rush to Enhancement." *New York Times,* May 10, 1998.

Okarma, Thomas B. "Human Primordial Stem Cells." *Hastings Center Report* 29, no. 2 (1999): 30.

Oken, D. "What to Tell Cancer Patients—a Study of Medical Attitudes." *Journal of the American Medical Association* 175 (1961): 1120–28.

Olshansky, S. Jay, and Bruce A. Carnes. *The Quest for Immortality: Science at the Frontiers of Aging.* New York: Norton, 2001.

O'Neil, E., and J. A. Seago. "Meeting the Challenge of Nursing and the Nation's Health."

Journal of the American Medical Association 288, no. 16 (2002): 2040–41.

Osler, William. *Science and Immortality.* Boston: Houghton, Mifflin and Co., 1904.

Payne, K., et al. "Physicians' Attitudes about the Care of Patients in the Persistent Vegetative State: A National Survey." *Annals of Internal Medicine* 125, no. 2 (1996): 104–10.

Pearlman, R. A., and A. Jonsen. "The Use of Quality-of-Life Considerations in Medical Decision Making." *Journal of the American Geriatrics Society* 33, no. 5 (1985): 344–52.

Pearlman, R. A., and J. B. Speer Jr. "Quality-of-Life Considerations in Geriatric Care." *Journal of the American Geriatrics Society* 31, no. 2 (1983): 113–20.

Pernick, Martin S. "Back from the Grave: Recurring Controversies over Defining and Diagnosing Death in History." In *Death: Beyond Whole-Brain Criteria.* Ed. Richard M. Zaner. Dordrecht: Kluwer, 1988, 17–74.

———. "Brain Death in Cultural Context: The Reconstruction of Death, 1967–1981." In *The Definition of Death: Contemporary Controversies.* Ed. S. J. Youngner, R. M. Arnold, and R. Schapiro. Baltimore: Johns Hopkins University Press, 1999, 3–33.

Petty, Thomas L. "The Modern Evolution of Mechanical Ventilation." *Clinics in Chest Medicine* 9, no. 1 (1988): 1–10.

Pollack, Andrew. "The Promise in Selling Stem Cells." *New York Times,* August 26, 2001.

Prendergast, Thomas J., M. T. Claessens, and John M. Luce. "A National Survey of End-of-Life Care for Critically Ill Patients." *American Journal of Respiratory and Critical Care Medicine* 158, no. 4 (1998): 1163–67.

Prendergast, Thomas J., and John M. Luce. "Increasing Incidence of Withholding and Withdrawal of Life Support from the Critically Ill." *American Journal of Respiratory and Critical Care Medicine* 155, no. 1 (1997): 15–20.

President's Commission for the Study of Ethical Problems in Medicine and Biomedical and Behavioral Research. "Deciding to Forgo Life-Sustaining Treatment: A Report on the Ethical, Medical and Legal Issues in Treatment Decisions." Washington, DC: U.S. Government Printing Office, 1983.

———. *Defining Death: Medical, Legal and Ethical Issues in the Determination of Death.* Washington, DC: U.S. Government Printing Office, 1981.

President's Council on Bioethics. *Beyond Therapy: Biotechnology and the Pursuit of Happiness.* http://www.bioethics.gov/reports/beyondtherapy/index.html, 2003.

Puntillo, Kathleen, et al. "End-of-Life Issues in Intensive Care Units: A National Random Survey of Nurses' Knowledge and Beliefs." *American Journal of Critical Care* 10, no. 4 (2001): 216–29.

Quill, T. E. "Perspectives on Care at the Close of Life. Initiating End-of-Life Discussions with Seriously Ill Patients: Addressing the 'Elephant in the Room.'" *Journal of the American Medical Association* 284, no. 19 (2000): 2502–7.

Quill, T. E., R. Dresser, and D. W. Brock. "The Rule of Double Effect—a Critique of Its Role in End-of-Life Decision Making." *New England Journal of Medicine* 337, no. 24 (1997): 1768–71.

Rabeneck, L., N. P. Wray, and N. J. Petersen. "Long-Term Outcomes of Patients Receiving Percutaneous Endoscopic Gastrostomy Tubes." *Journal of General Internal Medicine* 11, no. 5 (1996): 287–93.

Rabinow, Paul. *Essays on the Anthropology of Reason.* Princeton: Princeton University Press, 1996.

———. *French DNA.* Chicago: University of Chicago Press, 1999.

Rapp, Rayna. *Testing Women, Testing the Fetus: The Social Impact of Amniocentesis in America.* New York: Routledge, 1999.

Reilly, B. M., et al. "Can We Talk? Inpatient Discussions about Advance Directives in a Community Hospital. Attending Physicians' Attitudes, Their Inpatients' Wishes, and Reported Experience." *Archives of Internal Medicine* 154, no. 20 (1994): 2299–2308.

Robinson, George Canby. *The Patient as a Person: The Study of the Social Aspects of Illness.* New York: Commonwealth Fund, 1939.

Rosaldo, Renato. *Culture and Truth: The Remaking of Social Analysis.* Boston: Beacon Press, 1989.

Rose, Nikolas S. *Inventing Our Selves: Psychology, Power, and Personhood.* Cambridge: Cambridge University Press, 1998.

Rosenberg, Charles E. "Meanings, Policies, and Medicine: On the Bioethical Enterprise and History." *Daedalus* 128, no. 4 (1999): 27–46.

Rosenthal, Elisabeth. "Rules on Reviving the Dying Bring Undue Suffering, Doctors Contend." *New York Times,* October 4, 1990.

Roth, Philip. *Patrimony.* New York: Vintage Books, 1991.

Rothman, David J. *Beginnings Count.* New York: Oxford University Press, 1997.

———. *Strangers at the Bedside: A History of How Law and Bioethics Transformed Medical Decision Making.* New York: Basic Books, 1991.

Rubenfeld, G. D. "Do-Not-Resuscitate Orders: A Critical Review of the Literature." *Respiratory Care* 40, no. 5 (1995): 528–35; discussion 35–37.

Rubin, Susan B. *When Doctors Say No: The Battleground of Medical Futility.* Bloomington: Indiana University Press, 1998.

Sankar, Andrea. "'It's Just Old Age': Old Age as Diagnosis in American and Chinese Medicine." In *Age and Anthropological Theory.* Ed. David I. Kertzer and Jennie Keith. Ithaca, NY: Cornell University Press, 1984, 250–80.

Sarkisian, C. A., and M. S. Lachs. "'Failure to Thrive' in Older Adults." *Annals of Internal Medicine* 124, no. 12 (1996): 1072–78.

Sartre, Jean-Paul. *The Transcendence of the Ego: An Existentialist Theory of Consciousness.* Trans. Forrest Williams and Robert Kirkpatrick. New York: Farrar, Straus and Giroux, 1956.

Scarry, Elaine. *The Body in Pain: The Making and Unmaking of the World.* New York: Oxford University Press, 1985.

Schneiderman, Lawrence, Nancy Jecker, and Albert Jonsen. "Medical Futility: Response to Critiques." *Annals of Internal Medicine* 125, no. 8 (1996): 669–74.

Schultz, S. C., et al. "Predicting In-Hospital Mortality during Cardiopulmonary Resuscitation." *Resuscitation* 33, no. 1 (1996): 13–17.

Seale, Clive. *Constructing Death: The Sociology of Dying and Bereavement.* Cambridge: Cambridge University Press, 1998.

Sehgal, A., et al. "How Strictly Do Dialysis Patients Want Their Advance Directives Followed?" *Journal of the American Medical Association* 267, no. 1 (1992):

59–63.

Sharp, Lesley A. "Organ Transplantation as a Transformative Experience—Anthropological Insights into the Restructuring of the Self." *Medical Anthropology Quarterly* 9, no. 3 (1995): 357–89.

Shils, Edward. "The Sanctity of Life." In *Life or Death: Ethics and Options*. Ed. Daniel Labby. Seattle: University of Washington Press, 1968, 2–38.

Silveira, M. J., et al. "Patients' Knowledge of Options at the End of Life: Ignorance in the Face of Death." *Journal of the American Medical Association* 284, no. 19 (2000): 2483–88.

Siminoff, L. A., J. H. Fetting, and M. D. Abeloff. "Doctor-Patient Communication about Breast Cancer Adjuvant Therapy." *Journal of Clinical Oncology* 7, no. 9 (1989): 1192–1200.

Singal, B. M., et al. "Geriatric Patient Emergency Visits." *Annals of Emergency Medicine* 21, no. 7 (1992): 802–7.

Singer, Peter. *Rethinking Life and Death: The Collapse of Our Traditional Ethics*. New York: St. Martin's Press, 1994.

Slomka, J. "The Negotiation of Death: Clinical Decision Making at the End of Life." *Social Science & Medicine* 35, no. 3 (1992): 251–59.

Snider, Gordon L. "Historical Perspective on Mechanical Ventilation: From Simple Life Support System to Ethical Dilemma." *American Review of Respiratory Diseases* 140, no. 2, pt. 2 (1989): S2–7.

So, H. Y., T. A. Buckley, and T. E. Oh. "Factors Affecting Outcome following Cardiopulmonary Resuscitation." *Anaesthesia and Intensive Care* 22, no. 6 (1994): 647–58.

Somers, Anne Ramsay, and Dorothy R. Fabian. *The Geriatric Imperative: An Introduction to Gerontology and Clinical Geriatrics*. New York: Appleton-Century-Crofts, 1981.

Somogyi-Zalud, E., et al. "Elderly Persons' Last Six Months of Life: Findings from the Hospitalized Elderly Longitudinal Project." *Journal of the American Geriatrics Society* 48, no. 5 supp. (2000): S131–39.

Sonnenblick, M., Y. Friedlander, and A. Steinberg. "Dissociation between the Wishes of Terminally Ill Parents and Decisions by Their Offspring." *Journal of the American Geriatrics Society* 41, no. 6 (1993): 599–604.

Spillman, Brenda C., and Peter Kemper. "Lifetime Patterns of Payment for Nursing Home Care." *Medical Care* 33, no. 3 (1995): 280–96.

Spiro, Howard M., Mary G. McCrea Curnen, and Lee Palmer Wandel. *Facing Death: Where Culture, Religion, and Medicine Meet*. New Haven: Yale University Press, 1996.

Sprung, C. L. "Changing Attitudes and Practices in Forgoing Life-Sustaining Treatments." *Journal of the American Medical Association* 263, no. 16 (1990): 2211–15.

Stolman, C. J., et al. "Evaluation of Patient, Physician, Nurse, and Family Attitudes toward Do Not Resuscitate Orders." *Archives of Internal Medicine* 150, no. 3 (1990): 653–58.

Strathern, Marilyn. *After Nature*. Cambridge: Cambridge University Press, 1992.

Sudnow, David. *Passing On: The Social Organization of Dying*. Englewood Cliffs, NJ:

Prentice-Hall, 1967.

SUPPORT Principal Investigators. "A Controlled Trial to Improve Care for Seriously Ill Hospitalized Patients. The Study to Understand Prognoses and Preferences for Outcomes and Risks of Treatments (SUPPORT)." *Journal of the American Medical Association* 274, no. 20 (1995): 1591–98.

Swig, Louise, et al. "Physician Responses to a Hospital Policy Allowing Them to Not Offer Cardiopulmonary Resuscitation." *Journal of the American Geriatrics Society* 44, no. 10 (1996): 1215–19.

Taylor, Charles. "The Person." In *The Category of the Person: Anthropology, Philosophy, History.* Ed. Michael Carrithers, Steven Collins, and Steven Lukes. Cambridge: Cambridge University Press, 1985, 257–81.

———. *Sources of the Self: The Making of the Modern Identity.* Cambridge: Harvard University Press, 1989.

Taylor, Kathryn M. "Physicians and the Disclosure of Undesirable Information." In *Biomedicine Examined.* Ed. Margaret Lock and Deborah Gordon. Dordrecht: Kluwer, 1988, 441–64.

Teno, Joan M., et al. "Do Formal Advance Directives Affect Resuscitation Decisions and the Use of Resources for Seriously Ill Patients?" *Journal of Clinical Ethics* 5, no. 1 (1994): 23–30.

———. "Medical Care Inconsistent with Patients' Treatment Goals: Association with 1-Year Medicare Resource Use and Survival." *Journal of the American Geriatrics Society* 50, no. 3 (2002): 496–500.

———. "Preferences for Cardiopulmonary Resuscitation: Physician-Patient Agreement and Hospital Resource Use. The SUPPORT Investigators." *Journal of General Internal Medicine* 10, no. 4 (1995): 179–86.

Thomasma, David C. "Ethical Judgments of Quality of Life in the Care of the Aged." *Journal of the American Geriatrics Society* 32, no. 7 (1984): 525–27.

Timmermans, Stefan. *Sudden Death and the Myth of CPR.* Philadelphia: Temple University Press, 1999.

Tomlinson, Tom, and Howard Brody. "Futility and the Ethics of Resuscitation." *Journal of the American Medical Association* 264, no. 10 (1990): 1276–80.

Tomlinson, Tom, and Diane Czlonka. "Futility and Hospital Policy." *Hastings Center Report* 25, no. 3 (1995): 28–35.

Tsevat, J., et al. "Health Values of Hospitalized Patients 80 Years or Older." *Journal of the American Medical Association* 279, no. 5 (1998): 371–75.

Tulsky, J. A., M. A. Chesney, and B. Lo. "See One, Do One, Teach One? House Staff Experience Discussing Do-Not-Resuscitate Orders." *Archives of Internal Medicine* 156, no. 12 (1996): 1285–89.

U.S. Department of Health and Human Services. *Medicare Handbook.* Centers for Medicare and Medicaid Services, 2002.

Van Maanen, John. *Tales of the Field: On Writing Ethnography.* Chicago: University of Chicago Press, 1988.

Veatch, Robert M. *Death, Dying, and the Biological Revolution: Our Last Quest for Responsibility.* New Haven: Yale University Press, 1989.

———. "The Impending Collapse of the Whole-Brain Definition of Death." *Hastings Center Report* 23, no. 4 (1993): 18–24.

Verdery, R. B. "Failure to Thrive in Old Age: Follow-Up on a Workshop." *Journals of Gerontology: Medical Sciences* 52, no. 6 (1997): M333–36.

Von Dras, D. D., and H. T. Blumenthal. "Dementia of the Aged: Disease or Atypical-Accelerated Aging? Biopathological and Psychological Perspectives." *Journal of the American Geriatrics Society* 40, no. 3 (1992): 285–94.

Von Gunten, C. F. "CPR in Hospitalized Patients: When Is It Futile?" *American Family Physician* 44, no. 6 (1991): 2130–34.

Wade, Nicholas. *Life Script: How the Human Genome Discoveries Will Transform Medicine and Enhance Your Health.* New York: Simon & Schuster, 2001.

Walter, Tony. *The Revival of Death.* London: Routledge, 1994.

Waters, C. M. "Understanding and Supporting African-Americans' Perspectives of End-of-Life Care Planning and Decision Making." *Qualitative Health Research* 11, no. 3 (2001): 385–98.

Webb, Marilyn. *The Good Death: The New American Search to Reshape the End of Life.* New York: Bantam Books, 1999.

Weeks, Jane, et al. "Relationship between Cancer Patients' Predictions of Prognosis and Their Treatment Preferences." *Journal of the American Medical Association* 279, no. 21 (1998): 1709–14.

Wennberg, J. E. "The Likelihood of Being Admitted to an Intensive Care Unit during the Last Six Months of Life." In *Dartmouth Atlas of Health Care in the United States: A Report on the Medicare Program.* Chicago: AHA Press, 1999.

Wikan, Unni. "The Self in a World of Urgency and Necessity." *Ethos* 23, no. 3 (1995): 259–85.

Winslow, Gerald R., and James W. Walters, eds. *Facing Limits: Ethics and Health Care for the Elderly.* Boulder, CO: Westview Press, 1993.

Wiseman, Frederick. *Near Death.* Directed by Frederick Wiseman. Zipporah Films, 1989.

Wolf, Susan M. "*Near Death*—in the Moment of Decision." *New England Journal of Medicine* 322, no. 3 (1990): 208–10.

World Health Organization. "WHO Definition of Palliative Care." http://www.who.int/cancer/palliative/definition/en/, 1990.

Young, Katharine. *Presence in the Flesh: The Body in Medicine.* Cambridge: Harvard University Press, 1997.

Young, Katie. "In-Hospital CPR." Master's thesis, University of California, Berkeley, 2002.

Youngner, S. J. "Defining Death. A Superficial and Fragile Consensus." *Archives of Neurology* 49, no. 5 (1992): 570–72.

Youngner, S. J., et al. "'Brain Death' and Organ Retrieval: A Cross-Sectional Survey of Knowledge and Concepts among Health Professionals." *Journal of the American Medical Association* 261, no. 15 (1989): 2205–10.

———. "Psychosocial and Ethical Implications of Organ Retrieval." *New England Journal of Medicine* 313, no. 5 (1985): 321–24.

Zeman, A. "Persistent Vegetative State." *Lancet* 350, no. 9080 (1997): 795–99.

Zoch, T. W., et al. "Short- and Long-Term Survival after Cardiopulmonary Resuscitation." *Archives of Internal Medicine* 160, no. 13 (2000): 1969–73.

Zoloth-Dorfman, L., and S. B. Rubin. "'Medical Futility': Managed Care and the Powerful New Vocabulary for Clinical and Public Policy Discourse." *Healthcare Forum Journal* 40, no. 2 (1997): 28–33.

Zuger, Abigail. "Prescription, Quite Simply, Was a Nurse." *New York Times*, November 19, 2002.

Zweibel, N. R., C. K. Cassel, and T. Karrison. "Public Attitudes about the Use of Chronological Age as a Criterion for Allocating Health Care Resources." *Gerontologist* 33, no. 1 (1993): 74–80.

致谢

本项目得到了两家联邦机构的支持——国家老龄化研究所和国家护理研究所——因此我首先要感谢他们。国家老龄化研究所从1983年开始资助我的工作。1999年，我获得了我的第一个国家护理研究所奖。我非常尊重在这些机构进行的同行审查程序，我要感谢那些人类学者、社会学者、心理学者、医生、护士和其他人员，他们多年来对我的各项提案进行评估，他们花费了大量精力思考我的研究工作。国家老龄化研究所分管我研究项目的干事们在过去的22年里给予了我很好的引导，也为使我的工作成果概念化提出了重要建议。我要特别感谢长期参与我的工作的玛西娅·奥里，以及为本研究提供建议指导的杰瑞德·乔布和西德尼·斯塔尔。我还要向国家护理研究所主任帕特里夏·格雷迪献上感谢，感谢她的远见、承诺和灵感，还有她的同事琼·鲁尼，是琼提出了临终研究的动议。为本书进行的研究提供资助的项目代号为NIA AG13636和NINR NR05109。

1994年我们见面的当天，盖伊·米科就建议我研究一下医院内死亡问题。多年来，事实证明他是一个令人振奋的对话者和重要的向导，引领我穿越医院政策、联邦法律、医疗程序和专业术语这个错综复杂的迷宫。我们大量讨论死亡、医院和医生的角色，这些讨论帮助这本书得以成形。

没有我所观察的医院里的主要医务人员的接受、支持和引导，这项研究就无法进行。我希望，我对他们日常工作提出的那些干扰性、侵犯性问题和我的参与没有成为他们的负担；我还希望，他们能感到在将近两年时间里让一位人类学者拿着笔记本和手提电脑四处跟随他们是值得的。在这项研究持续的几年时间里，我几乎每天都与一些医生和护士交谈，并正式采访过他们中的几位——他们知道那几位是
387 谁——我感谢他们所有人为我付出的时间和努力。我还要感谢许多医院里的社工，牧师和呼吸、语言、职业和物理治疗师们，我观察过他们对患者及家属做工作的情况。他们所面临的挑战是巨大的，他们感受到的挫折和沮丧是无情的，痛苦一直围绕着他们。

许多住院患者，他们的家属、他们的朋友都同意与我交谈，我和他们中的一些人共度过大量时间。特别是患者家属和朋友将他们的困境和焦虑放在一边，努力回答我的问题。我感谢他们所有人愿意坦诚地和一位人类学者交谈，而我这位人类学者除了和他们对话根本给不了他们什么。

本书的写作开始于 2000 年，当时我是加州大学欧文分校人文研究所的研究员。露丝·马龙召集成立了“健康服务和场所”工作组，我要感谢她和各位研究员及客座研究员——卡罗琳·卡地亚、南希·司卓乐、萨拉·肖斯塔克、艾德·凯西和杰夫·马尔帕斯——感谢他们关于我的项目活跃的讨论和参与。他们阅读了我最早章节的草稿，并提出了重要的建议。大卫·西奥·戈德堡主任和人文研究所全体员工使我停留的 3 个月过得愉快而舒适。

与 3 位护士同事极具价值的讨论帮助我思考了 20 世纪 60 年代以来护理实践的转变。珍妮·本诺列尔、帕特里夏·本纳和露丝·马龙反思了医院文化和护士工作中的变化，我特别感谢她们。我还要向艾伦·科尔曼和伊丽莎白·赫什科维茨医生献上感谢，他们和我谈论了各家医院及它们是如何塑造医生的，谈论了老年医学面临的挑战，治

疗的压力和不治疗的理由，以及治疗方法随着时间发生的转变。我的同事多丽丝·弗朗西斯、夏琳·哈灵顿和鲍勃·布罗迪为我提供了有关医疗保险、护理院、患者自主权、医生权威及家属的担忧和无助感的关键性信息。

在研究过程的各个阶段，我在加利福尼亚大学旧金山分校人类学系、历史和社会医学系、社会与行为科学系以及健康与衰老研究所的许多同事都向我提供了支持、鼓励和令人振奋的谈话。我要特别感谢盖伊·贝克尔和菲利普·布瓦格关于研究和人类学的深刻见解和对话。我感谢健康与衰老研究所的工作人员对资助金管理的关注，以及在提案及报告撰写方面始终给予的亲切帮助。尤其是里贾纳·古德卢纳斯、梅琳达·戈洛佩和安娜贝尔·帕拉加斯在研究进行的数年里对我帮助很大。我还要感谢多萝西·赖斯无限的热情和她关于美国医疗服务的丰富知识；感谢诺曼·费曼向我提供医疗保险方面的信息；感谢安·罗斯在整个研究过程中提供的帮助和对研究项目做的缜密思考。

荣誉还要归于始终完美转录磁带录音的林恩·瓦茨，归于汇编参
考书目的安·麦格鲁德和校对文稿的波利·库特。 388

一路走来，阅读不同手稿的读者们也提供了重要的评论和批评。雪莉·达列斯基、比尔·达列斯基、盖尔娅·弗兰克、桑德拉·吉尔伯特、沃尔特·肯特和安·罗斯阅读了最早的几个章节并提供了重要的建议，并被包含在本书之中。我 2002 年春季论文写作班的学生要求在撰写他们自己论文的同时审读我的章节草稿，我要感谢安吉拉·贝蒂、贝弗利·达文波特、詹妮弗·菲什曼、艾米·加德纳、凯伦·格林、范尼·诺伍德、拉什米·萨达纳和卢佩·萨拉扎，他们为最终成为本书前三章的内容提供了评论和意见。

文肯·亚当斯、沃里克·安德森、盖伊·贝克尔、菲利普·布瓦格、鲍勃·布罗迪、阿黛尔·克拉克、劳伦斯·科恩、艾伦·科尔曼、鲍勃·库特和盖伊·米科，他们每个人都慷慨地阅读了部分或者全部书稿并提供了修改和评论意见，帮助我确立书中呈现的观点。最重要的是，我感谢他们多年来的友谊、兴趣和幽默。我钦佩他们杰出的学识和学术实践。我特别要感谢汤姆·拉奎尔，在研究的各个阶段，他的建议都推动了本项目的进展。他比任何人都更多地为我提供关于整本手稿的建议，有助于塑造本书的最终形式。

吉尔·汉纳姆在我完成了本书的第一稿时进入了我的生活。她出色的编辑技能和温和的劝导改进了我的写作。我还要感谢她为本书取的标题和关于版权贸易提出的建议。我无比感谢我的代理人丽莎·道森，感谢她为我所付出的热情和辛勤工作，感谢我在 Scribner 出版社的编辑丽萨·德鲁，感谢她对本书的信心及在商业出版界给我的引导。我还要感谢她的得力助手艾琳·柯勒和萨曼莎·马丁。

我经常和朋友们开玩笑说，一位医生和一位诗人的女儿别无选择，只能成为一个医学人类学者，因此，毫无疑问，我父母的人生事业给我提供了基础，使我能够致力于这项研究，并写出一本关于研究发现的书。我不间断地与父亲探讨医学问题，与母亲讨论文学和写作问题，这些对话都渗透在我大部分工作中。我用爱把这本书献给他们。

死亡存在着各种各样的形式，在我从事本研究项目的这些年里，我敏锐地意识到，美国人是多么专注于控制生命的终结。在一个以异常暴力事件和暴力死亡为特征的时代，我经常认为花这么多的时间调查对医院内死亡的文化不满是极具讽刺意味，或者可能是错位的。在本项目进行过程中，有三个我深爱的人去世——他们中没有一个是在医院里死亡的。本书在某种程度上也是为了纪念他们。我最老的朋友，琼·埃德尔斯坦·戴维尼1995年死于耶路撒冷，当时她乘坐的公共汽车被人体炸弹炸毁了。我的表姐黛布拉·露丝·普罗金于2000年因癌症死于自己的床上，她的家人和朋友陪在身边。玛格丽特·克拉克，我的导师，患有心脏病多年，于2003年在电影院里突然离世。她关于衰老的人类学研究及在医学文化方面所做的工作，她 389
致力于发展广泛的人文医学，以及她对探索技术革新和伦理问题的热情参与，这些都激励了我的事业。

最后，我要衷心地感谢赛斯，他一直都在，感谢雅各布、莎拉，现在还有阿夫拉米，他们让我笑，让我诚实，引领我走向未来。

图书在版编目（CIP）数据

生死有时：美国医院如何形塑死亡/（美）莎伦·考夫曼著；
初丽岩，王清伟译.—上海：上海教育出版社，2020.6
（医学人文）
ISBN 978-7-5444-9798-5

Ⅰ. ①生… Ⅱ. ①莎… ②初… ③王… Ⅲ. ①死亡—
文化研究—美国 Ⅳ. ①B086

中国版本图书馆CIP数据核字（2020）第078215号

责任编辑 储德天
封面设计 高静芳

生死有时：美国医院如何形塑死亡
SHENG SI YOU SHI: MEIGUO YIYUAN RUHE XINGSU SIWANG
［美］莎伦·考夫曼 著
初丽岩 王清伟 译

出版发行 上海教育出版社有限公司
官　　网 www.seph.com.cn
地　　址 上海永福路123号
邮　　编 200031
印　　刷 上海叶大印务有限公司
开　　本 890×1240 1/32 印张 15
字　　数 360千字
版　　次 2020年8月第1版
印　　次 2020年8月第1次印刷
书　　号 ISBN 978-7-5444-9798-5/K·0067
定　　价 88.00元

如发现质量问题，读者可向本社调换 电话：021-64377165